一冊《いっさつ》で強《つよ》くなる！囲碁《いご》

基本《きほん》のコツ

打《う》ち方《かた》がわかる本《ほん》

九段《くだん》 依田紀基《よだのりもと》 監修《かんしゅう》

メイツ出版

目《もく》次《じ》

私《わたし》たちといっしょに囲碁《いご》の打《う》ち方《かた》を楽《たの》しく身《み》につけましょう！

囲碁《いご》のことは少《すこ》し知《し》っているけれどくわしいルールがわからないときや、「基本的《きほんてき》な打《う》ち方《かた》・勝《か》ち方《かた》をもっとよく知《し》りたい」というときに役《やく》に立《た》つ、とてもわかりやすい親切《しんせつ》な本《ほん》です。

「20級《きゅう》くん」と「10級《きゅう》さん」の二人《ふたり》がいっしょに考《かんが》えたり、気《き》づいたことなどについて話《はな》しかけてくれるので、囲碁《いご》の教室《きょうしつ》にいるような気持《きも》ちで勉強《べんきょう》ができます。そして、大切《たいせつ》なポイントを先生《せんせい》がていねいに教《おし》えてくれます。

囲碁《いご》は、ルールを守《まも》りながら二人《ふたり》で黒石《くろいし》と白石《しろいし》を交互《こうご》に盤《ばん》に置《お》いていき、自分《じぶん》の陣地《じんち》を広《ひろ》く取《と》るゲームです。ルールが単純《たんじゅん》だからこそ、むずかしい面《めん》や複雑《ふくざつ》な面《めん》などがある奥《おく》の深《ふか》い（表面《ひょうめん》だけではわからない、いろいろな意味《いみ》や価値《かち》がある）ゲームで、世界中《せかいじゅう》で愛《あい》されています。

また、学校《がっこう》の勉強《べんきょう》とは違《ちが》い、答《こた》えがひとつであったり、暗記《あんき》すれば解答《かいとう》できる場面《ばめん》ばかりではありません。打《う》ち方《かた》のコツをつかみ、考《かんが》えて、決断《けつだん》していく場面《ばめん》のほうがずっと多《おお》いので、囲碁《いご》を通《とお》していろいろなことが学《まな》べるのです。さらに、狭《せま》い範囲《はんい》の石《いし》ばかりを見《み》るのではなく、碁盤全体《ごばんぜんたい》を広《ひろ》く見《み》て、想像力《そうぞうりょく》を働《はたら》かせることも大切《たいせつ》です。でも、実際《じっさい》に盤《ばん》に向《む》かい石《いし》を置《お》こうとすると、「次《つぎ》はどこに打《う》てばいいの？」というギモンが生《う》まれるでしょう。この本《ほん》では練習問題《れんしゅうもんだい》をくりかえすことで「打《う》ち方《かた》の初歩《しょほ》」をしっかり学《まな》べます。

段《だん》と級《きゅう》について

この本《ほん》には、20級《きゅう》くんと10級《きゅう》さんという二人《ふたり》の子《こ》どもが登場《とうじょう》します。

どちらが強《つよ》いのでしょうか。囲碁《いご》の力《ちから》を「棋力《きりょく》」といい、「段《だん》」と「級《きゅう》」でレベルを表《あらわ》します。段《だん》と級《きゅう》について、簡単《かんたん》に説明《せつめい》しておきましょう。

みなさんはルールは覚《おぼ》えていますか。ルールがわかったら30級《きゅう》（25級《きゅう》という話《はなし》もあります）です。19路盤《ろばん》で最後《さいご》まで打《う》てるようになると20級《きゅう》と、強《つよ》くなるとどんどん数字《すうじ》が減《へ》って、級《きゅう》の最高《さいこう》は1級《きゅう》です。

1級《きゅう》の次《つぎ》は初段《しょだん》（1段《いちだん》とはいわないのですよ）。段《だん》は強《つよ》くなると数字《すうじ》が大《おお》きくなり、アマチュア世界《せかい》チャンピオンは8段《だん》となります。

プロの世界《せかい》はアマチュアとは全《まった》く違《ちが》います。プロは初段《しょだん》から九段《くだん》まであって、プロの初段《しょだん》はアマチュアの7、8段クラス以上《いじょう》の強《つよ》さです。

自分《じぶん》がどのくらいの強《つよ》さなのか知《し》りたいときには、段《だん》や級《きゅう》がわかっている人《ひと》と打《う》ってみるといいでしょう。10級《きゅう》の人《ひと》と勝《か》ったり負《ま》けたりいい勝負《しょうぶ》なら10級《きゅう》、ほとんど勝《か》つならもっと強《つよ》いとわかります。

そのほかの方法《ほうほう》としては、日本棋院《にほんきいん》や関西棋院《かんさいきいん》が主催《しゅさい》している「段級《だんきゅう》位認定《いにんてい》」に参加《さんか》して対局《たいきょく》をすると、成績《せいせき》に応《おう》じて段《だん》や級《きゅう》を認定《にんてい》してくれます。

プロと直接《ちょくせつ》打《う》ってもらい、棋力《きりょく》を判定《はんてい》してもらう方法《ほうほう》もあります。

他流試合《たりゅうじあい》をすることで、棋力《きりょく》はわかります。一度《いちど》試《ため》してみてはいかがでしょうか。

第一章《だいいっしょう》

ルールとマナーのおさらい

囲碁《いご》の道具《どうぐ》

囲碁《いご》は碁盤《ごばん》と碁石《ごいし》さえあれば、だれでも楽《たの》しめるゲームです。日本《にほん》やアジアはもちろん、アメリカやヨーロッパなど世界中《せかいじゅう》で約《やく》4200万人《まんにん》が楽《たの》しんでいます。

碁盤《ごばん》は縦横《たてよこ》19本《ほん》の線《せん》が書《か》いてある「19路盤《ろばん》」を正式《せいしき》には使《つか》います。

初心者《しょしんしゃ》のうちは、小《ちい》さな6路盤《ろばん》、7路盤《ろばん》、9路盤《ろばん》や13路盤《ろばん》を使《つか》うこともあります。

碁石《ごいし》は、黒《くろ》と白《しろ》があり、黒《くろ》は181個《こ》、白《しろ》は180個《こ》あります。

石《いし》を入《い》れておく入《い》れ物《もの》を「碁笥《ごけ》」といいます。

打《う》つところが361カ所《しょ》あるから、石《いし》も合計《ごうけい》361個《こ》あるんだね

盤面《ばんめん》のよび方《かた》（19路盤《ろばん》）

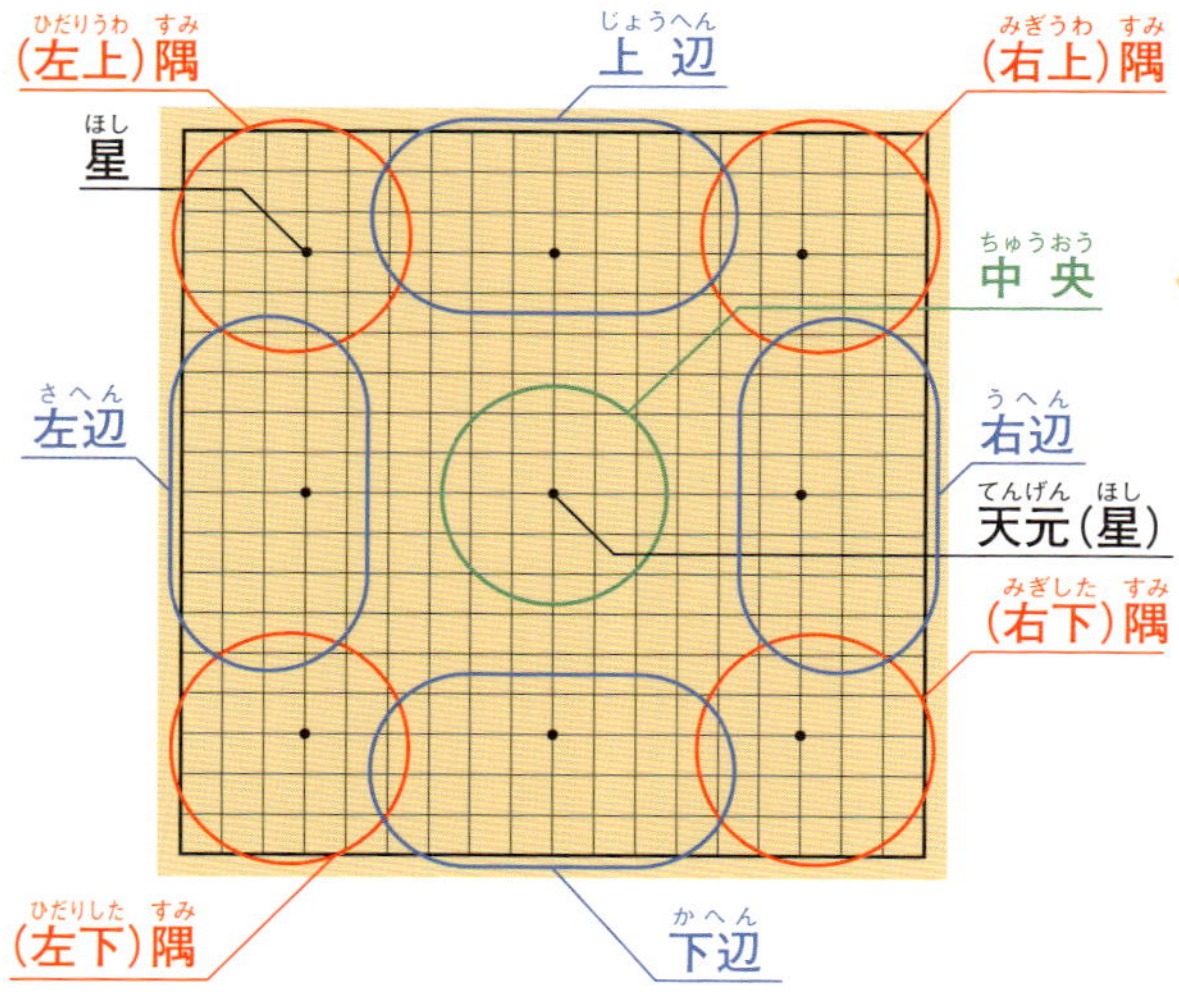
(左上《ひだりうわ》)隅《すみ》
上辺《じょうへん》
(右上《みぎうわ》)隅《すみ》
星《ほし》
中央《ちゅうおう》
左辺《さへん》
右辺《うへん》
天元《てんげん》(星《ほし》)
(右下《みぎした》)隅《すみ》
(左下《ひだりした》)隅《すみ》
下辺《かへん》

囲碁《いご》の道具《どうぐ》

碁盤《ごばん》
白石《しろいし》
黒石《くろいし》
碁笥《ごけ》

簡単《かんたん》5つのルール

囲碁《いご》のルールは5つだけで、どれも簡単《かんたん》です。ひとつひとつ見《み》ていきましょう。

ルール1 ふたりで交互《こうご》に、交点《こうてん》に打《う》つ

【図《ず》1】 碁《ご》を打《う》つ人《ひと》はふたり。黒《くろ》から先《さき》に交互《こうご》に打《う》っていきます。石《いし》を置《お》く場所《ばしょ》は線《せん》と線《せん》の交《まじ》わった交点《こうてん》です。交点《こうてん》であれば、盤《ばん》の端《はし》などにも打《う》てます。Ⓐのようなマスの中《なか》や、線《せん》の交《まじ》わっていない❸には置《お》くことはできません。一度《いちど》、打《う》った石《いし》は動《うご》かせません。

【図《ず》1】

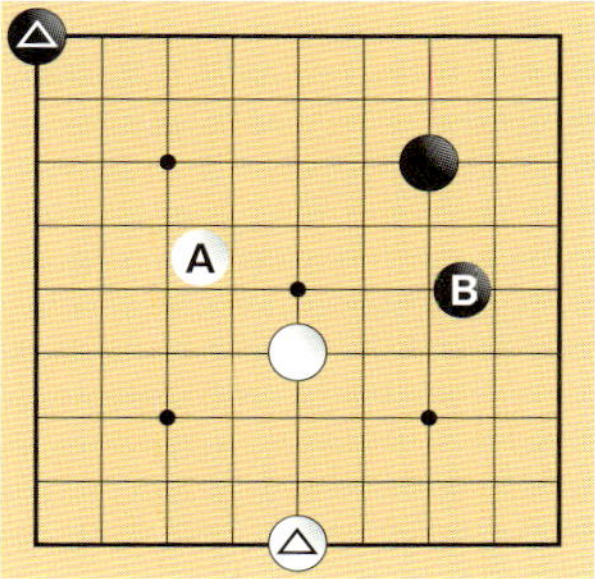
A
B

辺《へん》の白《しろ》△やスミの黒《くろ》▲の打《う》つ位置《いち》に気《き》をつけて
GO

ルール2 地《じ》の多《おお》いほうが勝《か》ち

地《じ》とは、石《いし》で囲《かこ》った陣地《じんち》のことです。黒《くろ》で囲《かこ》った地《じ》を「黒地《くろじ》」、白《しろ》で囲《かこ》った地《じ》を「白地《しろじ》」といい、同《おな》じ色《いろ》で囲《かこ》ったところの交点《こうてん》が地《じ》です。

【図《ず》2】 囲碁《いご》を打《う》ち終《お》わったときの図《ず》です。右上《みぎうえ》と左下《ひだりした》が黒地《くろじ》、左上《ひだりうえ》と右下《みぎした》が白地《しろじ》となります。どちらが勝《か》っているでしょうか。

【図《ず》3】 地《じ》の単位《たんい》は目《もく》です。黒地《くろじ》は7＋12＝19目《もく》。白地《しろじ》は8＋5＝13目《もく》。19－13＝6で、この対局《たいきょく》は黒《くろ》の6目《もく》勝《か》ちという結果《けっか》となります。

【図《ず》2】

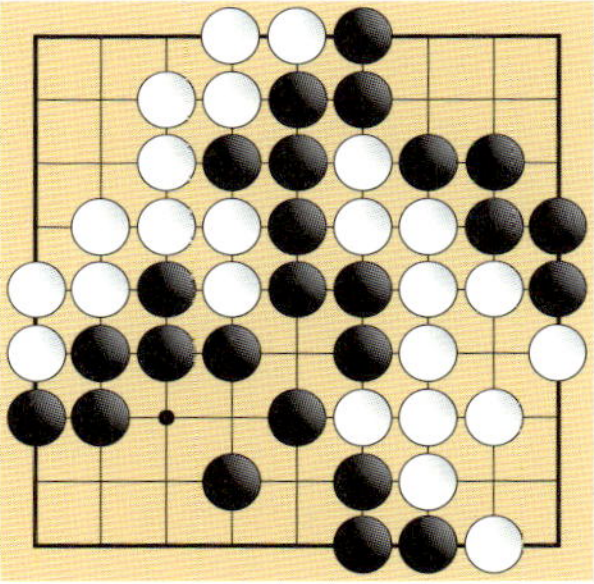

【図《ず》3】

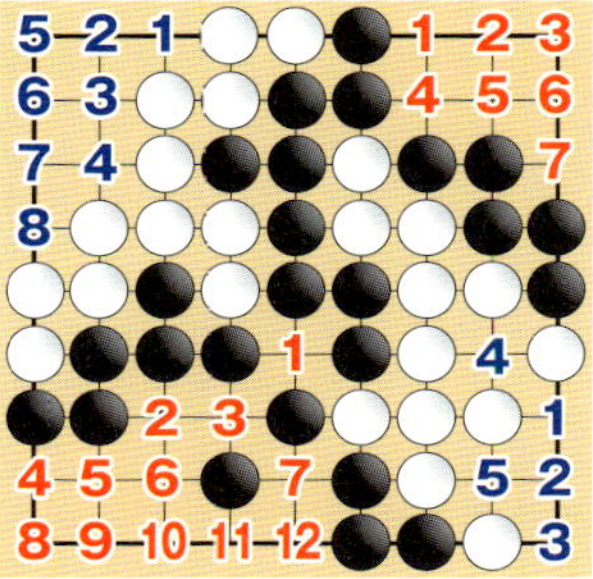

ルール3
石《いし》は囲《かこ》むと取《と》れる

【図《ず》4】 石《いし》をひとつ置《お》くと、石《いし》から上下左右《じょうげさゆう》に線《せん》が4本《ほん》出《で》ています。石《いし》はこの4本《ほん》の線《せん》で呼吸《こきゅう》をしています。逃《に》げ道《みち》ともいいます。

【図《ず》5】 呼吸《こきゅう》しているところを白《しろ》に全部《ぜんぶ》ふさがれてしまうと、逃《に》げられなくなり、呼吸《こきゅう》ができなくなります。

【図《ず》6】 逃《に》げ道《みち》をふさがれると、取《と》られて盤上《ばんじょう》から取《と》り除《のぞ》かれます。

【図《ず》4】
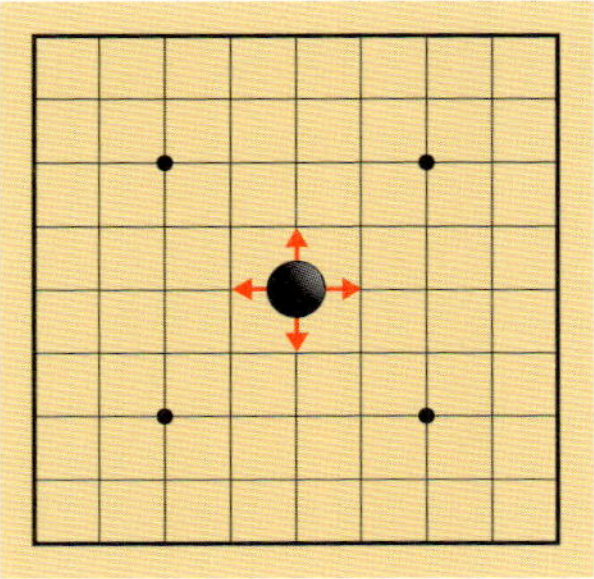

【図《ず》5】
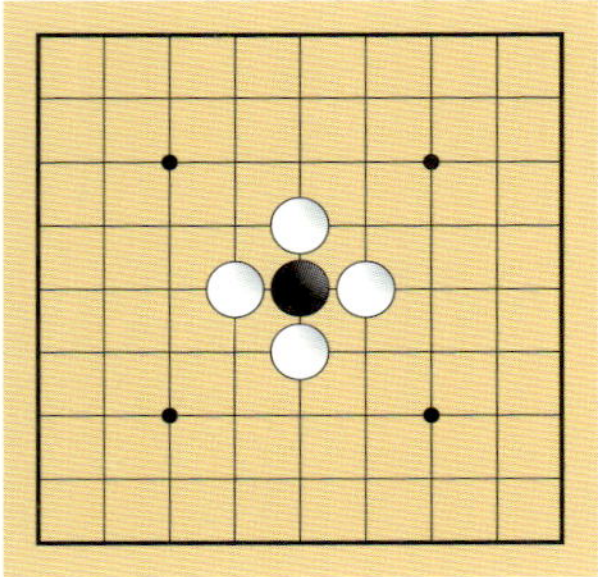

【図《ず》6】
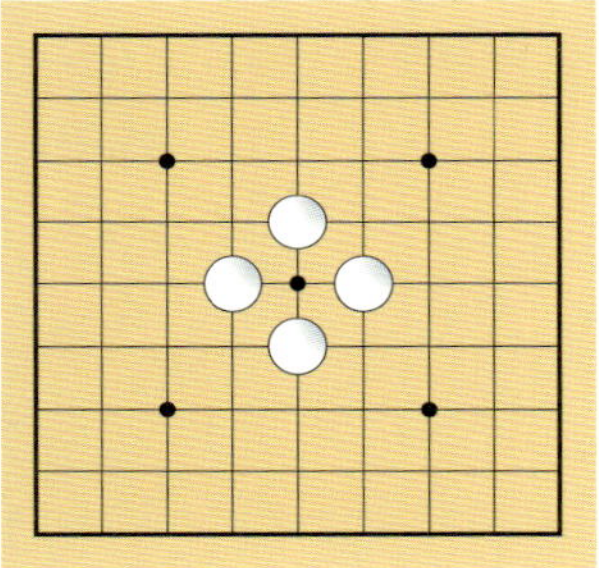

【図《ず》7】 図《ず》2の場面《ばめん》（碁《ご》を打《う》ち終《お》わったときの状況《じょうきょう》）です。白《しろ》が①と黒地《くろじ》に入《はい》ってきました。黒《くろ》はどうしますか。

【図《ず》8】 黒《くろ》は❷と打《う》って、白《しろ》を取《と》ることができます。取《と》った石《いし》は碁笥《ごけ》のふたの中《なか》へ。

【図《ず》9】 取《と》ったあとの形《かたち》です。白《しろ》が入《はい》ってきても取《と》ることができるので、黒地《くろじ》といえるのです。

【図《ず》7】
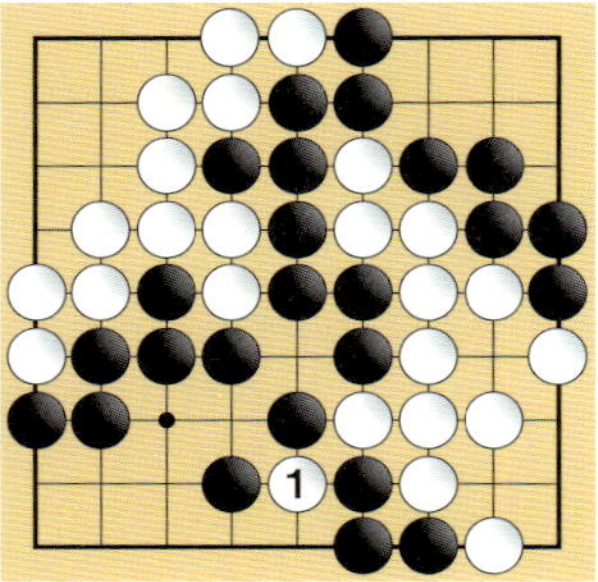

【図《ず》8】
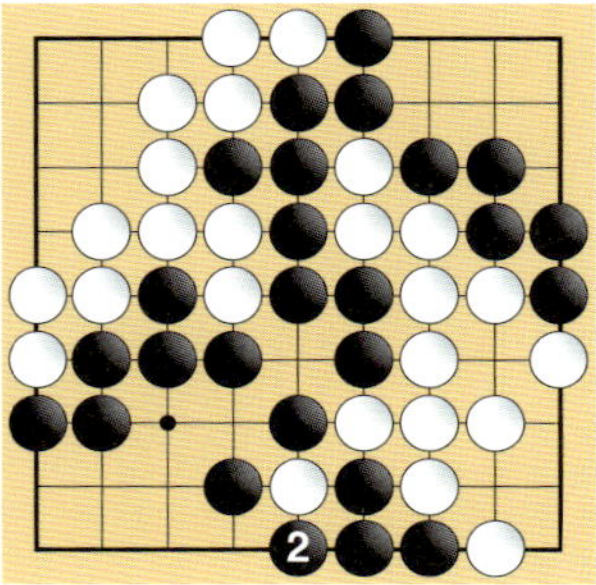

【図《ず》9】
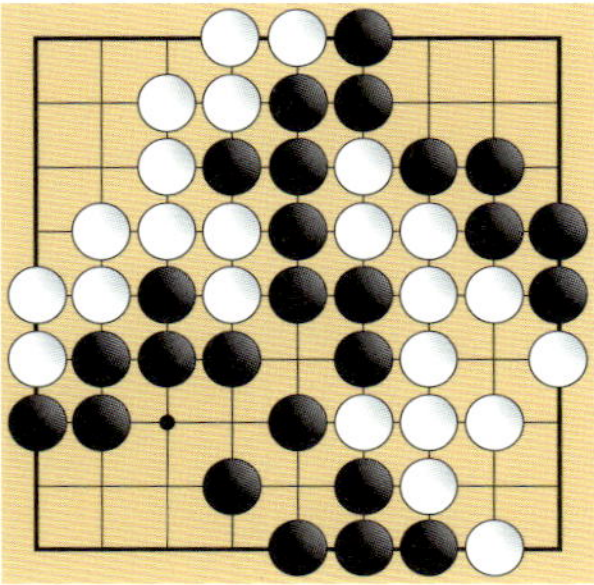

ルール4

打《う》てないところと、その例外《れいがい》がある

打《う》てないところは、「着手禁止点《ちゃくしゅきんしてん》」ともいいます。

【図《ず》10】　Aのところは、白《しろ》からは打《う》つことができません。打《う》ったとたんに呼吸《こきゅう》する道《みち》がなくなるところには、打《う》ってはいけないルールです。ちなみに黒《くろ》は打《う》てます。

【図《ず》11】　黒《くろ》からAに打《う》ってもいけません。逃《に》げ道《みち》がなくなるからです。

【図《ず》10】

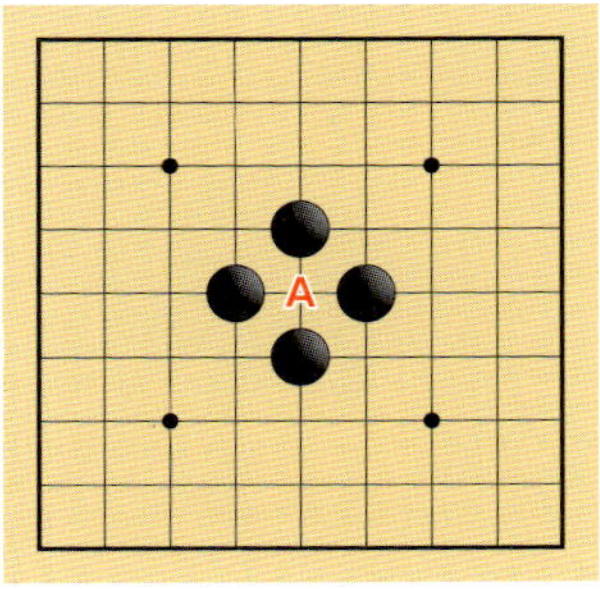

【図《ず》11】

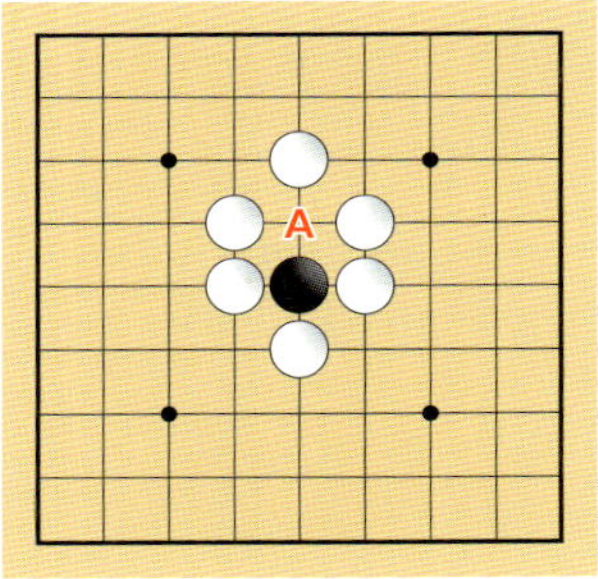

【着手禁止《ちゃくしゅきんし》の例外《れいがい》】

【図《ず》12】　黒《くろ》がAに打《う》つと、呼吸《こきゅう》するところがなくなりますので打《う》ってはいけないというルールだとお話《はな》ししました。

ただし、打《う》ったときに相手《あいて》の石《いし》が取《と》れるときは、例外《れいがい》で打《う》ってもいいのです。黒《くろ》はAには打《う》ってはいけないように見《み》えますが……。

【図《ず》13】　黒《くろ》❶と打《う》つと、白《しろ》◬2子《し》の呼吸点《こきゅうてん》もなくなっています。自分《じぶん》の呼吸点《こきゅうてん》がなくなっても、相手《あいて》の石《いし》を取《と》れる場合《ばあい》には、打《う》つことができる例外《れいがい》があります。

【図《ず》12】

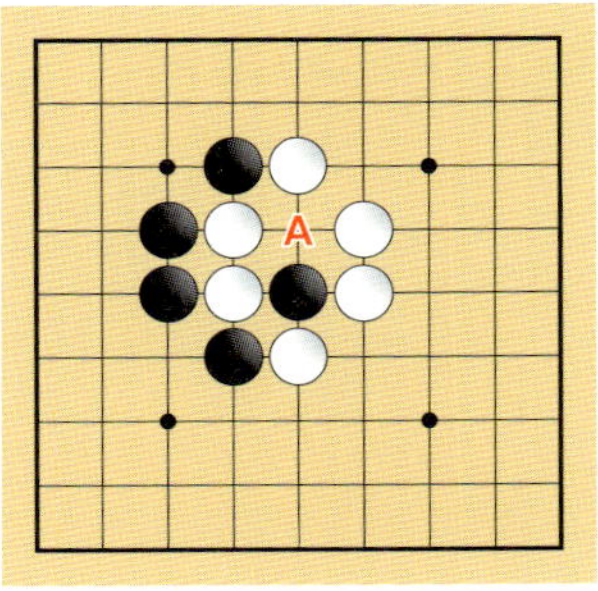

【図《ず》13】

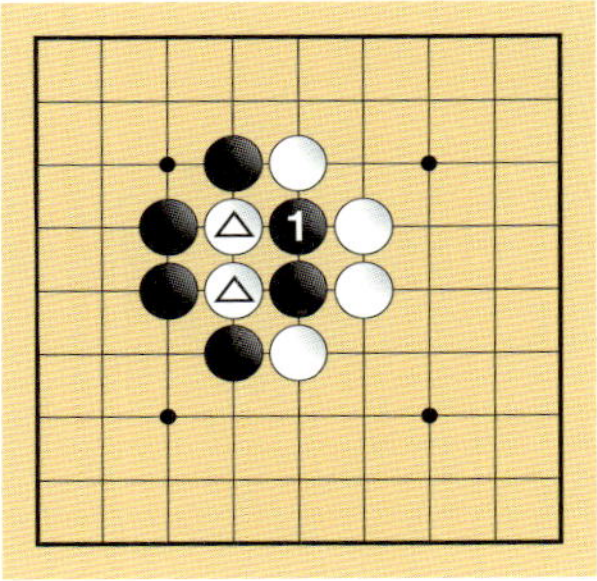

ルール5

「コウ」というルールがある

コウは漢字《かんじ》で「劫《こう》」と書《か》き、無限《むげん》の時間《じかん》を表《あらわ》しています。碁《ご》では同《おな》じ形《かたち》が繰《く》り返《かえ》すことがあります。反復《はんぷく》されると終《お》わらないので、解決策《かいけつさく》のルールがあるのです。

【図《ず》14】△がアタリです。

【図《ず》15】黒《くろ》は❶と打《う》って△を取《と》ることができます。着手禁止《ちゃくしゅきんし》の例外《れいがい》のルールですね。

【図《ず》16】黒《くろ》が取《と》ったあとの形《かたち》です。次《つぎ》に白《しろ》がAと打《う》って取《と》ると、14図《ず》の形《かたち》に戻《もど》ってしまい、繰《く》り返《かえ》しの形《かたち》になります。そこで、白《しろ》はすぐにはAと打《う》って取《と》ってはいけないというルールがあるのです。

【図《ず》17】白《しろ》は②などいったん他《ほか》に打《う》たなければいけません。黒《くろ》が❸などと別《べつ》のところに打《う》ってくれたら、白《しろ》は④と打《う》って、黒《くろ》❶を取《と》ることができます。

今度《こんど》は、黒《くろ》はすぐ白《しろ》④を取《と》り返《かえ》すことはできません。なお、白《しろ》②のあと、黒《くろ》は❸（別《べつ》なところに打《う》つ）ではなく、白《しろ》④のところに打《う》つことができます。これでコウをやめることもできます。なお、コウを取《と》るために他《ほか》へ打《う》つことを、「コウダテ」といいます。

【図《ず》14】

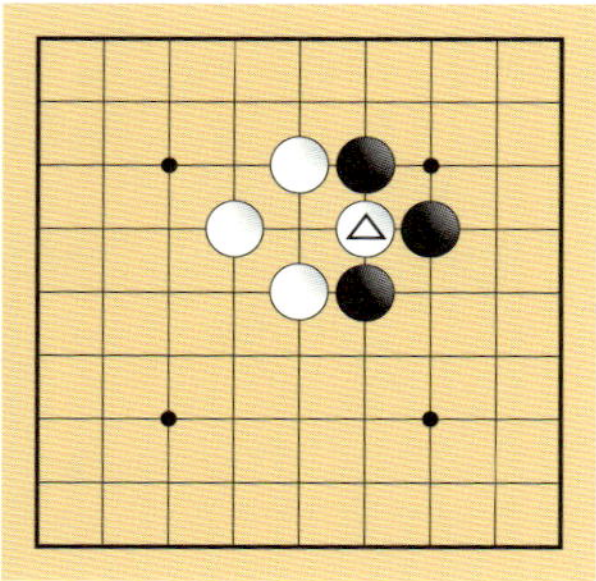

【図《ず》15】

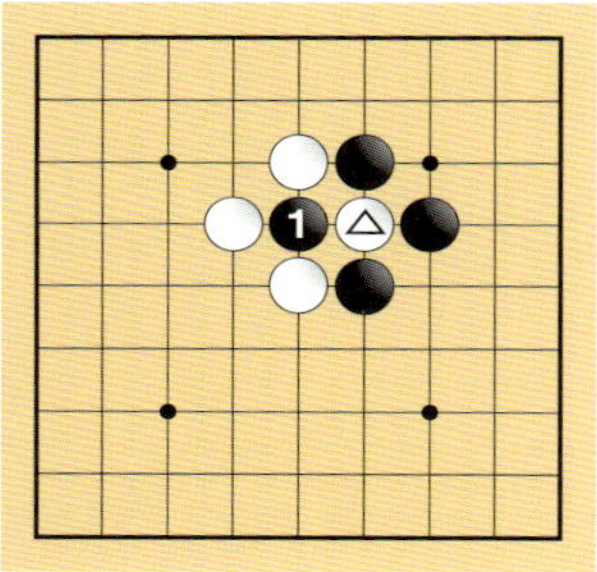

【図《ず》16】

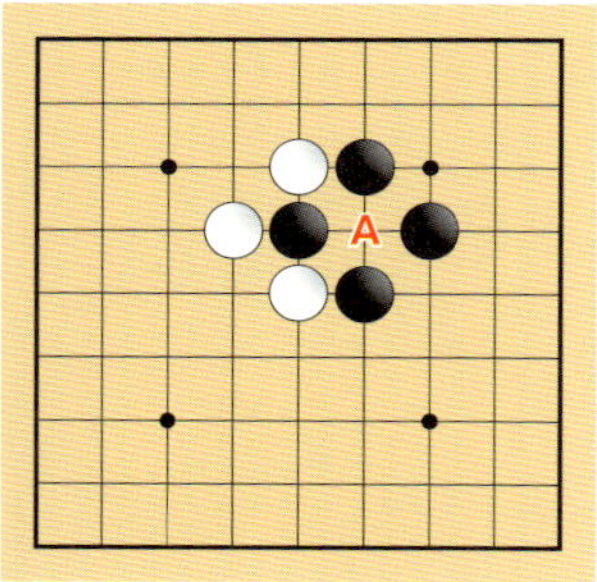

【図《ず》17】

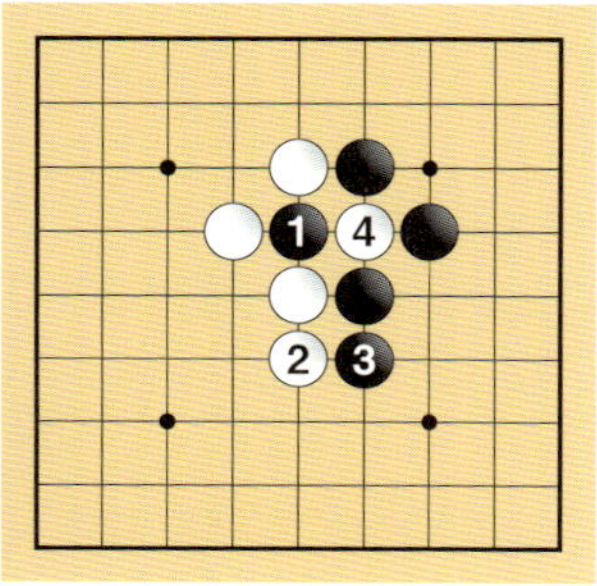

さあ、練習問題《れんしゅうもんだい》で試《ため》してみよう！

練習問題《れんしゅうもんだい》1（コウと似《に》た形《かたち》）

黒番《くろばん》です。△2子《し》がアタリになっています。この白《しろ》を取《と》ってもいいでしょうか。この形《かたち》はコウでしょうか？

【練習問題《れんしゅうもんだい》1】答《こた》えは次《つぎ》のページ

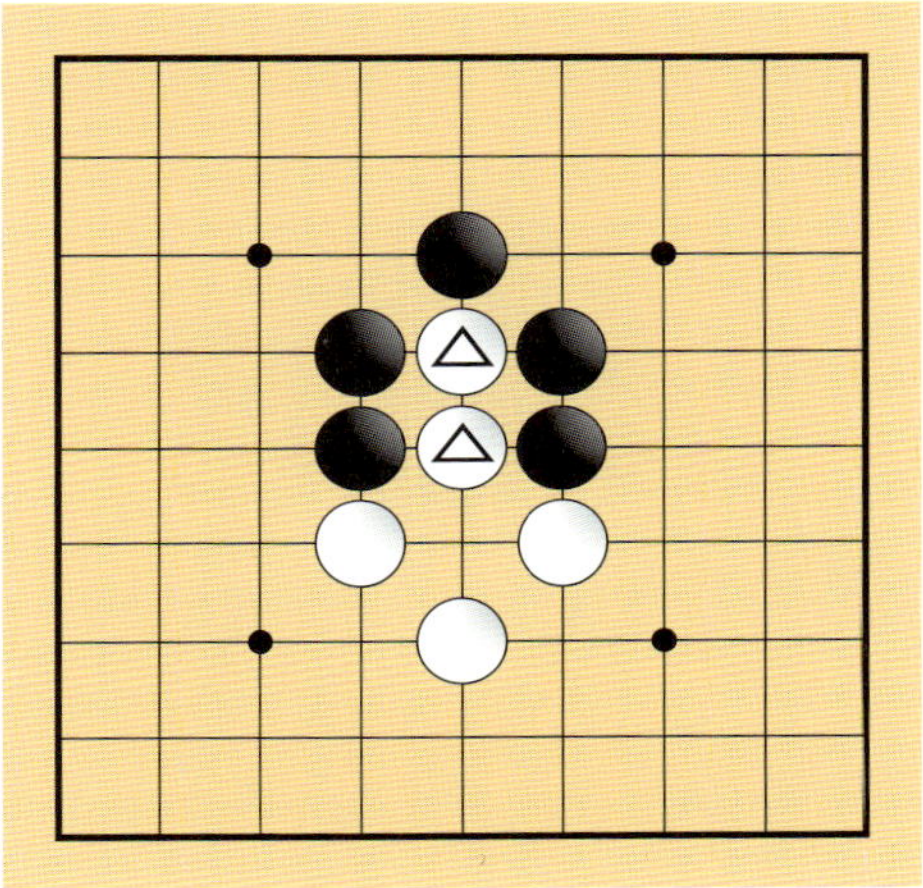

わかったつもりでも、問題《もんだい》を出《で》されると、すぐに答《こた》えが見《み》つからないのは、よくあること。繰《く》り返《かえ》し挑戦《ちょうせん》してみよう！

練習問題《れんしゅうもんだい》1の答《こた》え

【図《ず》1】 アタリですから、黒《くろ》❶と取《と》ってみましょう。相手《あいて》の石《いし》を取《と》れるときは、自分《じぶん》の石《いし》の呼吸点《こきゅうてん》がなくなっても、❶と打《う》っていいのでしたね。
「着手禁止《ちゃくしゅきんし》の例外《れいがい》」のルールを思《おも》い出《だ》してください。

【図《ず》2】 取《と》ったあとの形《かたち》です。
今度《こんど》は▲がアタリになっています。

【図《ず》3】 白《しろ》②と取《と》ってみます。

【図《ず》4】 取《と》ったあとの形《かたち》です。
問題図《もんだいず》とは違《ちが》う形《かたち》ですし、もう白《しろ》はアタリになっていませんので、繰《く》り返《かえ》されていません。これはコウではありません。

【図《ず》5】 問題図《もんだいず》をふり返《かえ》ります。取《と》る石《いし》が△のように2つ以上《いじょう》ですと、コウにはなりません。

【図《ず》1】
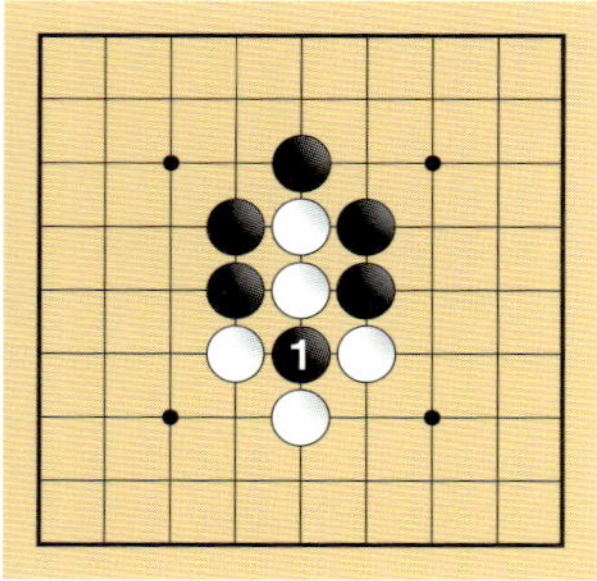

【図《ず》2】
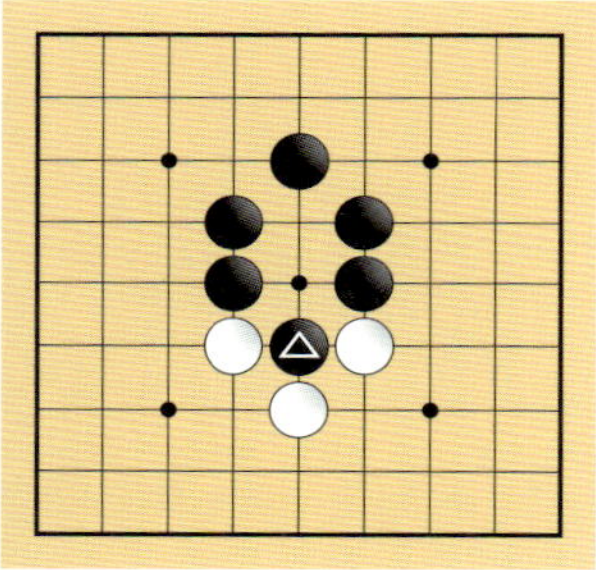

【図《ず》4】
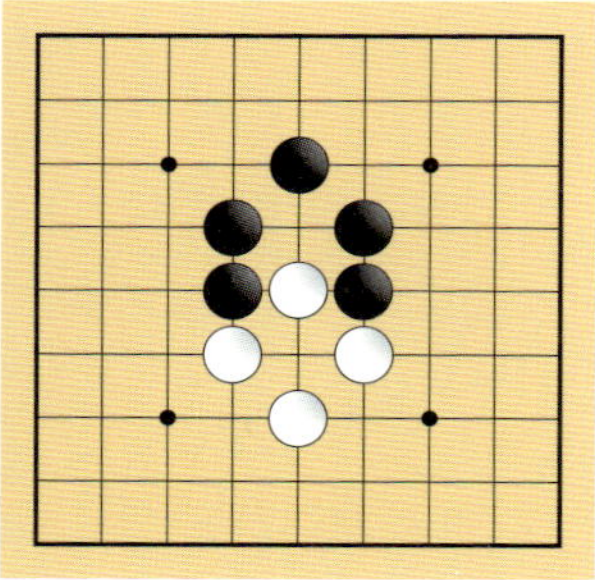

【図《ず》3】
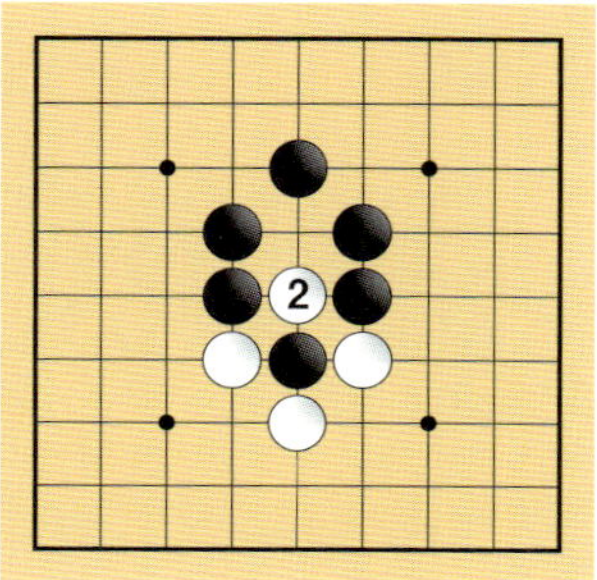

【図《ず》5】
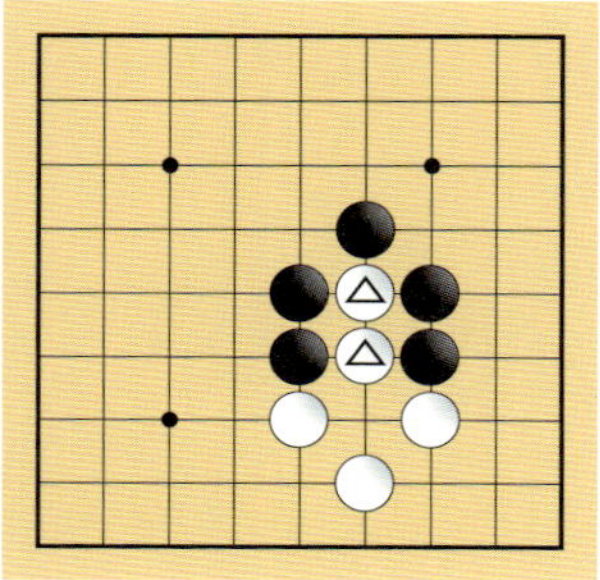

練習問題《れんしゅうもんだい》2（アタリを見《み》つける）

黒番《くろばん》です。白《しろ》がアタリになっている場所《ばしょ》があります。それを見《み》つけて、白《しろ》を取《と》る一手《いって》を考《かんが》えてください。

【練習問題《れんしゅうもんだい》2】答《こた》えは次《つぎ》のページ

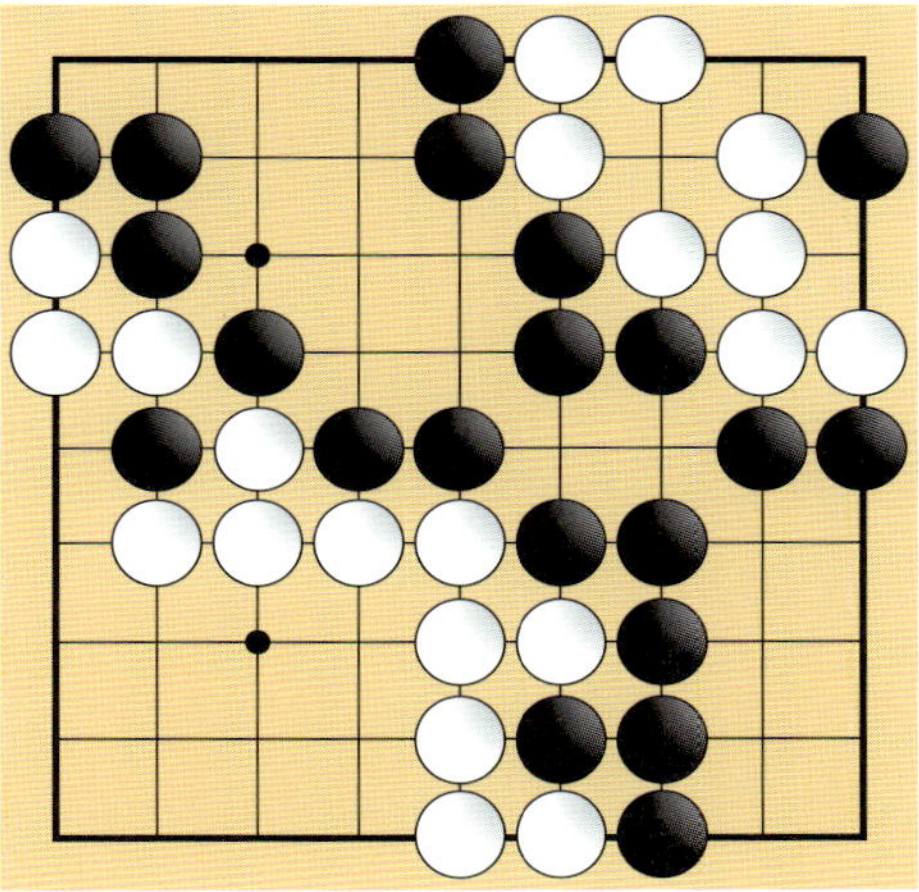

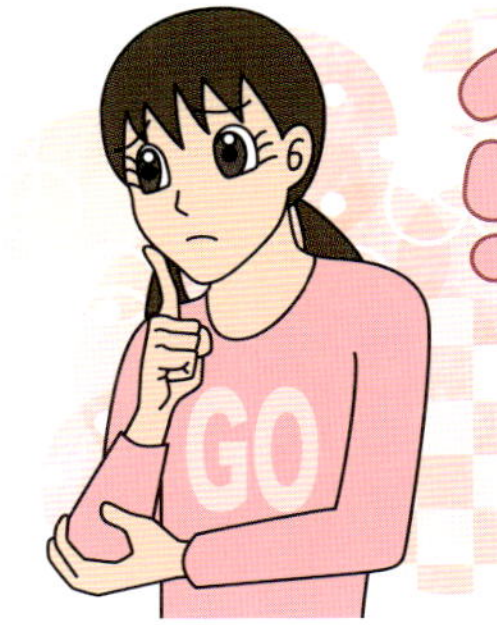

練習問題《れんしゅうもんだい》3（アタリを見《み》つける）

黒番《くろばん》です。そろそろ終局《しゅうきょく》ですが、終《お》わりにしていいでしょうか。何《なに》か手段《しゅだん》は残《のこ》っていませんか。

【練習問題《れんしゅうもんだい》3】答《こた》えは次《つぎ》のページ

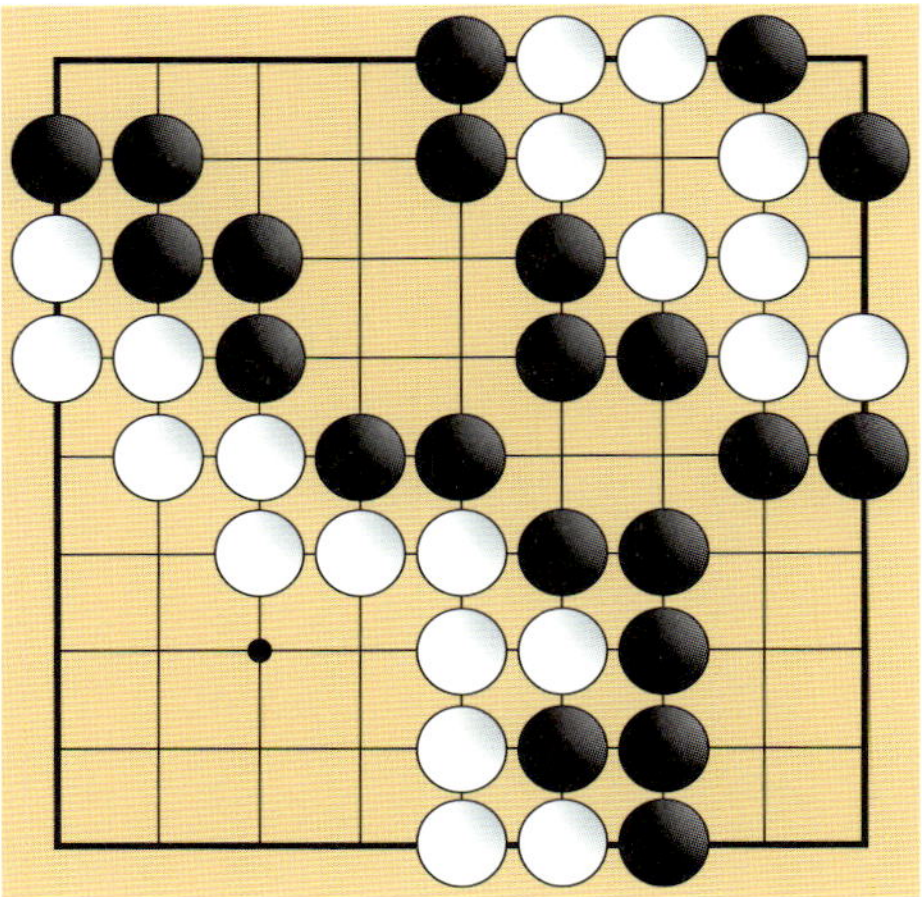

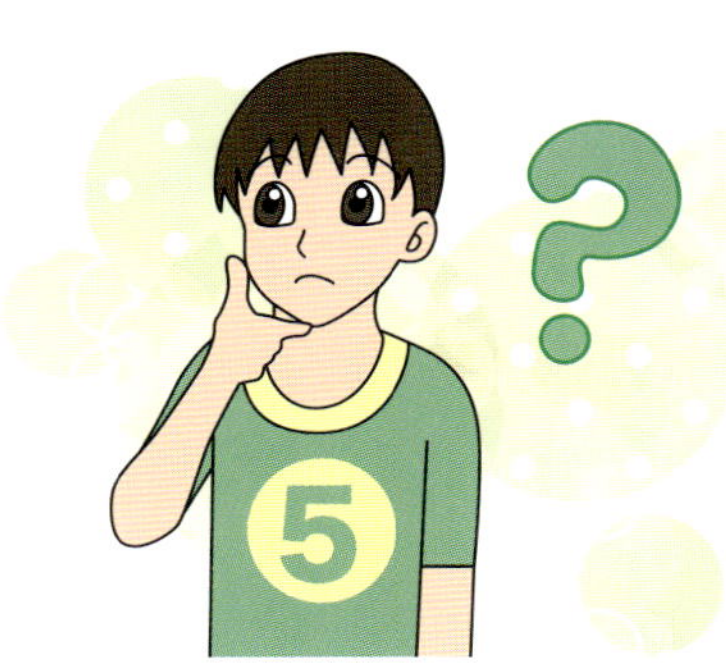

練習問題《れんしゅうもんだい》2の答《こた》え

【正解図《せいかいず》】　黒《くろ》❶で白《しろ》3子《し》が取《と》れるのに気《き》がつきましたか。

【正解図続《せいかいずつづ》き】　取《と》ったあとです。黒地《くろじ》が増《ふ》えました。黒《くろ》は地《じ》が3目《もく》増《ふ》えただけではありません。取《と》った白石《しろいし》3目《もく》を終局後《しゅうきょくご》に、相手《あいて》の地《じ》に埋《う》めることができます。

石《いし》を取《と》ると、取《と》った石数《いしすう》の倍以上《ばいいじょう》、得《とく》することになります。

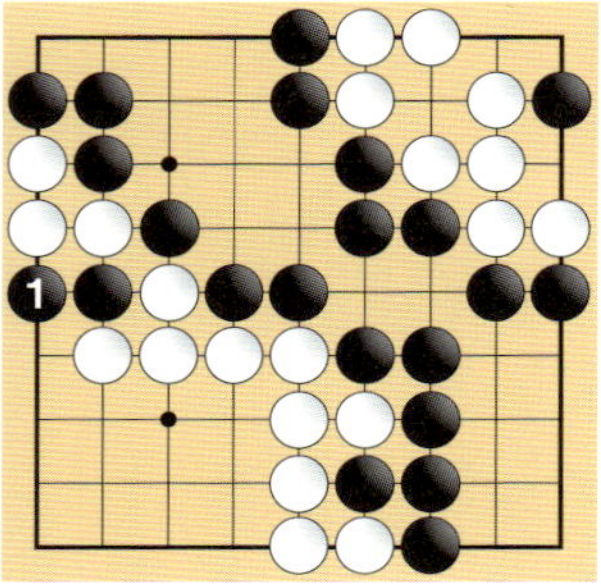

【正解図《せいかいず》】

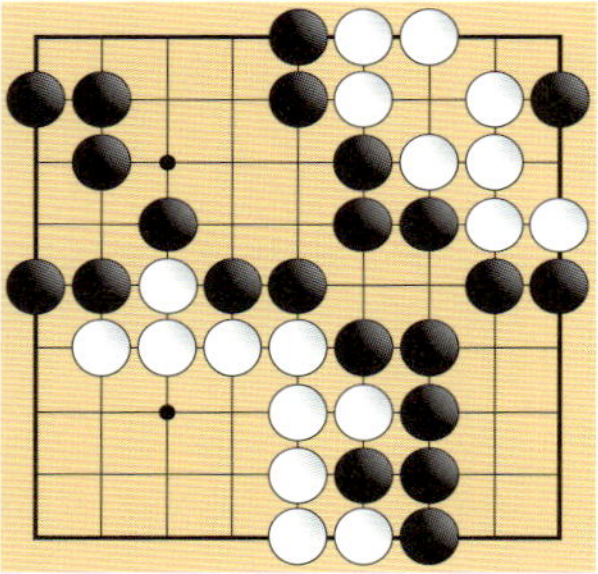

【正解図続《せいかいずつづ》き】

練習問題《れんしゅうもんだい》3の答《こた》え

【正解図《せいかいず》】　白《しろ》3子《し》がアタリになっていたのに気《き》がつきましたか。黒《くろ》❶で取《と》れました。

【正解図続《せいかいずつづ》き】　取《と》ったあとです。

△5子《し》はどうなっているでしょうか。△もアタリになっていますね。△はもう逃《に》げることはできないので、このままで死《し》んでいます。死《し》んだ石《いし》は終局《しゅうきょく》したら、そのまま盤上《ばんじょう》から取《と》り除《のぞ》かれます。

△は白地《しろじ》に埋《う》めて勘定《かんじょう》します。

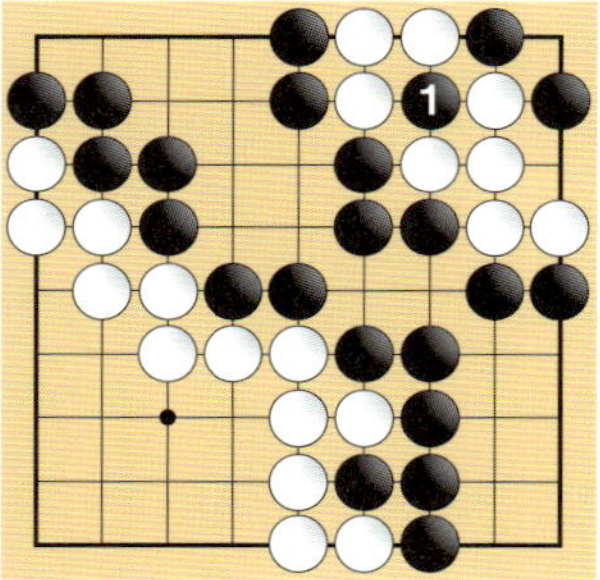

【正解図《せいかいず》】

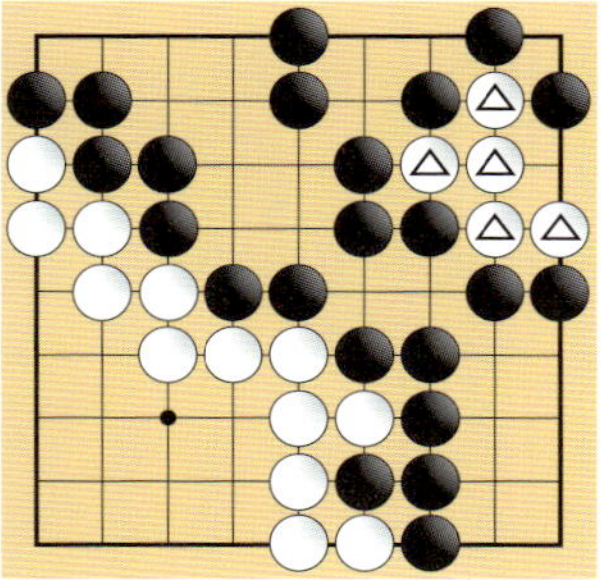

【正解図続《せいかいずつづ》き】

練習問題《れんしゅうもんだい》4（終局《しゅうきょく》を見《み》きわめる）

黒番《くろばん》です。もう終局《しゅうきょく》ですか。「終《お》わりですか」といって、パスしてもいいですか。

【練習問題《れんしゅうもんだい》4】答《こた》えは次《つぎ》のページ

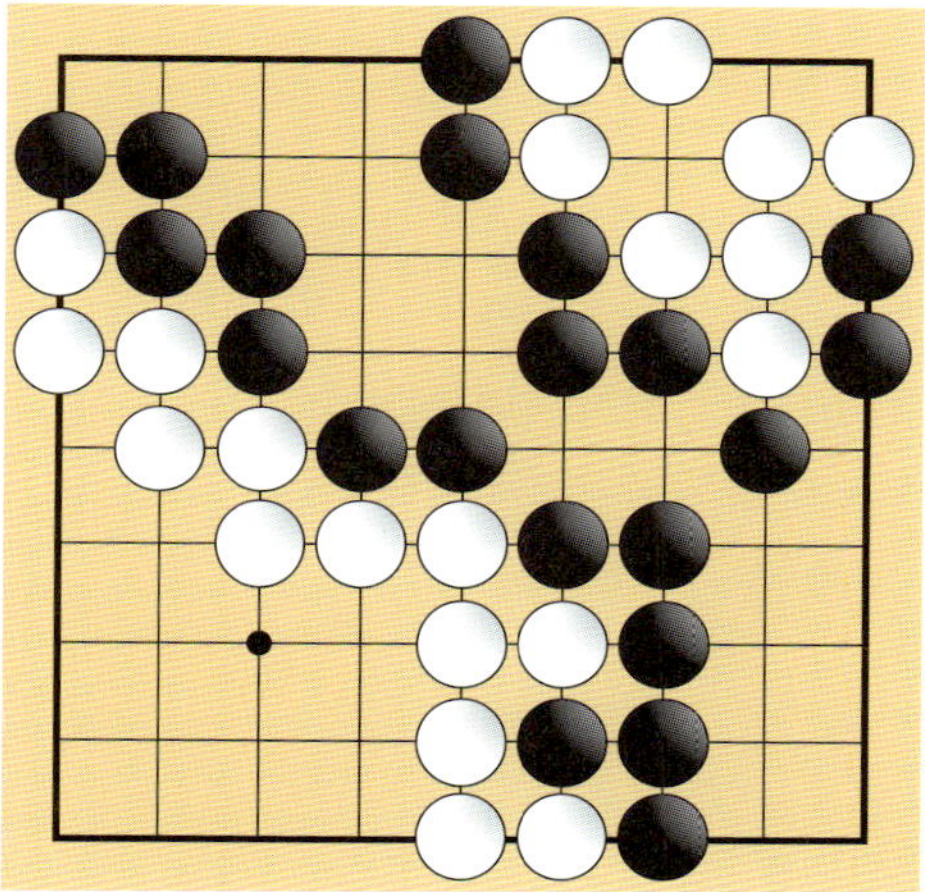

練習問題《れんしゅうもんだい》5（終局《しゅうきょく》を見《み》きわめる）

白番《しろばん》です。終《お》わりに近《ちか》づいている局面《きょくめん》です。どこに打《う》ったらいいでしょうか。

【練習問題《れんしゅうもんだい》5】答《こた》えは次《つぎ》のページ

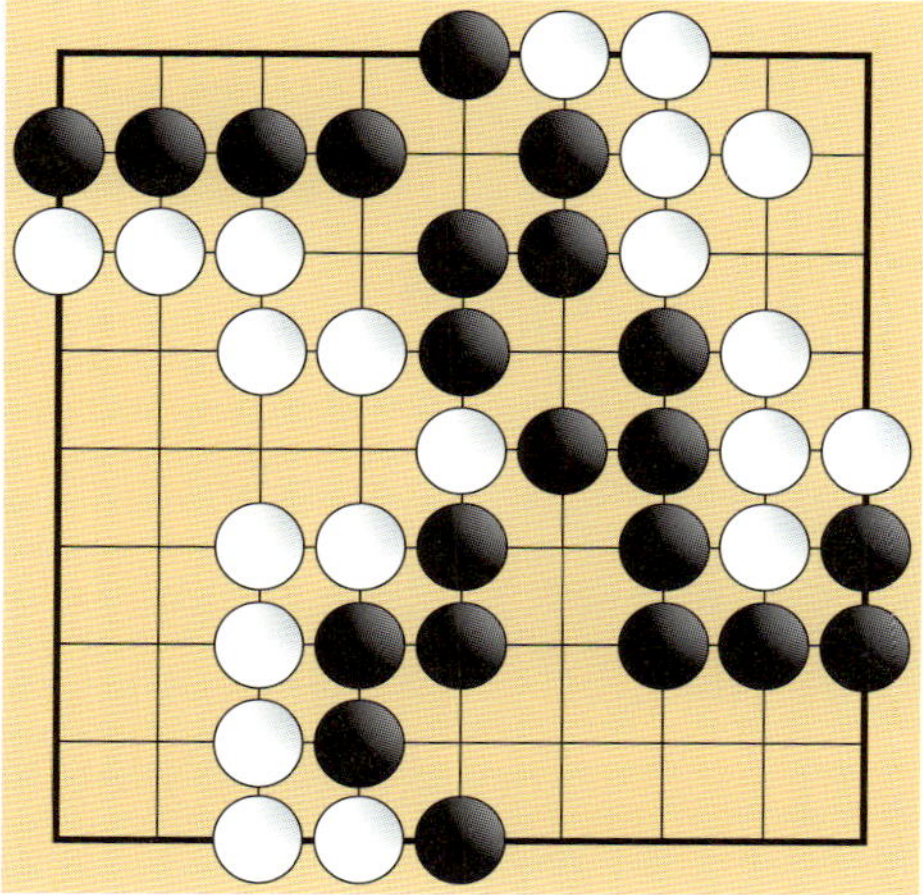

練習問題《れんしゅうもんだい》4の答《こた》え

【正解図《せいかいず》】黒《くろ》2子《し》がアタリになっていました。黒《くろ》❶とつないで、終局《しゅうきょく》です。

【失敗図《しっぱいず》】終《お》わりだと思《おも》うとパスして、白番《しろばん》になるので、▲が取《と》られてしまいます。

アタリに気《き》がつくかどうかは、勝負《しょうぶ》の分《わ》かれ目《め》になることが多《おお》いよ。目《め》を皿《さら》のようにして探《さが》そう！

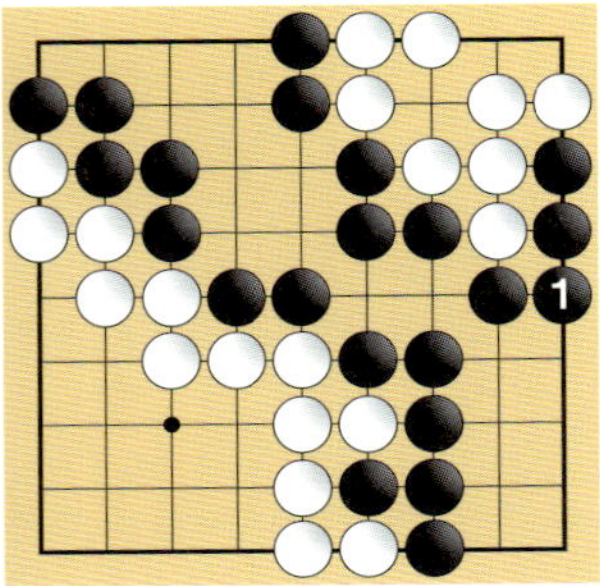
1
【正解図《せいかいず》】

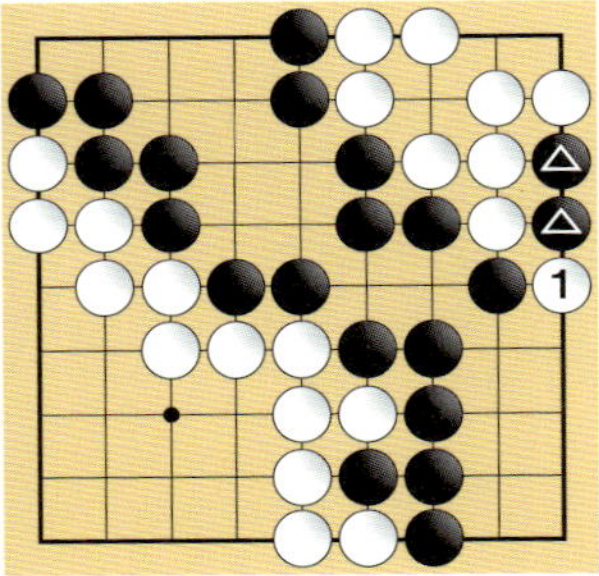
1
【失敗図《しっぱいず》】

練習問題《れんしゅうもんだい》5の答《こた》え

【正解図《せいかいず》】白《しろ》1子《し》がアタリだったのに気《き》がつけば、白《しろ》①とツイで終《お》わりです。Aはダメです。続《つづ》いて黒《くろ》がAとダメを詰《つ》めて、終局《しゅうきょく》となります。整地《せいち》をして地《じ》を数《かぞ》える作業《さぎょう》に入《はい》ります。

【失敗図《しっぱいず》】白《しろ》①とダメを詰《つ》めると、黒《くろ》❷と取《と》られて地《じ》が減《へ》ってしまいます。

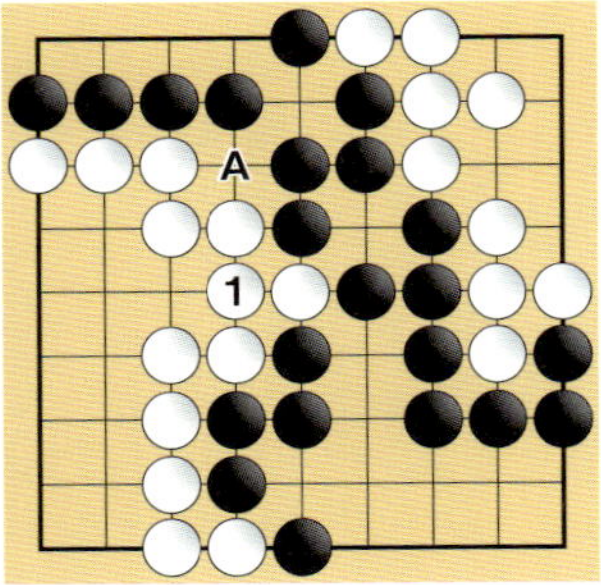
A
1
【正解図《せいかいず》】

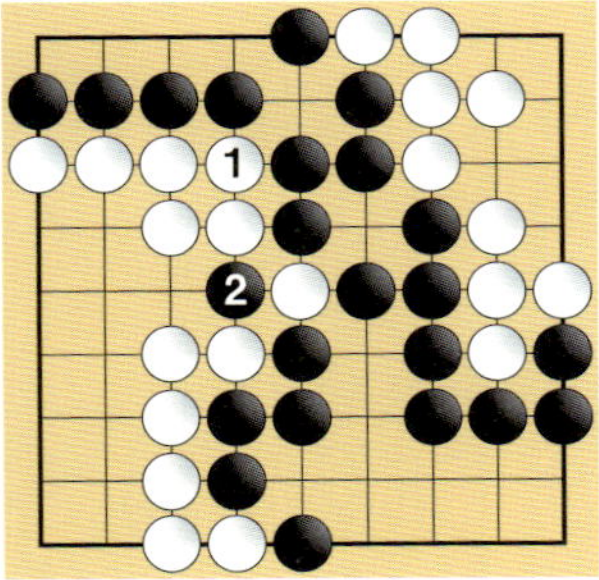
1
2
【正解図続《せいかいずつづ》き】

どちらの地《じ》でもないところを「ダメ」というのでしたね

練習問題《れんしゅうもんだい》6（終局《しゅうきょく》を見《み》きわめる）

黒番《くろばん》です。AとB、どちらに打《う》ちますか。

どちらかはダメで、どちらかは得《とく》することができます。

【練習問題《れんしゅうもんだい》6】 答《こた》えは次《つぎ》のページ

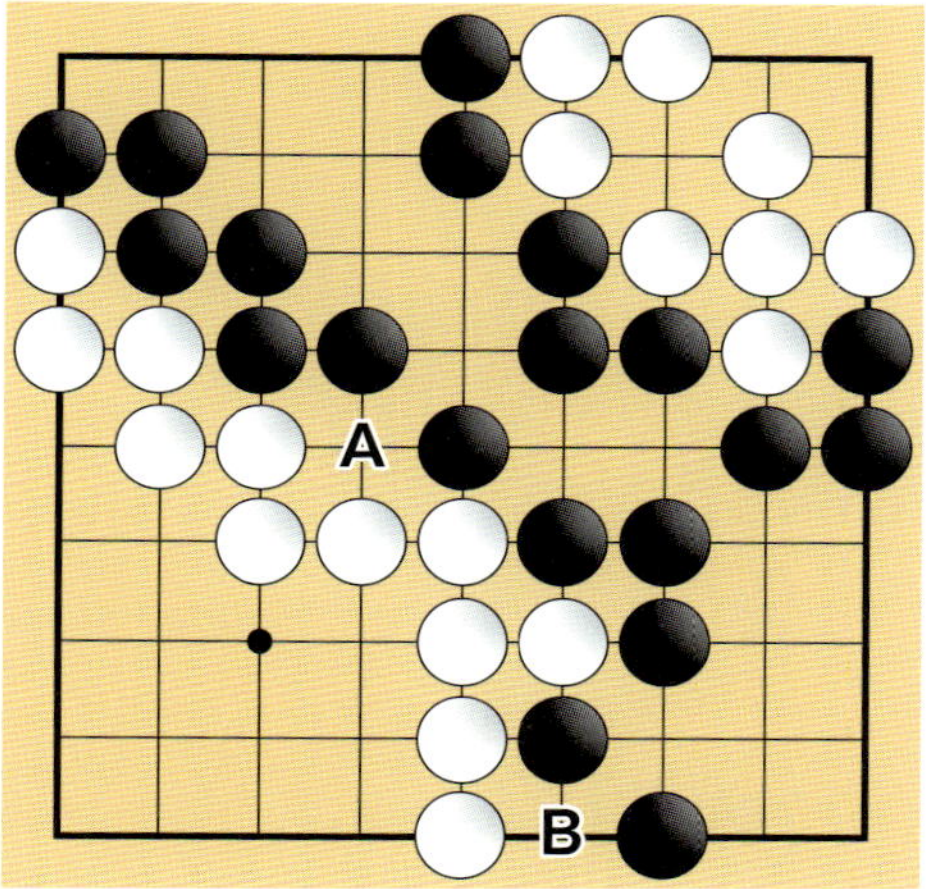

練習問題《れんしゅうもんだい》7（アタリを見《み》つける）

黒番《くろばん》です。アタリを見《み》つけてください。

アタリの石《いし》はひとつだけではありませんよ。

どこに打《う》ちますか。

【練習問題《れんしゅうもんだい》7】 答《こた》えは次《つぎ》のページ

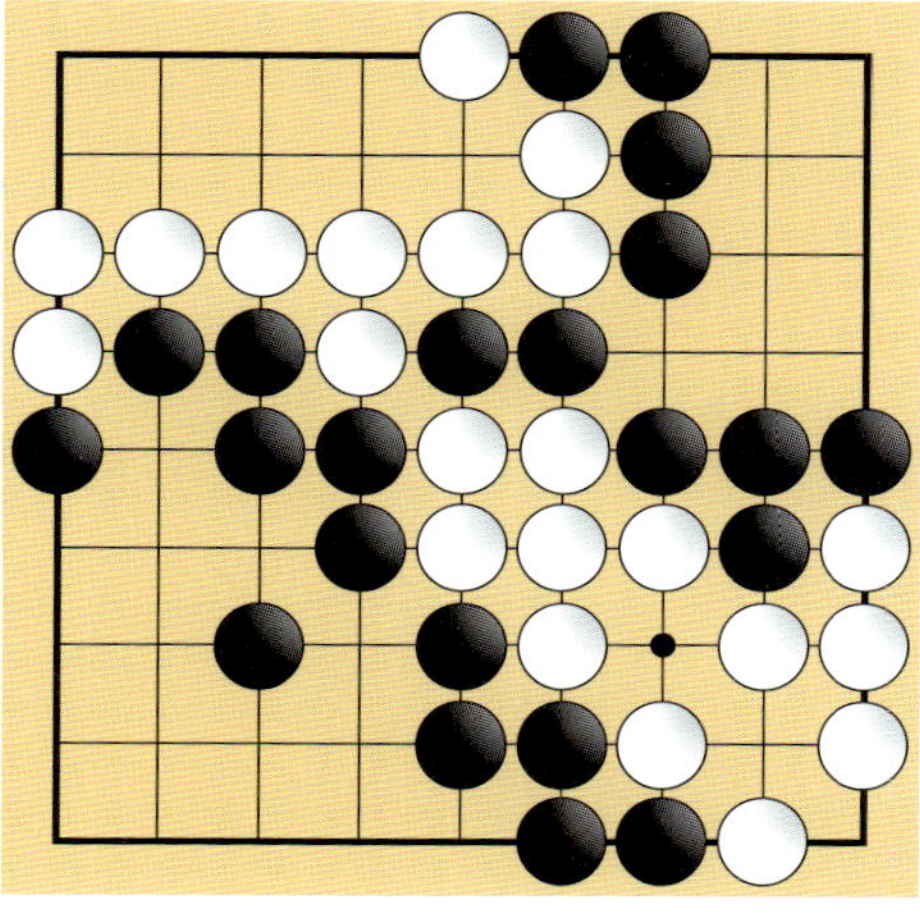

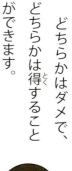

練習問題《れんしゅうもんだい》6の答《こた》え

【正解図《せいかいず》】　黒《くろ》❶と打《う》つのが得《とく》な一手《いって》です。＋が地《じ》になっています。白《しろ》が②とダメを打《う》って終局《しゅうきょく》となります。

【失敗図《しっぱいず》】　黒《くろ》❶とダメを打《う》ってしまうと、白《しろ》②とアテられ、黒《くろ》❸で地《じ》が1目《もく》減《へ》ります。右下《みぎした》の黒地《くろじ》を数《かぞ》えてみましょう。8目《もく》ですね。正解図《せいかいず》の右下《みぎした》の黒地《くろじ》は9目《もく》。地《じ》を損《そん》したのがわかりますか。

【正解図《せいかいず》】
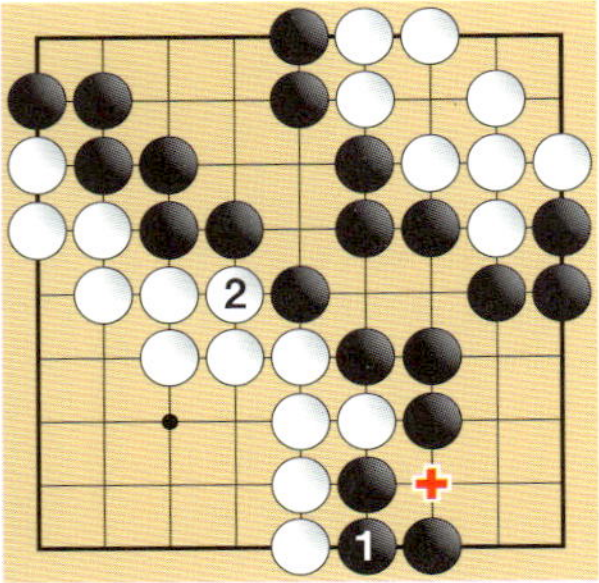

2
1

【失敗図《しっぱいず》】
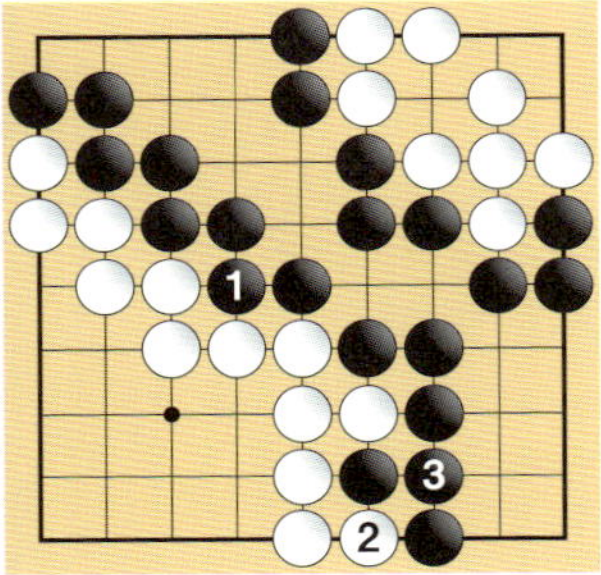

1
3
2

練習問題《れんしゅうもんだい》7の答《こた》え

【失敗図《しっぱいず》】　黒《くろ》2子《し》のアタリに気《き》がついて黒《くろ》❶とツグのでは、白《しろ》②で逃《に》げられてしまいます。

【正解図《せいかいず》】　白《しろ》6子《し》がアタリですので、黒《くろ》❶と抜《ぬ》きます。大《おお》きなアタリは見逃《みのが》しやすいので、気《き》をつけましょう。

白《しろ》6を取《と》っちゃえば、
黒《くろ》はアタリをつなぐ
必要《ひつよう》もなくなるわね
GO

【失敗図《しっぱいず》】
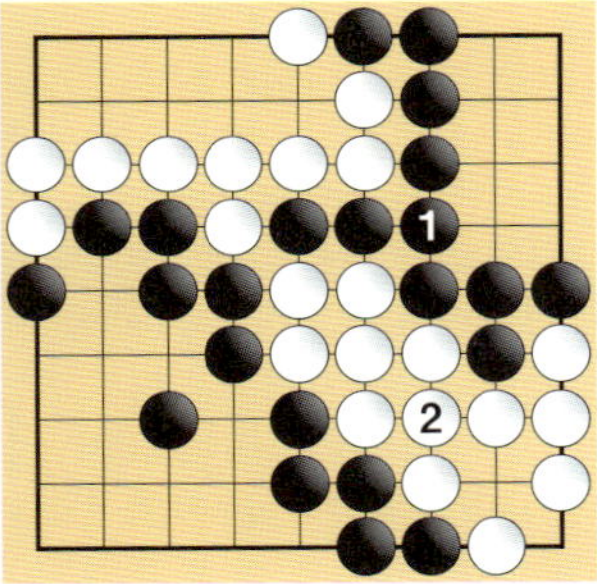

1
2

【正解図《せいかいず》】
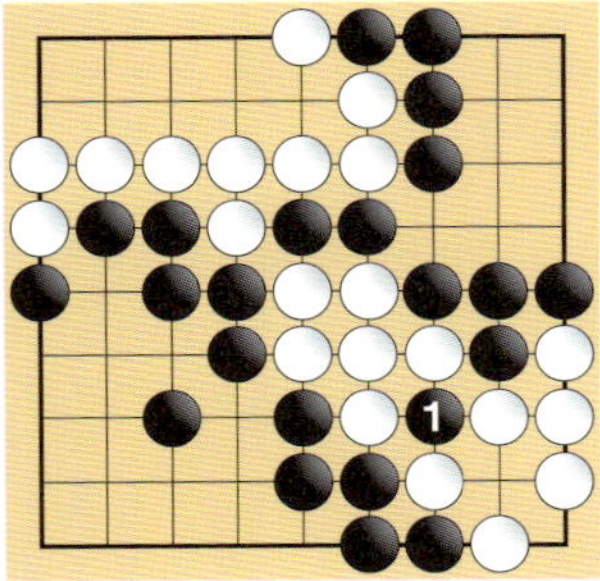

1

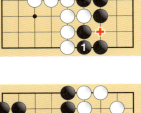

大切《たいせつ》なマナー1

囲碁《いご》は、打《う》ってくれる相手《あいて》があってこそ楽《たの》しめるゲームです。お互《たが》い気持《きも》ちよく対局《たいきょく》できるよう、マナーが大切《たいせつ》です。

① あいさつをしよう

対局《たいきょく》をする前《まえ》には、「お願《ねが》いします」。対局《たいきょく》が終《お》わったら、「ありがとうございました」と、頭《あたま》を下《さ》げてあいさつをしましょう。

おねがい
します

② 打《う》つところが決《き》まってから、石《いし》を持《も》とう

石《いし》を持《も》ちながら考《かんが》えるのは、よくありません。ましてや、石《いし》をじゃらじゃら音《おと》をさせるのも失礼《しつれい》です。考《かんが》えが決《き》まってから石《いし》を持《も》ち、すぐ打《う》ちましょう。石《いし》を持《も》って、「どこに打《う》とうかな」などと盤上《ばんじょう》で手《て》をぐるぐると回《まわ》すこともいけませんよ。

③ 人《ひと》が打《う》っている碁《ご》に口出《くちだ》ししない

他《ほか》の人《ひと》が打《う》っている碁《ご》に対《たい》して、教《おし》えたり、口出《くちだ》ししてはいけません。黙《だま》って見《み》ていましょう。対局《たいきょく》が終《お》わったら、声《こえ》をかけてもかまいません。

④ 盤《ばん》の上《うえ》に碁石《ごいし》、碁笥《ごけ》以外《いがい》のものは置《お》かない

道具《どうぐ》を大切《たいせつ》にしましょう。碁盤《ごばん》の上《うえ》に碁石《ごいし》や碁笥《ごけ》以外《いがい》のものを置《お》いてはいけません。盤《ばん》の上《うえ》でものを書《か》いたり、お弁当《べんとう》を食《た》べるなども、やってはいけません。

一度置《いちどお》いた石《いし》を
動《うご》かすのは、
ルール違反《いはん》だよ

上達《じょうたつ》するためのアドバイス

囲碁《いご》の勝負《しょうぶ》に強《つよ》くなるためには、たくさん練習《れんしゅう》することがまず大事《だいじ》です。そのほかに、心《こころ》がけるといいことがあります。

① 姿勢《しせい》良《よ》く対局《たいきょく》する

背筋《せすじ》を伸《の》ばしていい姿勢《しせい》で打《う》つことで、碁盤全体《ごばんぜんたい》を見《み》ることができます。そうすることで、大局観《たいきょくかん》(30・31ページ参照《さんしょう》)が身《み》につきます。

② プロの碁《ご》を並《なら》べよう

いい音楽《おんがく》を聴《き》いたり、すばらしい絵《え》を見《み》るのと同《おな》じように、プロの碁《ご》を並《なら》べることは、基本的《きほんてき》な勉強法《べんきょうほう》です。はじめのうちは意味《いみ》が分《わ》からないかもしれませんが、気《き》にせず並《なら》べましょう。大切《たいせつ》なのは「こんな手《て》が打《う》ちたい」「強《つよ》くなりたい」という思《おも》いで並《なら》べることです。強《つよ》い気持《きも》ちを「信念《しんねん》」といいます。

③「できる」ように繰《く》り返《かえ》す

「わかる」と「できる」はまったく違《ちが》います。たとえば、みなさんはお箸《はし》を持《も》つときに、何《なに》も考《かんが》えずにぱっとできるでしょう? それが「できる」ことなのです。でも最初《さいしょ》のときは、持《も》ち方《かた》を教《おし》えてもらい、失敗《しっぱい》しながらできるようになったと思《おも》います。囲碁《いご》もこの本《ほん》を読《よ》めば、「わかる」ようになりますが、「できる」ようになるためには、繰《く》り返《かえ》し練習《れんしゅう》するしかありません。何度《なんど》も本《ほん》の通《とお》りに並《なら》べたり、たくさん対局《たいきょく》したりしましょう。

④ 親孝行《おやこうこう》をしよう

碁《ご》の強《つよ》い人《ひと》は、みんな親孝行《おやこうこう》です。私《わたし》もお父《とう》さん、お母《かあ》さんを大事《だいじ》にしています。親孝行《おやこうこう》や人《ひと》に親切《しんせつ》にすると、人間《にんげん》として成長《せいちょう》し、碁《ご》も強《つよ》くなるのだと、私《わたし》は信《しん》じています。

第《だい》二《に》章《しょう》

勝《か》つために大切《たいせつ》なこと

地《じ》は最後《さいご》に多《おお》ければいい

囲碁《いご》は地《じ》が多《おお》い方《ほう》が勝《か》ちのゲームです。

しかし、最初《さいしょ》から地《じ》ばかり取《と》ろうと打《う》つと、必《かなら》ず負《ま》けるようにできているのです。


【図《ず》1】10手《て》まで進行《しんこう》した状況《じょうきょう》です。

ぱっと見《み》て、黒《くろ》と白《しろ》、どちらがいい形《かたち》でしょうか。

白《しろ》は5手《て》全部《ぜんぶ》をかけて左上《ひだりうえ》に確定地《かくていじ》を作《つく》りました。対《たい》して黒《くろ》は右辺《うへん》から下辺《かへん》にかけて、全部地《ぜんぶじ》とはいえません。

これは黒《くろ》のほうが、形勢《けいせい》がいいのです。

白《しろ》が左上《ひだりうえ》に偏《かたよ》っているのに比《くら》べ、黒《くろ》はのびのびしています。

碁《ご》は地《じ》が多《おお》いほうが勝《か》ちですが、最後《さいご》に多《おお》ければいいのです。最初《さいしょ》から地《じ》ばかりを作《つく》る必要《ひつよう》はありません。

では何《なに》を目標《もくひょう》に打《う》っていけばいいのでしょうか。


それは石《いし》を働《はたら》かせることです。石《いし》が働《はたら》いているのをいい形《かたち》、美《うつく》しい形《かたち》（好形《こうけい》）といいます。

逆《ぎゃく》に石《いし》が働《はたら》いていない、効率《こうりつ》の悪《わる》い形《かたち》を、悪《わる》い形《かたち》（悪形《あくけい》）、愚形《ぐけい》といいます。


【図《ず》1】

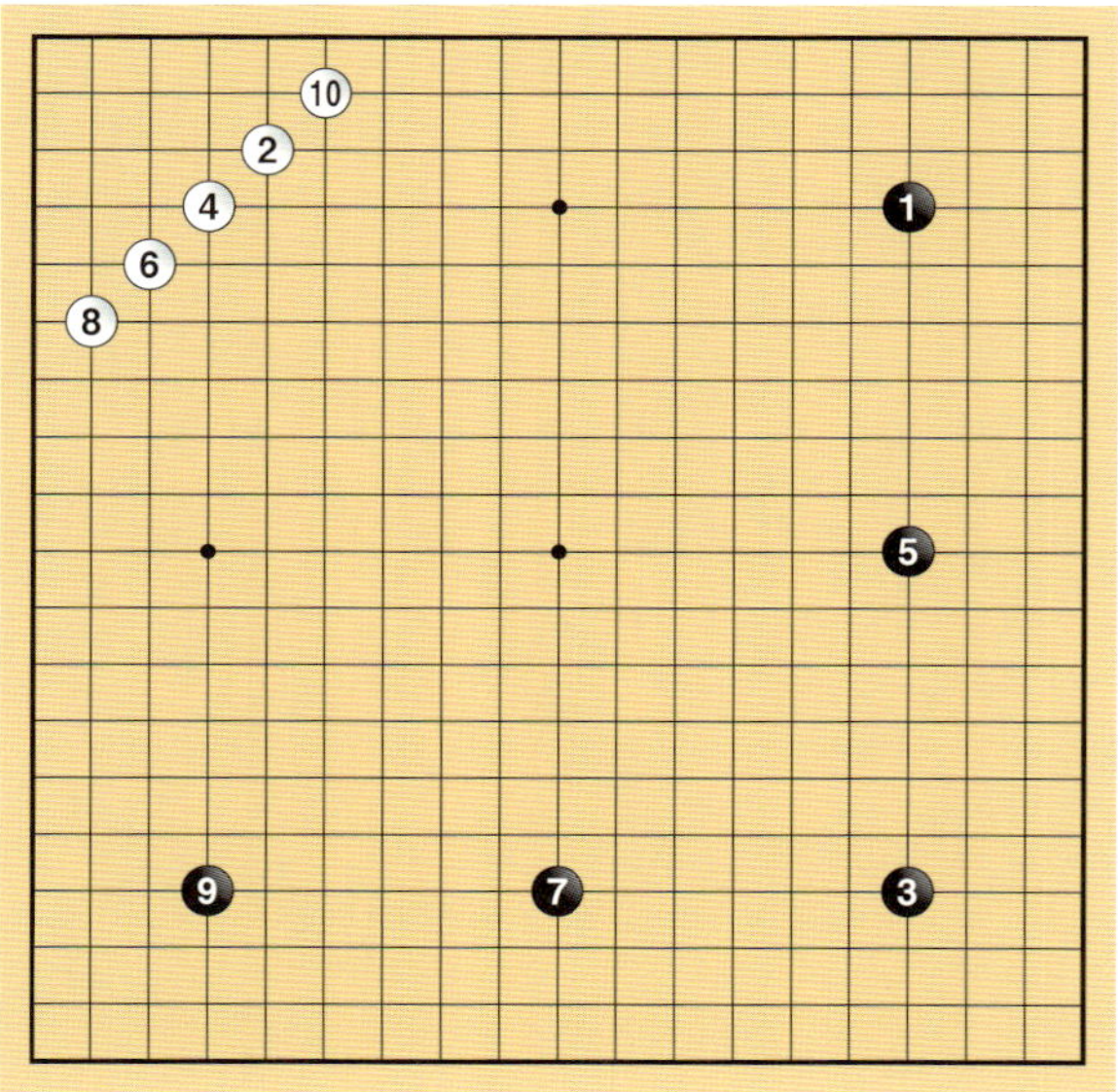

石《いし》の働《はたら》きをよくしよう

【図《ず》1】 黒地《くろじ》の中《なか》に、白《しろ》が17子《し》取《と》られています。たくさん取《と》られていて、白《しろ》が負《ま》けそうな状況《じょうきょう》でしょうか。隠《かく》れている盤《ばん》の状況《じょうきょう》はどうなっているかを考《かんが》えてみてください。下辺《かへん》で黒《くろ》は17子《し》多《おお》いので、その分《ぶん》、白《しろ》が17子《し》、上辺《じょうへん》にあるはずです。

【図《ず》2】 さて、種明《たねあ》かしです。中央《ちゅうおう》から上辺《じょうへん》がこうなっていたらほぼ白地《しろじ》。白《しろ》が圧倒的《あっとうてき》に有利《ゆうり》なことがわかるでしょう。白《しろ》が効率《こうりつ》よく、働《はたら》いたところに打《う》たれているからです。

【図《ず》1】

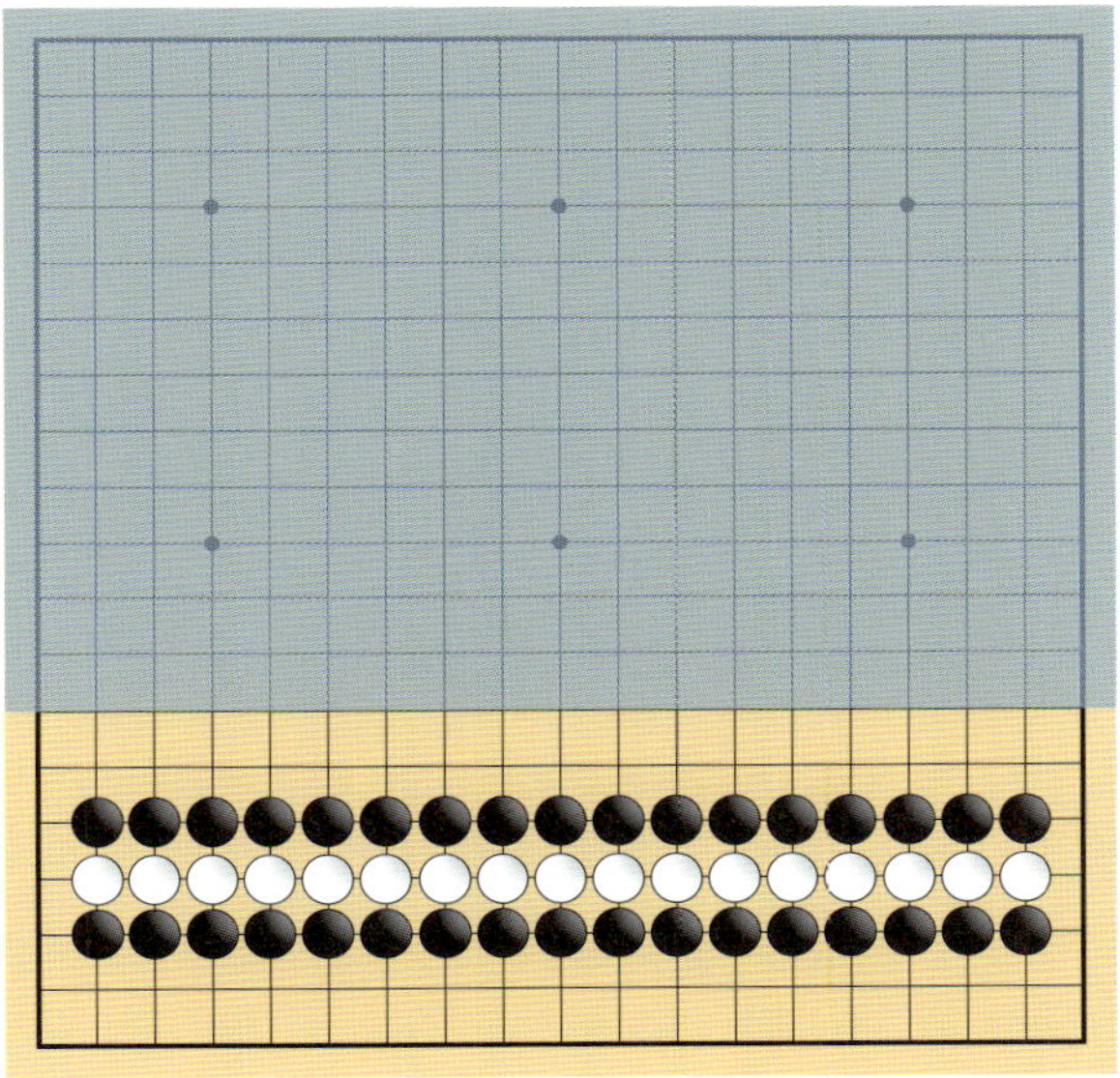

【図《ず》2】

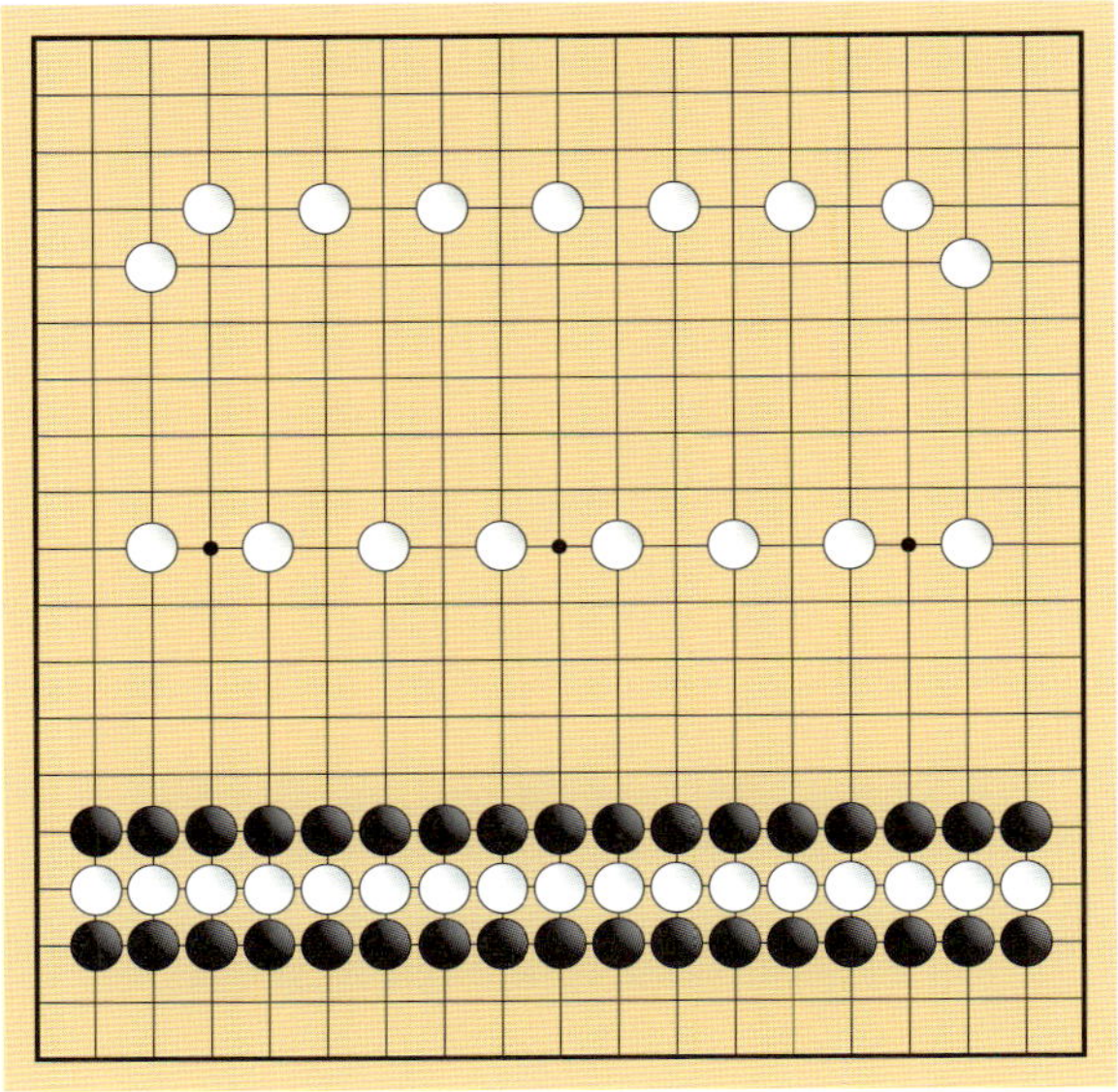

【図《ず》3】 では、問題《もんだい》です。白《しろ》2子《し》を囲《かこ》んで取《と》るには、黒石《くろいし》はどこに何子《なんし》必要《ひつよう》でしょうか。

【図《ず》4】 簡単《かんたん》ですね。黒《くろ》6子《し》でこのように囲《かこ》めば、白《しろ》2子《し》を取《と》ることができます。

【図《ず》3】

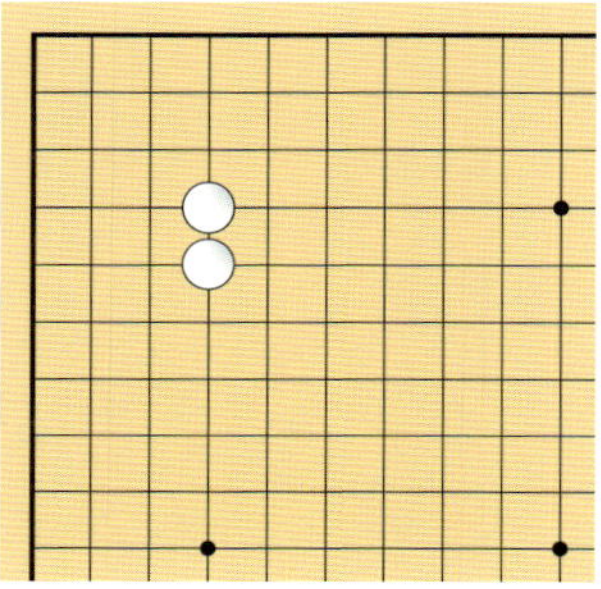

【図《ず》4】

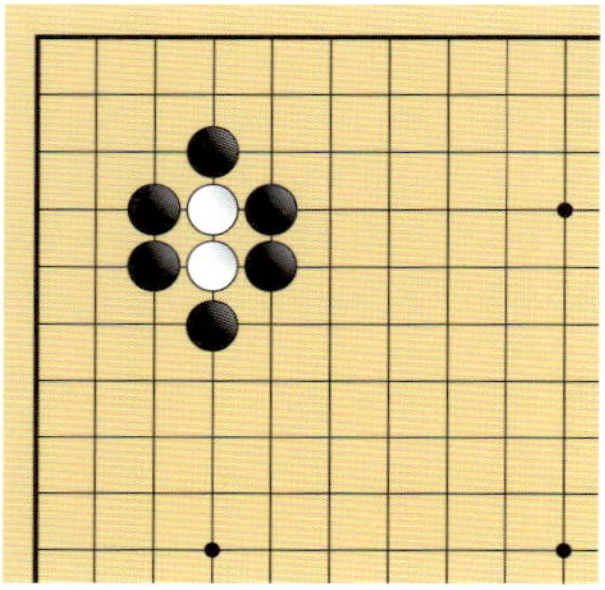

【図《ず》5】 この形《かたち》はどうでしょうか。これでも白《しろ》2子《し》を取《と》ることはできています。

しかし、図《ず》4に比《くら》べて黒石《くろいし》が4子《し》多《おお》く使《つか》われています。これが大《おお》きな違《ちが》いです。

△4子《し》はなくても白《しろ》を取《と》れてますから、△はいらない石《いし》ということです。

このいらない石《いし》、無《な》くてもいい石《いし》があるということは、無駄《むだ》な手《て》、働《はたら》きのない手《て》を打《う》ったということ。図《ず》4の黒《くろ》は効率《こうりつ》のいい形《かたち》で、図《ず》5の黒《くろ》は効率《こうりつ》の悪《わる》い形《かたち》といえるのです。

効率《こうりつ》のいい形《かたち》を目指《めざ》すことが、大切《たいせつ》なのです。

【図《ず》6】 黒《くろ》4子《し》がかたまって、効率《こうりつ》の悪《わる》い形《かたち》です。

【図《ず》7】 同《おな》じ4子《し》を使《つか》うなら、このほうが地《じ》になって効率《こうりつ》のいい形《かたち》といえます。

【図《ず》5】

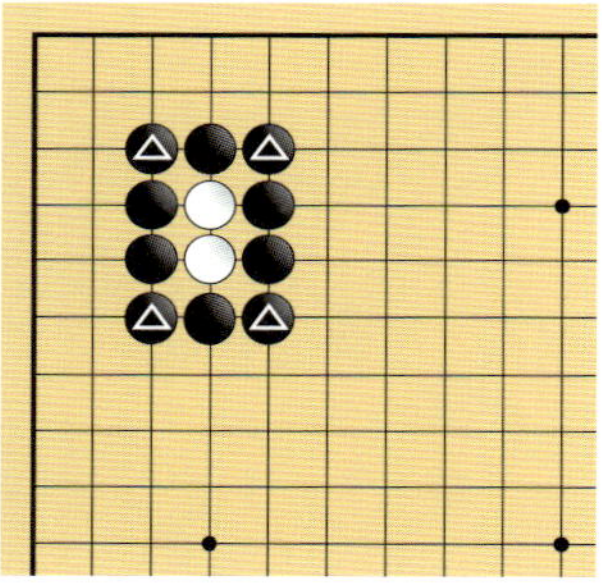

【図《ず》6】

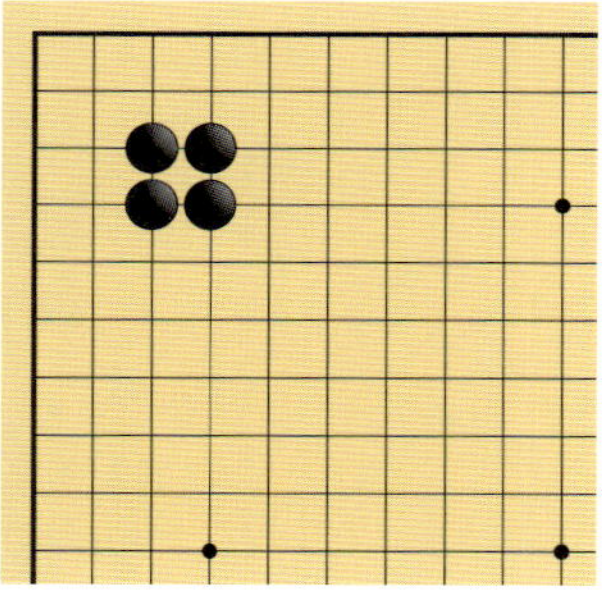

【図《ず》7】

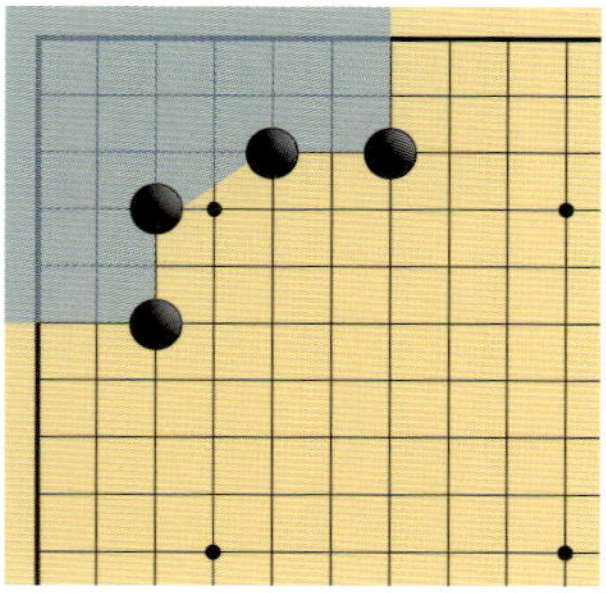

【図《ず》8】　それでは、練習問題《れんしゅうもんだい》です。

▲2子《し》はもう逃《に》げられません。取《と》られるにしても、しっかり働《はたら》いてもらい役目《やくめ》を果《は》たしてもらうようにしましょう。

石《いし》は取《と》ればいいというものではありません。うまく石《いし》を捨《す》てることで、石《いし》を働《はたら》かせることもできるのです。

相手《あいて》に無駄《むだ》な手《て》を打《う》たせて取《と》られれば、立派《りっぱ》に「捨《す》てた」ことになります。▲をうまく捨《す》てるにはどう打《う》ったらいいでしょうか。

【図《ず》9】　黒《くろ》❶とオサえれば、左辺方面《さへんほうめん》を止《と》めることができます。少《すこ》しは▲が役《やく》に立《た》ちました。

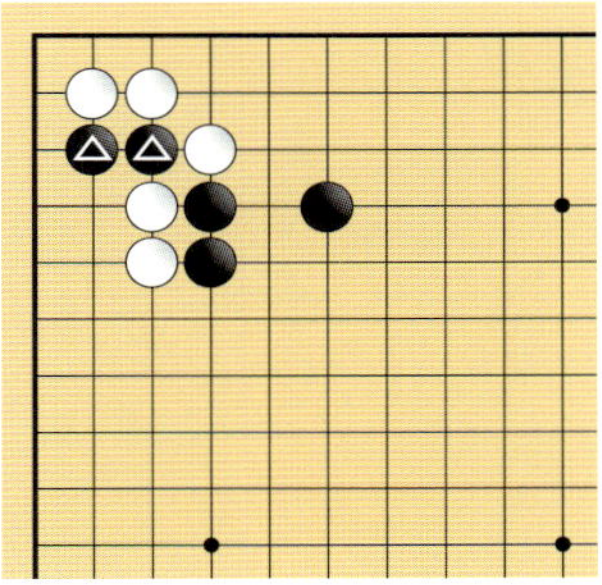

【図《ず》8】

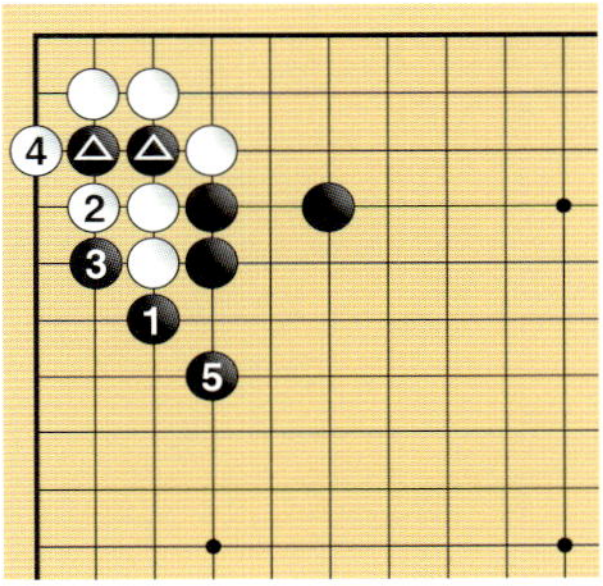

【図《ず》9】

しかしこれでは白《しろ》は無駄《むだ》な石《いし》を打《う》っていませんので、不十分《ふじゅうぶん》なのです。

【図《ず》10】　まず黒《くろ》❶とアタリにします。白《しろ》は②とツグでしょう。

【図《ず》11】　それから黒《くろ》❸とオサえ、❺とアテるのです。8図《ず》と比《くら》べると、黒《くろ》2子《し》を取《と》るために白《しろ》は△に余分《よぶん》に手間《てま》をかけていて、効率《こうりつ》が悪《わる》くなっています。

黒《くろ》は▲にあることで形《かたち》が整《ととの》いましたので、▲はプラスの効果《こうか》があります。

相手《あいて》に働《はたら》きのない手《て》を打《う》たせ、自分《じぶん》は働《はたら》く手《て》を打《う》っていけば、自然《しぜん》と勝《か》てるようになります。

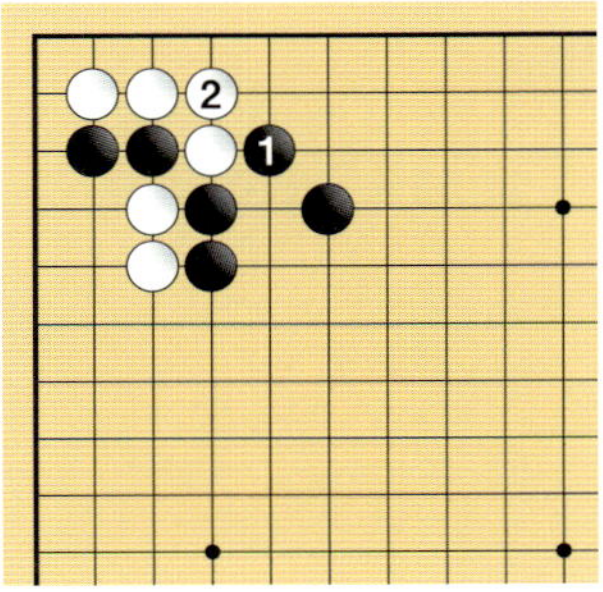

【図《ず》10】

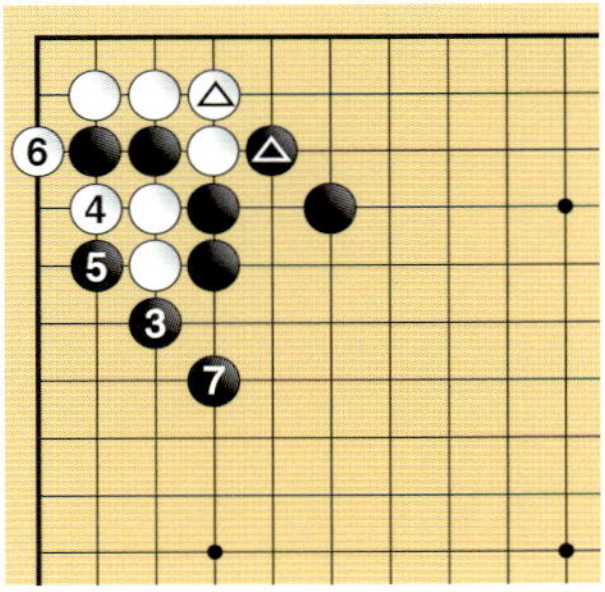

【図《ず》11】

いい形《かたち》と悪《わる》い形《かたち》

上達《じょうたつ》するためには、いい形《かたち》をたくさん身《み》につけることがとても重要《じゅうよう》です。最初《さいしょ》のうちは、打《う》ってはいけない悪《わる》い形《かたち》を覚《おぼ》え、打《う》たないように気《き》をつけることが大切《たいせつ》です。

【図《ず》1】　白《しろ》を取《と》ろうとして、▲とぺたぺたくっつけて打《う》つ人《ひと》をよく見《み》ますが、こういう取《と》り方《かた》をしていては、石《いし》は取《と》れません。

碁《ご》はかわりばんこに打《う》つので、黒《くろ》が6手《て》連続《れんぞく》で打《う》って囲《かこ》おうというのは無理《むり》な話《はなし》です。

この黒《くろ》は、真《ま》っ二《ぷた》つに分《わ》かれてしまっています。▲のケイマの形《かたち》が裂《さ》かれているので、「ケイマの突《つ》き出《だ》し」という名前《なまえ》がついています。典型的《てんけいてき》な悪《わる》い形《かたち》です。

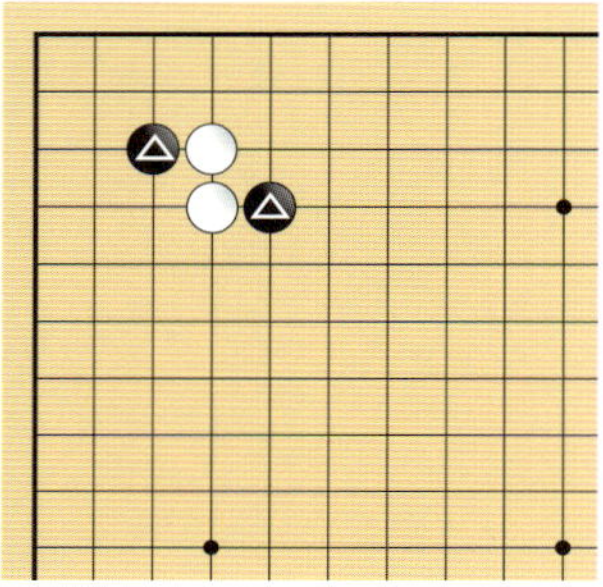

【図《ず》1】

【図《ず》2】　この黒《くろ》の形《かたち》は「コスミ」といいます。

コスミはつながっています。白《しろ》がaと来《き》ても黒《くろ》bと打《う》てばいいし、白《しろ》がbと来《く》れば黒《くろ》aと打《う》って連絡《れんらく》しています。

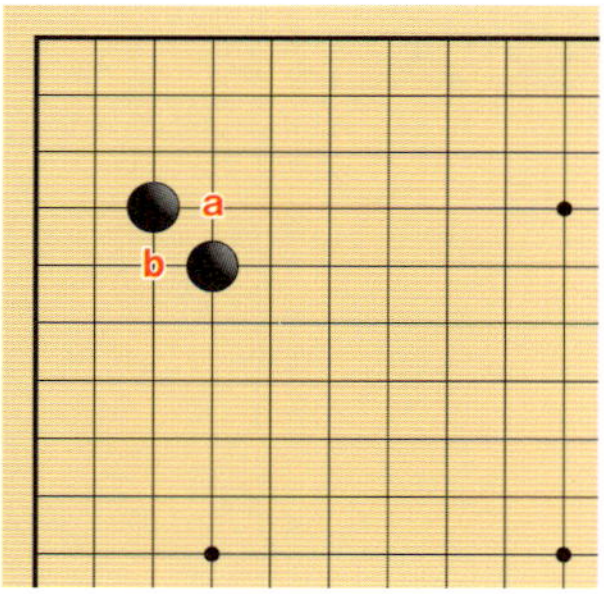

【図《ず》2】

【図《ず》3】　この黒《くろ》3子《し》は「空《あ》き三角《さんかく》」という悪《わる》い形《かたち》です。どうして悪《わる》いのかというと、コスミでつながっているのに、さらに▲と打《う》っていて、いらない一手《いって》がくっついているからです。▲の一手《いって》は、他《ほか》にあったほうがより働《はたら》くでしょう。無駄《むだ》な石《いし》があると効率《こうりつ》の悪《わる》い形《かたち》になります。

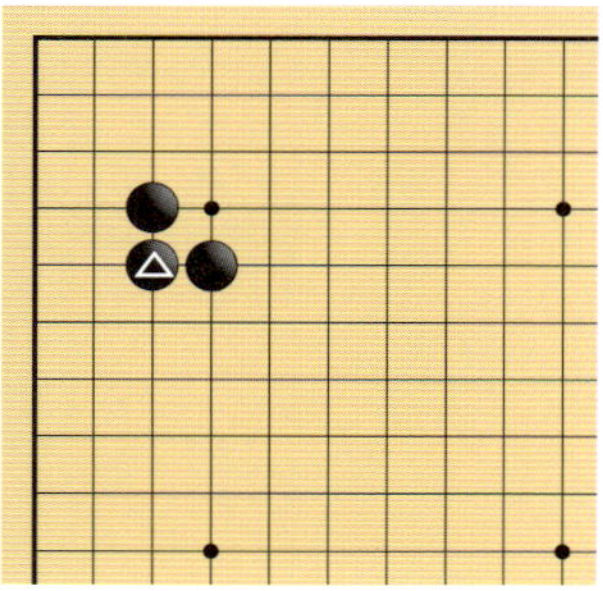

【図《ず》3】

【図《ず》4】では練習問題《れんしゅうもんだい》です。

白《しろ》が①とコスみました。△と△はもう、つながることはできません。黒《くろ》はどう打《う》ちますか。

【図《ず》5】黒《くろ》❷と打《う》つのは、白《しろ》③と打《う》たれ、自分《じぶん》で悪《わる》い形《かたち》にしています。

△と❷の関係《かんけい》をよく見《み》てください。「ケイマの突《つ》き出《だ》し」の悪形《あくけい》になっています。

ケイマの突《つ》き出《だ》しにならないように気《き》をつけなければいけません。

黒《くろ》は❷と打《う》ったあと、白《しろ》③のところにも打《う》てれば白《しろ》を囲《かこ》めて最高《さいこう》です。2手《て》続《つづ》けて打《う》てば最高《さいこう》、という手《て》は悪《わる》い手《て》になることが多《おお》いのです。碁《ご》は交互《こうご》に打《う》つので、2手《て》続《つづ》けては打《う》てないからです。

【図《ず》6】白《しろ》を閉《と》じ込《こ》めることはできませんし、△と連絡《れんらく》することもできません。

そういうときは、黒《くろ》は❶とコスんで、白《しろ》から離《はな》してふわっと打《う》つのがコツです。

【図《ず》7】練習《れんしゅう》です。△をつなげるには？

【図《ず》8】黒《くろ》❶とふわっとつながるのがいい形《かたち》です。

【図《ず》4】

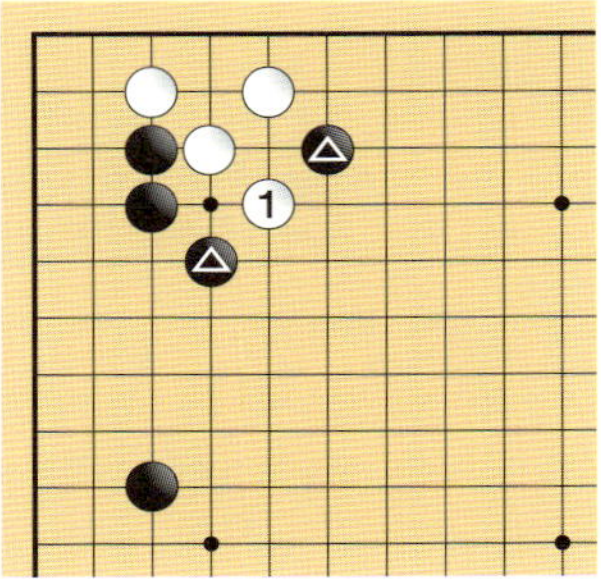

【図《ず》5】

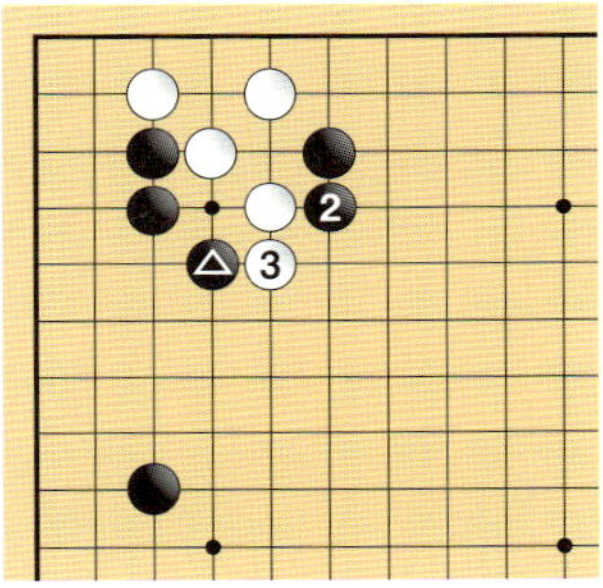

【図《ず》6】

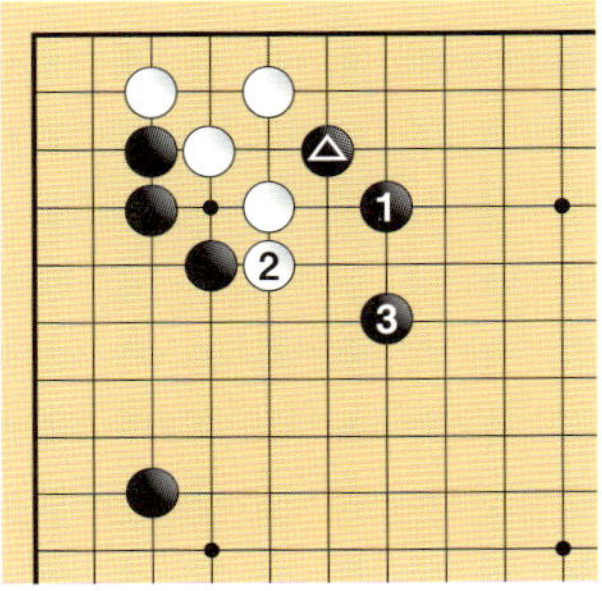

【図《ず》7】

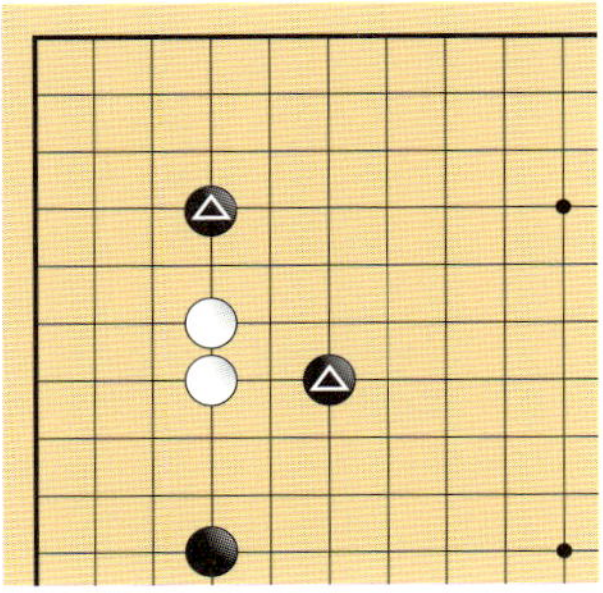

【図《ず》8】

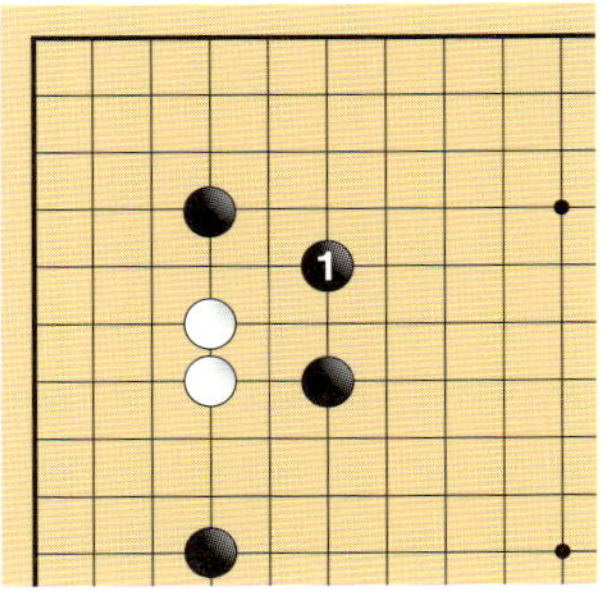

可能性《かのうせい》のあるほうを目指《めざ》す

碁《ご》に大切《たいせつ》なことをつきつめると、「石《いし》を働《はたら》かせて打《う》つ」ことと「可能性《かのうせい》の大《おお》きいほうを目指《めざ》す」のふたつに集約《しゅうやく》されます。可能性《かのうせい》の大《おお》きいほうとは、どこかを考《かんが》えていきましょう。

【図《ず》1】白《しろ》が△と打《う》ってきました。黒《くろ》はどうしますか。

【図《ず》2】黒《くろ》❶と打《う》つのは、小《ちい》さいほうに向《む》かっています。❶と打《う》っても、下辺《かへん》の白《しろ》はびくともしないので、他《ほか》に向《む》かわれます。

【図《ず》1】

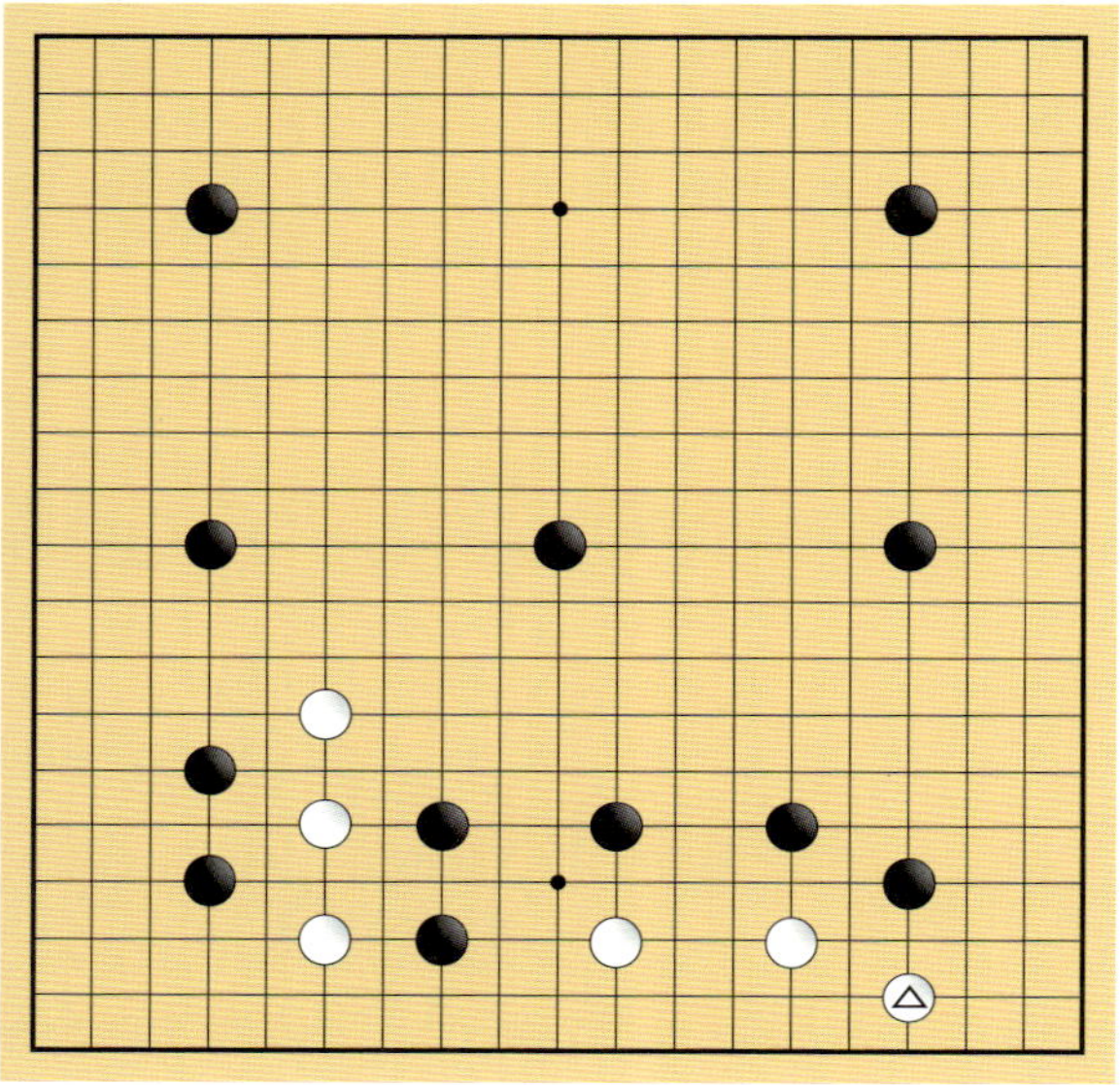

【図《ず》2】

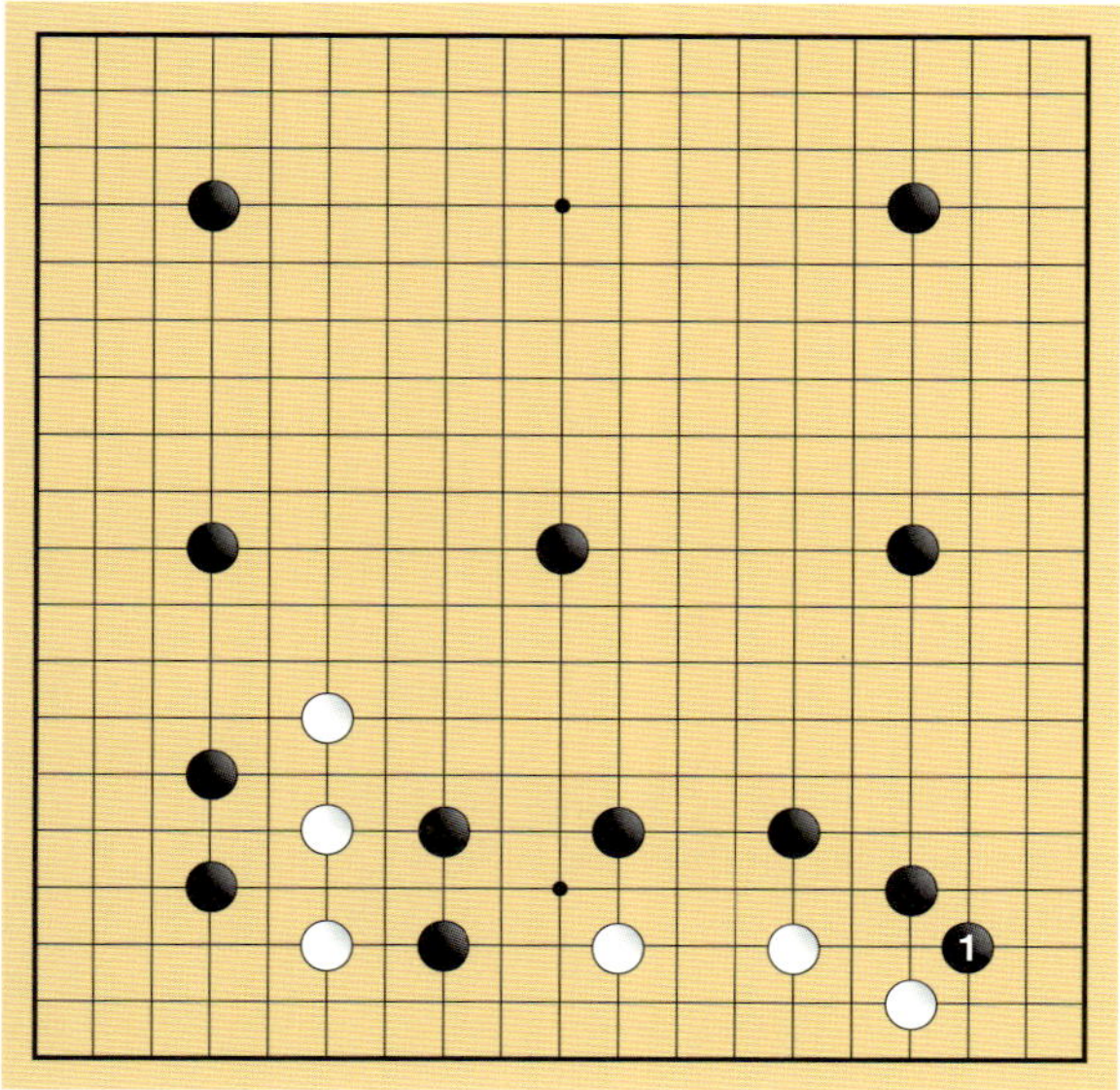

【図《ず》3】続《つづ》いて白《しろ》②と打《う》たれると、左下《ひだりした》の黒《くろ》2子《し》が心配《しんぱい》になってきます。

【図《ず》4】どこが可能性《かのうせい》の大《おお》きな場所《ばしょ》なのかを見分《みわ》ける力《ちから》を、「大局観《たいきょくかん》」といいます。どのあたりで戦《たたか》いが起《お》こりそうかと判断《はんだん》する力《ちから》です。

左下方面《ひだりしたほうめん》には、一間《いっけん》トビしている白《しろ》3子《し》があります。まだ眼《め》がはっきりないので弱《よわ》い石《いし》です。左下《ひだりした》方面《ほうめん》が大切《たいせつ》なので、黒《くろ》❶と打《う》ってつながっておくのがいい手《て》です。

黒《くろ》には弱《よわ》い石《いし》がなく、好調《こうちょう》です。自分《じぶん》の弱《よわ》い石《いし》、相手《あいて》の弱《よわ》い石《いし》が近《ちか》くにあるところは、戦《たたか》いが起《お》こる可能性《かのうせい》があります。そこが大《おお》きなところになります。

【図《ず》3】

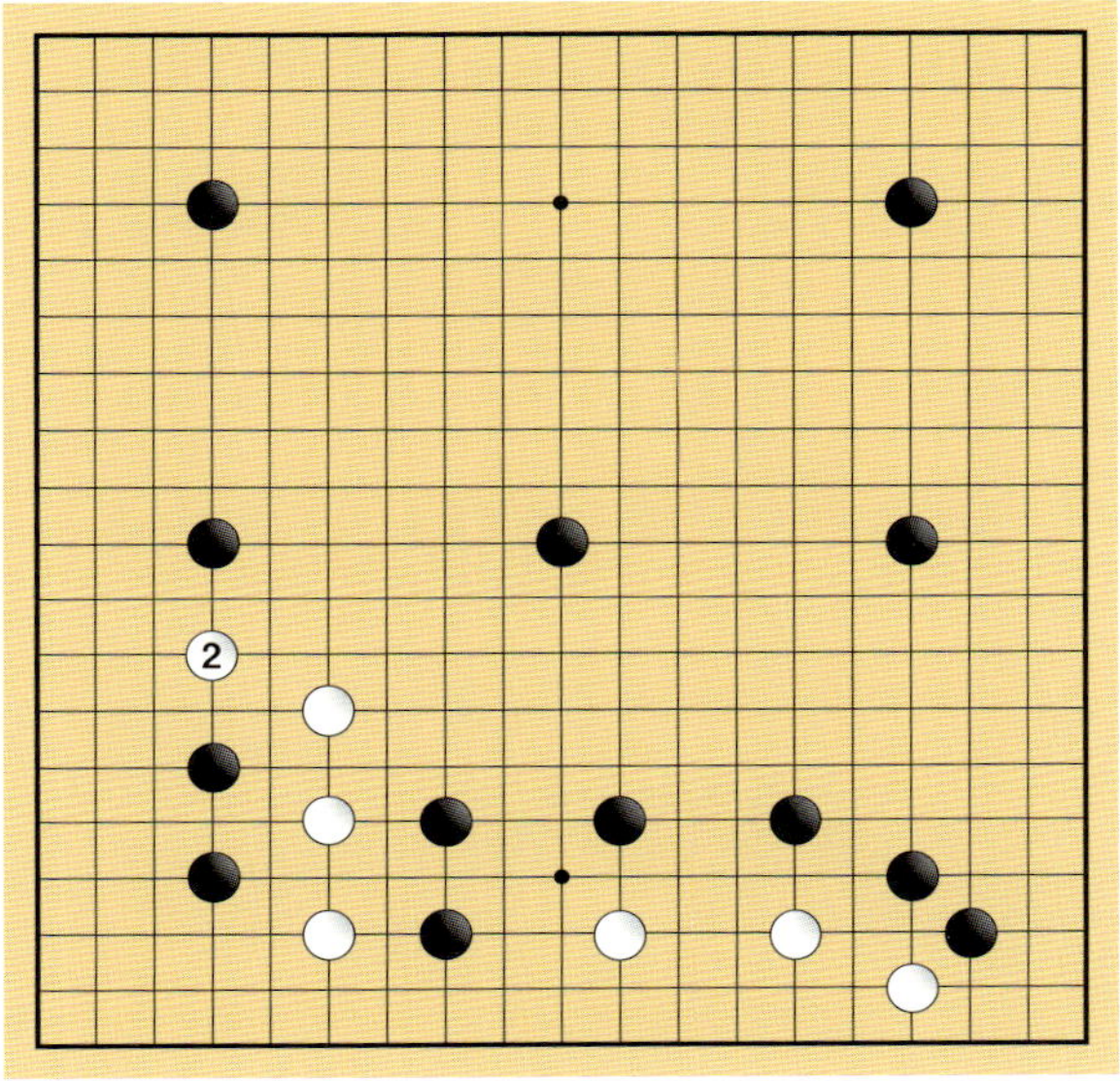

【図《ず》4】

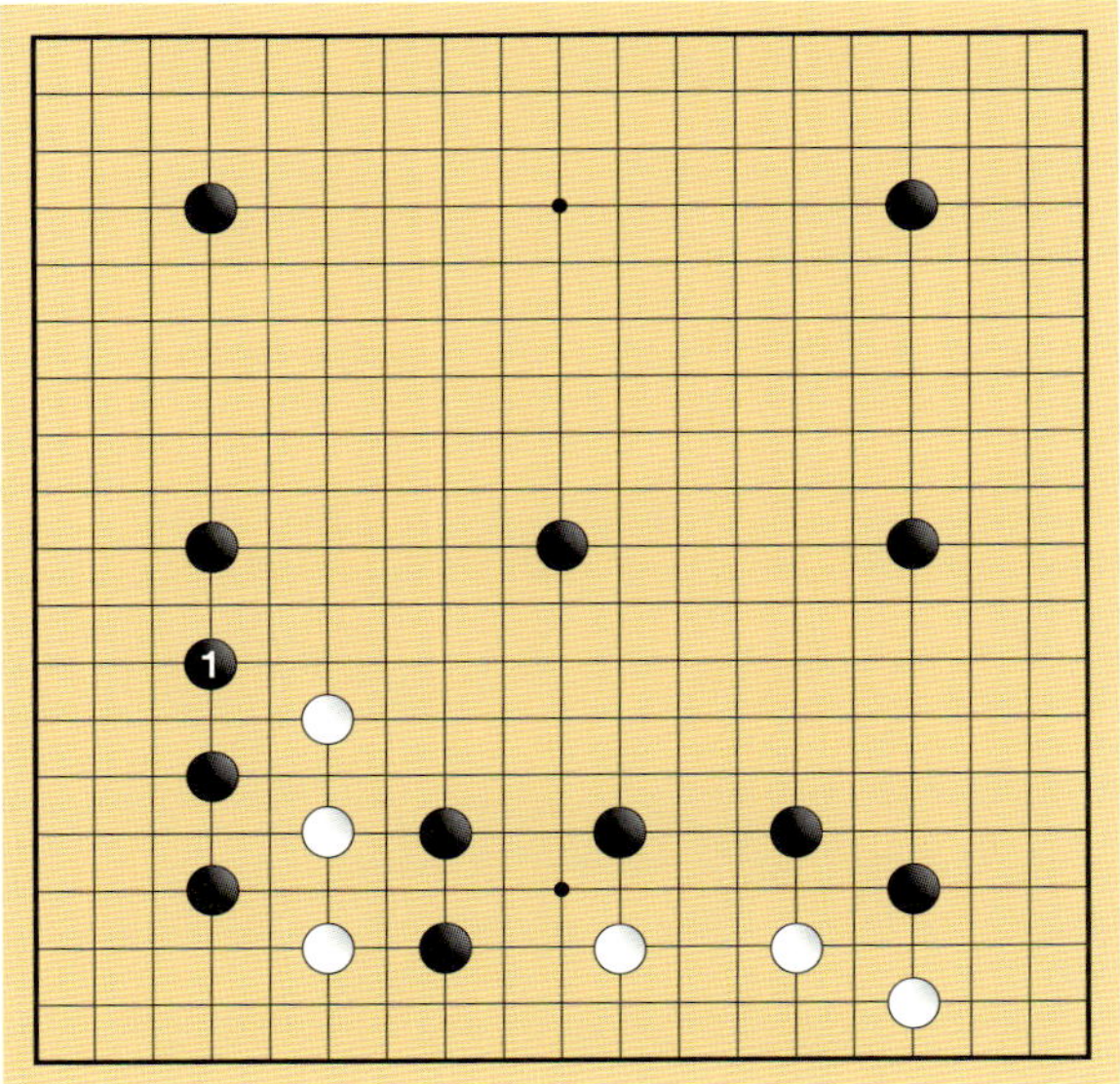

コラム1 内弟子《うちでし》の時代《じだい》

九段《くだん》　依田《よだ》 紀基《のりもと》

みなさんが囲碁《いご》を始《はじ》めようとしたきっかけはなんでしょうか。

私《わたし》は小学《しょうがく》4年生《ねんせい》のとき、父親《ちちおや》に誘《さそ》われたのがきっかけです。最初《さいしょ》はよく分《わ》からないなあと思《おも》いましたが、すぐに面白《おもしろ》くなり夢中《むちゅう》になりました。それから１年後《ねんご》には、「プロになりたい」といって両親《りょうしん》にお願《ねが》いし、実家《じっか》（北海道《ほっかいどう》）を出《で》て、東京《とうきょう》に来《き》て修行《しゅぎょう》を始《はじ》めました。

しばらくして、師匠《ししょう》の安藤武夫七段《あんどうたけおななだん》のお宅《たく》で内弟子《うちでし》となりました。

内弟子《うちでし》とは師匠《ししょう》の家《いえ》に住《す》み込《こ》む弟子《でし》のことです。掃除《そうじ》など家《いえ》の手伝《てつだ》いをするお宅《たく》もあるようですが、安藤先生《あんどうせんせい》のところでは、碁《ご》に集中《しゅうちゅう》させてくれました。

先生《せんせい》の家《いえ》には、まだ読《よ》んだことのない碁《ご》の本《ほん》がたくさんあり、夢中《むちゅう》で読《よ》んで碁《ご》を並《なら》べました。ホームシックなど感《かん》じるヒマもありませんでした。

たくさん碁《ご》を並《なら》べたので、私専用《わたしせんよう》の碁盤《ごばん》の目《め》（盤上《ばんじょう》の線《せん》）はすっかりはげて、のっぺらぼうになりました。線《せん》が見《み》えなくても私《わたし》は碁《ご》を並《なら》べて勉強《べんきょう》を続《つづ》けました。

１４歳《さい》のときに、プロになることができました。一流《いちりゅう》のプロは、ほとんどが中学生《ちゅうがくせい》のときにプロになっています。中《なか》には小学生《しょうがくせい》でプロになった棋士《きし》もいます。

小学生《しょうがくせい》のときに自分《じぶん》の「道《みち》」が分《わ》かり、私《わたし》は幸《しあわ》せな人生《じんせい》を送《おく》っています。

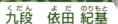

さあ、練習問題《れんしゅうもんだい》で試《ため》してみよう！

練習問題《れんしゅうもんだい》1

黒《くろ》が❶と打《う》ってきました。白番《しろばん》です。逃《のが》せないところがあります。

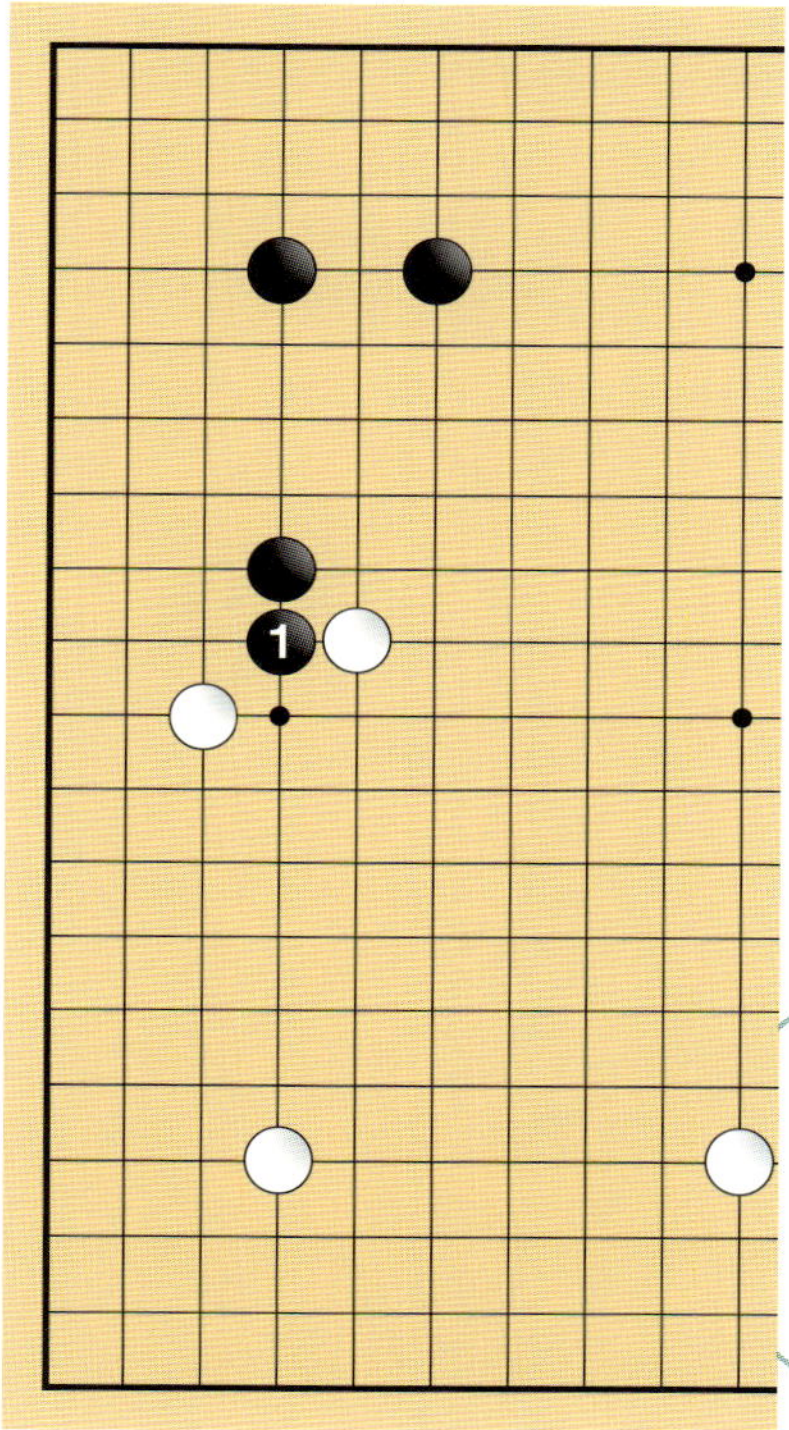

【練習問題《れんしゅうもんだい》1】答《こた》えは次《つぎ》のページ

白《しろ》はケイマの形《かたち》だね。「ケイマの突《つ》き出《だ》し」の悪形《あくけい》にならないように気《き》をつけよう！

Go豆知識《ゴーまめちしき》 1

囲碁《いご》の勉強方法《べんきょうほうほう》

囲碁《いご》が強《つよ》くなる勉強法《べんきょうほう》はおもに3つあります。

1.たくさん打《う》つ　2.プロの碁《ご》を並《なら》べる　3.詰碁《つめご》をやる

とくに一人《ひとり》でできる「碁《ご》を並《なら》べる」と「詰碁《つめご》」はやればやっただけ強《つよ》くなります。

練習問題《れんしゅうもんだい》1の答《こた》え

【正解図《せいかいず》】 白《しろ》①とオサえるのが絶対《ぜったい》です。ここを逃《のが》してはうまくいきません。

【正解図続《せいかいずつづ》き】 黒《くろ》❷と切《き》られても、白《しろ》③で戦《たたか》えます。

【失敗図《しっぱいず》】 白《しろ》①と弱気《よわき》になると黒《くろ》❷と出《で》られて「ケイマ（△と△）の突《つ》き出《だ》し」を打《う》たれます。

【失敗図続《しっぱいずつづ》き】 白《しろ》③とオサえても、黒《くろ》❹やaに断点《だんてん》があって、白《しろ》は苦《くる》しいのです。正解図《せいかいず》は断点《だんてん》はひとつですが、失敗図《しっぱいず》は断点《だんてん》がふたつ。この違《ちが》いが大《おお》きいのです。

【正解図《せいかいず》】

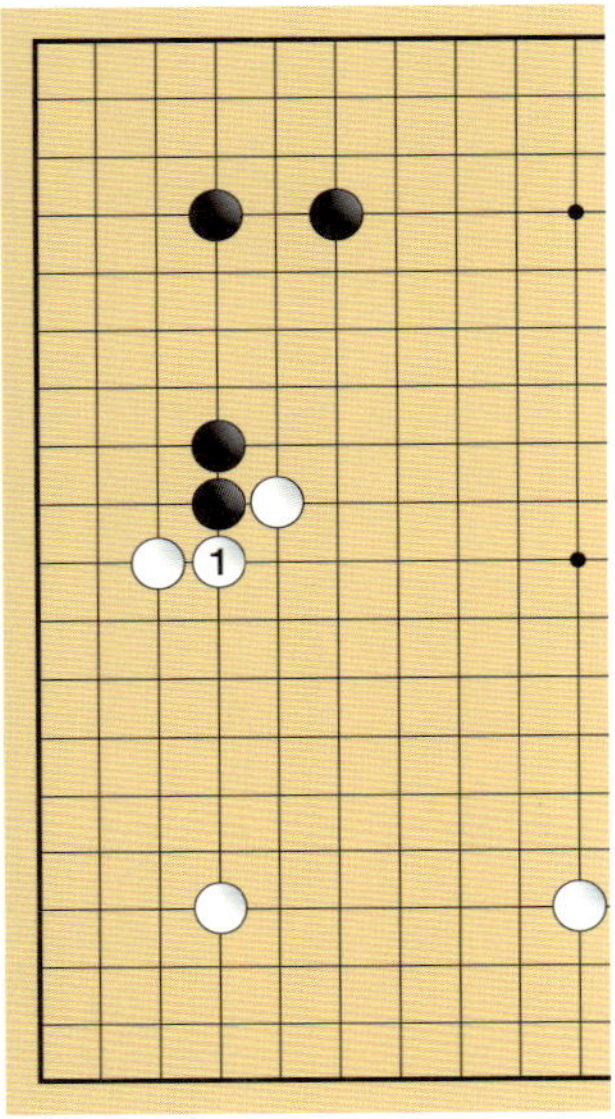

【正解図続《せいかいずつづ》き】

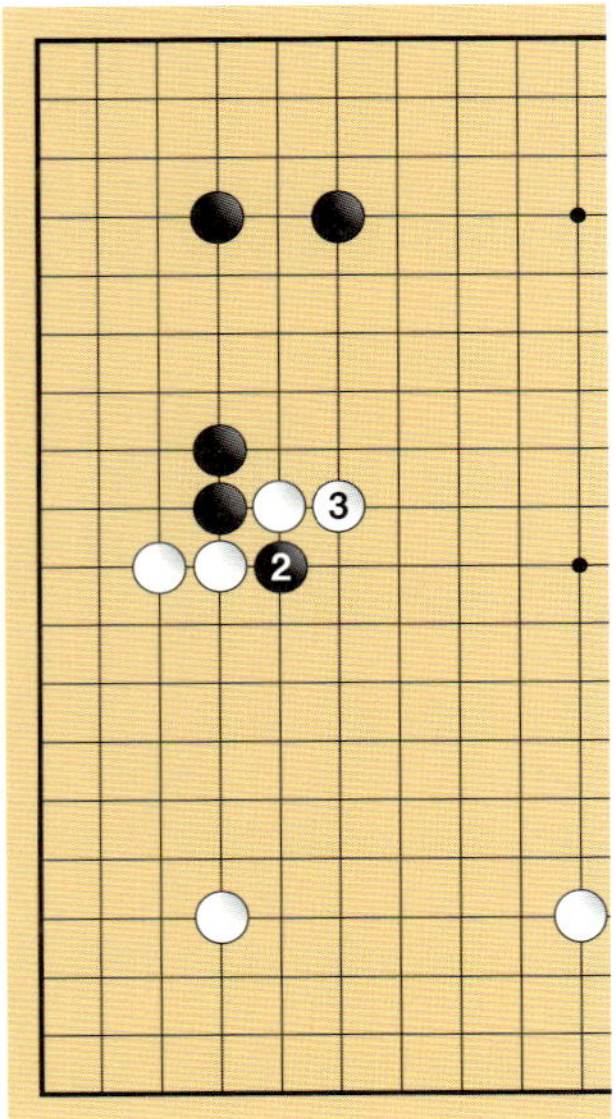

【失敗図《しっぱいず》】

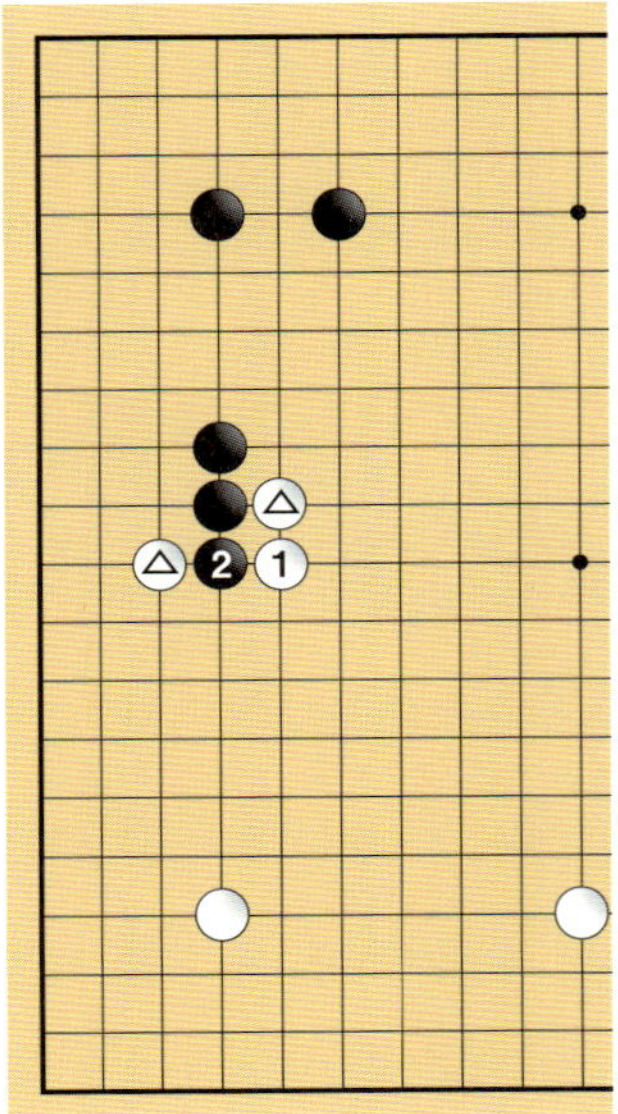

【失敗図続《しっぱいずつづ》き】

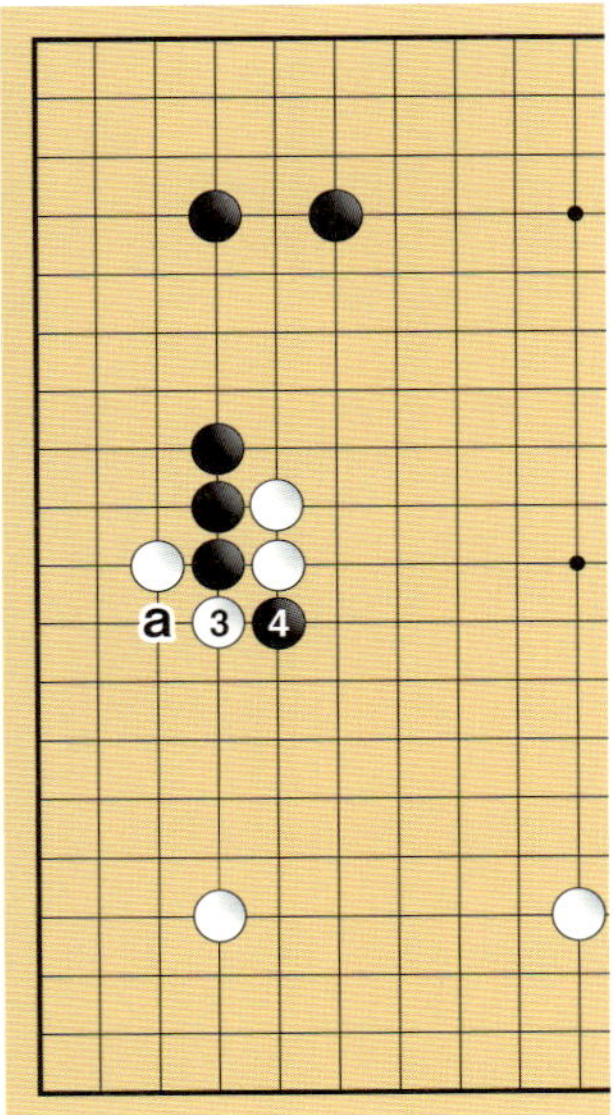

練習問題《れんしゅうもんだい》2

白《しろ》が①と打《う》ってきたところです。黒《くろ》はどう打《う》ちますか。

【練習問題《れんしゅうもんだい》2】 答《こた》えは次《つぎ》のページ

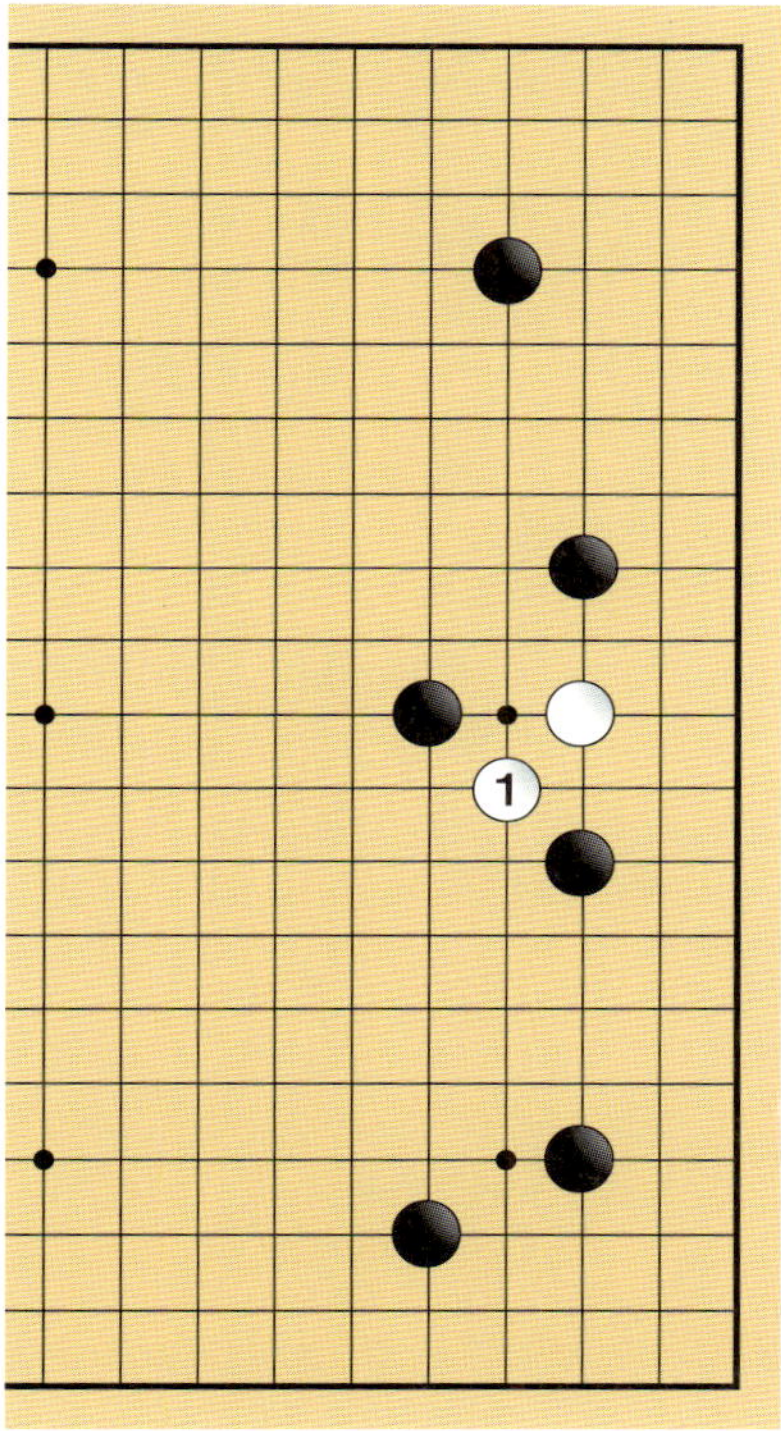
1

ハザマを出《で》られるのも
裂《さ》かれ形《がたち》のひとつだね
5

GO

GO豆知識《ゴーまめちしき》 2

囲碁《いご》でかしこく!

囲碁《いご》は頭《あたま》をよくするということで、韓国《かんこく》や台湾《たいわん》では水泳《すいえい》やサッカーなどの習《なら》い事《ごと》に並《なら》んで、囲碁《いご》が人気《にんき》です。頭《あたま》がよくなるので受験《じゅけん》にも役立《やくだ》つと考《かんが》えられているからです。

練習問題《れんしゅうもんだい》2の答《こた》え

【正解図《せいかいず》】 石《いし》をくっつけず、黒《くろ》❶とはなして打《う》つのがいい形《かたち》です。白《しろ》②には黒《くろ》❸とノビます。

【正解図続《せいかいずつづ》き1】 白《しろ》が④と出《で》てきたら、黒《くろ》は❺とケイマします。

【正解図続《せいかいずつづ》き2】 黒《くろ》❾まで黒《くろ》は「ケイマの突《つ》き出《だ》し」を打《う》たずに、形《かたち》を整《ととの》えることができました。

【失敗図《しっぱいず》】 黒《くろ》❶、❸と打《う》つと、△が傷《いた》みます。ケイマ（❶と△）の突《つ》き出《だ》しになっています。

【正解図《せいかいず》】

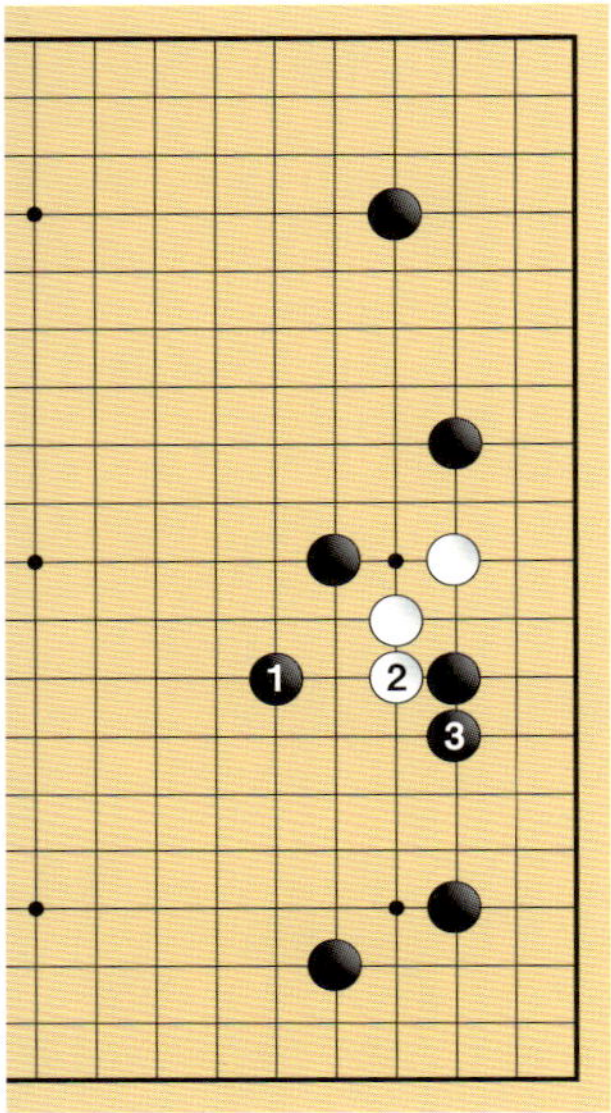

【正解図続《せいかいずつづ》き 1】

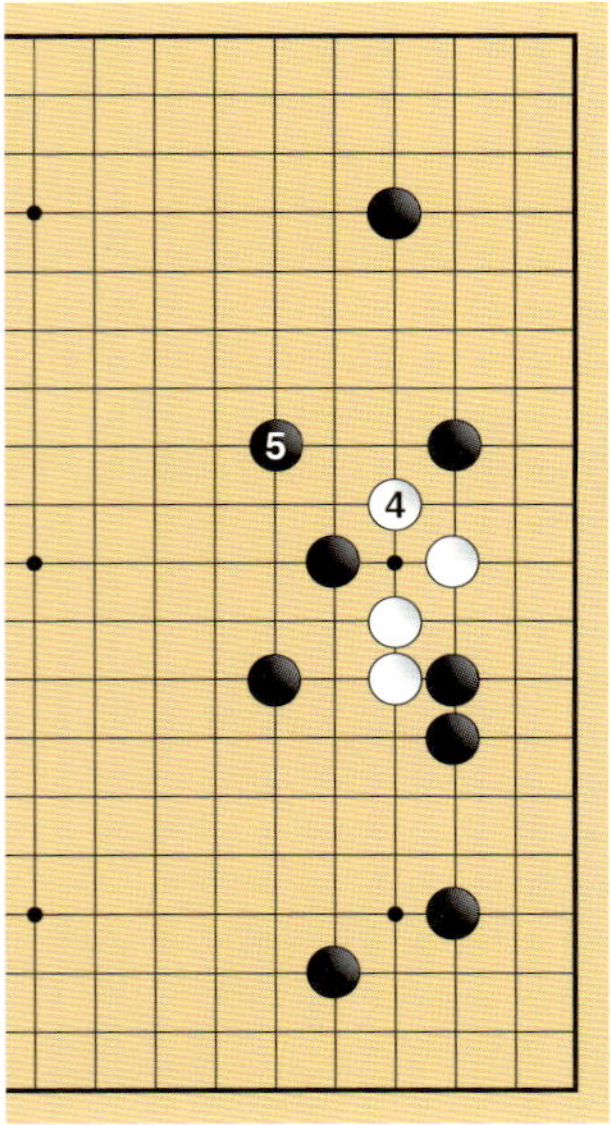

【正解図続《せいかいずつづ》き 2】

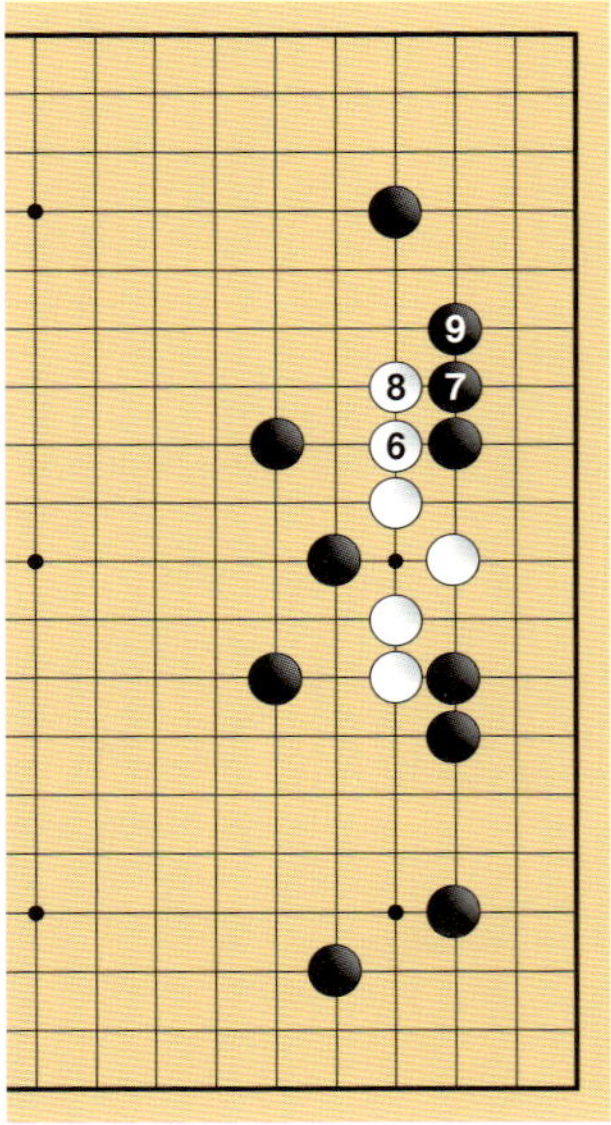

【失敗図《しっぱいず》】

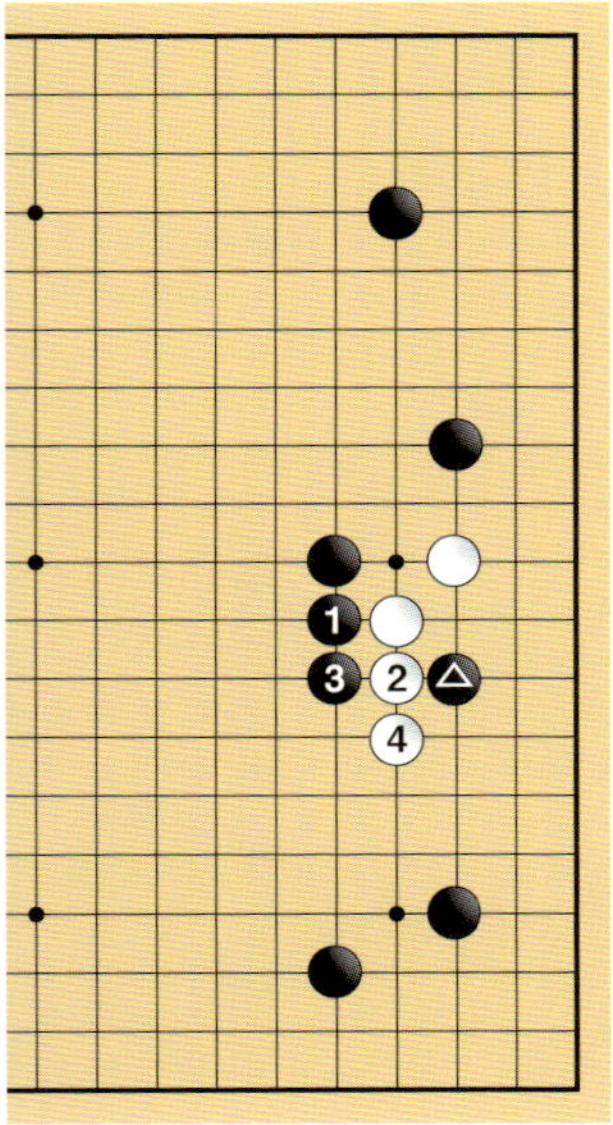

練習問題《れんしゅうもんだい》3

白《しろ》①から黒《くろ》❹まで進《すす》んだところです。

下辺《かへん》の黒模様《くろもよう》を、白《しろ》が減《へ》らそうとしています。

白《しろ》は早《はや》く上《うえ》へ逃《に》げるには、どう打《う》ちますか。

白《しろ》①は「肩《かた》つき」というのよ。模様《もよう》を消《け》すときによく使《つか》われるの！
GO

【練習問題《れんしゅうもんだい》3】答《こた》えは次《つぎ》のページ

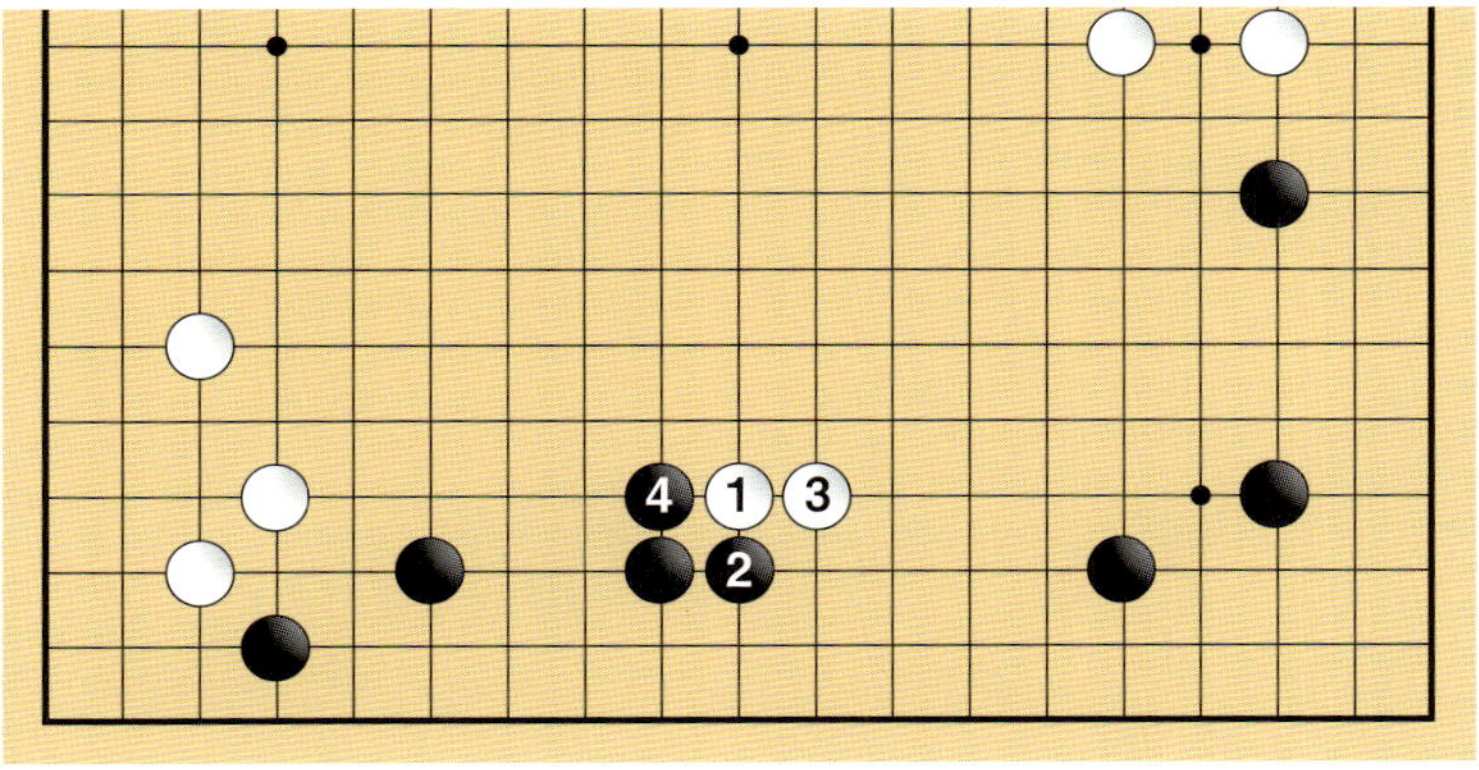
4
1
3
2

Go豆知識《ゴーまめちしき》 3

大学《だいがく》で囲碁《いご》の授業《じゅぎょう》

10年以上前《ねんいじょうまえ》から、東京大学《とうきょうだいがく》・早稲田大学《わせだだいがく》・慶応義塾大学《けいおうぎじゅくだいがく》など全国約《ぜんこくやく》30校《こう》で、単位《たんい》のとれる正規《せいき》の科目《かもく》として、囲碁《いご》の授業《じゅぎょう》が行《おこな》われています。囲碁《いご》で考《かんが》える力《ちから》を養《やしな》えるということが大学《だいがく》の先生《せんせい》にもわかっているのでしょう。

練習問題《れんしゅうもんだい》3の答《こた》え

【失敗図《しっぱいず》】白《しろ》①では逃《に》げ足《あし》が遅《おそ》い。△とともに空《あ》き三角《さんかく》の悪《わる》い形《かたち》になっています。

【正解図《せいかいず》】△のようにふたつ並《なら》んでいるときには、①と一路《いちろ》あけてトブのがいい形《かたち》になります。

【正解図続《せいかいずつづ》き1】黒《くろ》は❷とノビるのが急所《きゅうしょ》です。白《しろ》の薄《うす》みを狙《ねら》っています。

【正解図続《せいかいずつづ》き2】白《しろ》は③と守《まも》るのが、よい形《かたち》です。白《しろ》③までが、「肩《かた》つき」からできる定石《じょうせき》です。

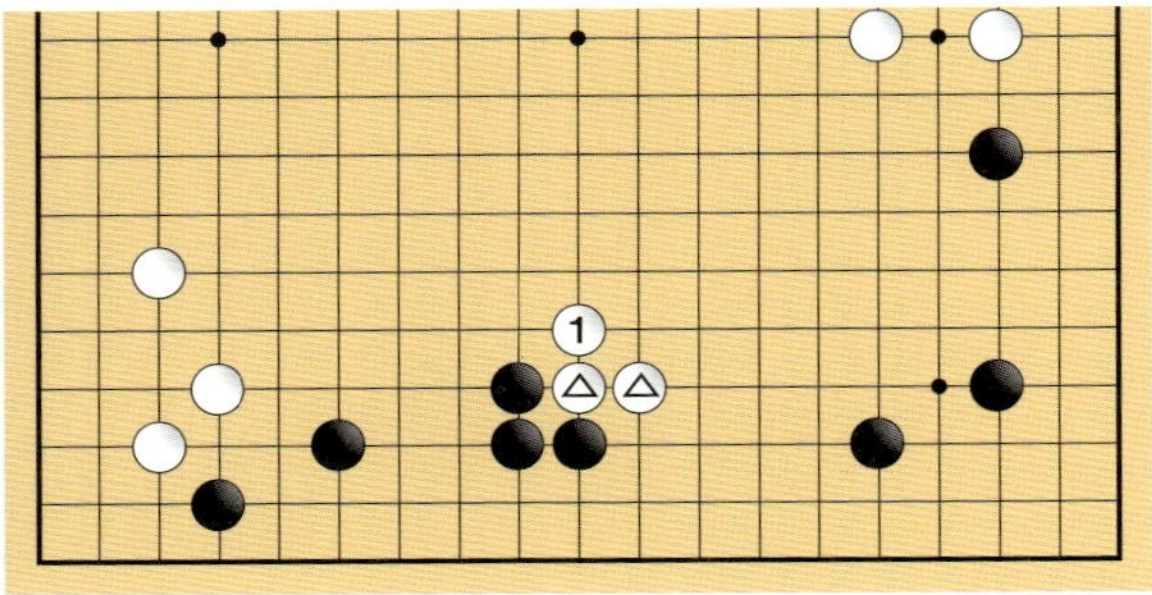

【失敗図《しっぱいず》】

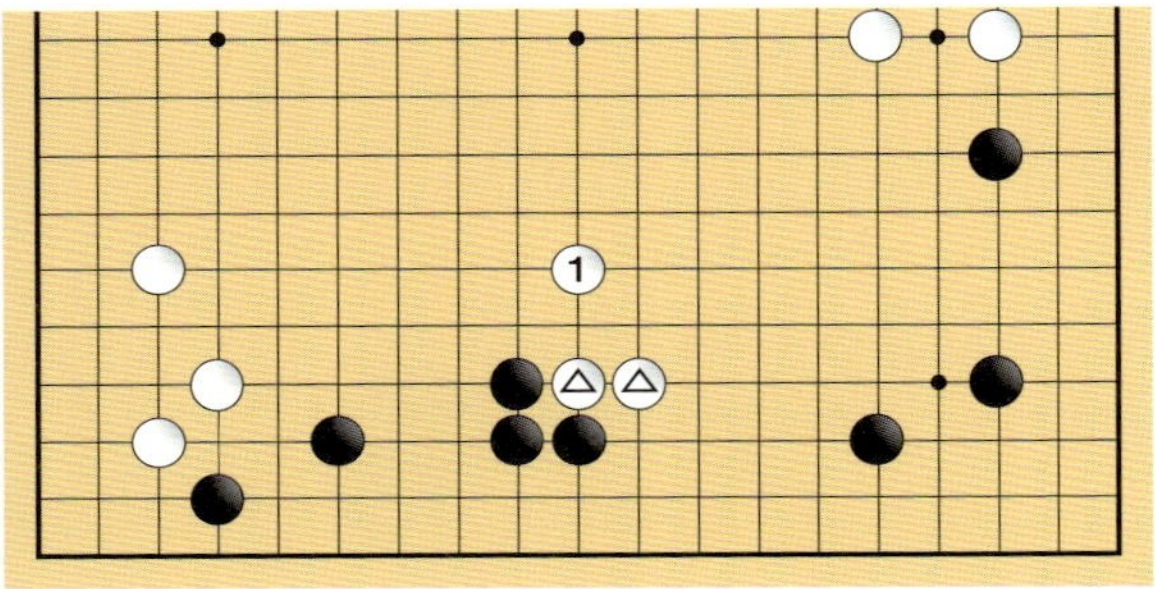

【正解図《せいかいず》】

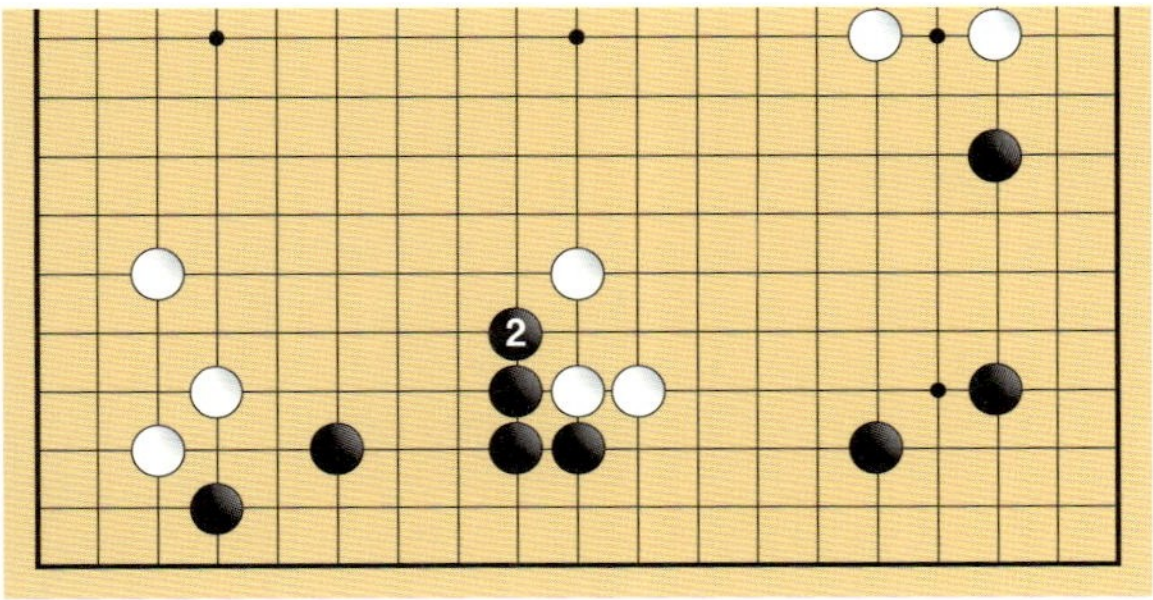

【正解図続《せいかいずつづ》き1】

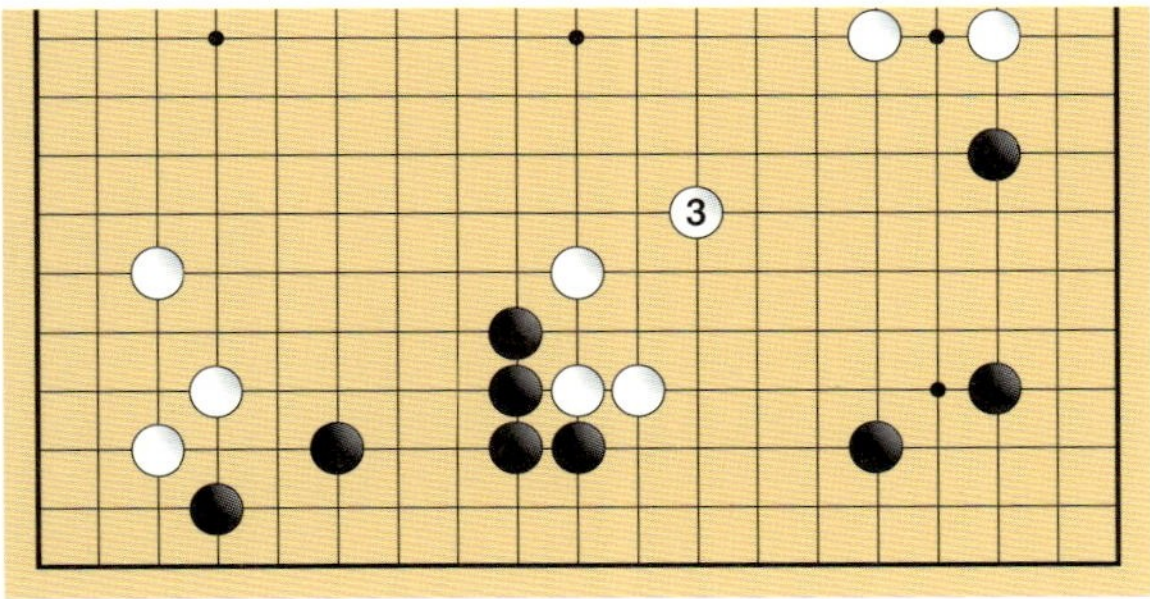

【正解図続《せいかいずつづ》き2】

【変化《へんか》1】前図《ぜんず》の白《しろ》③を打《う》たないと、黒《くろ》❷から❹と切《き》られて苦《くる》しくなります。

【変化《へんか》2】かといって白《しろ》①と守《まも》るのでは、△とともに空《あ》き三角《さんかく》になって、働《はたら》きが悪《わる》い格好《かっこう》になります。

【変化《へんか》3】白《しろ》①と打《う》つほうが働《はたら》きがあります。この白《しろ》の4子《し》は「タケフ」と呼《よ》ばれ、つながったいい形《かたち》です。

【変化《へんか》4】白《しろ》①は一歩上《いっぽうえ》に進《すす》んでいて、より働《はたら》いています。黒《くろ》❷には白《しろ》③で連絡《れんらく》しています。これより正解図《せいかいず》がのびのびしていてまさります。

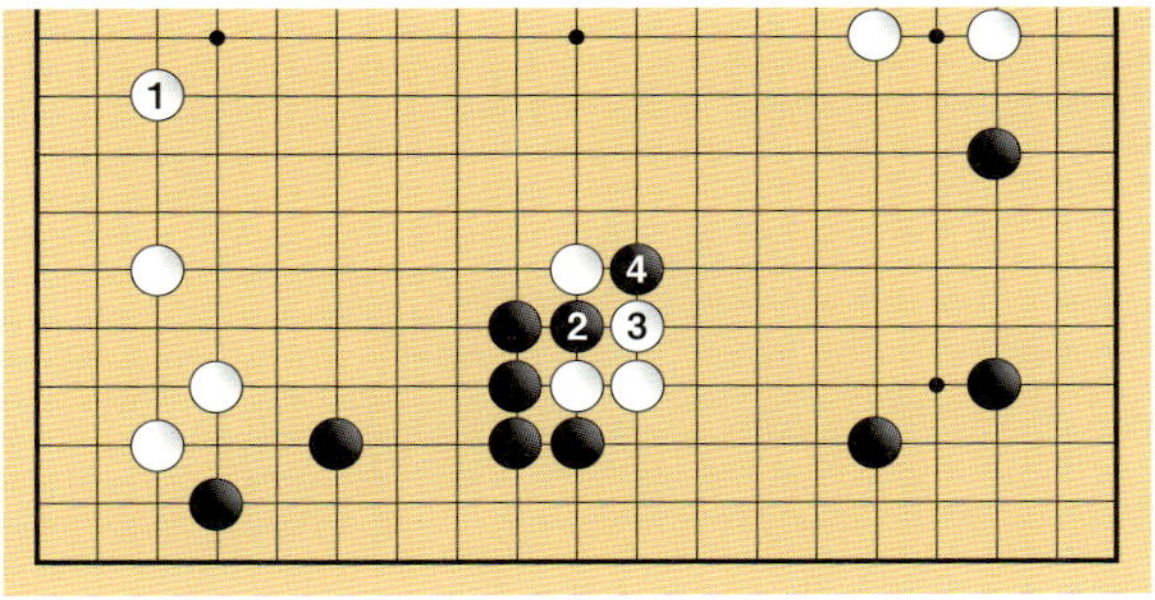

【変化《へんか》1】

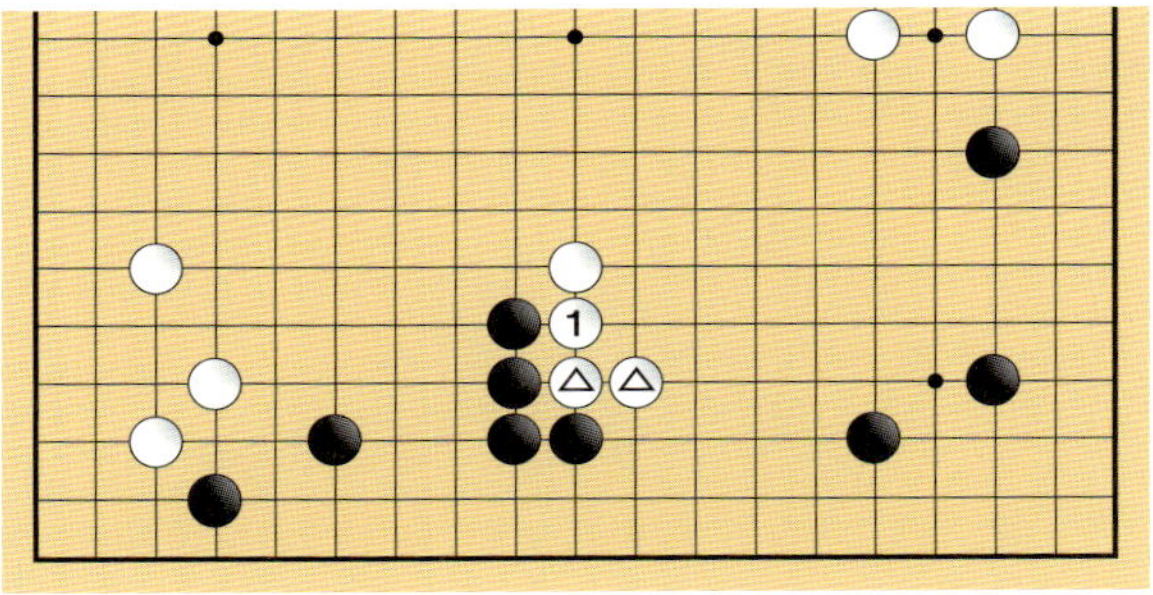

【変化《へんか》2】

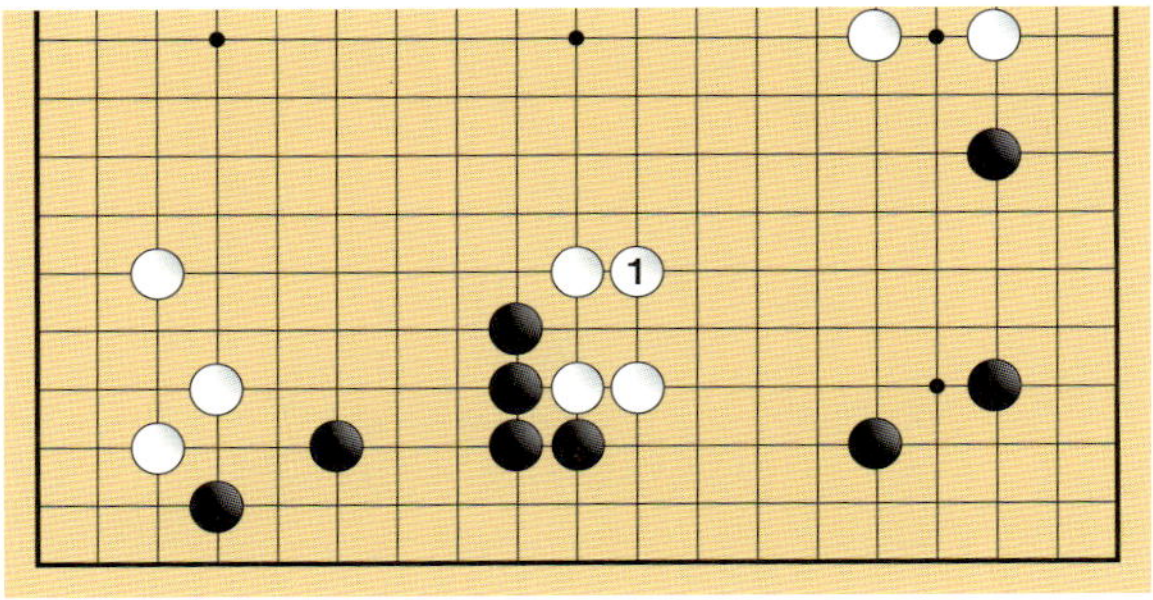

【変化《へんか》3】

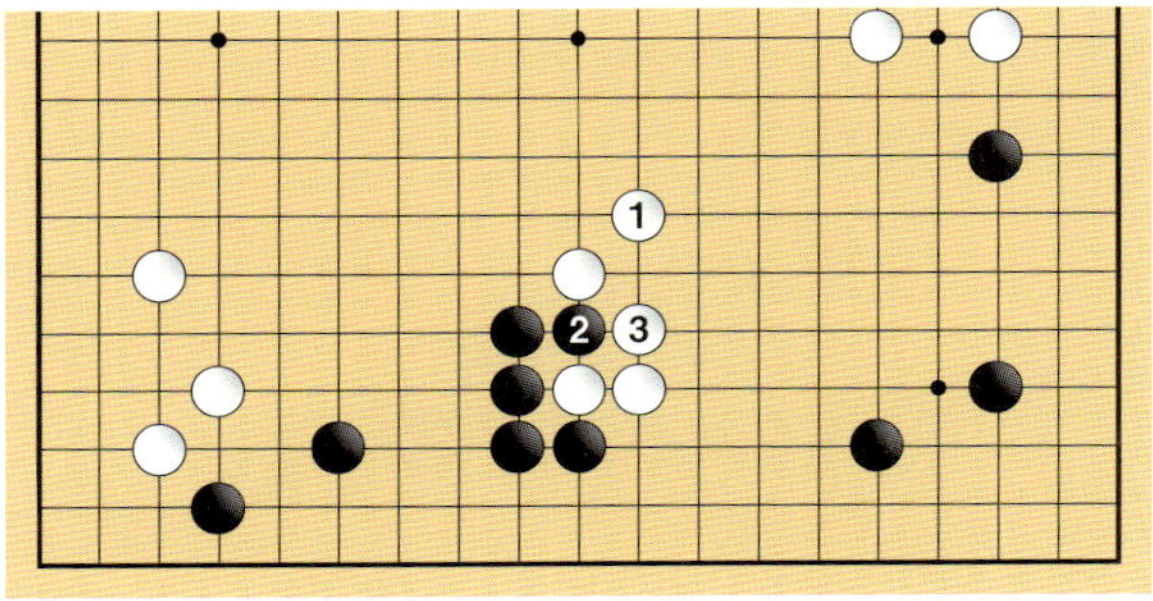

【変化《へんか》4】

コラム② 置碁《おきご》

同《おな》じくらいの棋力《きりょく》なら、黒《くろ》から打《う》ち始《はじ》めて、最後《さいご》にコミを加《くわ》えて計算《けいさん》する方法《ほうほう》で対局《たいきょく》します。これを「互先《たがいせん》」といいます。

囲碁《いご》は棋力《きりょく》にどれだけ差《さ》があっても、だれとでも対等《たいとう》に楽《たの》しむことができます。黒《くろ》（棋力《きりょく》の弱《よわ》いほう）が、あらかじめ盤上《ばんじょう》に石《いし》を置《お》くことでハンディキャップをもらって打《う》ちます。これを「置碁《おきご》」といいます。1級《きゅう》の人《ひと》と7級《きゅう》の人《ひと》が対局《たいきょく》するときは、6級差《きゅうさ》なので置石《おきいし》は6子《し》となります。

置《お》く位置《いち》は決《き》まっていますので、覚《おぼ》えておくといいでしょう。

1級差《きゅうさ》のときは、何《なに》も置《お》かずそのまま打《う》ちます。コミがないことで、黒《くろ》がハンディをもらったことになります。最近《さいきん》は、「自由置碁《じゆうおきご》」というのも流行《はや》っています。置石《おきいし》の数《かず》は同《おな》じで、好《す》きなところに置《お》いていいというものです。置碁《おきご》ですと星《ほし》ばかりですが、自由置碁《じゆうおきご》だと好《す》きなところに置《お》けますので、小目《こもく》や高目《たかもく》など、ほかの布石《ふせき》の勉強《べんきょう》にもなります。

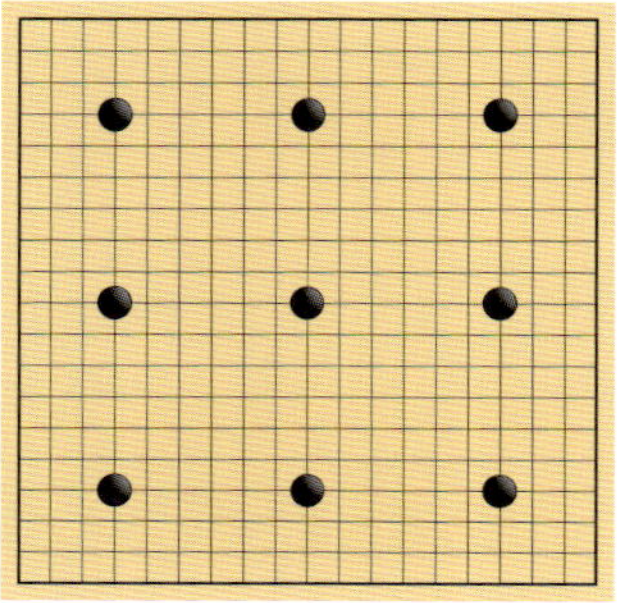

9子《し》（星目《せいもく》）局《きょく》

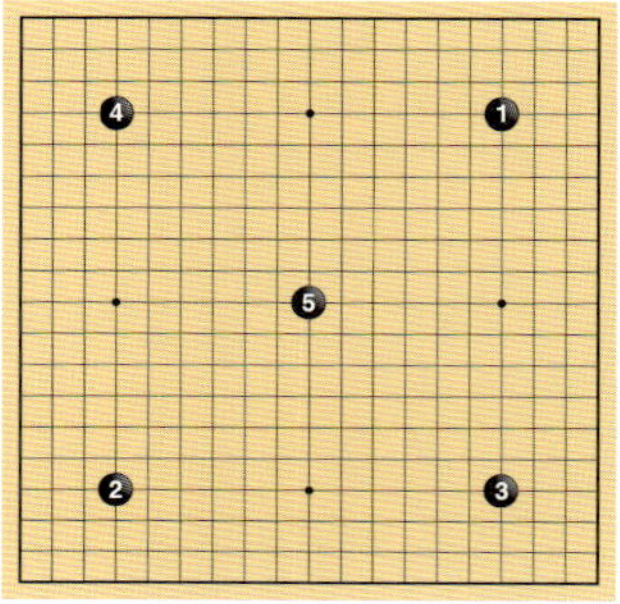

2子局《しきょく》から5子《し》局《きょく》
❶～❺の順序《じゅんじょ》で置《お》きます
（たとえば3子局《しきょく》なら❶❷❸と置《お》きます）

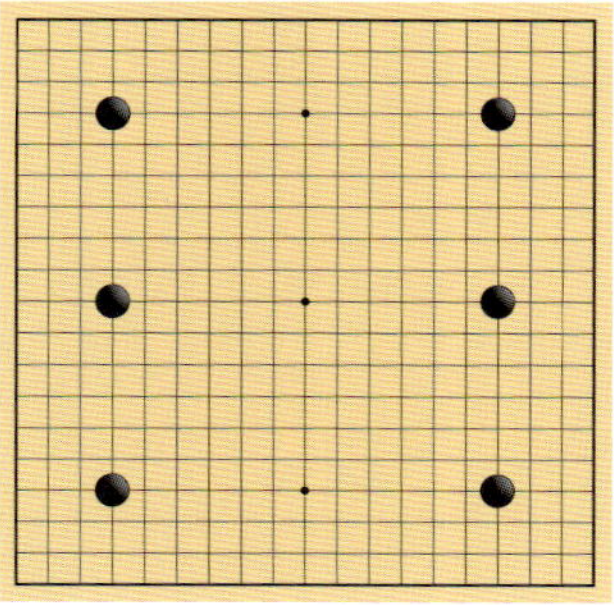

6子局《しきょく》（7子局《しきょく》は7個目《こめ》を天元《てんげん》に置《お》きます）

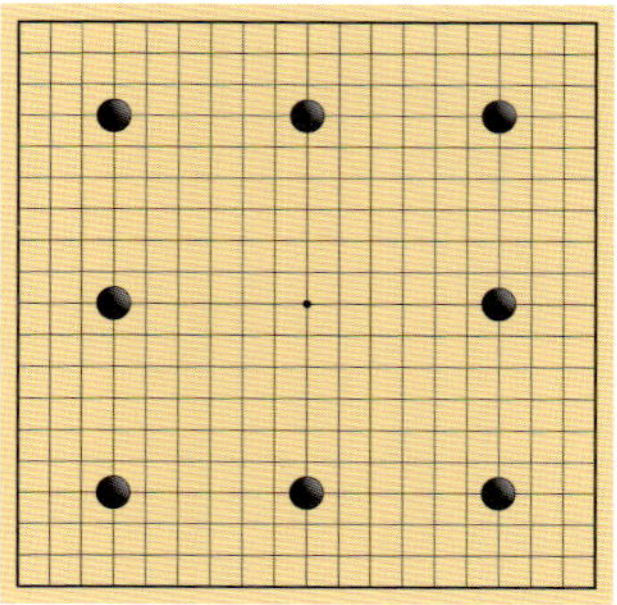

8子《し》局《きょく》

第《だい》三章《さんしょう》

大事《だいじ》な石《いし》を見《み》きわめよう

タネ石《いし》とカス石《いし》

同《おな》じ外見《がいけん》をしている石《いし》ですが、打《う》ってある場所《ばしょ》や相手《あいて》や自分《じぶん》の石《いし》との関係《かんけい》によって、石《いし》もそれぞれ個性《こせい》を持《も》つことになります。大事《だいじ》な石《いし》と大事《だいじ》ではない石《いし》を区別《くべつ》することは、とても大切《たいせつ》なことです。

大事《だいじ》な石《いし》を「タネ石《いし》」または「要石《かなめいし》」といいます。大事《だいじ》ではなく助《たす》けないほうがいい石《いし》を「カス石《いし》」といいます。どういう石《いし》が「タネ石《いし》」「カス石《いし》」なのか。判断《はんだん》するための考《かんが》え方《かた》をまずお話《はな》ししましょう。

【図《ず》1】 黒石《くろいし》はつながって地《じ》を持《も》っていますので、強《つよ》い石《いし》といえます。強《つよ》い石《いし》にくっついている△は、助《たす》けないほうがいい「カス石《いし》」です。

カス石《いし》は逃《に》げる必要《ひつよう》はありません。そのまま放《ほう》っておきましょう。黒《くろ》も手《て》をかけて取《と》りに行《い》く必要《ひつよう》はありません。

【図《ず》2】 黒《くろ》は2子《し》ずつ、上辺《じょうへん》と左辺《さへん》に分《わ》かれています。黒石《くろいし》はどちらもはっきり生《い》きていないので弱《よわ》い石《いし》。弱《よわ》い黒石《くろいし》を切《き》っている△は大切《たいせつ》な石《いし》で、「タネ石《いし》」です。

タネ石《いし》は取《と》られないように逃《に》げるべきです。黒《くろ》の立場《たちば》でいえば、△を取《と》れば全体《ぜんたい》がつながるので、取《と》れるものなら取《と》っておくのは、大切《たいせつ》な一手《いって》となります。働《はたら》いた手《て》を打《う》つことが重要《じゅうよう》です。先《さき》にも述《の》べたとおり、石《いし》が働《はたら》いているのをいい形《かたち》、美《うつく》しい形《かたち》（好形《こうけい》）といいます。逆《ぎゃく》に石《いし》が働《はたら》いていない、効率《こうりつ》の悪《わる》い形《かたち》を、悪《わる》い形《かたち》（悪形《あくけい》）、愚形《ぐけい》といいます。

そのためにも、石《いし》の価値《かち》の判断《はんだん》は欠《か》かせません。

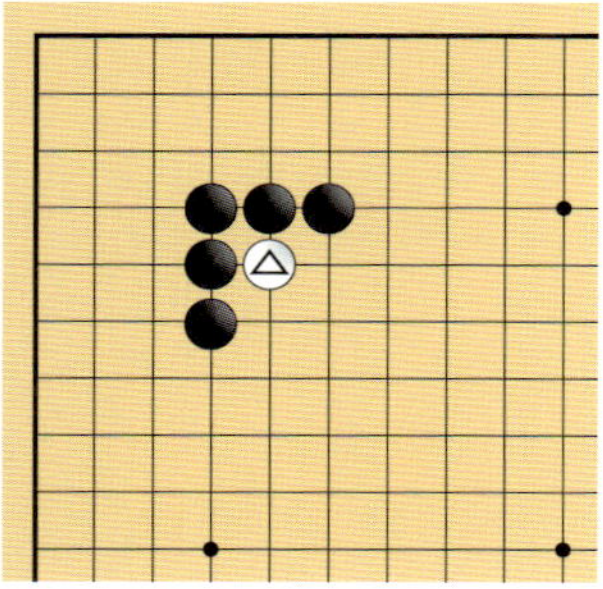

【図《ず》1】

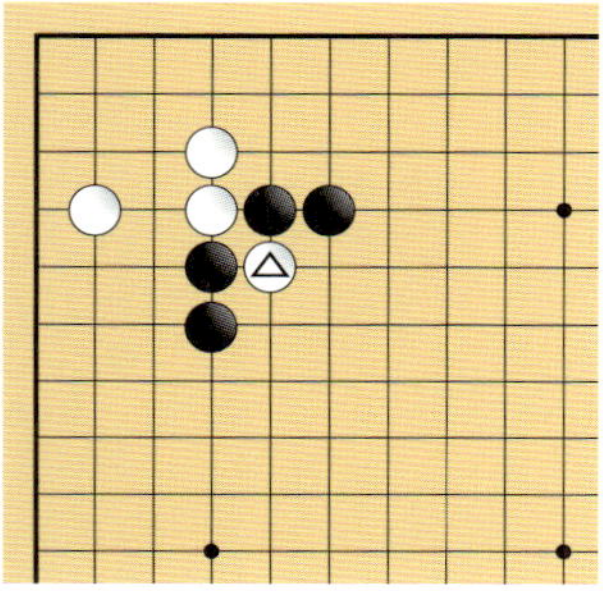

【図《ず》2】

【図《ず》3】四隅《よすみ》で△がアタリになっています。

囲《かこ》んでいる黒《くろ》の状況《じょうきょう》が違《ちが》うので、△の価値《かち》は全部《ぜんぶ》違《ちが》います。どの△が大切《たいせつ》でしょうか。大事《だいじ》な順番《じゅんばん》を考《かんが》えてください。

【図《ず》4】それぞれ黒《くろ》が抜《ぬ》いたとしましょう。Ⓐを取《と》らなくても、もともと黒《くろ》はつながっていますのでⒶはカス石《いし》です。取《と》った形《かたち》も効率《こうりつ》が悪《わる》い。

右上《みぎうえ》と左下《ひだりした》は、白《しろ》を切《き》り離《はな》しながら自分《じぶん》がつながっていますので、ⒷとⒸはタネ石《いし》。白《しろ》が2つくっついているⒸのほうが価値《かち》が高《たか》い。Ⓓを取《と》るとポン抜《ぬ》きになりますので、いい形《かたち》。大事《だいじ》な順《じゅん》に並《なら》べると、Ⓒ、Ⓑ、Ⓓ、Ⓐということになります。

【図《ず》3】

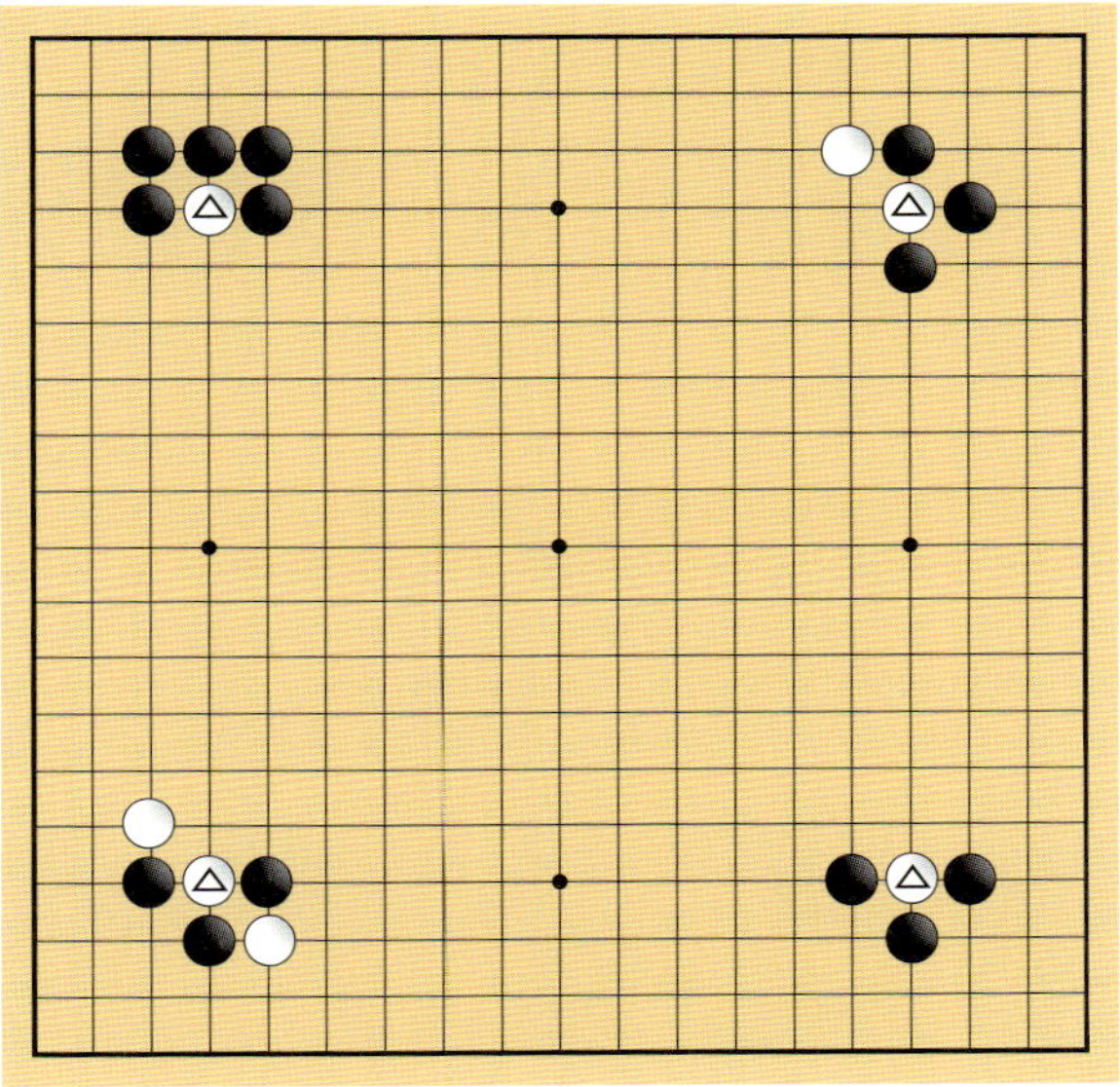

【図《ず》4】

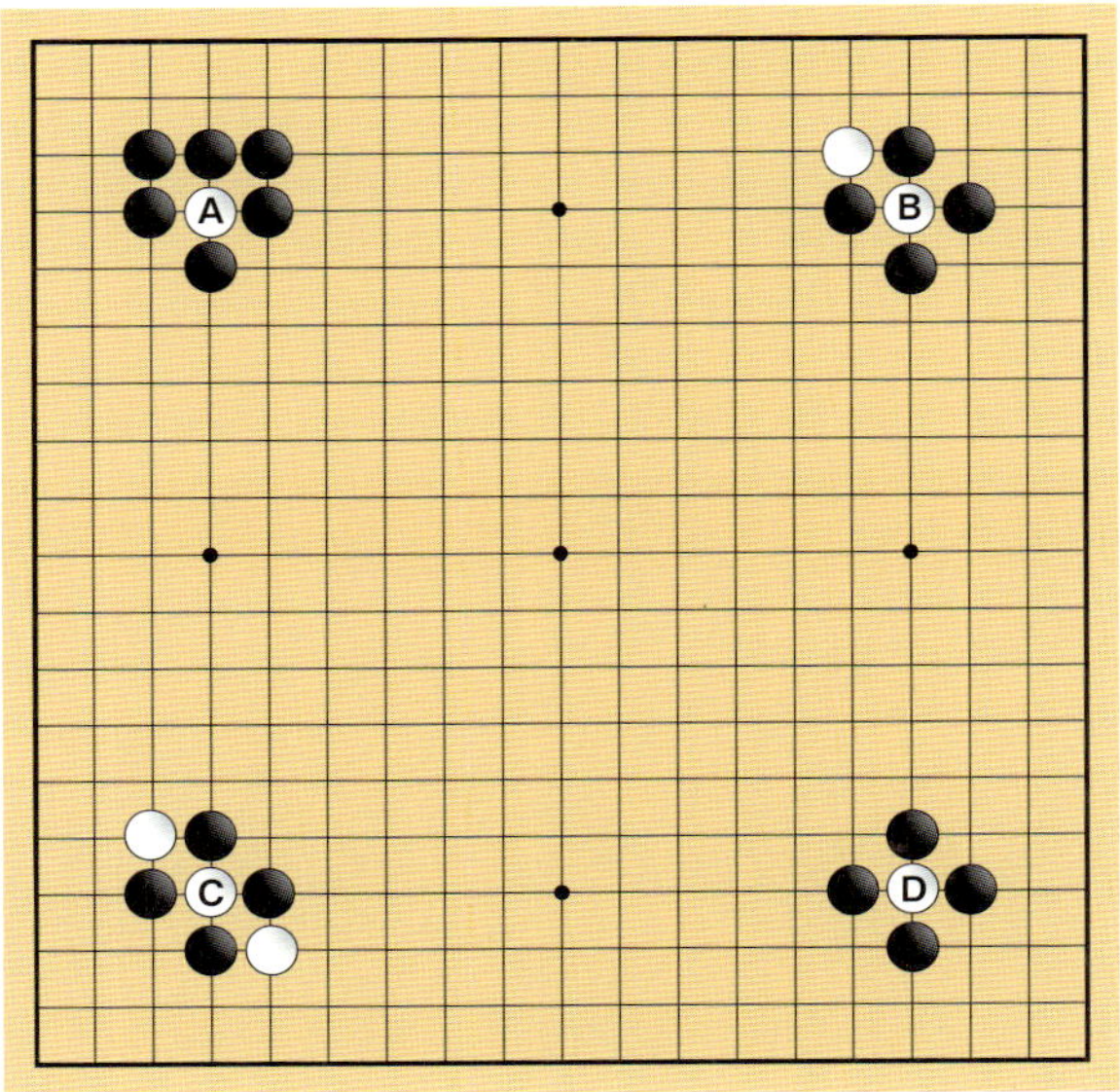

【図《ず》5】　左辺《さへん》は黒《くろ》の勢力圏《せいりょくけん》です。白《しろ》は黒地《くろじ》を減《へ》らしに向《む》かっています。

さて、AとBに切《き》られる場所《ばしょ》があります。どちらを守《まも》りますか。

【図《ず》6】　白《しろ》①（A）とつなぐと、黒《くろ》❷と切《き》られます。つないだ白《しろ》3子《し》は、周囲《しゅうい》の黒《くろ》が強《つよ》いのでたいへん苦《くる》しくなります。

【図《ず》7】　白《しろ》①（B）と上《うえ》のほうをつなぐことが大切《たいせつ》です。黒《くろ》が❷と切《き》ってきたら、白《しろ》③とアテて捨《す》てるのです。

相手《あいて》の強《つよ》い地域《ちいき》では、シッポは捨《す》てる気持《きも》ちが大切《たいせつ》です。

黒《くろ》が❹と取《と》った姿《すがた》は、白《しろ》1子《し》を取《と》るのに6手《て》もかかっており、効率《こうりつ》の悪《わる》い格好《かっこう》になっています。黒《くろ》も❷と切《き》って取《と》るのは、悪《わる》い形《かたち》になるのでよくありません。

【図《ず》5】

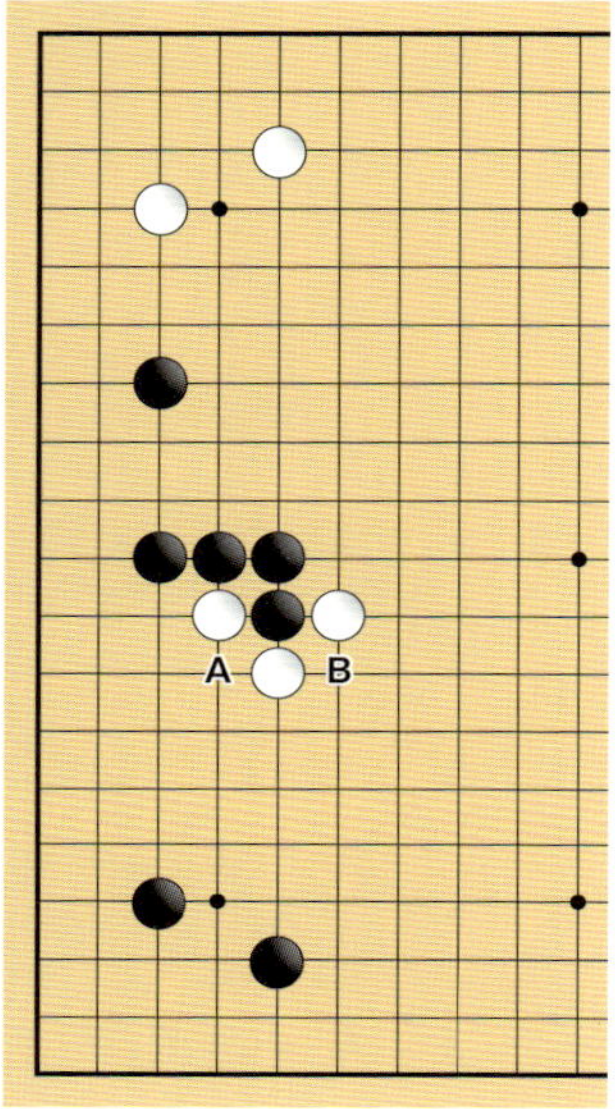

【図《ず》6】

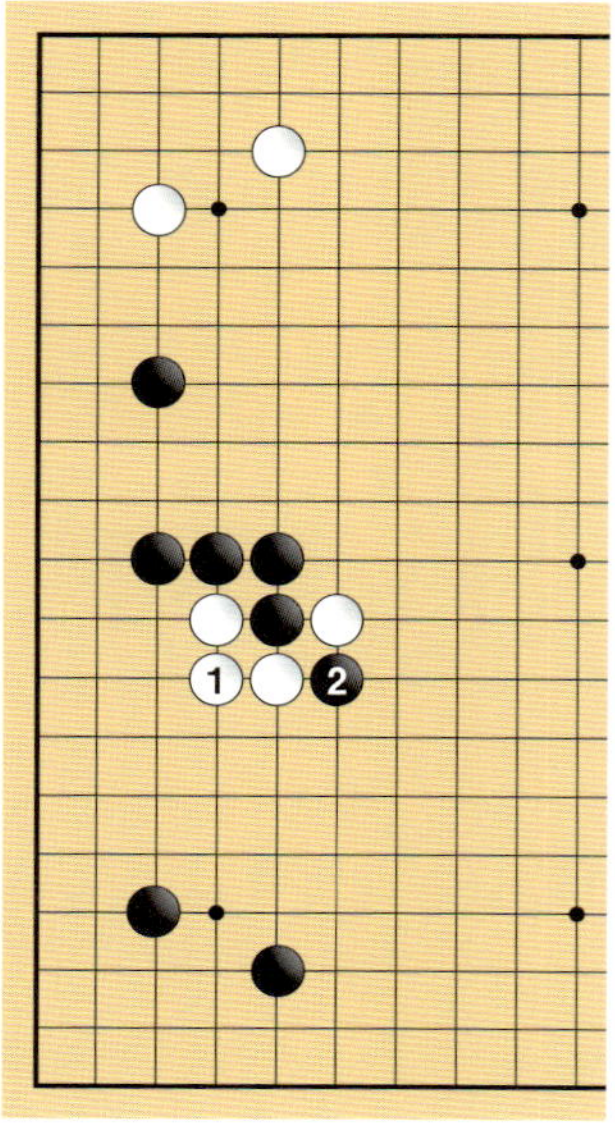

【図《ず》7】

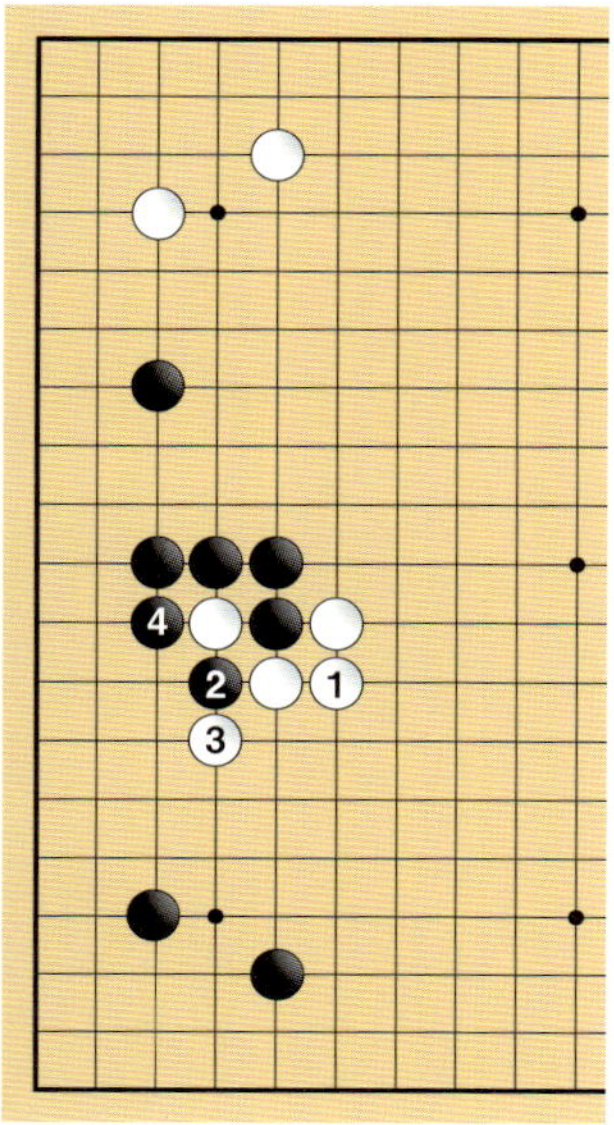

【図《ず》8】それでは例題《れいだい》で考《かんが》えてみましょう。
白《しろ》はAとBに断点《だんてん》（切《き》られるところ）があります。どちらを守《まも》りますか。

【図《ず》9】白《しろ》①にツグと、黒《くろ》❷と切《き》られます。弱《よわ》い石《いし》がふたつになって、戦《たたか》いが苦《くる》しくなります。弱《よわ》い石《いし》ができないように気《き》をつけることも、大切《たいせつ》な考《かんが》え方《かた》です。

【図《ず》10】白《しろ》は①と高《たか》い（中央《ちゅうおう》に近《ちか》い）ほうをツグのがいいのです。
しっかりつなぐ①は「カタツギ」と呼《よ》ばれます。

【図《ず》11】働《はたら》いたつなぎ方《かた》として、白《しろ》①もあります。

---

①は「カケツギ」といいます。黒《くろ》がAと打《う》っても、白《しろ》Bで取《と》ることができるので、間接的《かんせつてき》につないでいるといえます。
もし黒《くろ》がBと打《う》ってきたら、白《しろ》はAとツナぐ必要《ひつよう》が出《で》てきます。
△の1子《し》は取《と》られてもいいのです。
△を助《たす》けることで全体《ぜんたい》が危《あぶ》なくなっては、失敗《しっぱい》です。

【図《ず》8】
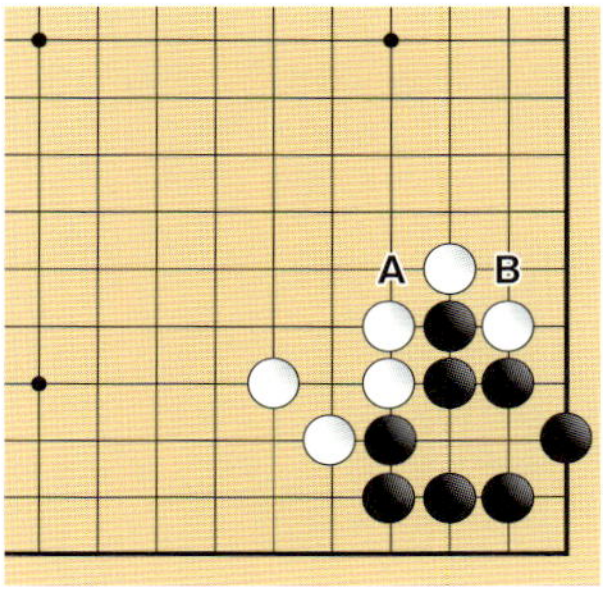
A
B

【図《ず》9】
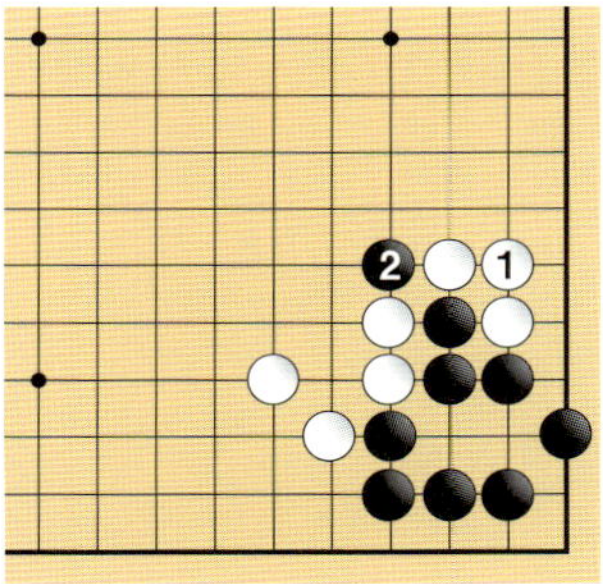
2
1

【図《ず》10】
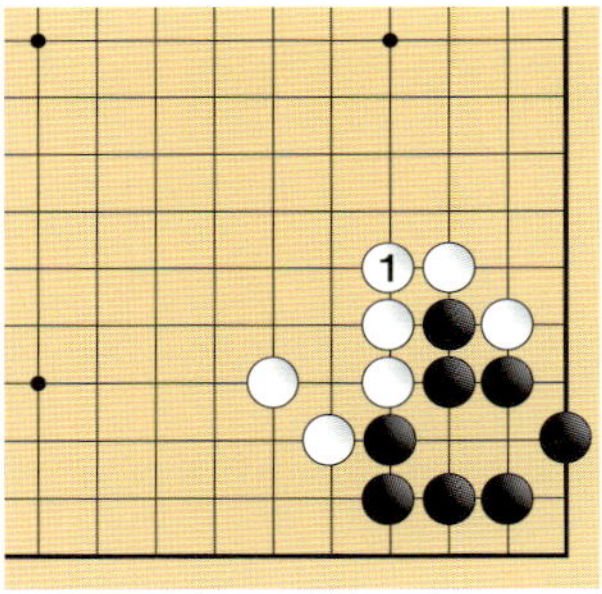
1

【図《ず》11】
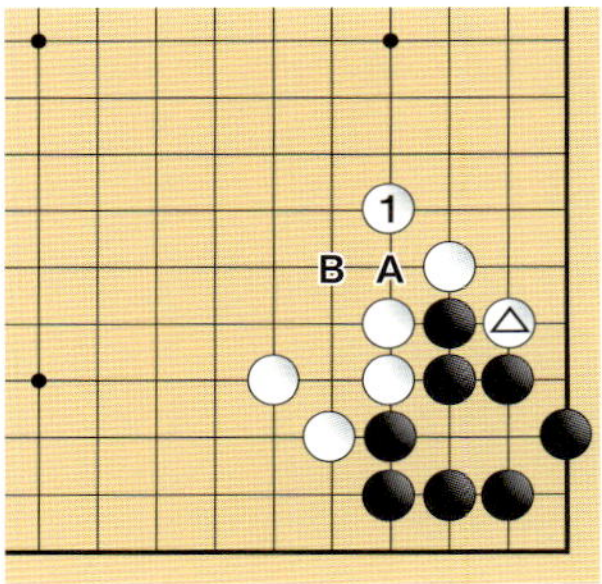
1
B
A

「カタツギ」と「カケツギ」を使《つか》い分《わ》けよう！

強《つよ》い石《いし》と弱《よわ》い石《いし》

打《う》ち進《すす》めていくと、強《つよ》い石《いし》と弱《よわ》い石《いし》ができてきます。

強《つよ》い石《いし》とは生《い》きている石《いし》です。はっきり生《い》きていれば、攻《せ》められることもありません。

弱《よわ》い石《いし》とは、生《い》きていない石《いし》です。死《し》んでいる石《いし》ではありません。はっきり死《し》んでいたらもう取《と》られているので、弱《よわ》いを通《とお》り越《こ》しています。

まだはっきり生《い》きていない石《いし》が弱《よわ》い石《いし》です。自分《じぶん》の弱《よわ》い石《いし》を見《み》つけて守《まも》ったり、相手《あいて》の弱《よわ》い石《いし》を見《み》つけて攻《せ》めることが、勝負《しょうぶ》の鍵《かぎ》を握《にぎ》ります。

【図《ず》1】

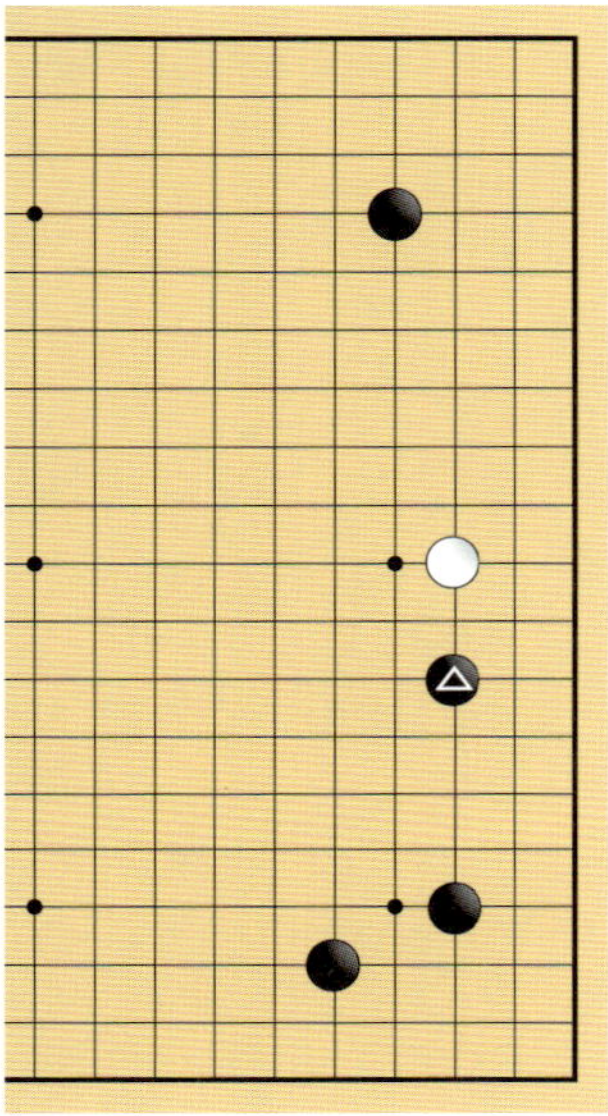

【図《ず》2】

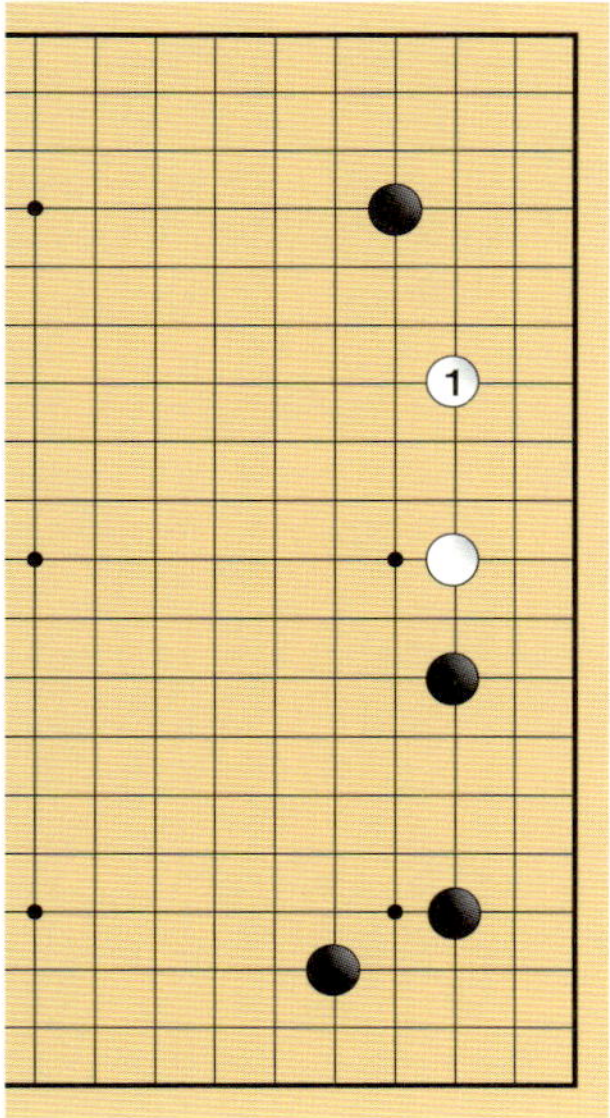

【図《ず》1】 では、例題《れいだい》です。
黒《くろ》が▲と打《う》ってきました。
白《しろ》はどこに打《う》ちますか。

【図《ず》2】 白《しろ》はひとりぼっちで弱《よわ》い石《いし》です。
白《しろ》①と根拠《こんきょ》を作《つく》るように打《う》つことが大切《たいせつ》です。
第《だい》3線《せん》（盤《ばん》の端《はし》から数《かぞ》えます）は、二間《にけん》に（2路《ろ》あけて）ヒラくのがいい形《かたち》です。
第《だい》3線《せん》の二間《にけん》ビラキは、つながってるからです。
これでとりあえず、地《じ》を持《も》ちながら治《おさ》まることができました。

【図《ず》3】今度《こんど》は黒《くろ》が△と打《う》ってきました。どう打《う》ちますか。

【図《ず》4】白《しろ》①と二間《にけん》ビラキするのが、治《おさ》まる基本《きほん》ですね。地《じ》を持《も》つことは、根拠《こんきょ》を持《も》つことです。弱《よわ》い石《いし》を守《まも》るのが最優先《さいゆうせん》で、放《ほう》っておくといいことがありません。

【図《ず》5】白《しろ》①などと他《ほか》へ向《む》かうと、黒《くろ》にすぐ❷と迫《せま》られます。白《しろ》③と逃《に》げても根拠《こんきょ》がないので、治《おさ》まるまでまだ手《て》をかけなければなりません。逃《に》げ続《つづ》けている間《あいだ》に相手《あいて》にいいところを打《う》たれてしまうので、弱《よわ》い石《いし》を作《つく》るのは損《そん》なのです。

【図《ず》6】白《しろ》①と三間《さんけん》にヒラくのは、黒《くろ》❷と入《はい》られて、ばらばらになり、苦《くる》しくなります。

【図《ず》3】

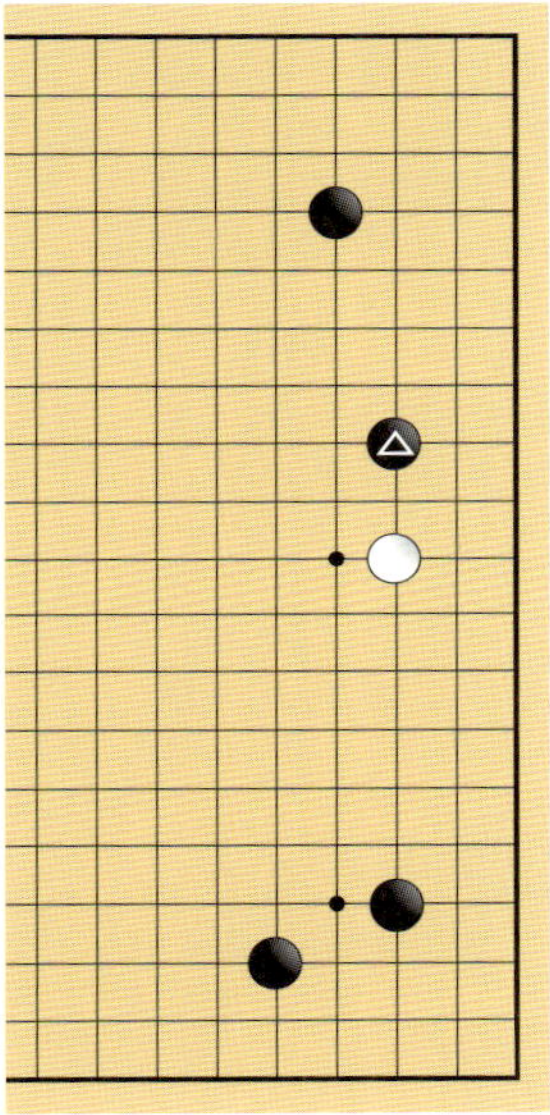

【図《ず》4】

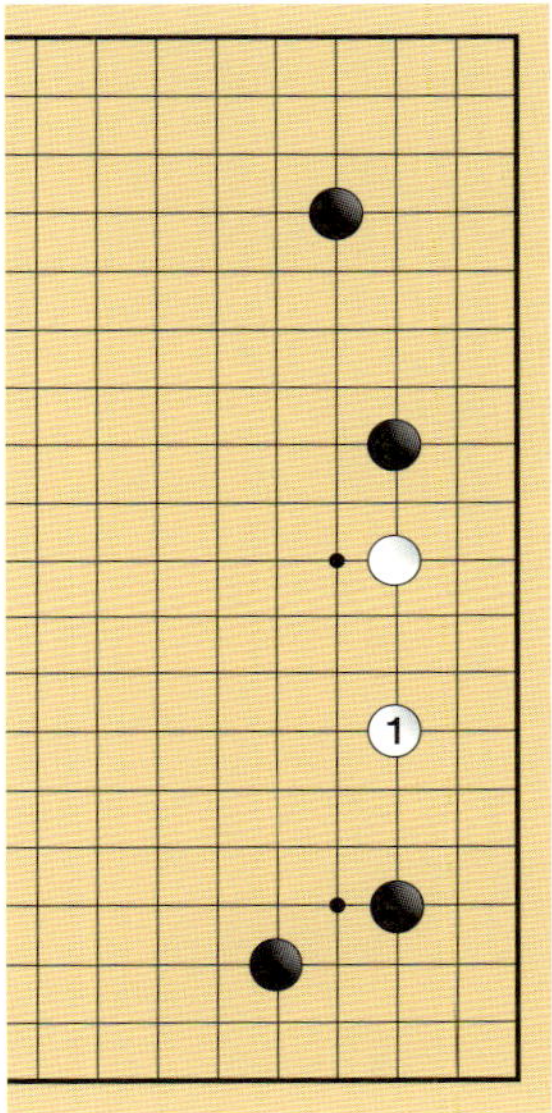

【図《ず》5】

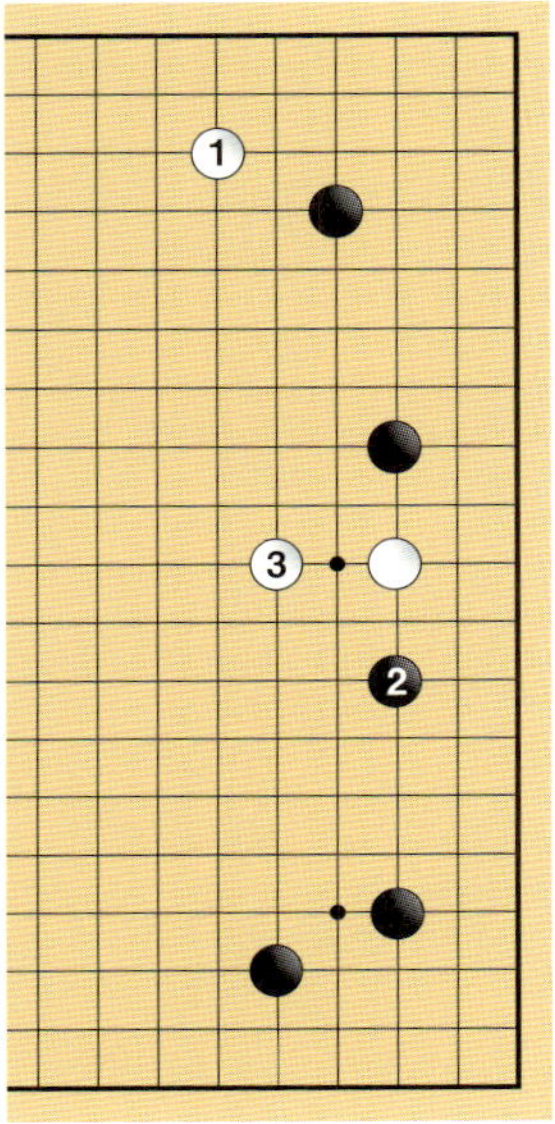

【図《ず》6】

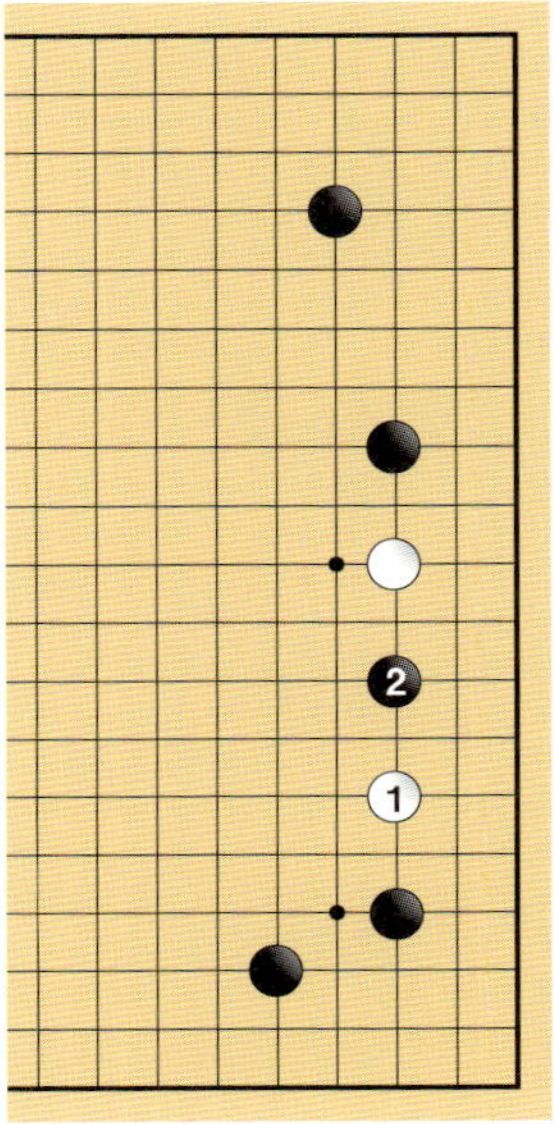

【図《ず》7】 次《つぎ》に問題《もんだい》です。
白《しろ》が△とカカってきました。黒《くろ》はどう打《う》ったらいいでしょうか。

【図《ず》8】 黒《くろ》❶と受《う》けるのでは、白《しろ》②と三間《さんけん》にヒラかれて▲3子《し》の根拠《こんきょ》がなくなり、とたんに弱《よわ》くなります。
白《しろ》は自分《じぶん》が治《おさ》まるだけがでなく、黒《くろ》への攻《せ》めも見《み》る「一石二鳥《いっせきにちょう》」の好手《こうしゅ》になっています。

【図《ず》9】 一番弱《いちばんよわ》い石《いし》の近《ちか》くに打《う》つことが大切《たいせつ》です。
黒《くろ》❶とヒラいて、根拠《こんきょ》を持《も》ちます。
▲と二《ふた》つあるときは、❶と三間《さんけん》までヒラいて大丈夫《だいじょうぶ》です。この黒《くろ》は「二立三析《にりつさんせき》」と呼《よ》ばれる好形《こうけい》です。
これで黒《くろ》は治《おさ》まって、弱《よわ》い形《かたち》ではなくなりました。左下《ひだりした》の白《しろ》への攻《せ》めも見込《みこ》めます。

【図《ず》7】
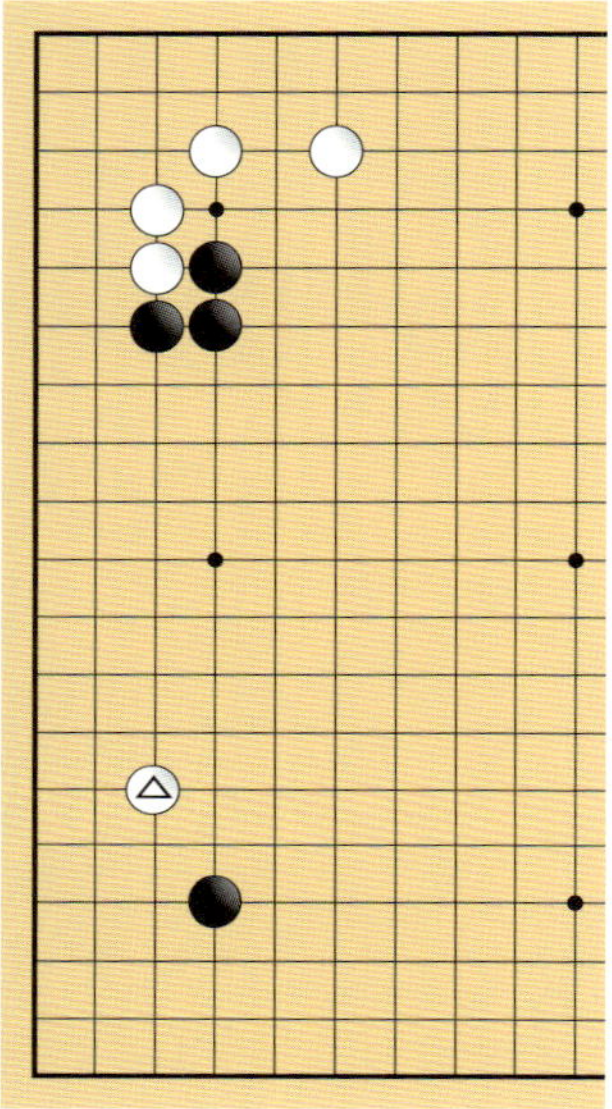

【図《ず》8】
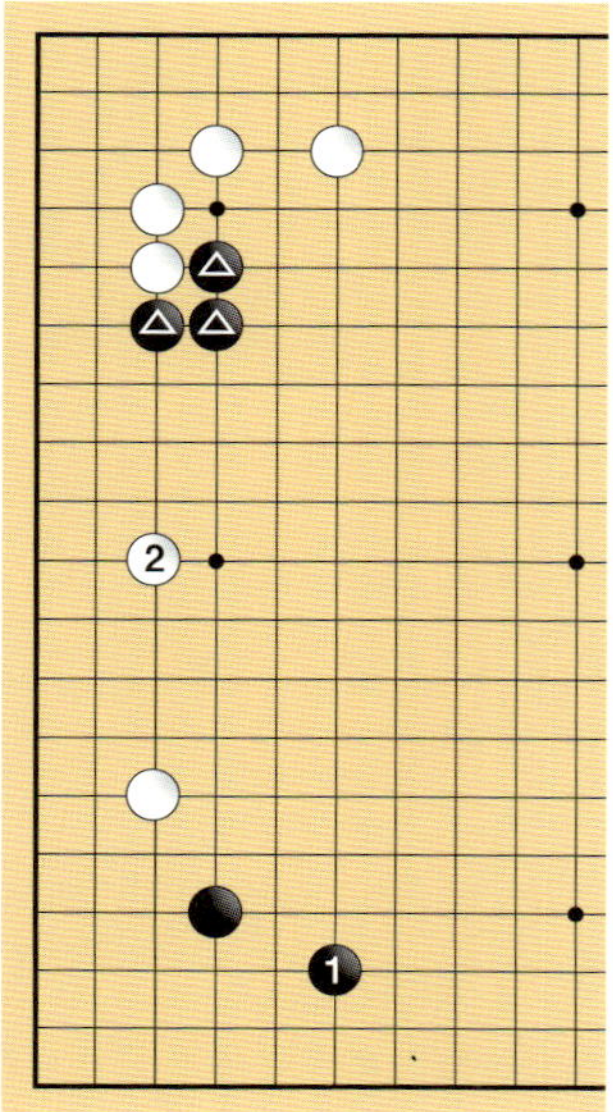

【図《ず》9】
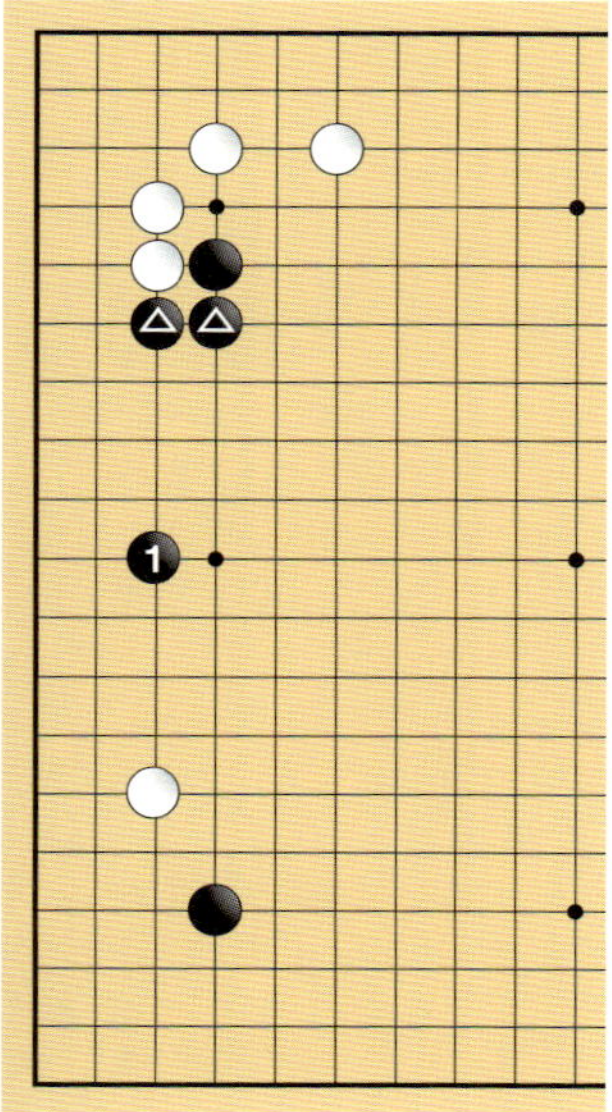

強《つよ》い人向《ひとむ》けの解説《かいせつ》

第《だい》3線《せん》の二間《にけん》ビラキと二立三析《にりつさんせき》がなぜつながっているのかを、説明《せつめい》しておきます。難《むずか》しいので、すぐにわからなくても構《かま》いません。あとから読《よ》み返《かえ》してください。

【図《ず》1】

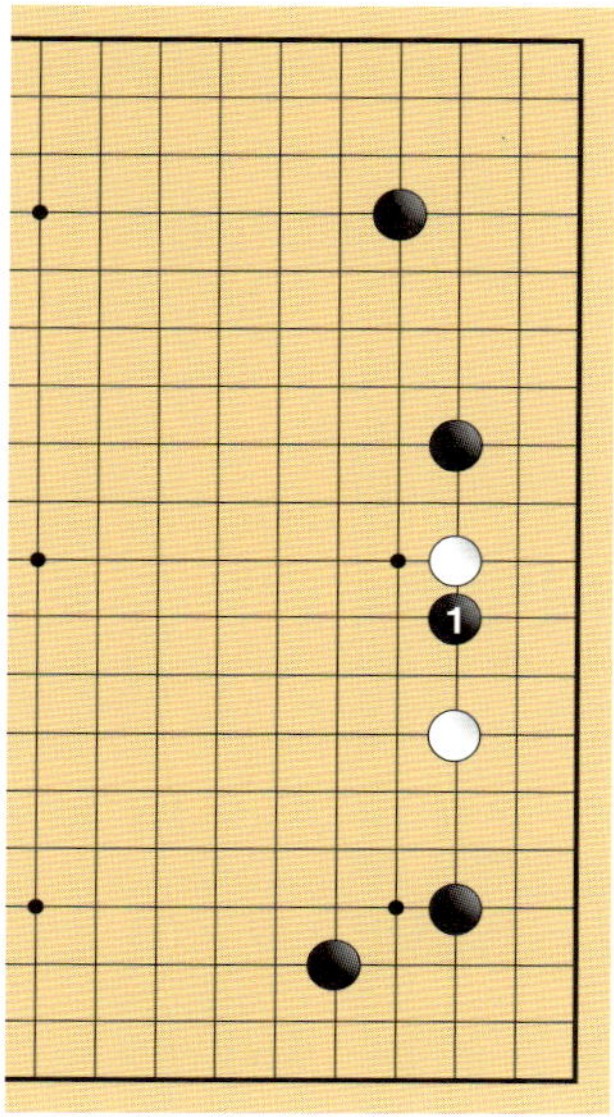

【図《ず》2】

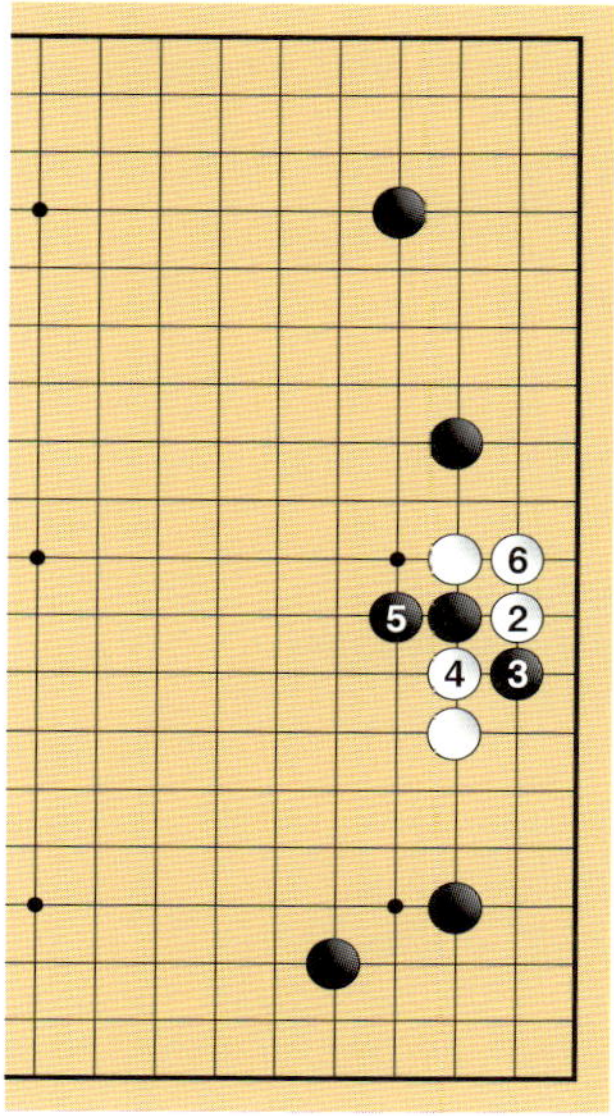

【図《ず》1】白《しろ》の二間《にけん》ビラキに黒《くろ》が❶ときました。

【図《ず》2】白《しろ》は②から④と切《き》ればいいのです。白《しろ》⑥とつなげば全部連絡《ぜんぶれんらく》しています。

【図《ず》3】白《しろ》①と分断《ぶんだん》しようときました。

【図《ず》4】黒《くろ》❷、❹と打《う》てば、白《しろ》を取《と》れます。

【図《ず》3】

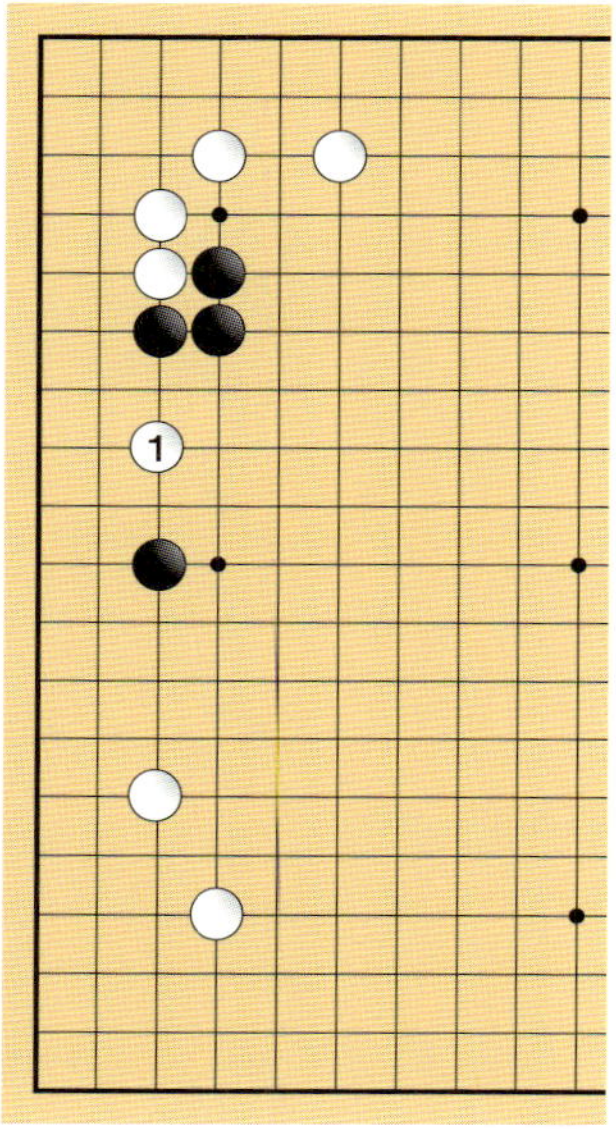

【図《ず》4】

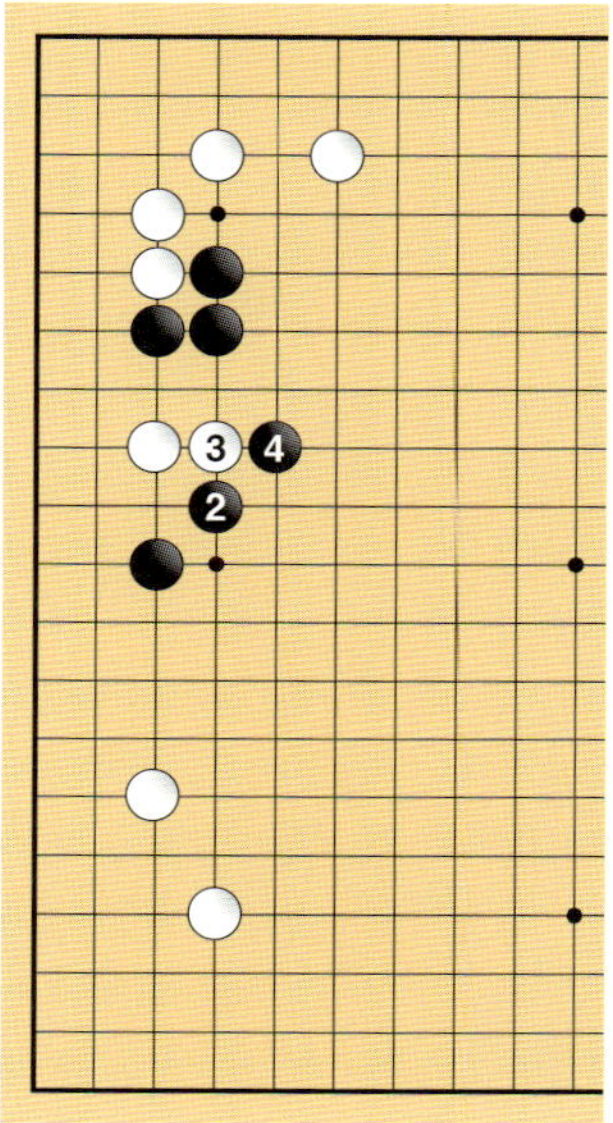

石《いし》を取《と》るコツとテクニック

大事《だいじ》な石《いし》を見分《みわ》けたら、その石《いし》を取《と》ったり逃《に》げたりするテクニックも重要《じゅうよう》になってきます。

ここでは石《いし》を取《と》るコツとテクニックを伝授《でんじゅ》します。コツはふたつあります。

❶ アタリの方向《ほうこう》に気《き》をつけよう

❷ 石《いし》を取《と》るには切《き》ることから（切《き》る場所《ばしょ》はナナメのところ。ナナメに注意《ちゅうい》しよう）

それではひとつひとつ見《み》ていきましょう。

【図《ず》1】

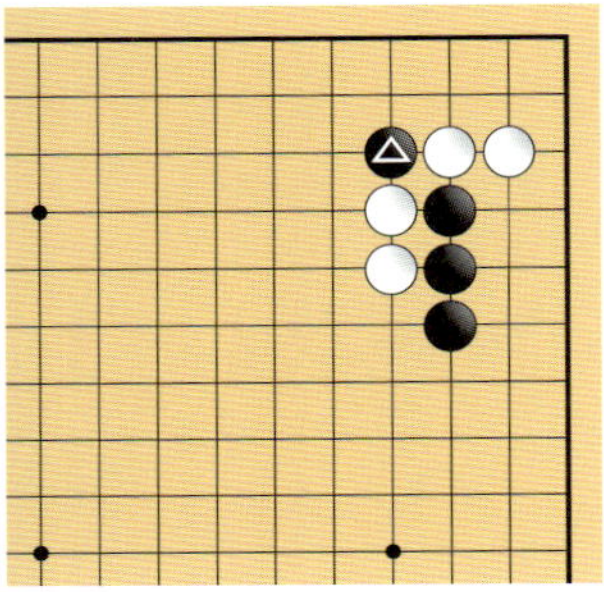

【図《ず》2】

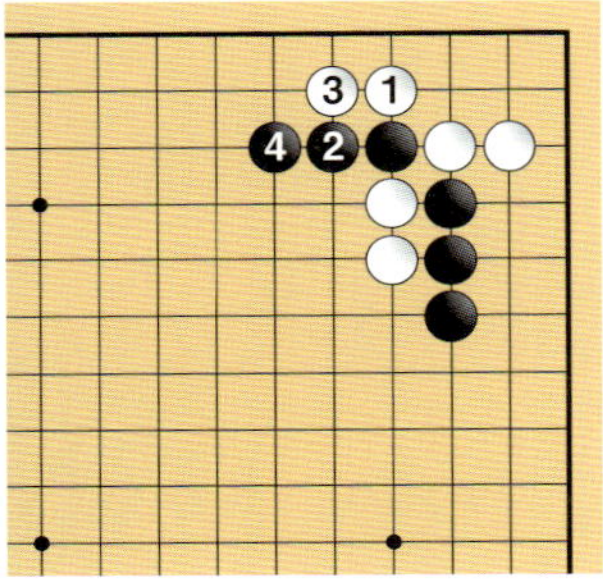

❶ アタリの方向《ほうこう》に気《き》をつけよう

石《いし》を取《と》ろうとするとき、逃《に》げ道《みち》のないほうに追《お》い込《こ》んでいくのが大切《たいせつ》なコツです。

【図《ず》1】白番《しろばん》です。△を取《と》ってください。

【図《ず》2】白《しろ》①からアタリにすると、黒《くろ》❹まで逃《に》げられてしまいます。

【図《ず》3】白《しろ》①からアテて、③と盤《ばん》の端《はし》に追《お》い込《こ》むことがコツなのです。

【図《ず》4】黒《くろ》❹には白《しろ》⑤までと、黒《くろ》はもう逃《に》げられません。

★逃《に》げ道《みち》のない、盤《ばん》の端《はし》に追《お》い込《こ》む

【図《ず》3】

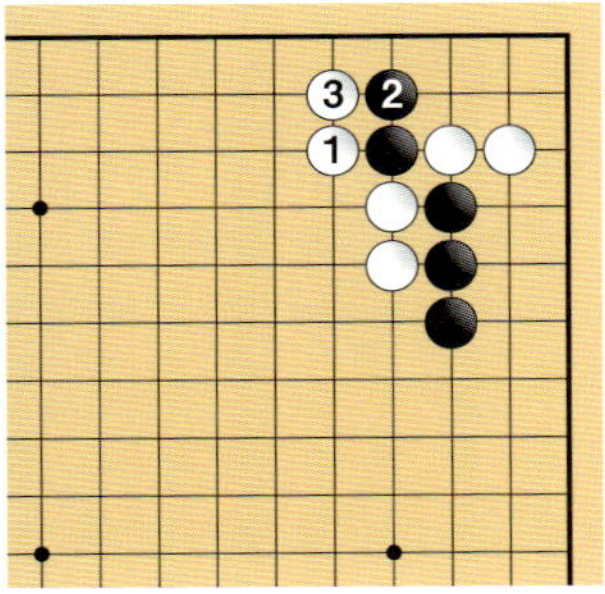

【図《ず》4】

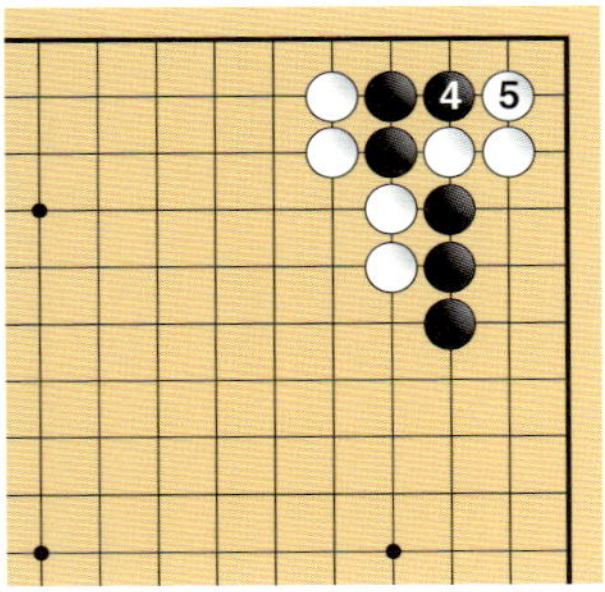

【図《ず》5】白番《しろばん》です。△3子《し》がピンチ。▲を取《と》らないと逃《に》げられません。どう打《う》ちますか。

【図《ず》6】白《しろ》①と右《みぎ》からオサえてみましょう。

【図《ず》7】黒《くろ》は❷と逃《に》げます。この状況《じょうきょう》を見《み》てください。

【図《ず》8】白《しろ》が③とオサえても……？

【図《ず》9】黒《くろ》❹と端《はし》に向《む》かって追《お》い込《こ》みます。これで白《しろ》が先《さき》にアタリになっています。

【図《ず》10】白《しろ》⑤と逃《に》げても黒《くろ》❻まで。もう白《しろ》は逃《に》げられず、黒《くろ》が白《しろ》を取《と》る結果《けっか》になりました。何《なに》がいけなかったのでしょうか。

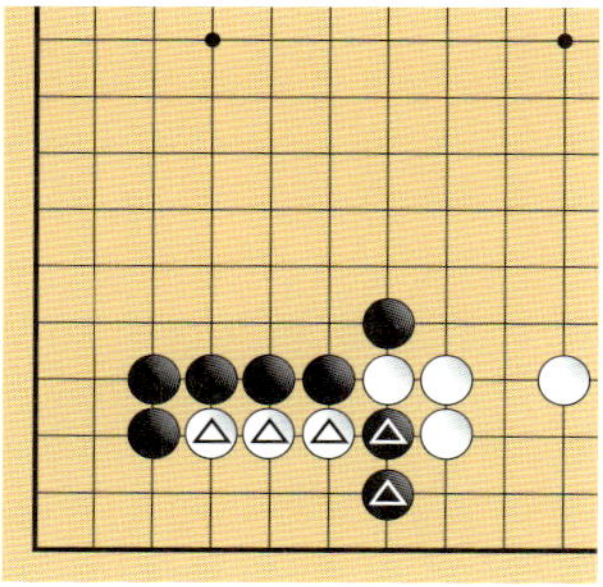
【図《ず》5】

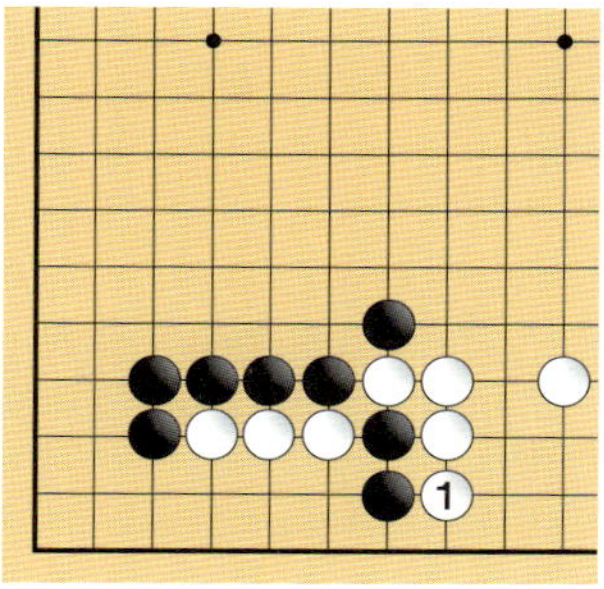
【図《ず》6】

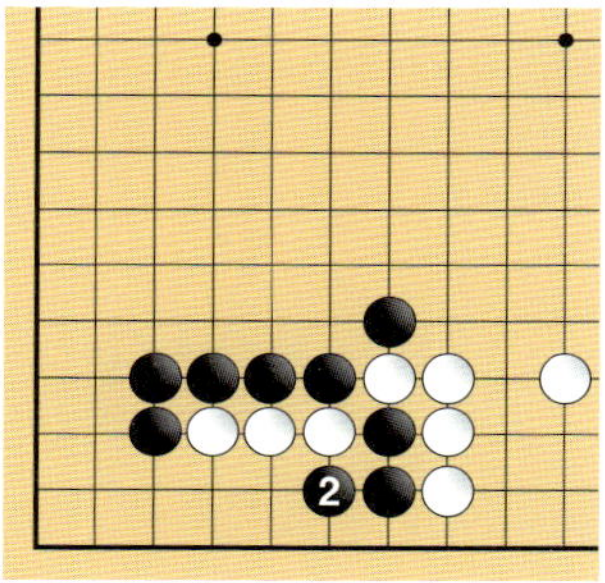
【図《ず》7】

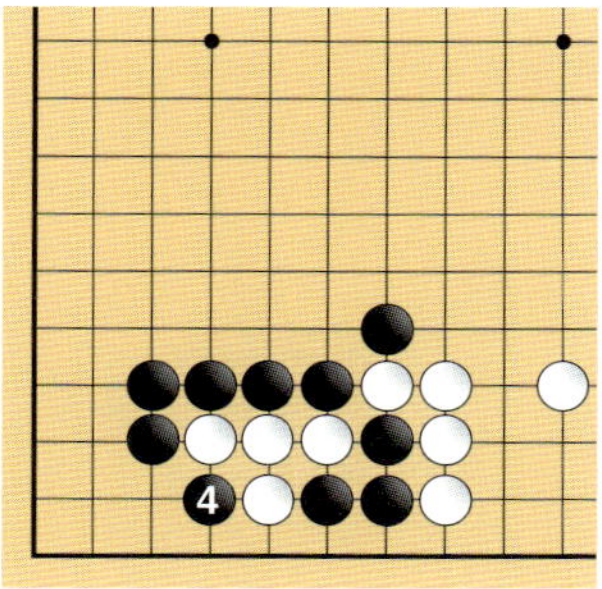
【図《ず》9】

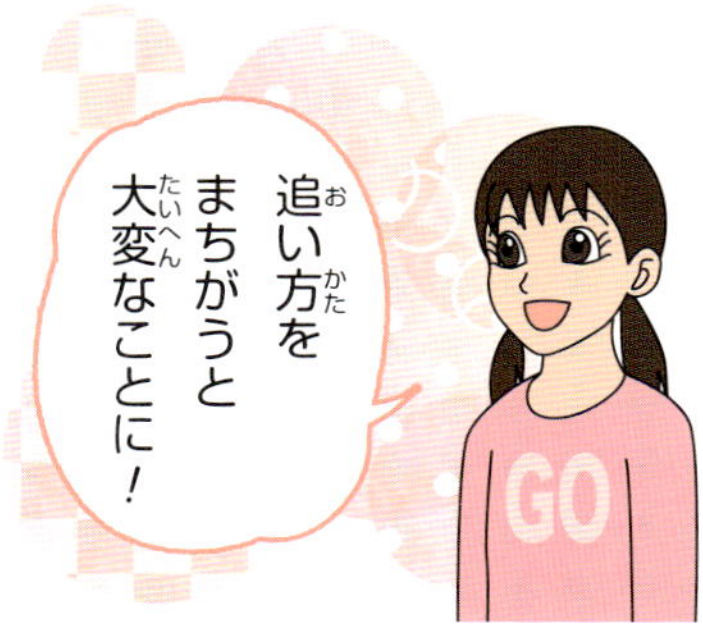
追《お》い方《かた》を
まちがうと
大変《たいへん》なことに！
GO

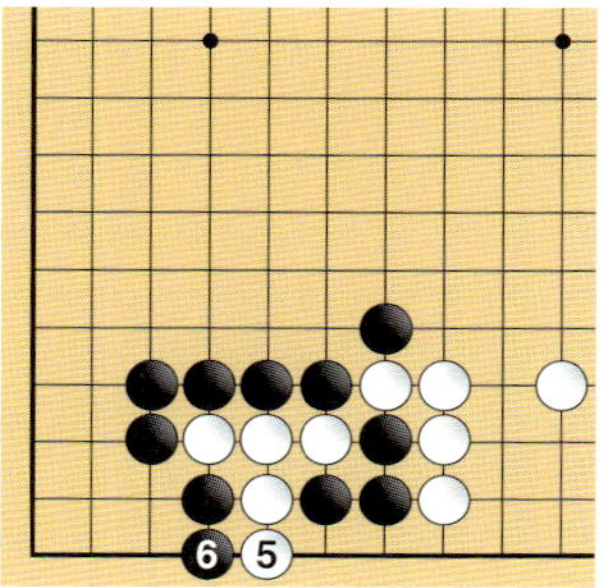
【図《ず》10】

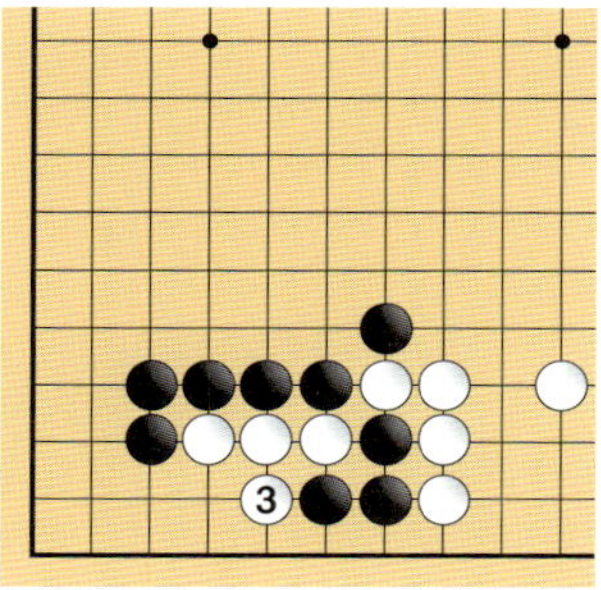
【図《ず》8】

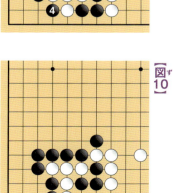

【図《ず》11】ひとつ確認《かくにん》します。白《しろ》の呼吸点《こきゅうてん》は＋の3カ所《しょ》です。

【図《ず》12】黒《くろ》の呼吸点《こきゅうてん》は＋の3カ所《しょ》です。呼吸点《こきゅうてん》が重《かさ》なったところがありますね。そこが急所《きゅうしょ》になることが多《おお》いのです。

【図《ず》13】白《しろ》①が石《いし》を取《と》るための急所《きゅうしょ》です。

【図《ず》14】黒《くろ》が❷と逃《に》げても、白《しろ》③で黒《くろ》の呼吸点《こきゅうてん》は2カ所《しょ》、白《しろ》の呼吸点《こきゅうてん》は3カ所《しょ》あるので白《しろ》が有利《ゆうり》なのです。

【図《ず》15】黒《くろ》❹には白《しろ》⑤で、黒《くろ》はアタリ。もう黒《くろ》は逃《に》げられません。

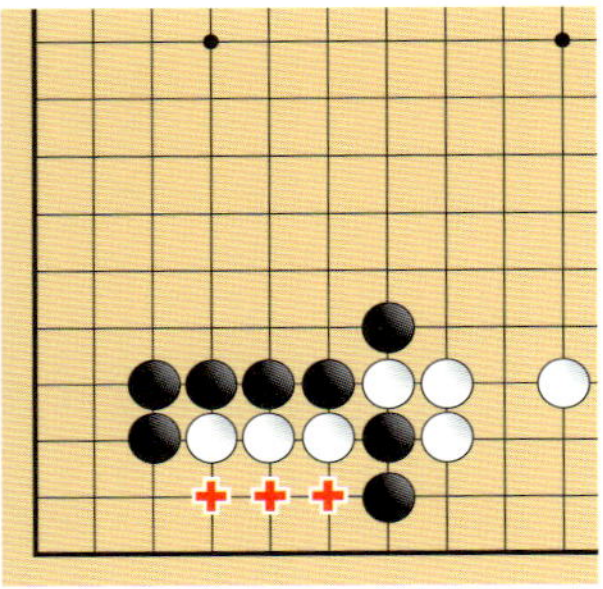

【図《ず》11】

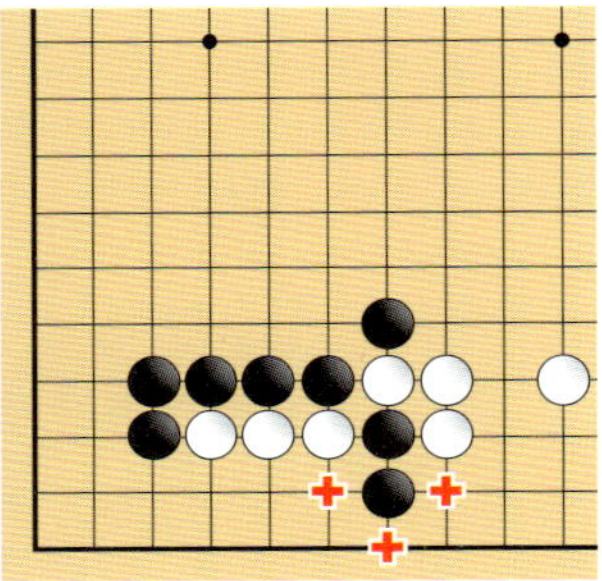

【図《ず》12】

★呼吸点《こきゅうてん》が重《かさ》なったところが急所《きゅうしょ》になることが多《おお》い

なお、呼吸点《こきゅうてん》を数《かぞ》えるとき、単位《たんい》を「手《て》」、呼吸点《こきゅうてん》の数《かず》を「手数《てすう》」といいます。例《たと》えば、呼吸点《こきゅうてん》が3カ所《しょ》のときは、「手数《てすう》が3手《て》」といいます。

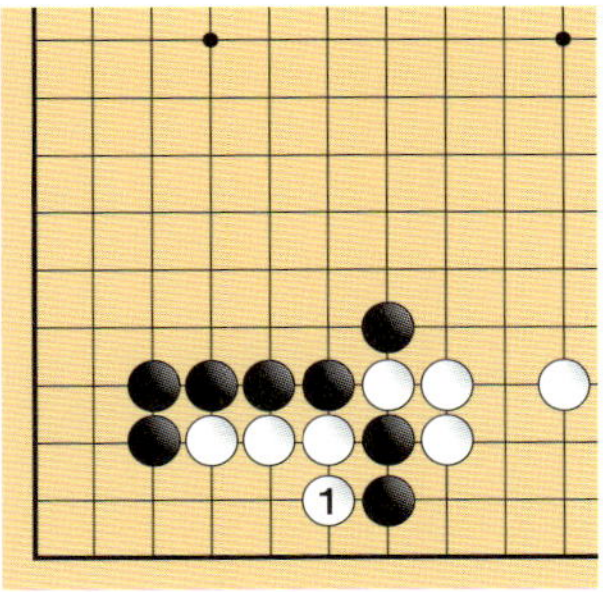
1

【図《ず》13】

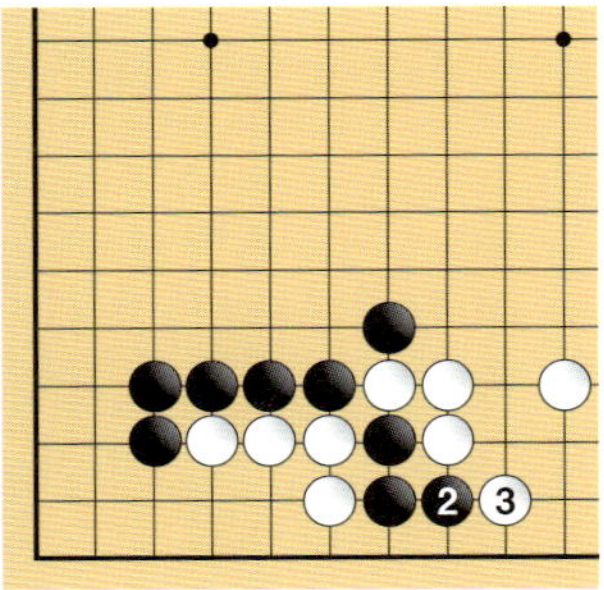
2
3

【図《ず》14】

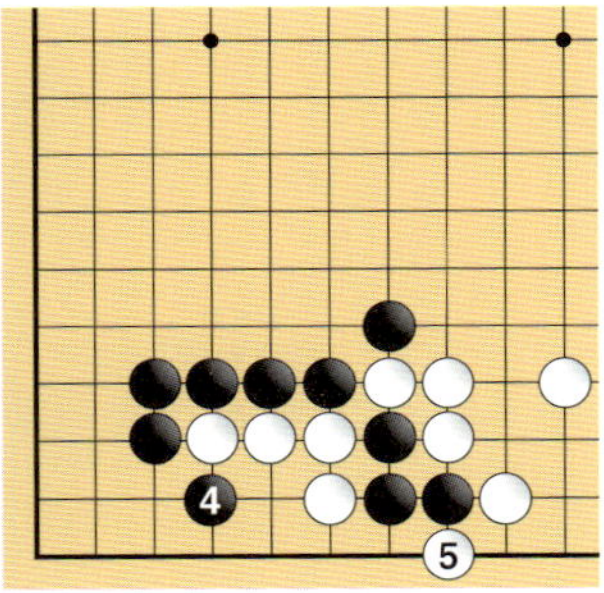
4
5

【図《ず》15】

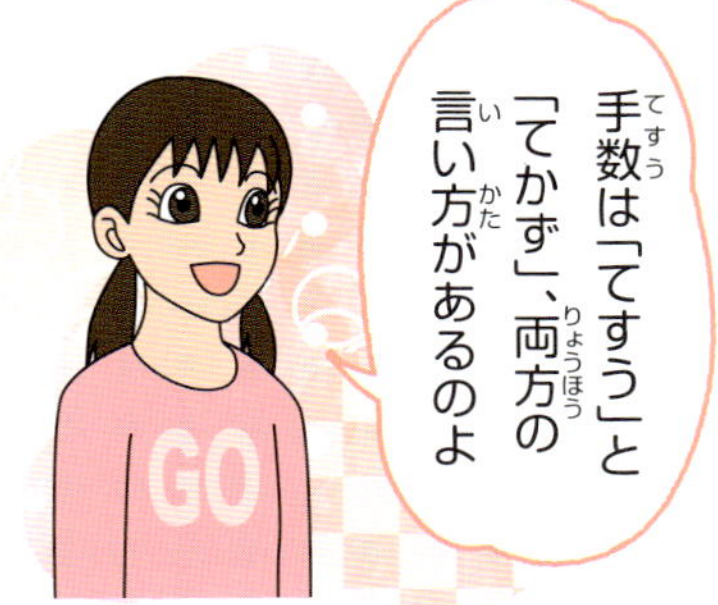
手数《てすう》は「てすう」と「てかず」、両方《りょうほう》の言《い》い方《かた》があるのよ
GO

❷ 石《いし》を取《と》るには切《き》ることから

石《いし》を取《と》ろうとするとき、逃《に》げ道《みち》のないほうに追《お》い込《こ》むとともに大切《たいせつ》なコツは、断点《だんてん》（切《き》るところ）を見《み》つけて切《き》ることです。

【図《ず》1】白番《しろばん》です。◬を取《と》る手《て》がありますので見《み》つけてください。

◬の手数《てすう》はあと2手《て》。白《しろ》からアタリにする手《て》も2カ所《しょ》あるということです。

【図《ず》2】白《しろ》①とアタリにしてみます。

【図《ず》3】黒《くろ》❷と逃《に》げられると、黒《くろ》は全体《ぜんたい》につながってしまい取《と》れない石《いし》となりました。

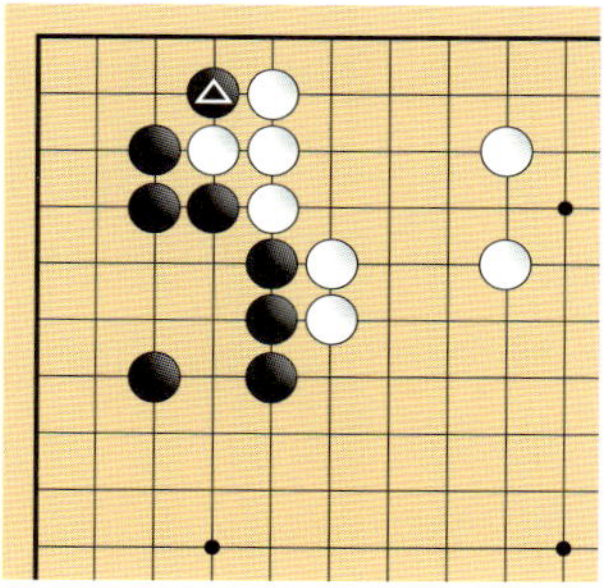

【図《ず》1】

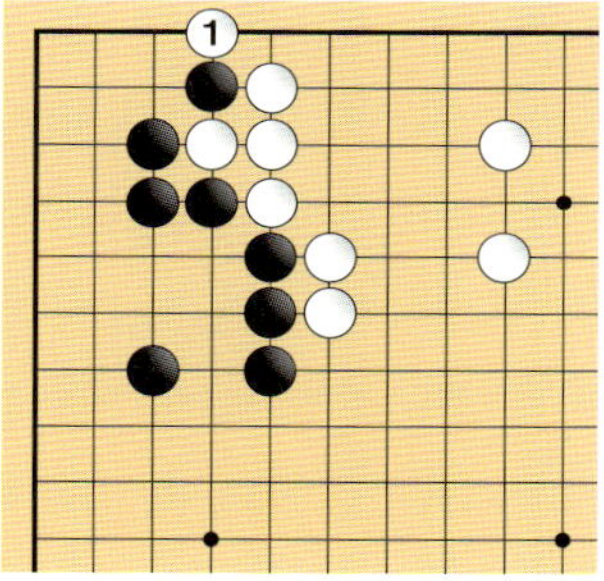

【図《ず》2】

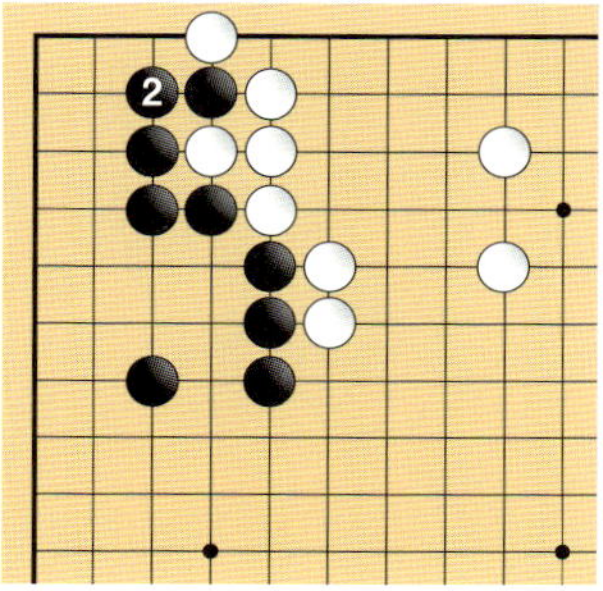

【図《ず》3】

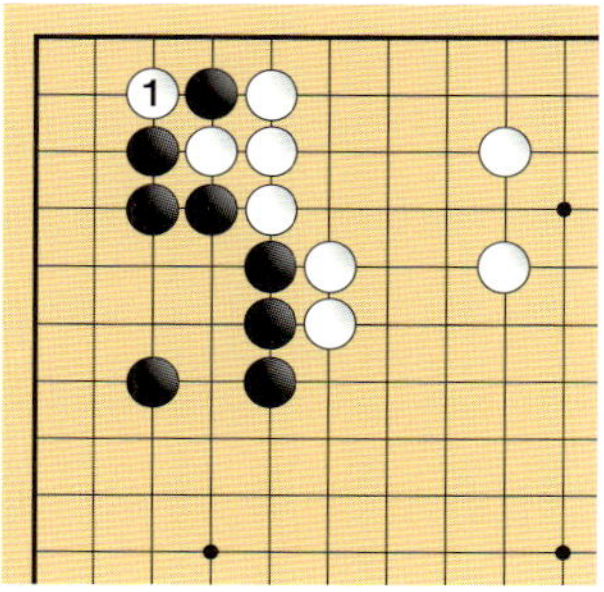

【図《ず》4】

行《い》き止《ど》まりのほうの盤《ばん》の端《はし》からアタリにしていますので、うまくいきません。

【図《ず》4】白《しろ》①からアタリにするのが、いい手《て》です。①は黒《くろ》の石《いし》を切《き》っているのがわかりますか。石《いし》は線上《せんじょう》でつながっていますので、ナナメの場《ば》所《しょ》に打《う》たれると切《き》られるのです。

★ナナメの場《ば》所《しょ》を狙《ねら》って切《き》ろう

白《しろ》①は盤《ばん》の端《はし》に追《お》い込《こ》んでもいるんだね

【図《ず》5】前図《ぜんず》から黒《くろ》が❷と逃《に》げても……。

【図《ず》6】白《しろ》③とアタリにすれば、黒《くろ》が❹と逃《に》げてもすでにアタリです。

【図《ず》7】白《しろ》⑤で黒《くろ》3子《し》を取《と》ることができました。

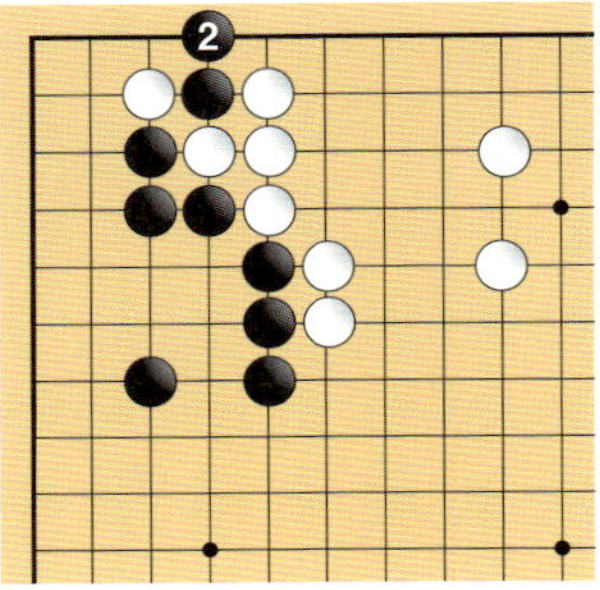

【図《ず》5】

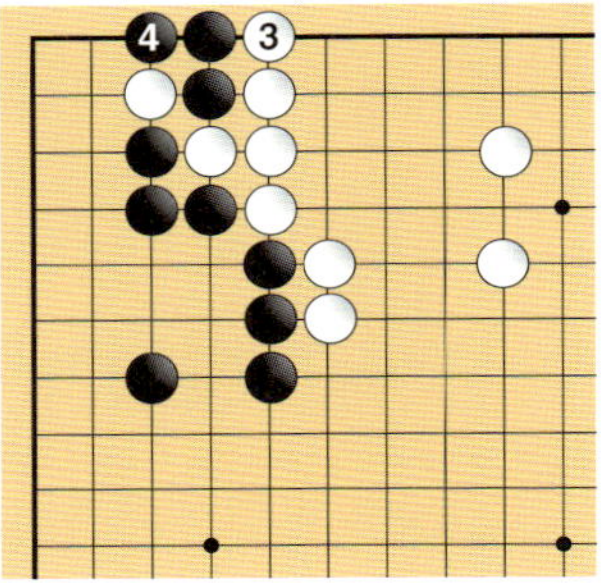

【図《ず》6】

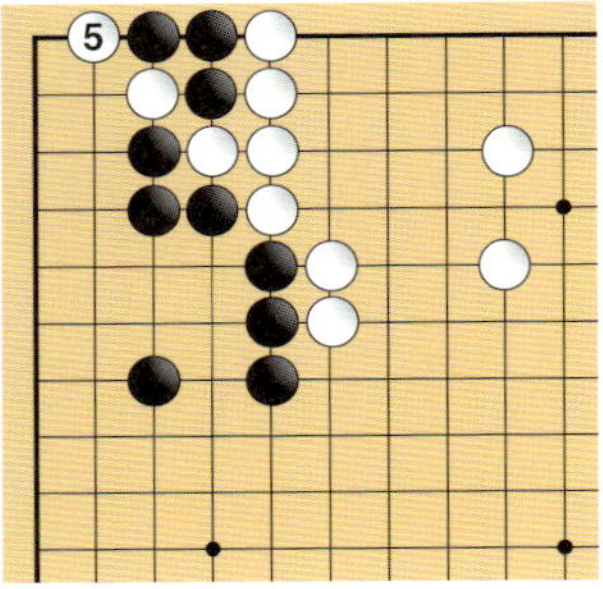

【図《ず》7】

【図《ず》8】白《しろ》①と切《き》るのが、石《いし》を取《と》るための出発点《しゅっぱつてん》で好手《こうしゅ》です。

切《き》られたら、黒《くろ》はもう逃《に》げられません。逃《に》げられない石《いし》を逃《に》げると大損《おおぞん》します。

黒《くろ》としては❷とアテて、これ以上《いじょう》、黒地《くろじ》に侵入《しんにゅう》されないように止《と》めるのがいい手《て》です。

【図《ず》9】白《しろ》は③と取《と》ることができました。

【図《ず》10】逆《ぎゃく》に黒《くろ》の手番《てばん》だったら、黒《くろ》は❶としっかりつながっておけば、取《と》られることはありません。

★ナナメに目《め》を向《む》けて注意《ちゅうい》しよう

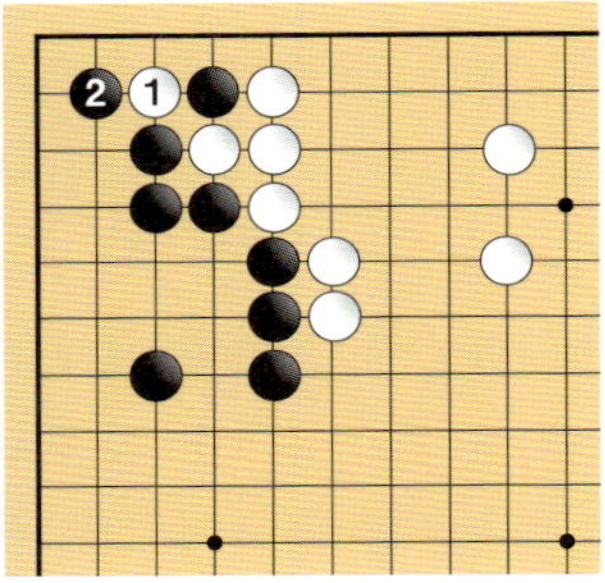

【図《ず》8】

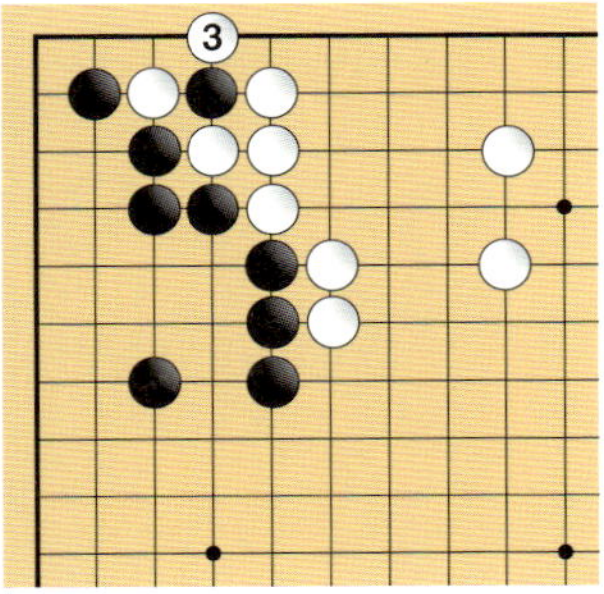

【図《ず》9】

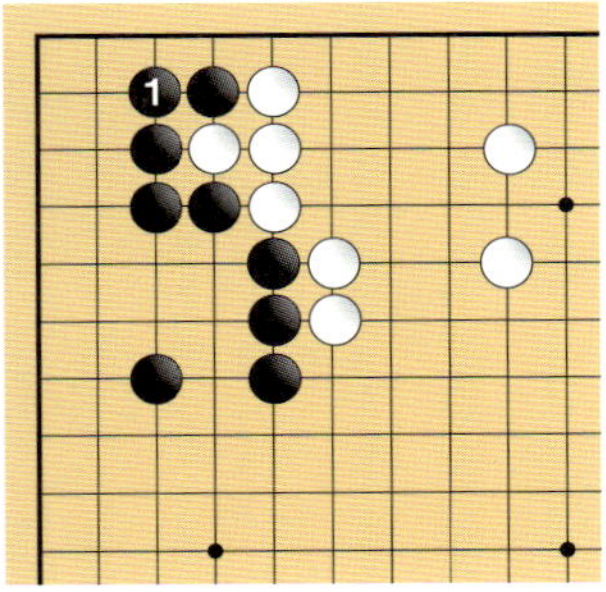

【図《ず》10】

【図《ず》11】 それでは、「ナナメの場所《ばしょ》を狙《ねら》って切《き》ろう」の練習《れんしゅう》をしてみましょう。

白番《しろばん》です。

左側《ひだりがわ》に黒地《くろじ》、右側《みぎがわ》に白地《しろじ》ができつつあります。

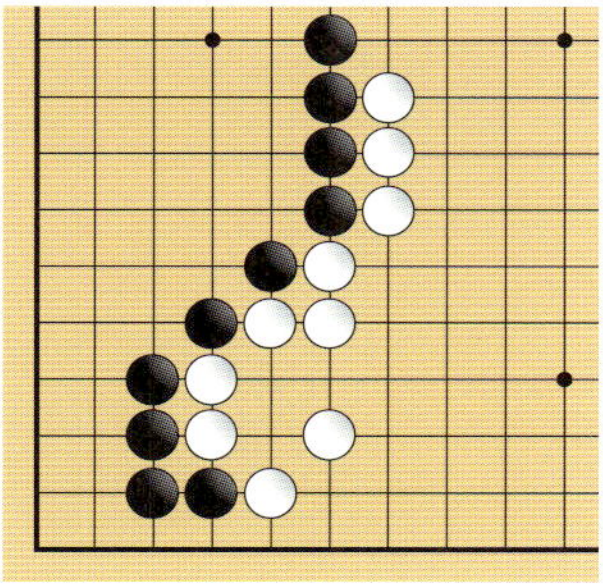
【図《ず》11】

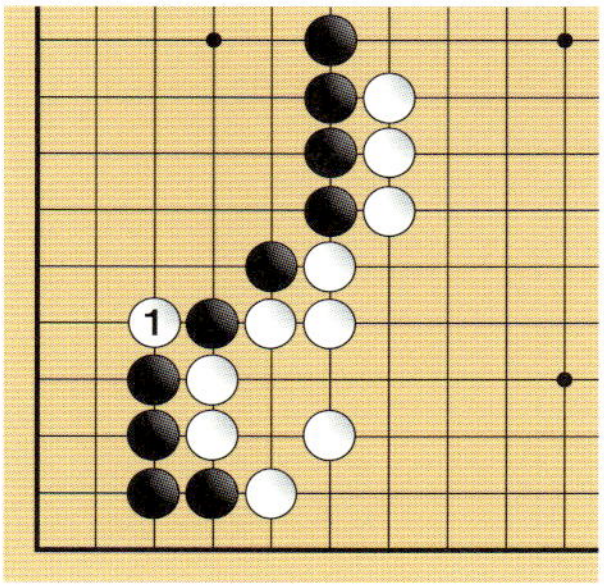
1
【図《ず》12】

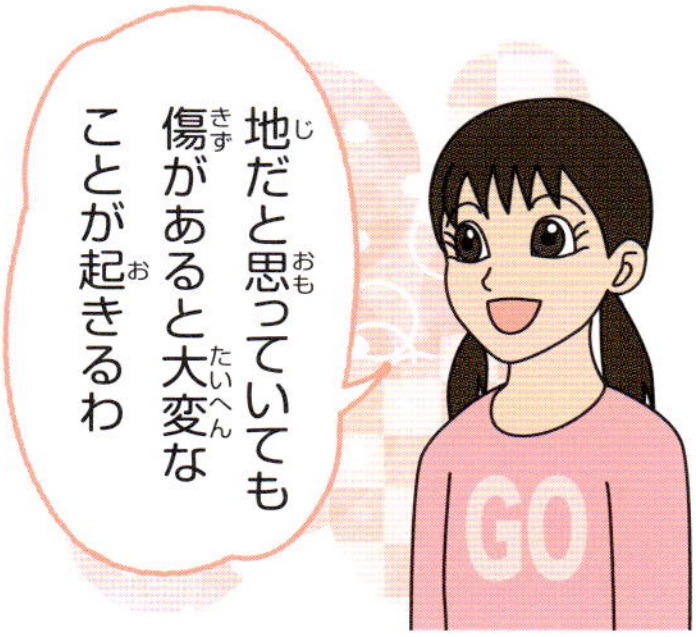
地《じ》だと思《おも》っていても
傷《きず》があると大変《たいへん》な
ことが起《お》きるわ
GO

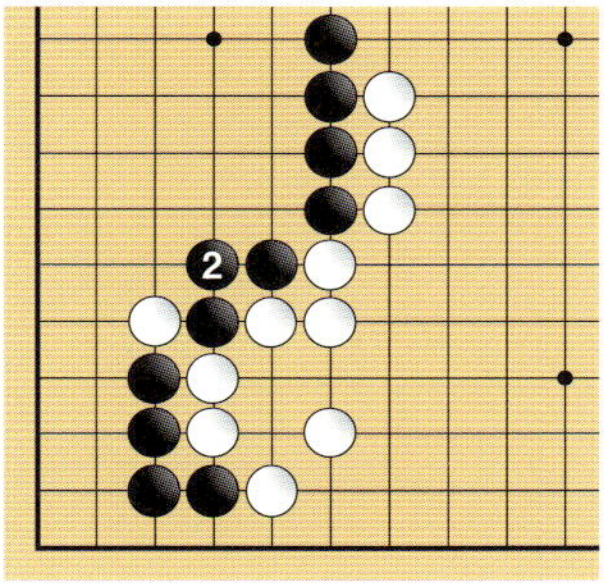
2
【図《ず》13】

しかし黒《くろ》はナナメがたくさんある危《あぶ》ない形《かたち》をしています。黒地《くろじ》を作《つく》っている黒《くろ》の壁《かべ》を破《やぶ》る手段《しゅだん》があります。白《しろ》はどう打《う》ちますか。

【図《ず》12】 どこかに打《う》ってアタリにしてみましょう。

白《しろ》①と切《き》って、アタリにしてみます。

【図《ず》13】 黒《くろ》❷とつながれると、これ以上《いじょう》うまい手《て》はありません。これは失敗《しっぱい》です。

【図《ず》14】 それでは白《しろ》①とここを切《き》ってアタリにしてみます。

【図《ず》15】 やはり黒《くろ》❷とつながれては、もう手段《しゅだん》はありません。

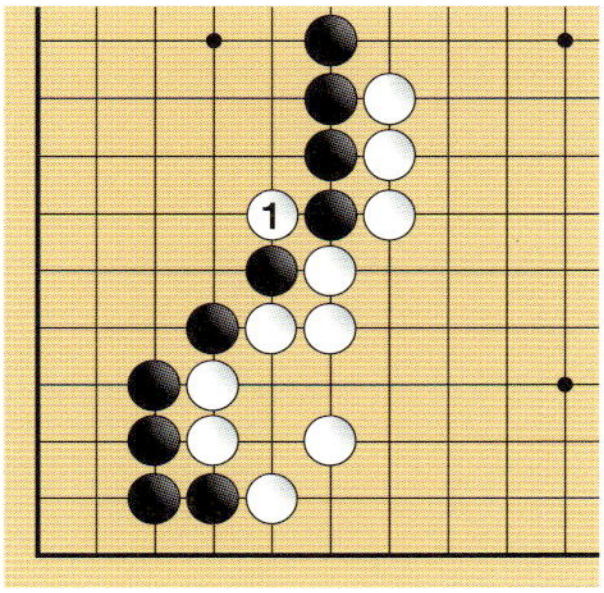
1
【図《ず》14】

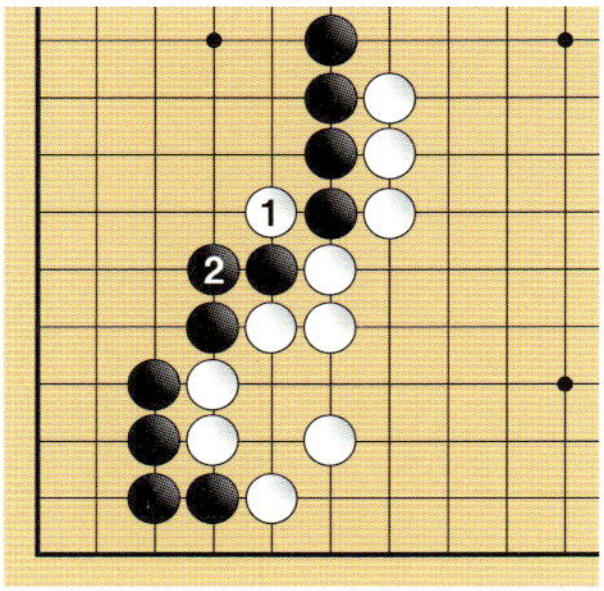
1
2
【図《ず》15】

【図《ず》16】 白《しろ》①と切《き》るのが好手《こうしゅ》です。
①と打《う》つと、△2つが同時《どうじ》にアタリになっています。
この状況《じょうきょう》を「両《りょう》アタリ」といいます。
黒《くろ》は次《つぎ》に一手《いって》しか打《う》てませんので、必《かなら》ずどちらか取《と》れるのです。

【図《ず》17】 黒《くろ》が❷とツゲば、白《しろ》③と1子《し》抜《ぬ》くことができます。

【図《ず》18】 取《と》ったあとの形《かたち》です。黒地《くろじ》を作《つく》っていた壁《かべ》に穴《あな》があいて、左辺《さへん》の黒地《くろじ》は左下《ひだりした》だけになってしまいました。
中央《ちゅうおう》の黒《くろ》4子《し》も根拠《こんきょ》が不確実《ふかくじつ》になり、攻《せ》められる対象《たいしょう》になりました。黒《くろ》はさんざんです。
ナナメになったキズがあると、せっかく築《きず》いた地《じ》がなくなってしまうのです。

【図《ず》19】 黒《くろ》❶のほうをつないでも、白《しろ》②と抜《ぬ》くことができます。

【図《ず》20】 黒《くろ》の手番《てばん》でしたら、黒《くろ》❶としっかりつないで、キズを補《おぎな》っておくのが大切《たいせつ》です。

★ナナメに注意《ちゅうい》しよう

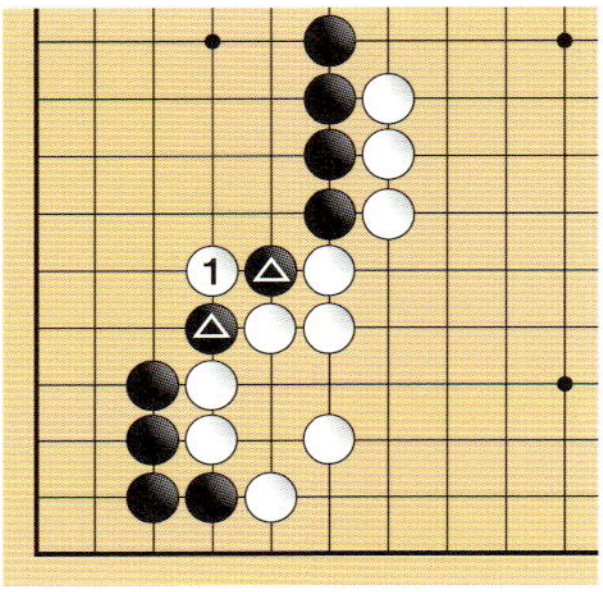
【図《ず》16】

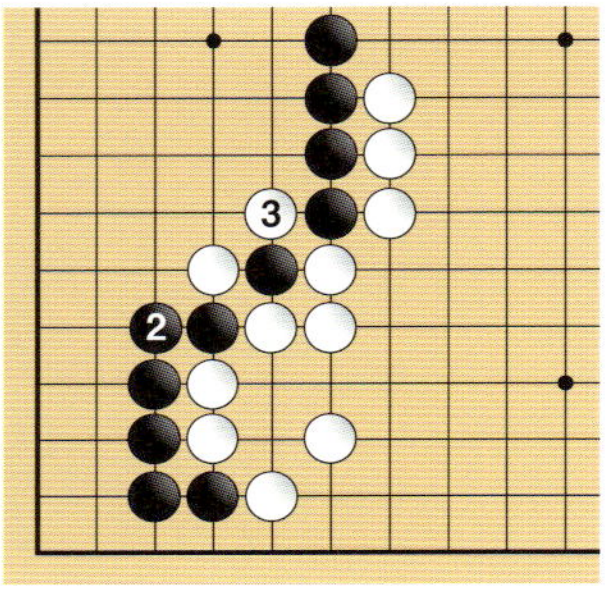
【図《ず》17】

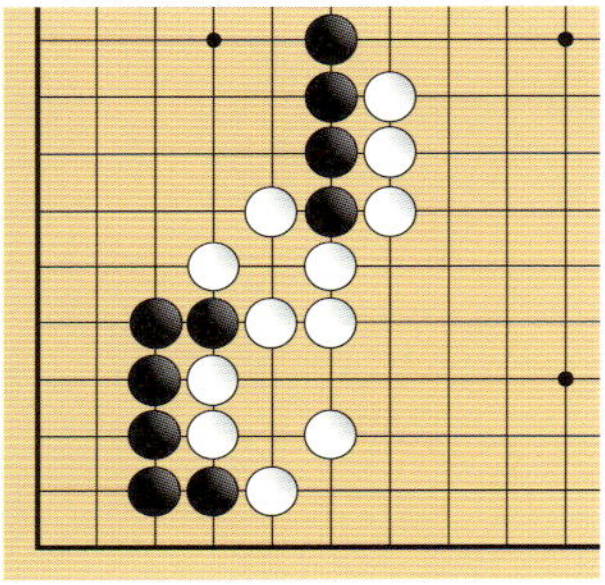
【図《ず》18】

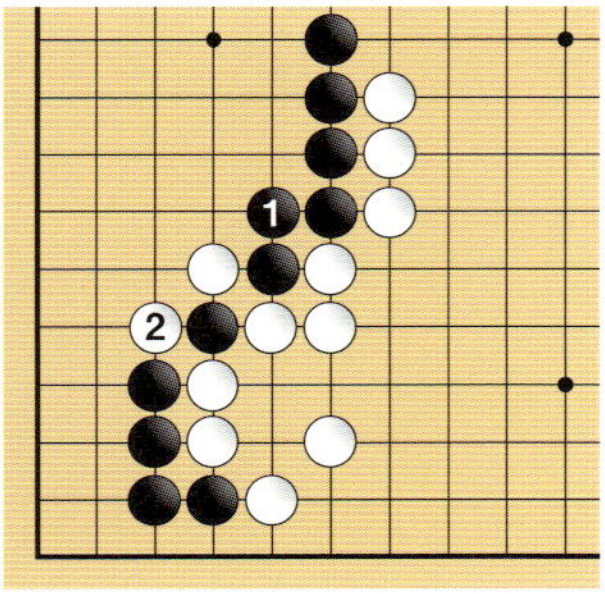
【図《ず》19】

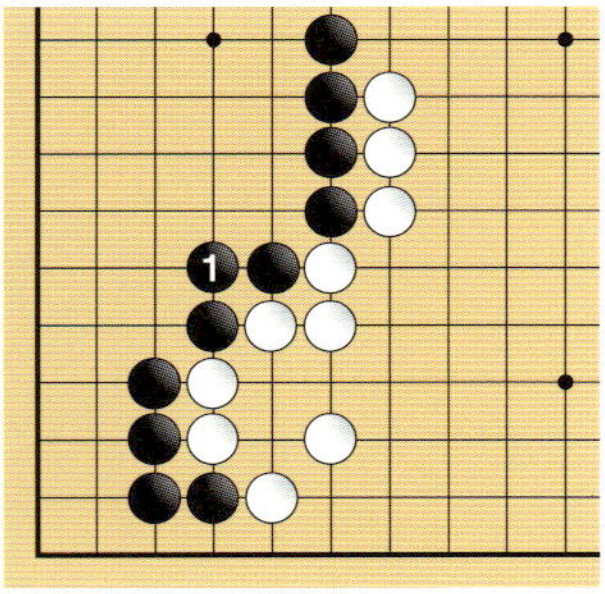
【図《ず》20】

石《いし》を取《と》るテクニック

「逃《に》げ道《みち》のないほうに追《お》い込《こ》む」「ナナメに注意《ちゅうい》する」など、石《いし》を取《と》るコツをお話《はな》ししてきました。ここからは、石《いし》を取《と》るテクニックを紹介《しょうかい》します。

❶ シチョウ
❷ ゲタ
❸ ウッテガエシ

これら3つは、ぜひ身《み》につけて欲《ほ》しい基本《きほん》のテクニックです。ではひとつひとつ説明《せつめい》します。

【図《ず》1】

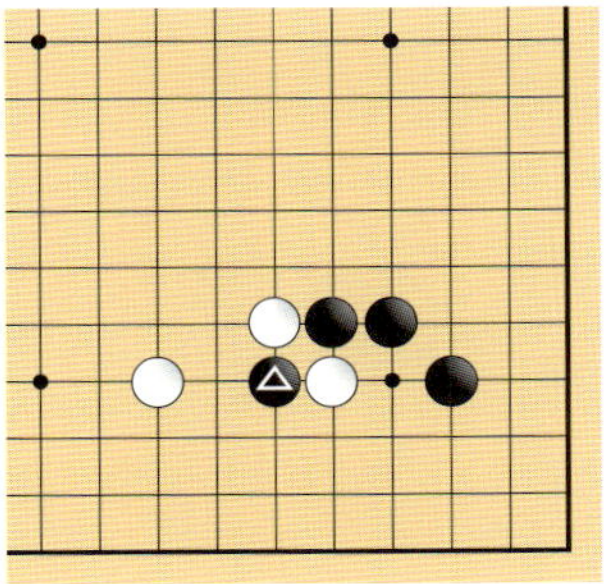

【図《ず》2】

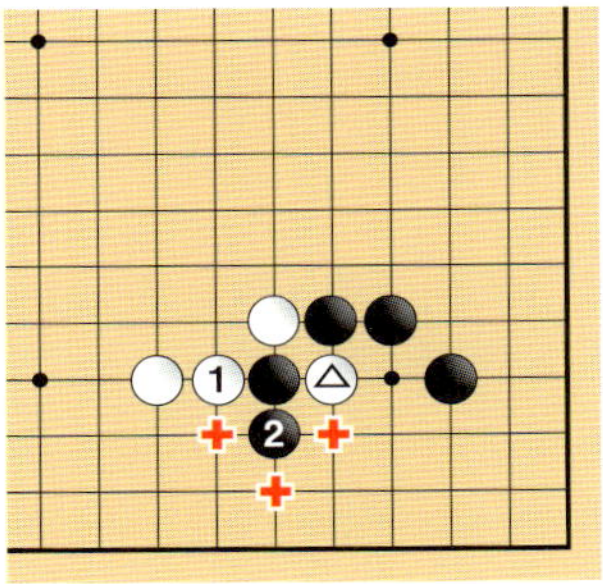

❶ シチョウ

【図《ず》1】 白番《しろばん》です。△を取《と》ってください。

【図《ず》2】 白《しろ》①とアタリにするのは、黒《くろ》❷と逃《に》げられます。黒《くろ》の手数《てすう》は＋の3手《て》に増《ふ》えています。逆《ぎゃく》に△が2手《て》しかなく弱《よわ》くなっています。

これではもう黒《くろ》を取《と》ることはできません。

【図《ず》3】 白《しろ》①からアタリにするのが、いい手《て》です。逃《に》げる方向《ほうこう》に、△が待《ま》ち伏《ぶ》せています。

石《いし》を追《お》いかけるときには、盤《ばん》の端《はし》だけではなく、味方《みかた》のいる方向《ほうこう》に追《お》い込《こ》むこともあります。

【図《ず》4】 黒《くろ》が❷と逃《に》げたときがポイントです。白《しろ》はどうしますか。

【図《ず》3】

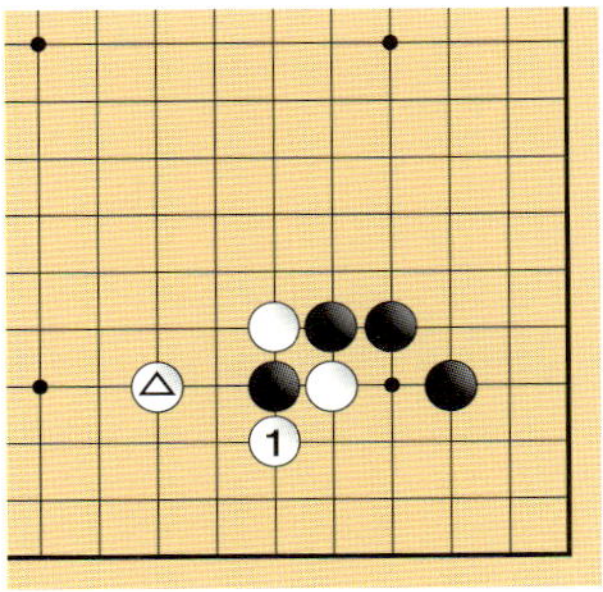

【図《ず》4】

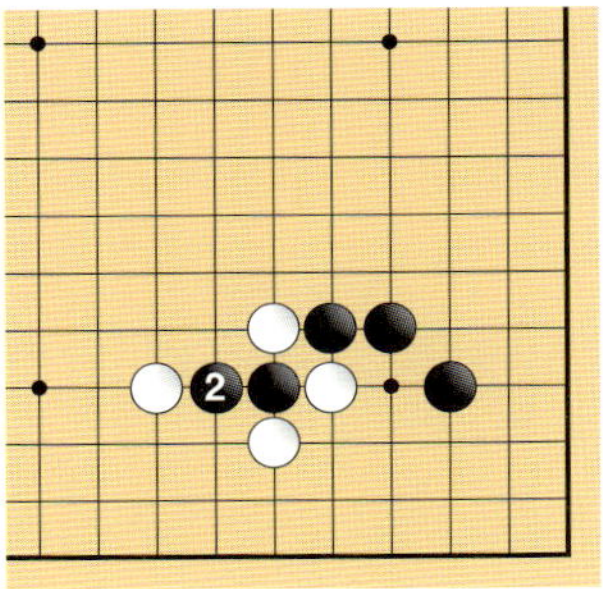

【図《ず》5】 白《しろ》③からアタリにするのが肝心《かんじん》です。
黒《くろ》が❹と逃《に》げたら……。

【図《ず》6】 黒《くろ》が下《した》に向《む》かって逃《に》げてきたので、白《しろ》⑤と止《と》めるような感《かん》じでアタリにして、追《お》いかける要領《ようりょう》です。
黒《くろ》❻と左《ひだり》に向《む》かったので、白《しろ》は⑦と左《ひだり》のほうから止《と》める要領《ようりょう》でアタリにします。

【図《ず》7】 第《だい》2線《せん》まできたら、白《しろ》は⑨と盤《ばん》の端《はし》に向《む》かって追《お》います。
白《しろ》⑪とアタリにすれば、黒《くろ》はもう逃《に》げることはできません。

白《しろ》⑨で⑩からアタリにしても取《と》れます。
以上《いじょう》のように、階段状《かいだんじょう》にアタリ、アタリと連続《れんぞく》して追《お》いかけて取《と》る方法《ほうほう》を「シチョウ」といいます。

【図《ず》8】 黒《くろ》が△と逃《に》げたとき、（図《ず》5の白《しろ》③で）①からアテるのは、うまくいきません。
△がアタリになっては、もう黒《くろ》は取《と》れなくなっています。

【図《ず》5】

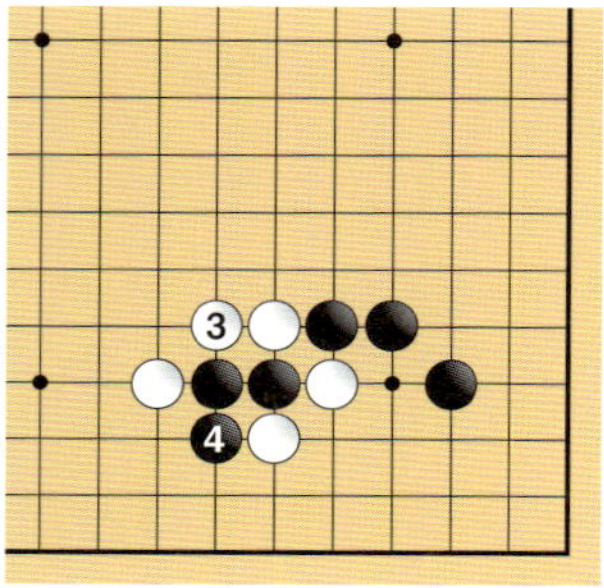

【図《ず》6】

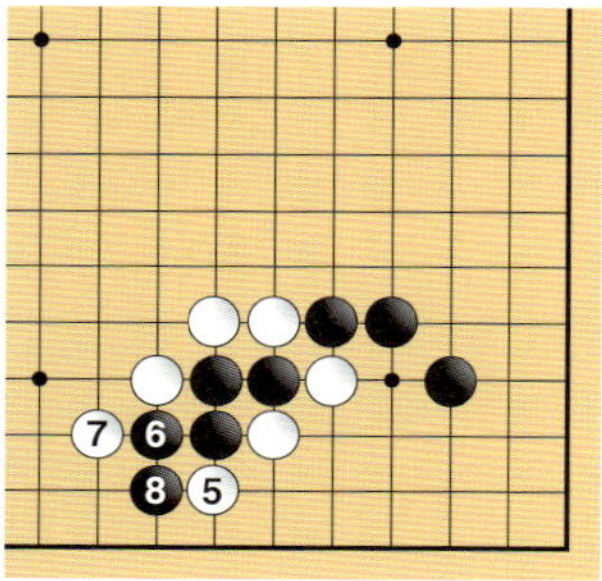

【図《ず》7】

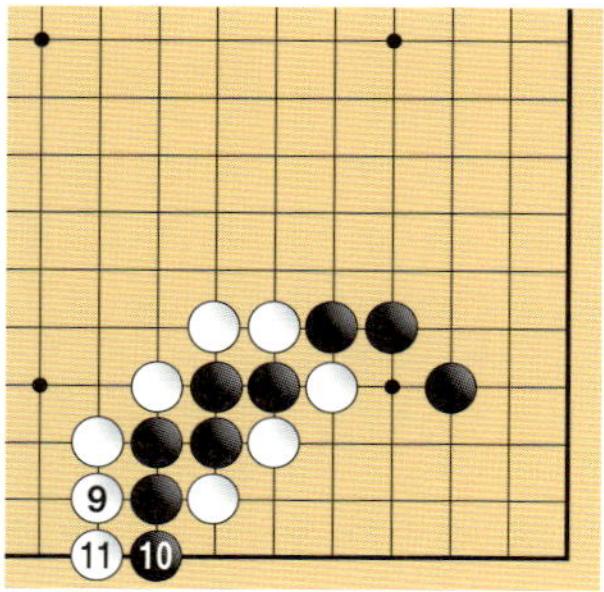

【図《ず》8】

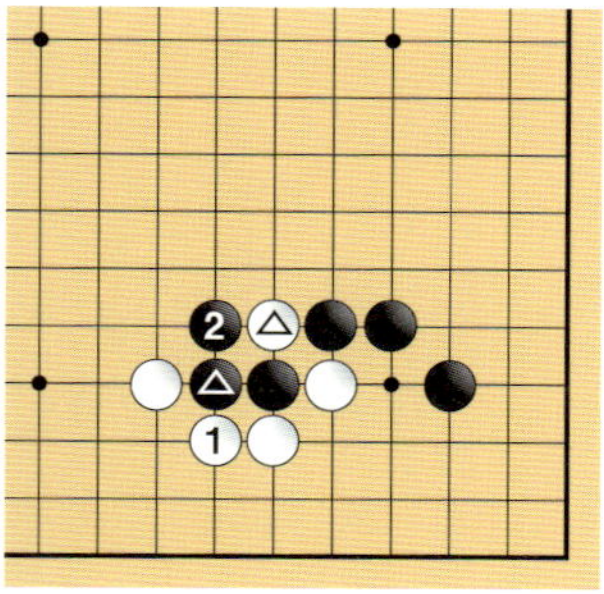

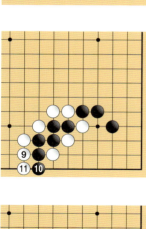

【図《ず》9】 シチョウで取《と》ろうとするときに、気《き》をつけなければならないことがひとつあります。

▲をシチョウに取《と》れるかどうかを考《かんが》えてみましょう。

白番《しろばん》です。どう打《う》って、どんな結果《けっか》になると思《おも》いますか。

【図《ず》9】

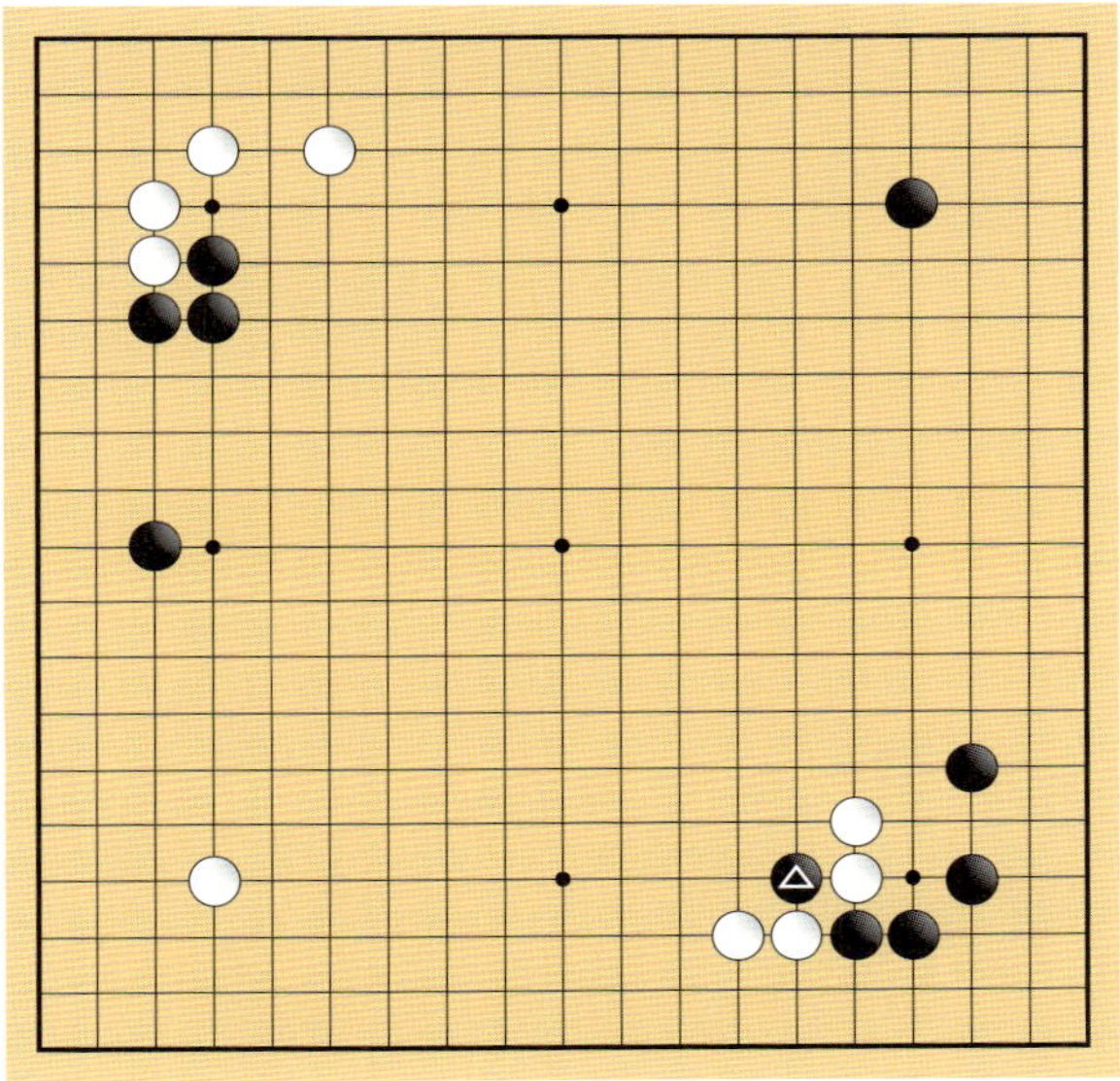

【図《ず》10】 白《しろ》①とアタリにして、シチョウで追《お》いかけてみましょう。

黒《くろ》❷と左《ひだり》に向《む》かったら、白《しろ》③と左《ひだり》からアタリにして、黒《くろ》❹と上《うえ》に向《む》かったら、白《しろ》⑤と上《うえ》からアタリにするのがシチョウでしたね。

これを繰《く》り返《かえ》していきます。

【図《ず》10】

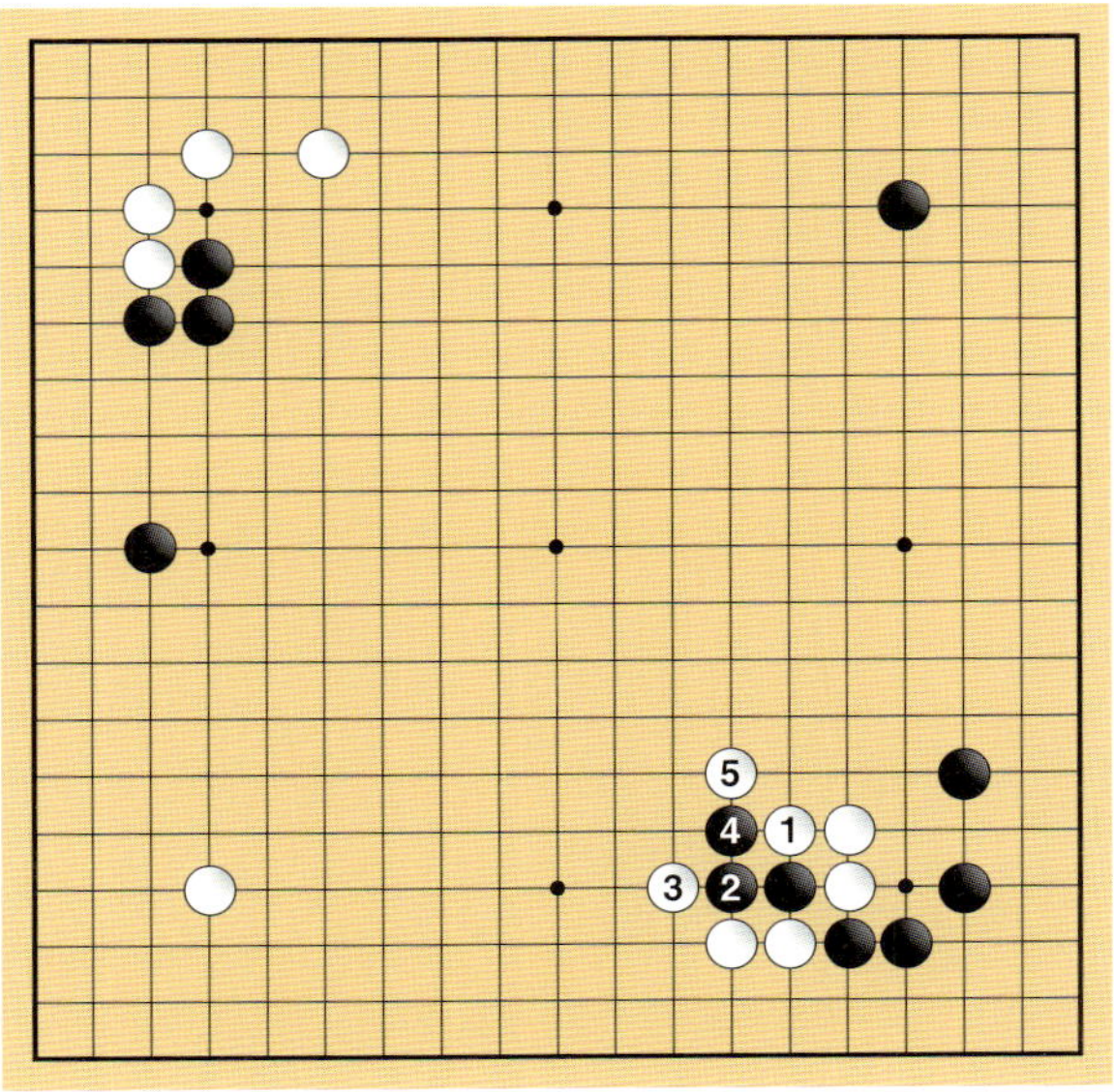

【図《ず》11】黒《くろ》❽には白《しろ》⑨、黒《くろ》❿には白《しろ》⑪とどんどんアタリにしていきます。

【図《ず》12】シチョウに追《お》いかけていると、黒《くろ》は㊳で▲とつながってしまいました。

これでは黒《くろ》に逃《に》げられたばかりか、白《しろ》はナナメがたくさんあって、ぼろぼろになってしまいます。

こうなっては、白《しろ》はもうこの碁《ご》に勝《か》てません。

▲のことを「シチョウアタリ」といいます。

シチョウに追《お》いかけるときには、追《お》いかける方向《ほうこう》がどうなっているか、シチョウアタリがあるかどうかを、図《ず》10の白《しろ》①と打《う》つ前《まえ》に確認《かくにん》するのが大切《たいせつ》です。

【図《ず》11】

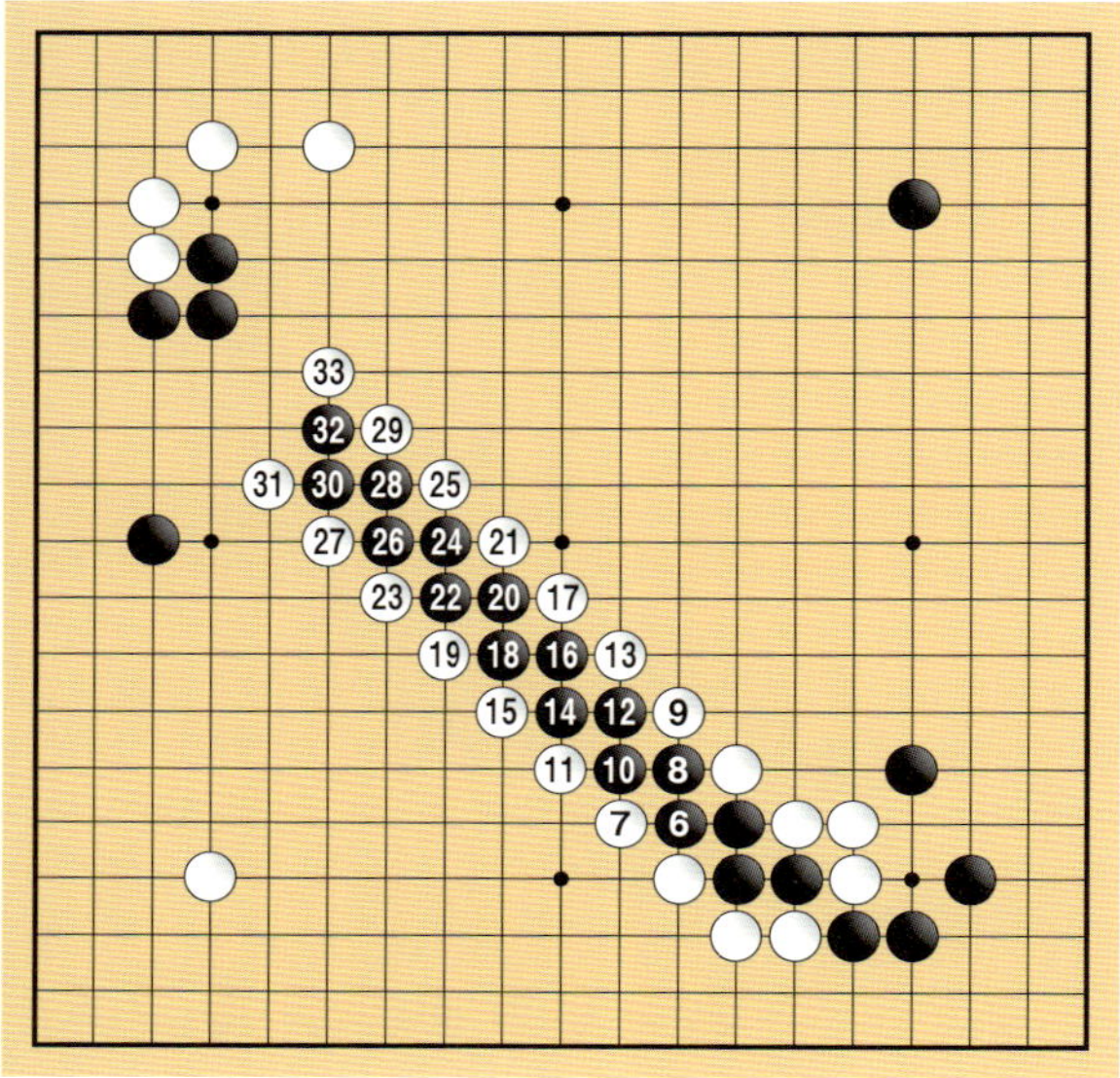

【図《ず》12】

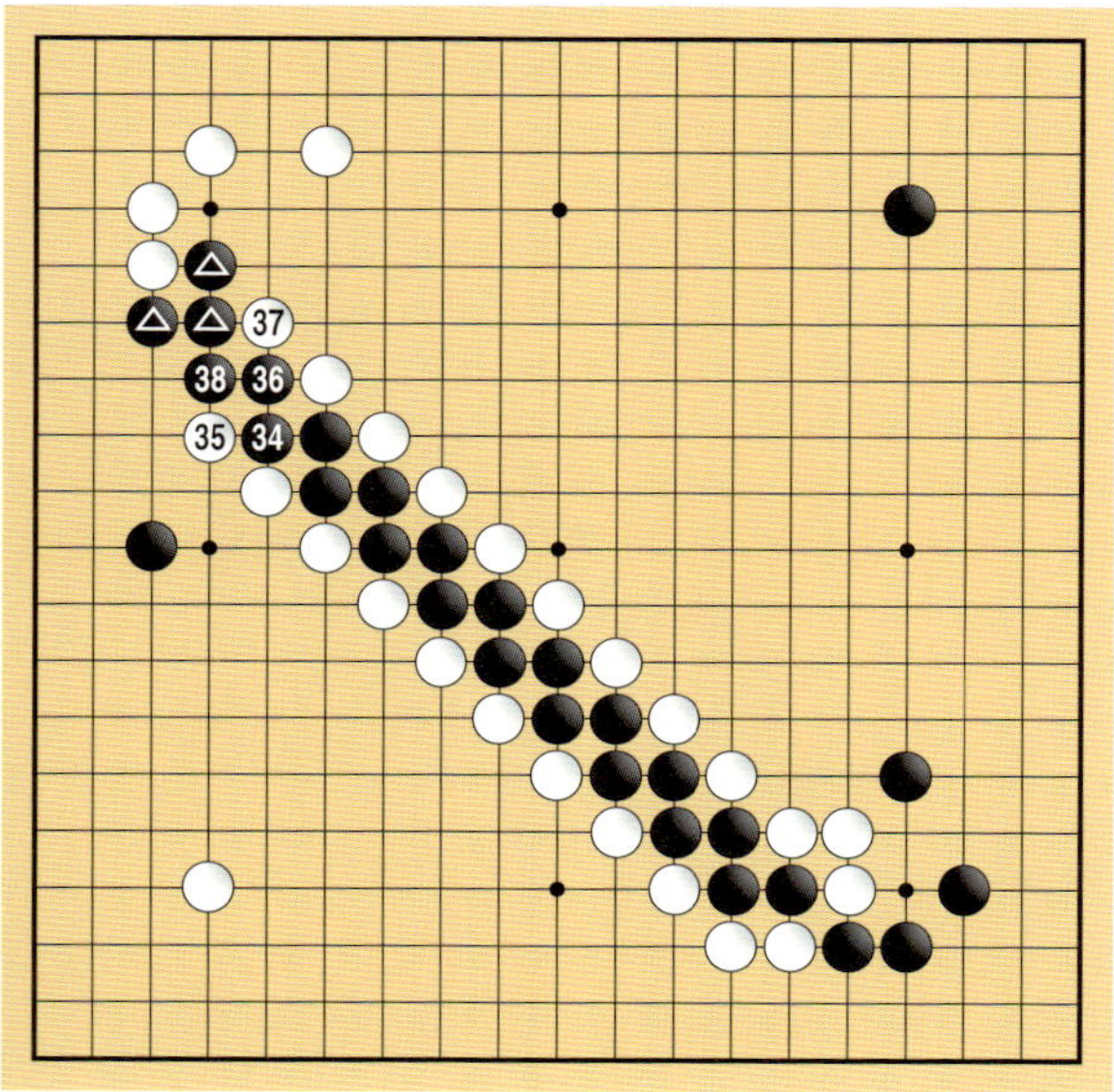

❷ ゲタ

【図《ず》1】　左上《ひだりうえ》にシチョウアタリがあるので、△をシチョウで取《と》ることができないのは、わかりましたね。

しかしシチョウがだめでも、取《と》る方法《ほうほう》はあるのです。

白番《しろばん》でどう打《う》ったらいいでしょうか。

【図《ず》1】

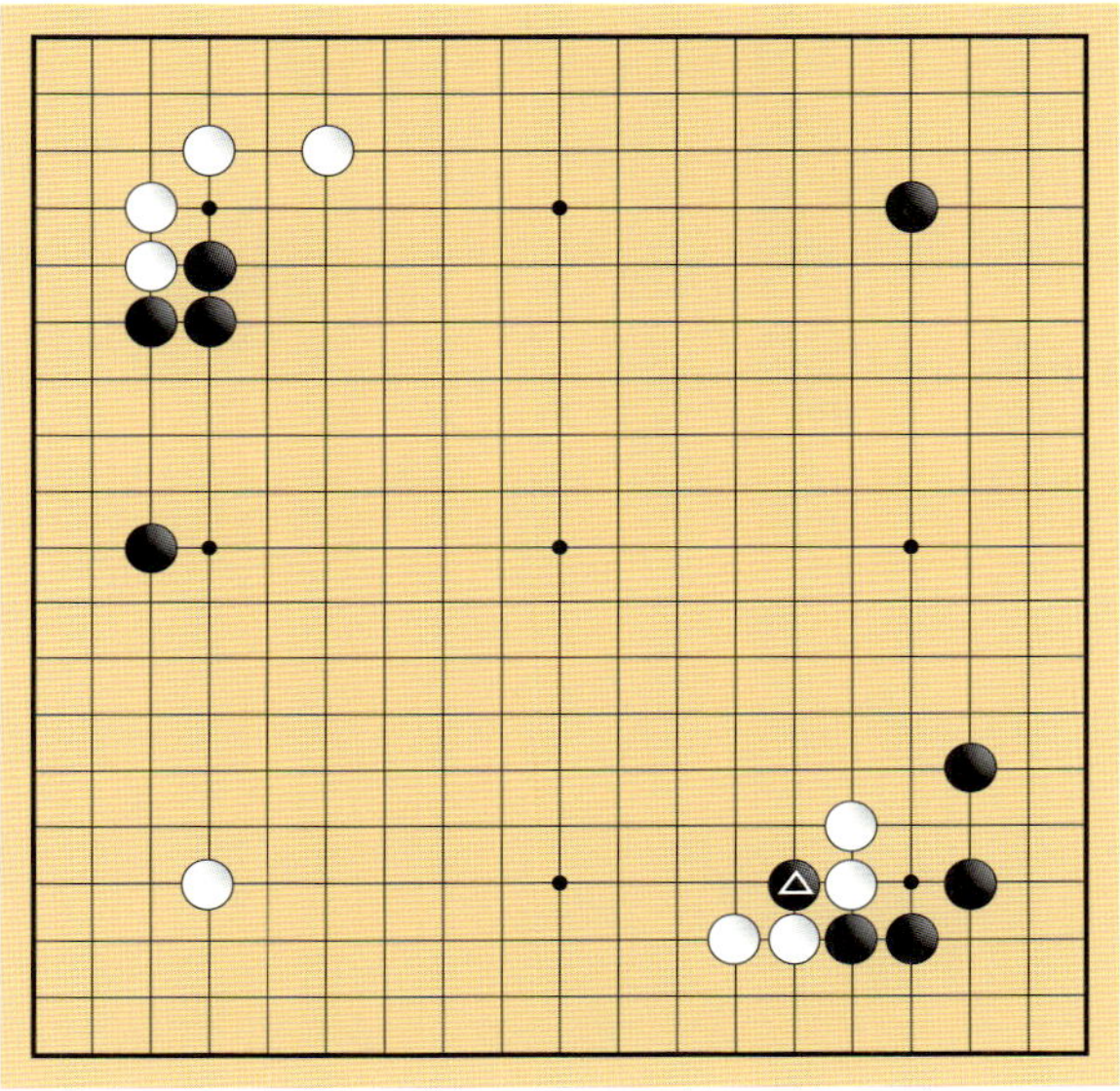

【図《ず》2】　直接《ちょくせつ》アタリにせず、白《しろ》①と打《う》つうまい手《て》があります。

取《と》りたい石《いし》のナナメに打《う》って、待《ま》ち伏《ぶ》せしている感《かん》じです。

この取《と》り方《かた》を「ゲタ」といいます。

シチョウがだめならゲタを考《かんが》えましょう。

【図《ず》2】

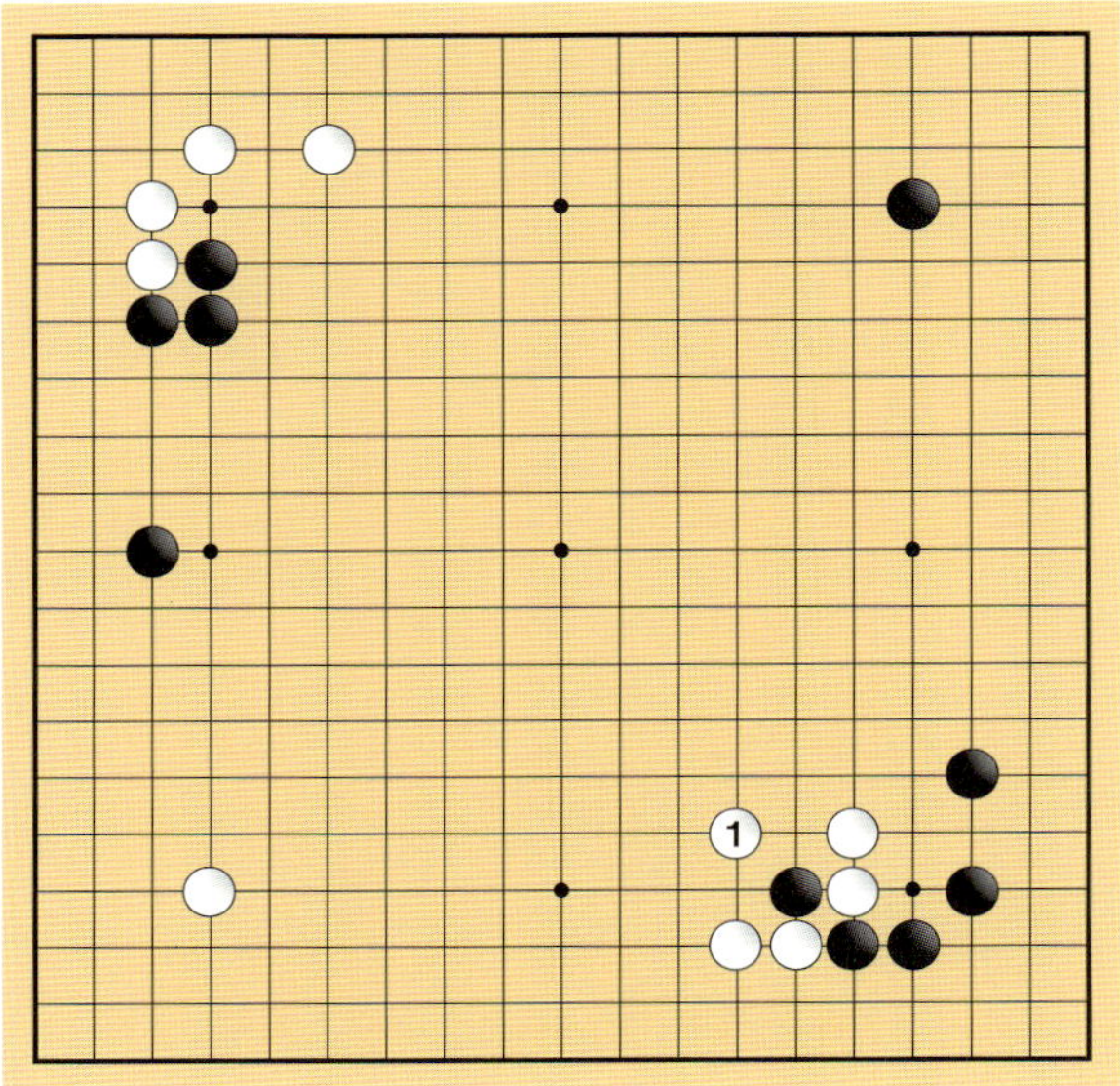

【図《ず》3】 黒《くろ》が❷と逃《に》げてきたら、白《しろ》③とアタリにします。

【図《ず》4】 黒《くろ》❹と逃《に》げてもすでにアタリです。白《しろ》⑤で取《と》ることができました。待《ま》ち伏《ぶ》せの感《かん》じがわかりましたか。

【図《ず》3】

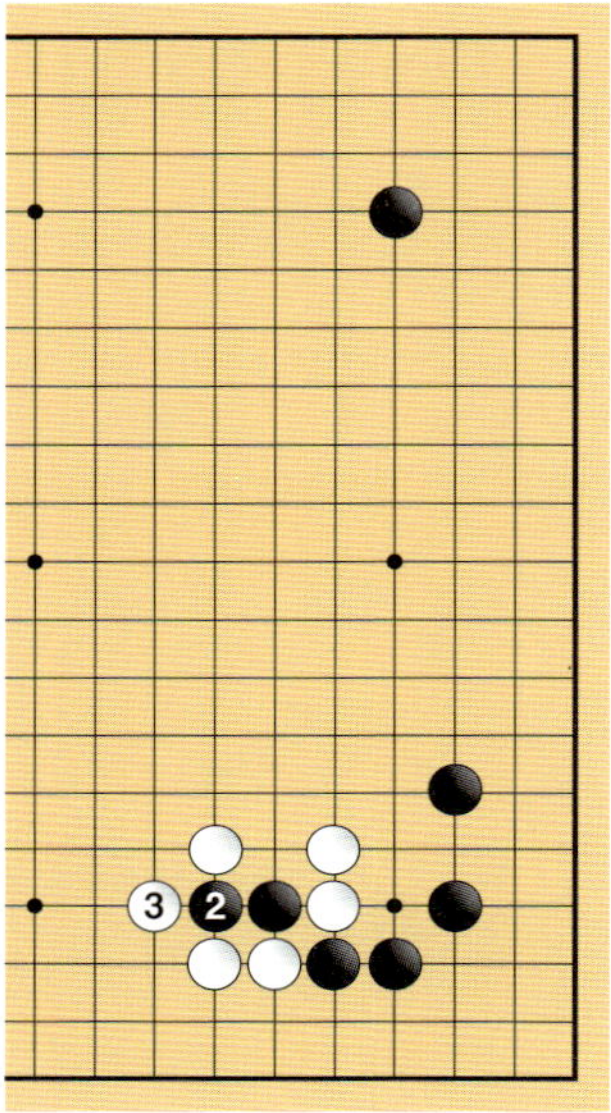

【図《ず》4】

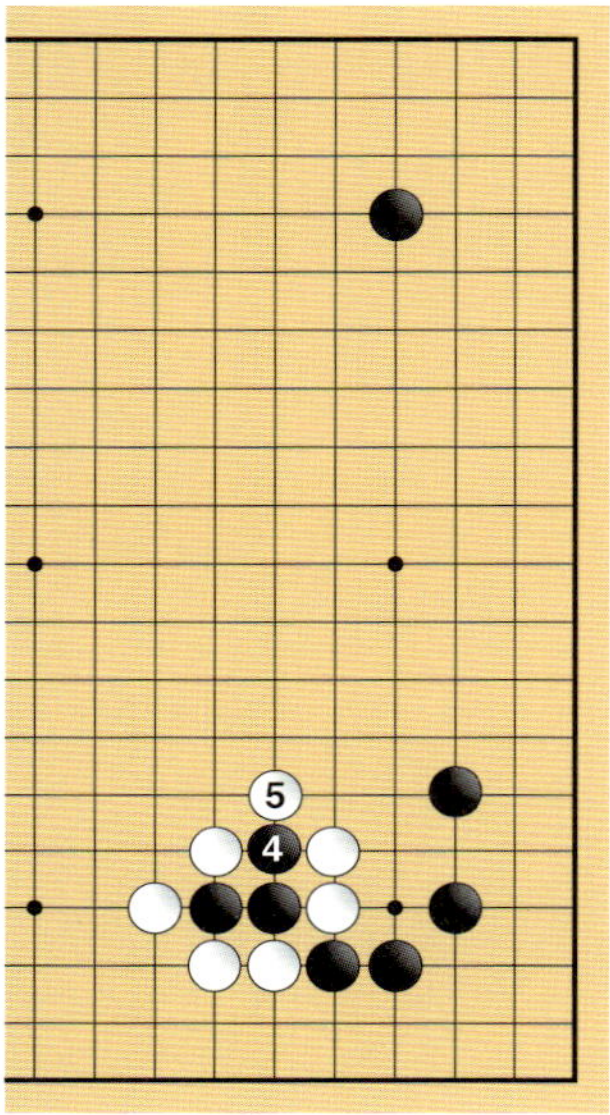

【図《ず》5】 練習問題《れんしゅうもんだい》です。△をゲタで取《と》ってください。

【図《ず》6】 白《しろ》①がゲタです。ナナメのところがゲタになる場合《ばあい》が多《おお》いのです。

【図《ず》7】 黒《くろ》❷と逃《に》げても白《しろ》③とオサえます。
黒《くろ》❹には白《しろ》⑤でもうアタリです。
黒《くろ》は逃《に》げられません。

【図《ず》5】

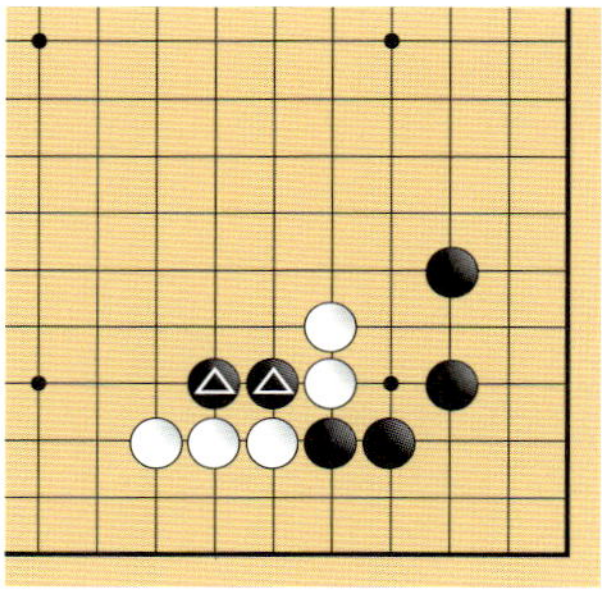

【図《ず》6】

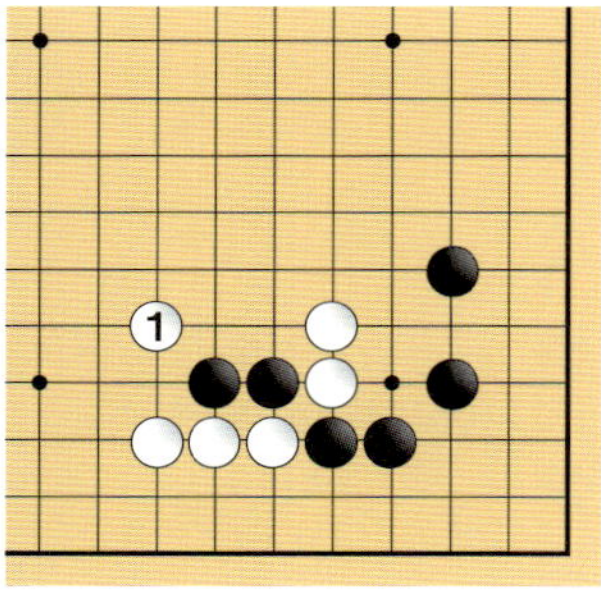

【図《ず》7】

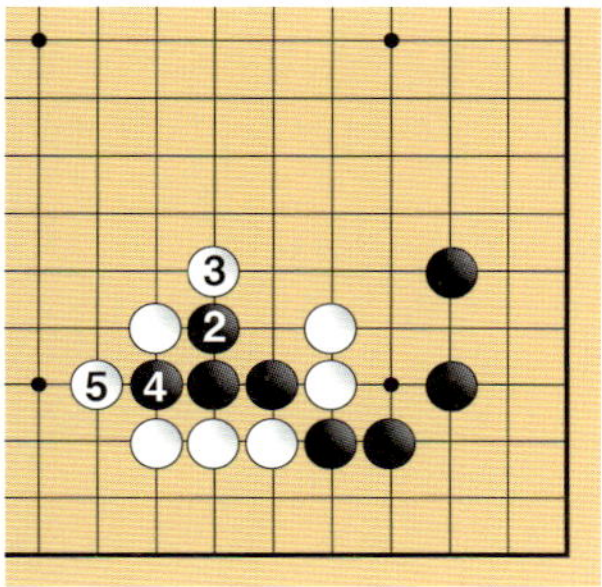

❸ ウッテガエシ

少《すこ》し高度《こうど》な石《いし》を取《と》るテクニックを紹介《しょうかい》しましょう。「捨《す》て石《いし》」を使《つか》った技《わざ》です。

【図《ず》1】 ◬3子《し》がピンチです。▲2子《し》を取《と》ることができれば、左下《ひだりした》の白《しろ》とつながることができます。どう打《う》ちますか。

【図《ず》2】 白《しろ》①とアタリにしても、黒《くろ》❷とつながれて、それまでです。

【図《ず》3】 白《しろ》①とわざと自分《じぶん》からアタリにされるのがうまいのです。

【図《ず》4】 黒《くろ》は❷と取《と》ります。

【図《ず》1】

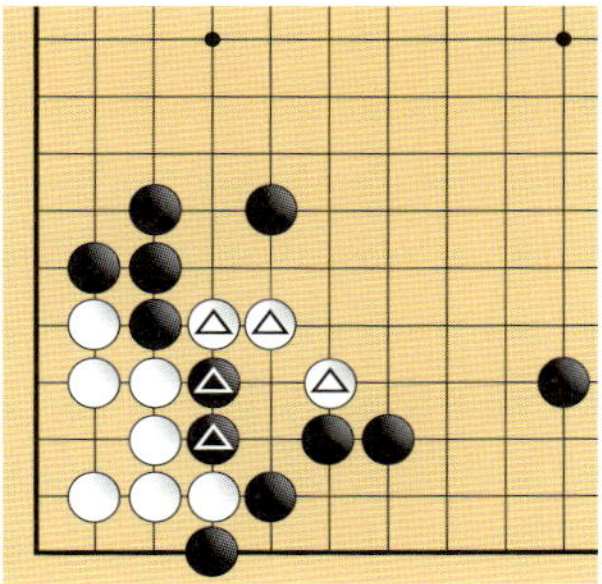

【図《ず》2】

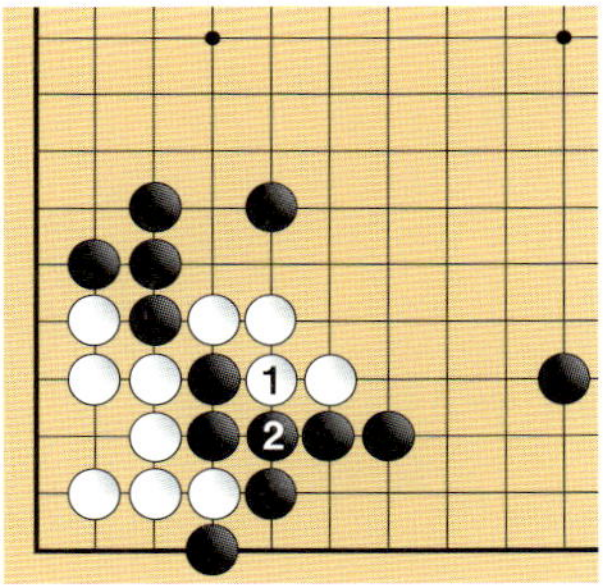

【図《ず》3】

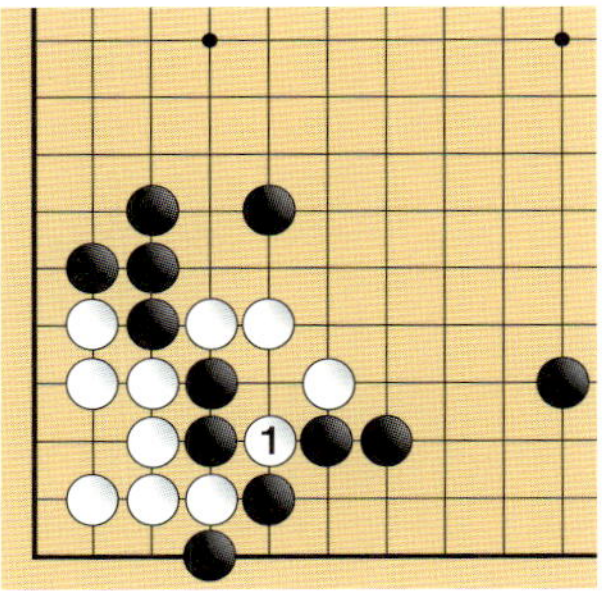

【図《ず》4】

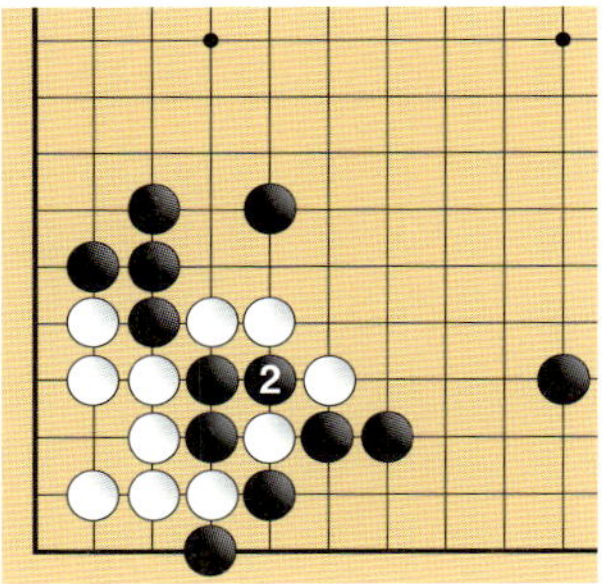

【図《ず》5】

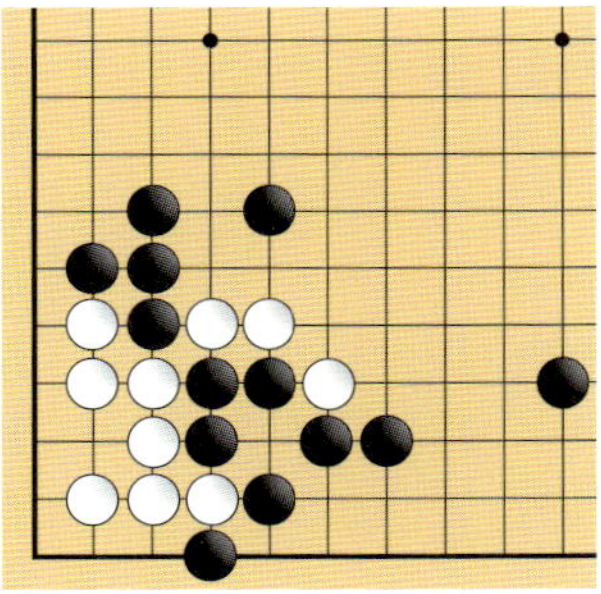

【図《ず》6】

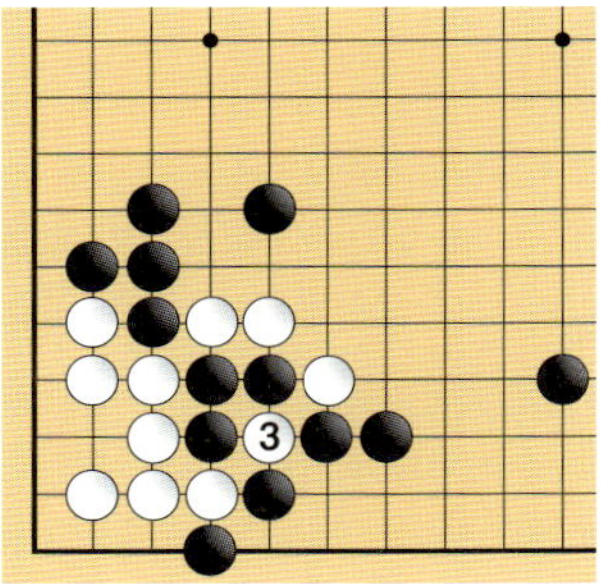

【図《ず》5】 取《と》ったあとの形《かたち》をよく見《み》てください。黒《くろ》3子《し》がアタリになっています。

【図《ず》6】 白《しろ》は③と取《と》ることができました。

以上《いじょう》のようにわざと石《いし》をひとつプレゼントして、もっと大《おお》きな石《いし》を取《と》る技《わざ》を「ウッテガエシ」といいます。

【図《ず》7】　それでは練習問題《れんしゅうもんだい》です。

▲3子《し》がピンチです。

△を取《と》れば、全体《ぜんたい》がつながります。

△を取《と》る方法《ほうほう》を考《かんが》えてください。

【図《ず》7】

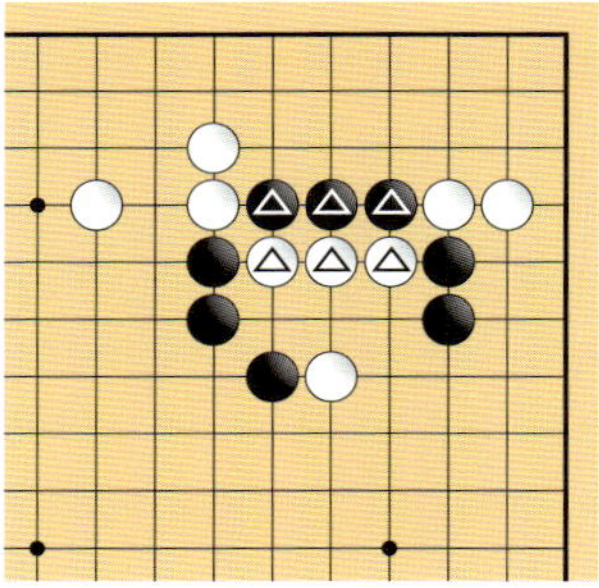

【図《ず》8】

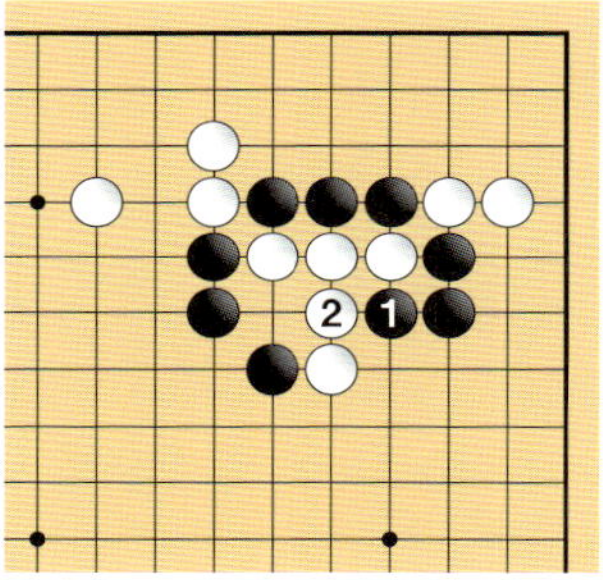

【図《ず》9】

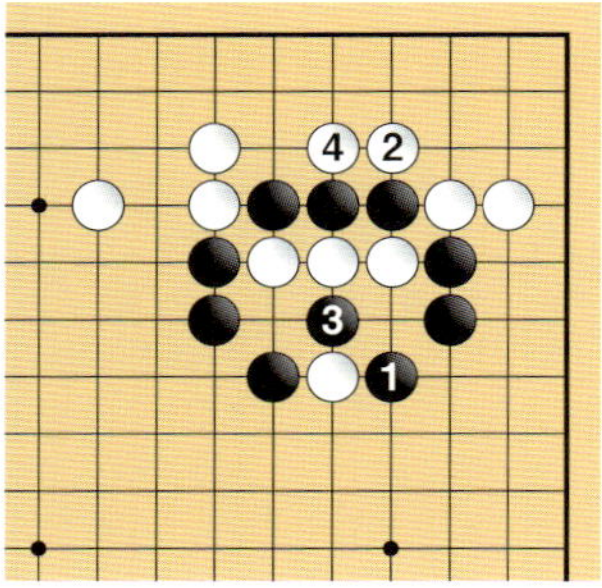

【図《ず》10】

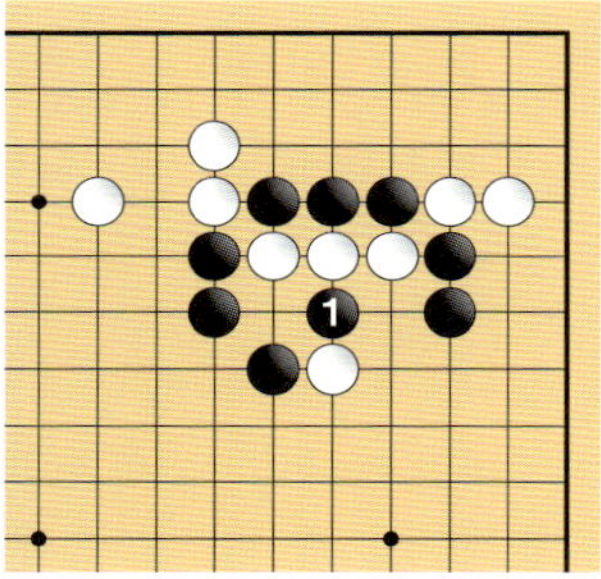

【図《ず》11】

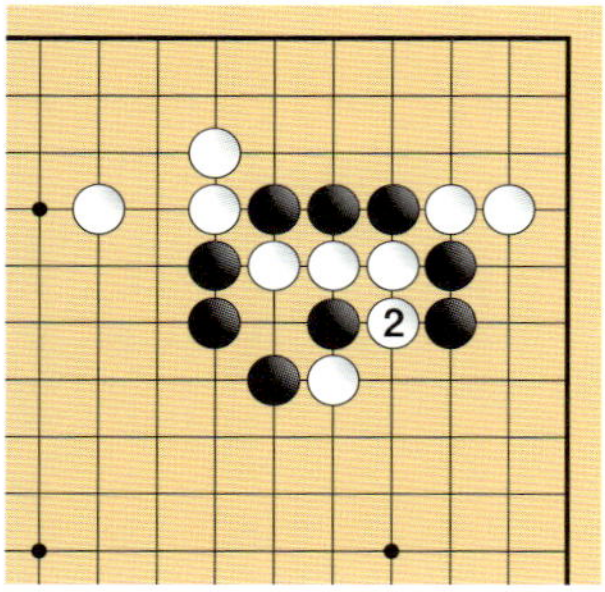

【図《ず》12】

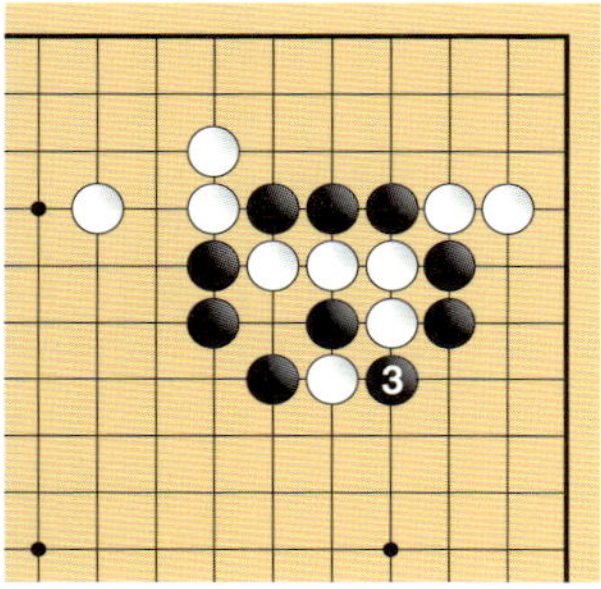

▲の手数《てすう》も△の手数《てすう》も3手《て》ずつですので、厳《きび》しくダメを詰《つ》めていかなければいけませんよ。

【図《ず》8】黒《くろ》❶では、白《しろ》②とツガれます。この白《しろ》を捕《つか》まえるのは、難《むずか》しくなりました。これでは失敗《しっぱい》です。

【図《ず》9】黒《くろ》❶では白《しろ》②と打《う》たれてしまいます。黒《くろ》❸には白《しろ》④で、黒《くろ》が先《さき》にアタリになって取《と》られます。

【図《ず》10】黒《くろ》❶と白《しろ》の間《あいだ》に打《う》つのが急所《きゅうしょ》です。

【図《ず》11】白《しろ》が②とアタリにしてきたときが重要《じゅうよう》です。

【図《ず》12】黒《くろ》❸と切《き》りながらアタリにするのが、いい手《て》です。

【図《ず》13】白《しろ》が④と取《と》っても……。

【図《ず》14】白《しろ》が取《と》ったあとの形《かたち》です。
白《しろ》5子《し》がアタリになっているのがわかりますか。

【図《ず》15】黒《くろ》❺と取《と》ることができました。
ウッテガエシで見事《みごと》取《と》れました。

【図《ず》16】類題《るいだい》です。白《しろ》が①とトンできたらどうしますか。

【図《ず》17】黒《くろ》❷と打《う》って❹と切《き》るのが、うまい手《て》です。

【図《ず》18】白《しろ》⑤と取《と》られても、黒《くろ》❻でアタリ。これでもう白《しろ》は逃《に》げることができません。

この取《と》り方《かた》（図《ず》17から18）を特《とく》に「鶴《つる》の巣《す》ごもり」といいます。

囲碁用語《いごようご》には動物《どうぶつ》の名前《なまえ》がついているものがよくあります。

【図《ず》13】
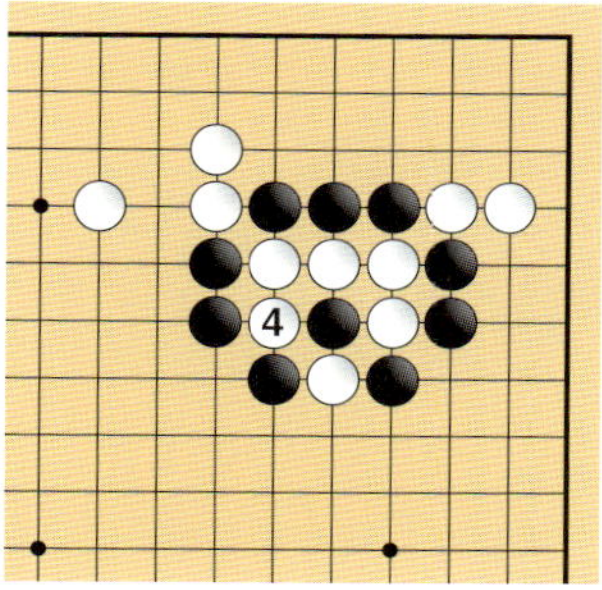

【図《ず》14】
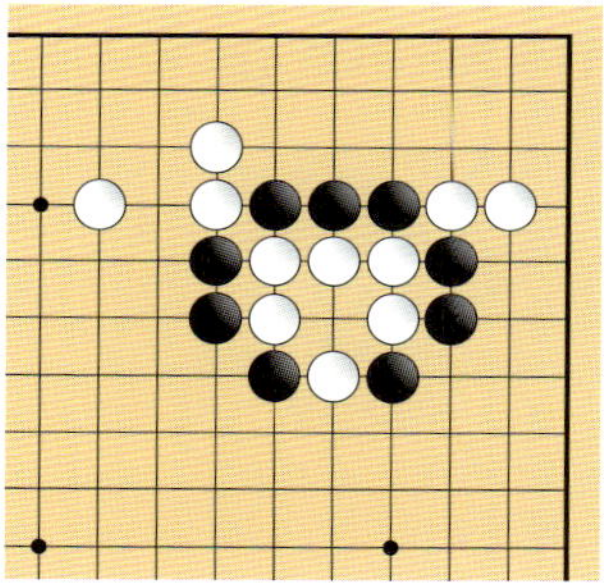

【図《ず》15】
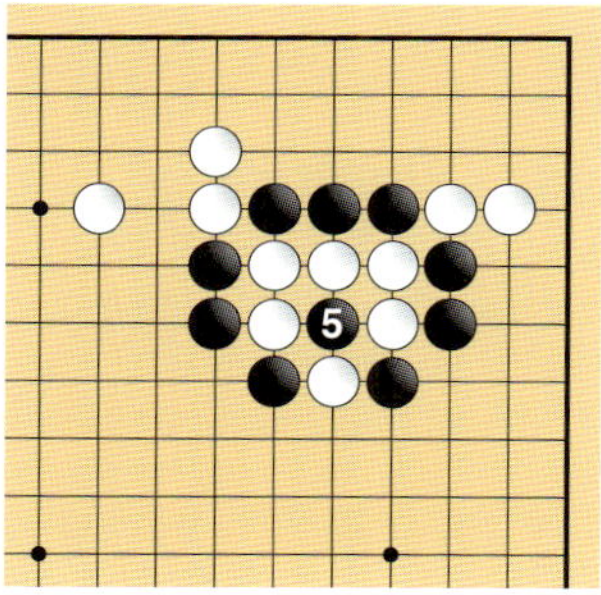

【図《ず》16】
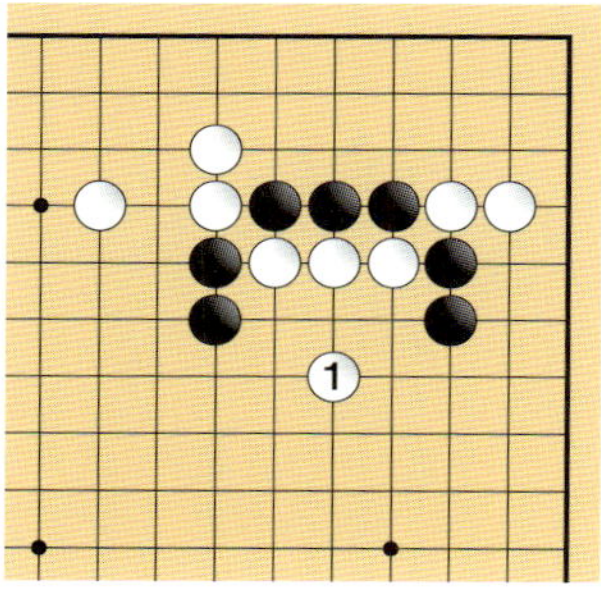

【図《ず》17】
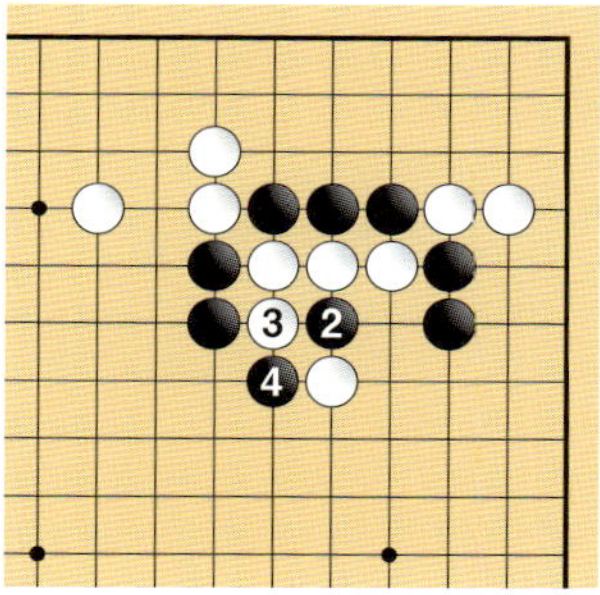

【図《ず》18】
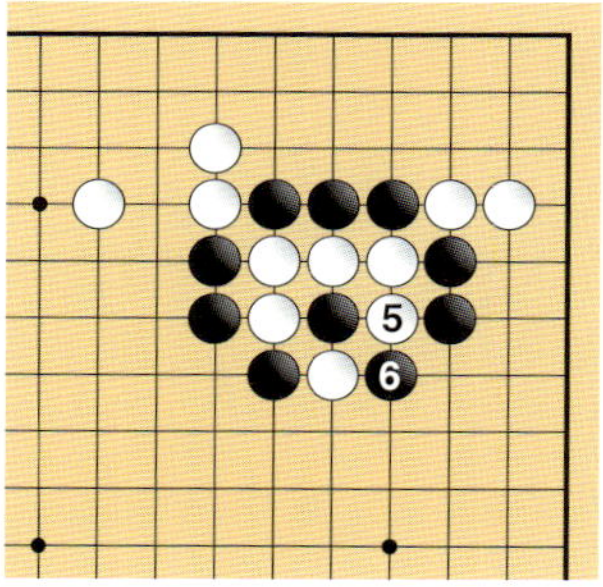

コラム③ コミ

囲碁《いご》は先《さき》に打《う》つほうが有利《ゆうり》です。

勝負《しょうぶ》を公平《こうへい》にするために、先《さき》に打《う》つ黒《くろ》が「コミ」と呼《よ》ばれるハンディを白《しろ》に渡《わた》す決《き》まりになっています。

公式戦《こうしきせん》では現在《げんざい》、コミは6目半《ろくもくはん》となっています。「半《はん》」とは、引《ひ》き分《わ》けを作《つく》らないための「0.5目《もく》」のことです。

対局《たいきょく》が終《お》わり、地《じ》を数《かぞ》えたあとにコミを加《くわ》えて計算《けいさん》します。

例《たと》えば、盤面《ばんめん》で黒《くろ》が6目勝《もくか》っていたとします。コミを加《くわ》えると、6目《もく》マイナス6目半《ろくもくはん》なので、白《しろ》の半目勝《はんもくか》ちとなります。黒《くろ》が勝負《しょうぶ》に勝《か》つためには、7目以上《もくいじょう》、地《じ》でリードする必要《ひつよう》があるということです。

ちなみに、コミの制度《せいど》ができたのは昭和《しょうわ》になってからです。

コミは流動的《りゅうどうてき》なもので、プロ全体《ぜんたい》の勝率《しょうりつ》を考慮《こうりょ》しながら変化《へんか》してきました。最初《さいしょ》は4目半《よんもくはん》でした。それから5目半《ごもくはん》、6目半《ろくもくはん》とかわってきました。

中国《ちゅうごく》では7目半《もくはん》で対局《たいきょく》されています。

19路盤《ろばん》で打《う》つときも、13路盤《ろばん》でも、9路盤《ろばん》でも、コミは6目半《ろくもくはん》と同《おな》じです。これでいい勝負《しょうぶ》だといわれています。

小《ちい》さい盤《ばん》ですと、手数《てすう》が少《すく》なく終《お》わるので、1手《て》の価値《かち》が大《おお》きくなると考《かんが》えられています。

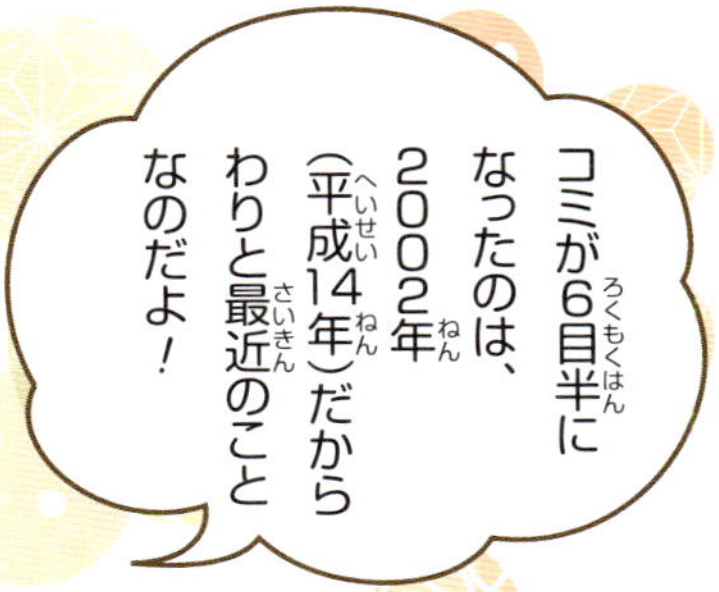
コミが6目半《ろくもくはん》に
なったのは、
2002年《ねん》
(平成《へいせい》14年《ねん》)だから
わりと最近《さいきん》のこと
なのだよ!

さあ、練習《れんしゅう》問題《もんだい》で試《ため》してみよう！

練習問題《れんしゅうもんだい》1

黒番《くろばん》です。△を取《と》ってください。アタリにする手《て》は2通《とお》りありますよ。

【練習問題《れんしゅうもんだい》1】　答《こた》えは次《つぎ》のページ

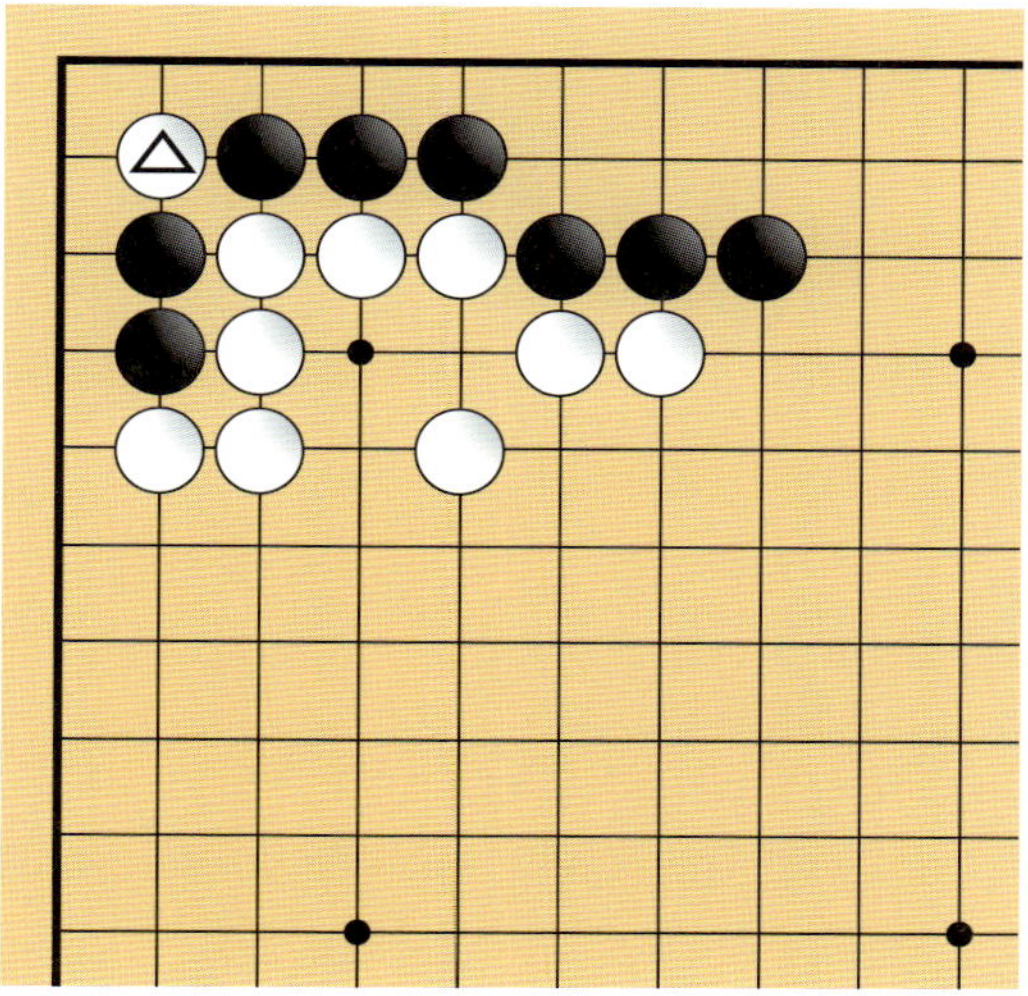

GO

Go豆知識《ゴーまめちしき》 4　オリンピックで囲碁《いご》

2010年中国・広州《ねんちゅうごくこうしゅう》で行《おこな》われたアジア大会《たいかい》で、囲碁《いご》が正式種目《せいしきしゅもく》に採用《さいよう》され、日本《にほん》も参加《さんか》しました。ふだんはスーツや和服《わふく》で対局《たいきょく》に臨《のぞ》みますが、オリンピック協会《きょうかい》のもとで行《おこな》われる大会《たいかい》ですので、参加《さんか》した棋士《きし》は、JOC（日本《にほん》オリンピック協会《きょうかい》）支給《しきゅう》のジャージと運動靴姿《うんどうぐつすがた》で対局《たいきょく》に臨《のぞ》みました。

結果《けっか》は、男子団体戦《だんしだんたいせん》で銅《どう》メダルを獲得《かくとく》。金《きん》メダルは韓国《かんこく》でした。

練習《れんしゅう》問題《もんだい》1の答《こた》え

【失敗《しっぱい》】 黒《くろ》❶とアタリにすると、白《しろ》②と逃《に》げられます。

【失敗続《しっぱいつづ》き1】 次《つぎ》に黒《くろ》❸とアタリにすると、自分《じぶん》もアタリになっているのがわかりますか。

【失敗続《しっぱいつづ》き2】 白番《しろばん》ですので、白《しろ》が④と先《さき》に取《と》ることができます。

【失敗変化《しっぱいへんか》】 「失敗続《しっぱいつづ》き1」の図《ず》で黒《くろ》❸ではなく、❶とアタリにしても、やはり黒《くろ》がアタリになっています。白《しろ》②と取《と》られてしまいました。

【正解《せいかい》】 黒《くろ》❶のほうからアタリにすることが大切《たいせつ》なのです。

【正解続《せいかいつづ》き】 白《しろ》が②と逃《に》げたら、黒《くろ》❸とアタリにします。白《しろ》はもう逃《に》げられません。隅《すみ》はダメが詰《つ》まりやすいので気《き》をつけましょう。

【失敗《しっぱい》】

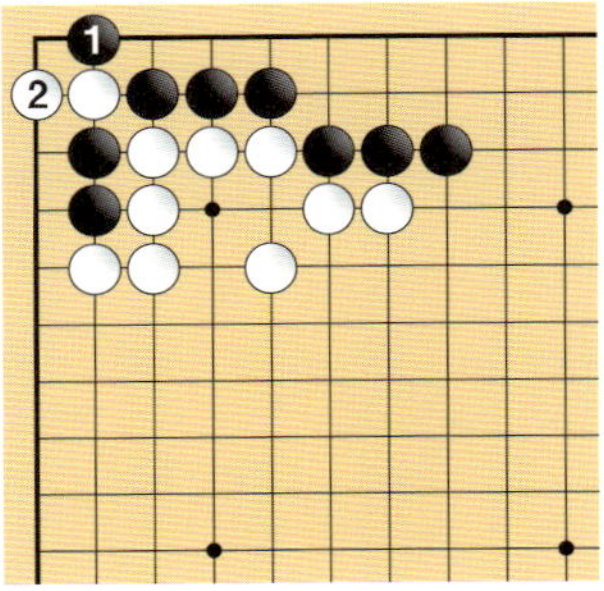

【失敗続《しっぱいつづ》き1】

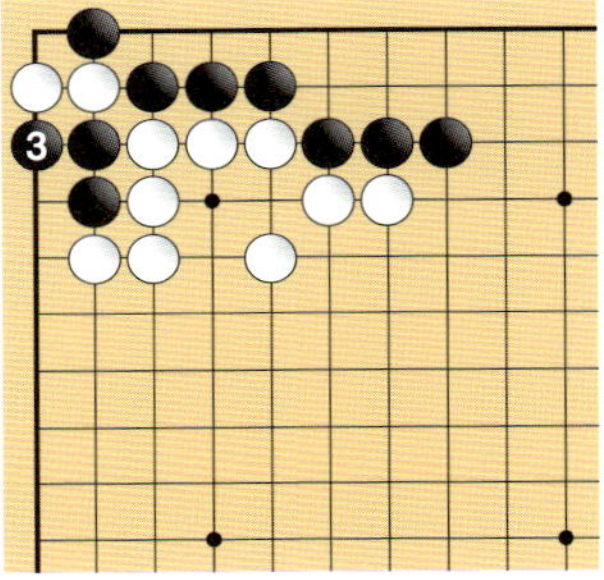

【失敗続《しっぱいつづ》き2】

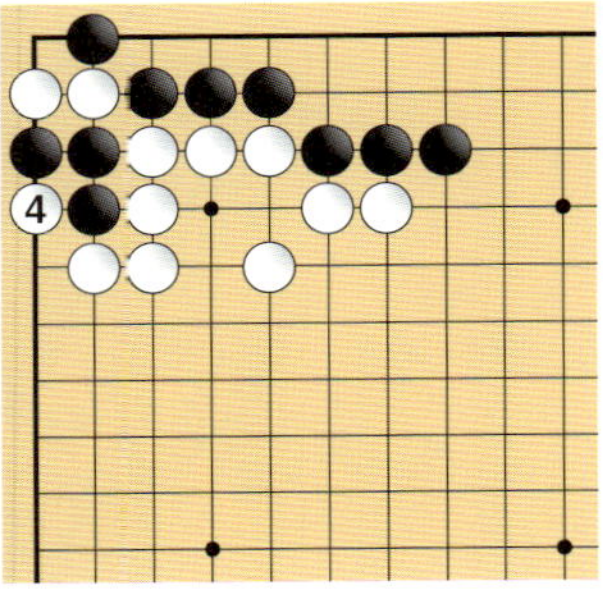

【失敗変化《しっぱいへんか》】

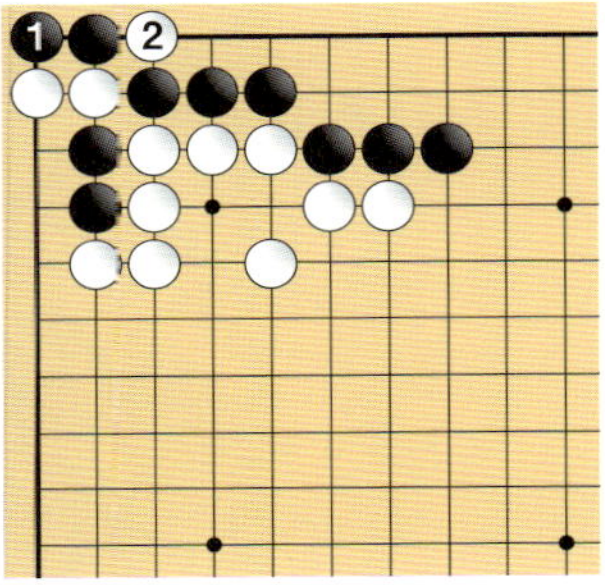

【正解《せいかい》】

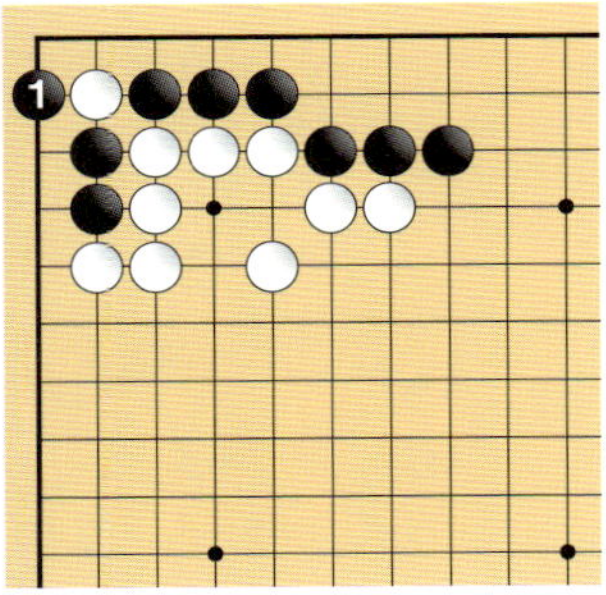

【正解続《せいかいつづ》き】

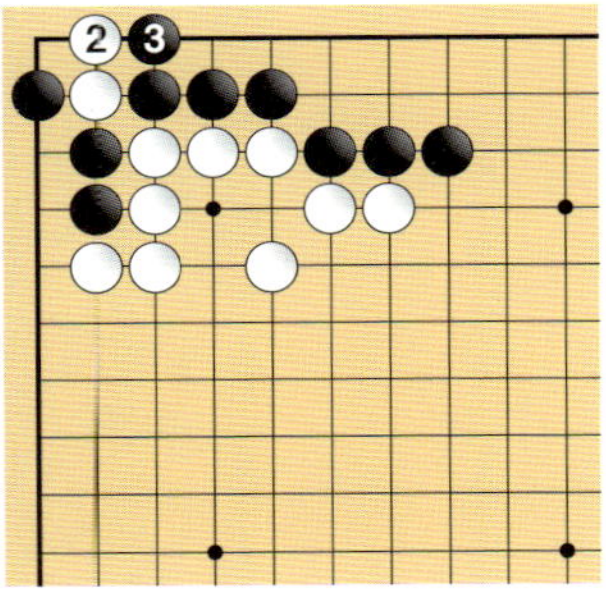

練習問題《れんしゅうもんだい》2

白番《しろばん》です。
▲を取《と》ってください。
どちらからアタリにしますか。

【練習問題《れんしゅうもんだい》2】答《こた》えは次《つぎ》のページ

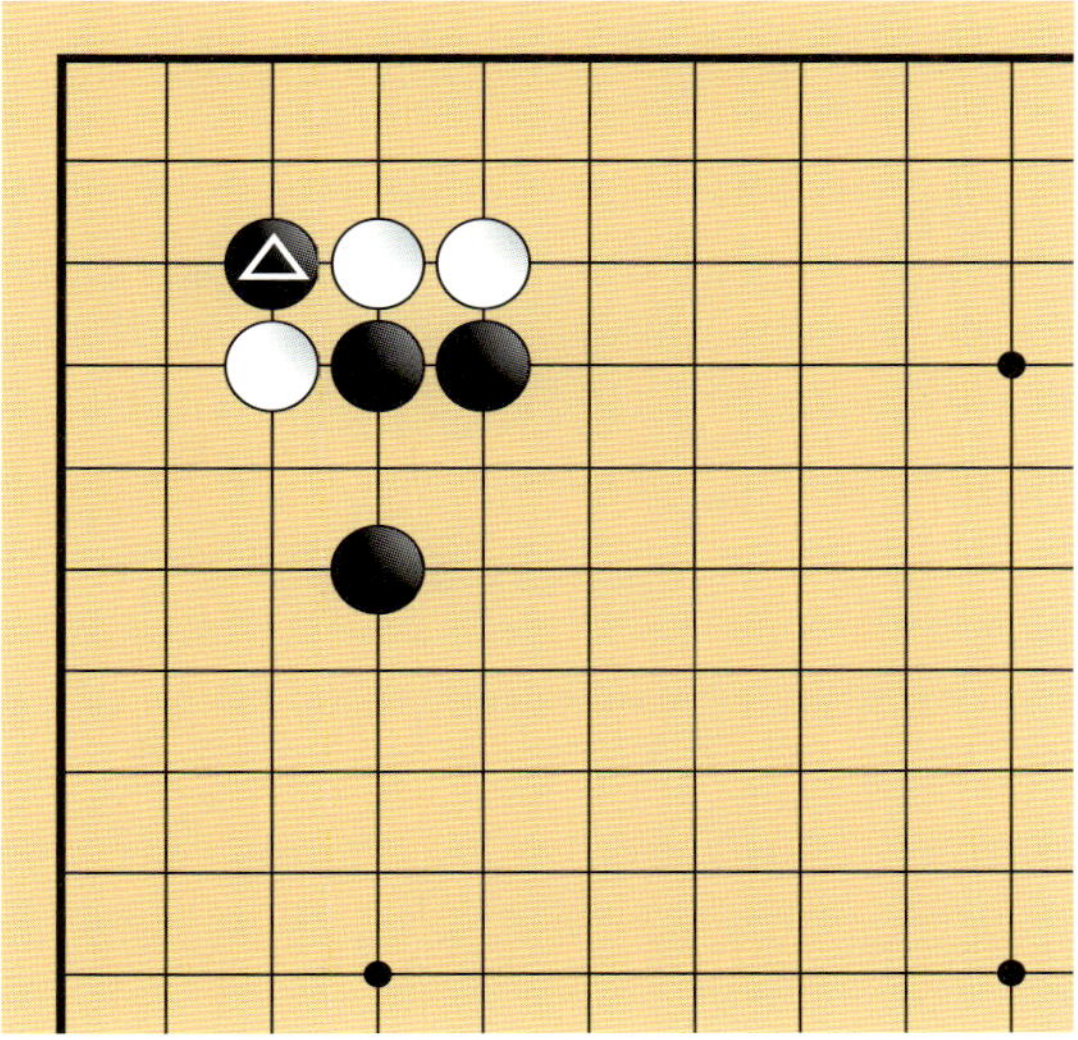

Go豆知識《ゴーまめちしき》 5

対局《たいきょく》の持《も》ち時間《じかん》

みなさんは一局《いっきょく》打《う》つのにどれくらい時間《じかん》がかかりますか。級《きゅう》のうちは30分《ふん》くらいが目安《めやす》でしょうか。強《つよ》くなると時間《じかん》がかかりますが、それでも1局《きょく》1時間《じかん》くらいが限度《げんど》だと思《おも》います。

プロの対局《たいきょく》を見《み》たことがありますか。テレビでもやっていますね。

テレビの対局《たいきょく》は1手《て》30秒《びょう》で打《う》たなければならないのがほとんどで、「早《はや》碁《ご》」と呼《よ》ばれています。一般的《いっぱんてき》な対局《たいきょく》はひとり持《も》ち時間《じかん》が3時間《じかん》。リーグ戦《せん》などは5時間《じかん》の持《も》ち時間《じかん》がふつうで、朝《あさ》10時開始《じかいし》で終《お》わるのはだいたい深夜《しんや》。ときには日付《ひづけ》が変《か》わることもあります。名人《めいじん》を決《き》める対局《たいきょく》（挑戦手合《ちょうせんてあい》）は、ひとり8時間《じかん》の持《も》ち時間《じかん》で2日《か》がかりで打《う》たれます。棋士《きし》は体力《たいりょく》も必要《ひつよう》なのです。

練習問題《れんしゅうもんだい》2の答《こた》え

【失敗《しっぱい》】　白《しろ》①からアテてみましょう。黒《くろ》❷に白《しろ》③と追《お》うと、黒《くろ》❹で白《しろ》が逆《ぎゃく》に1子《し》を取《と》られてしまいます。

【失敗変化《しっぱいへんか》1】　前図《ぜんず》白《しろ》③で①には、黒《くろ》❷と逃《に》げられます。

【失敗変化《しっぱいへんか》1続《つづ》き】　白《しろ》③ですと黒《くろ》❹、❻と逆《ぎゃく》に取《と》られます。

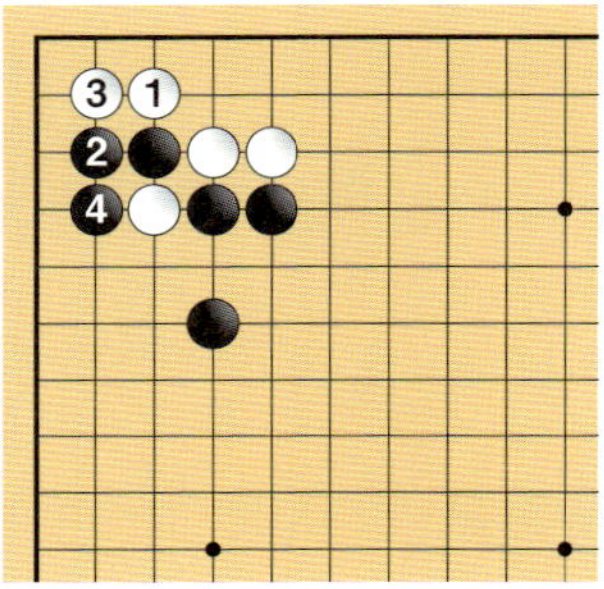
【失敗《しっぱい》】

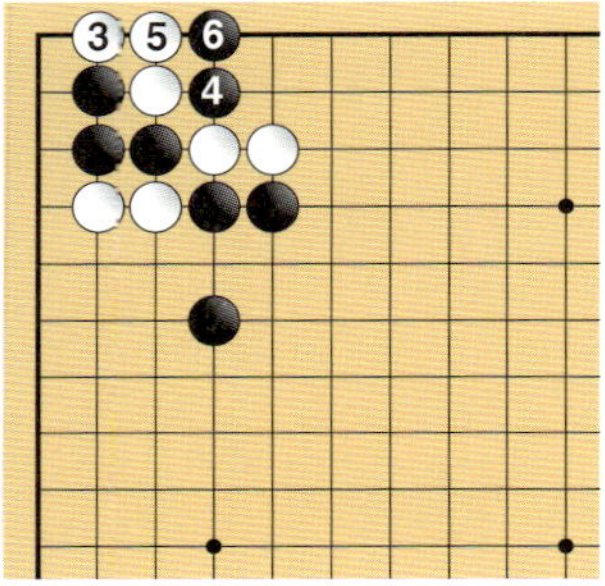
【失敗変化《しっぱいへんか》1続《つづ》き】

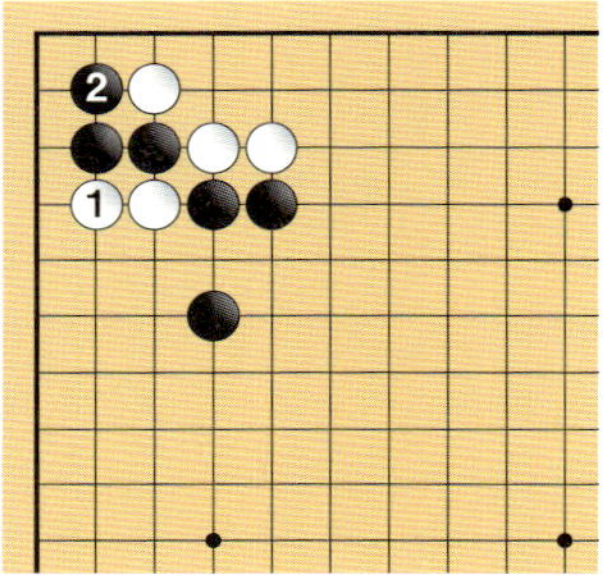
【失敗変化《しっぱいへんか》1】

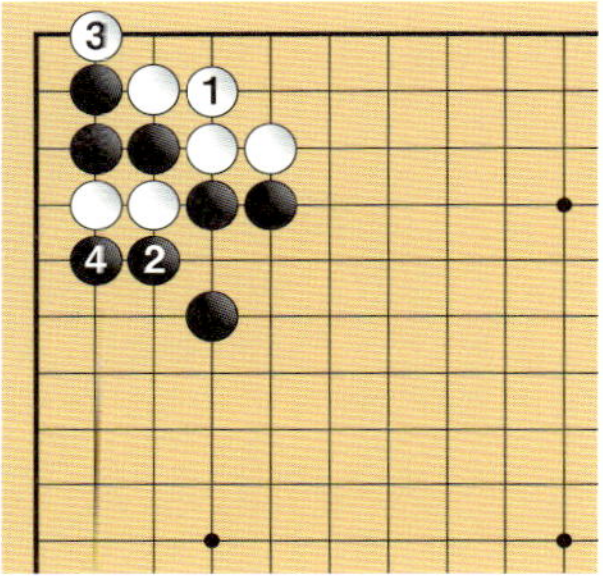
【失敗変化《しっぱいへんか》2】

【失敗変化《しっぱいへんか》2】　前図《ぜんず》、白《しろ》③で①とツイでも、黒《くろ》❹まで取《と》られます。

【正解《せいかい》】　白《しろ》①からアテるのが正《ただ》しい方向《ほうこう》です。△は1子《し》、□は2子《し》。弱《よわ》いのは1子《し》だけの△です。白《しろ》①と弱《よわ》いほうからアタリにすると、取《と》れる場合《ばあい》が多《おお》いのです。

【正解続《せいかいつづ》き】　黒《くろ》❹のアタリには白《しろ》⑤とツゲばいいのです。黒《くろ》❻には白《しろ》⑦で取《と》ることができます。

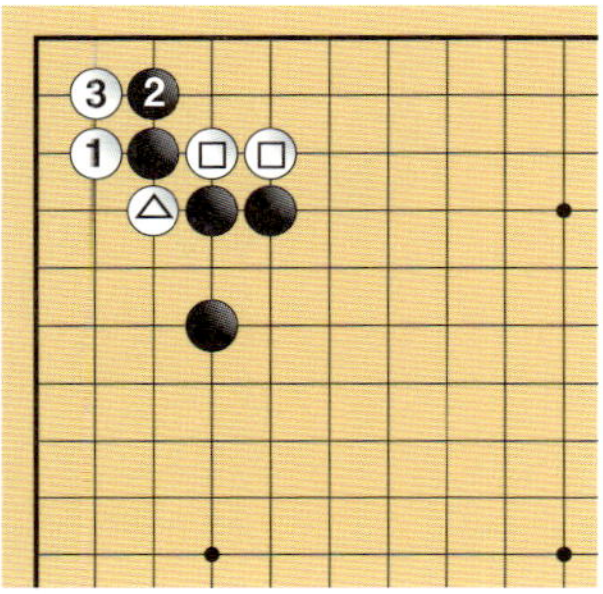
【正解《せいかい》】

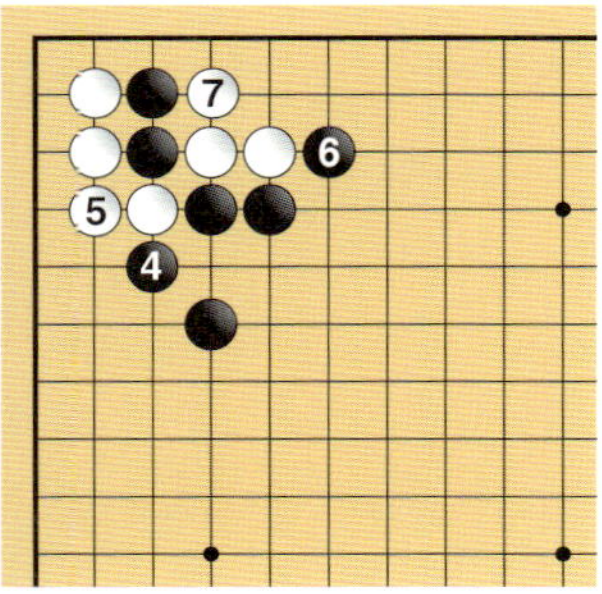
【正解続《せいかいつづ》き】

練習問題《れんしゅうもんだい》3

黒番《くろばん》です。△どちらかをシチョウで取《と》ってください。切《き》り合《あ》っている△と▲の形《かたち》を「切《き》り違《ちが》い」と呼《よ》びます。

【練習問題《れんしゅうもんだい》3】答《こた》えは次《つぎ》のページ

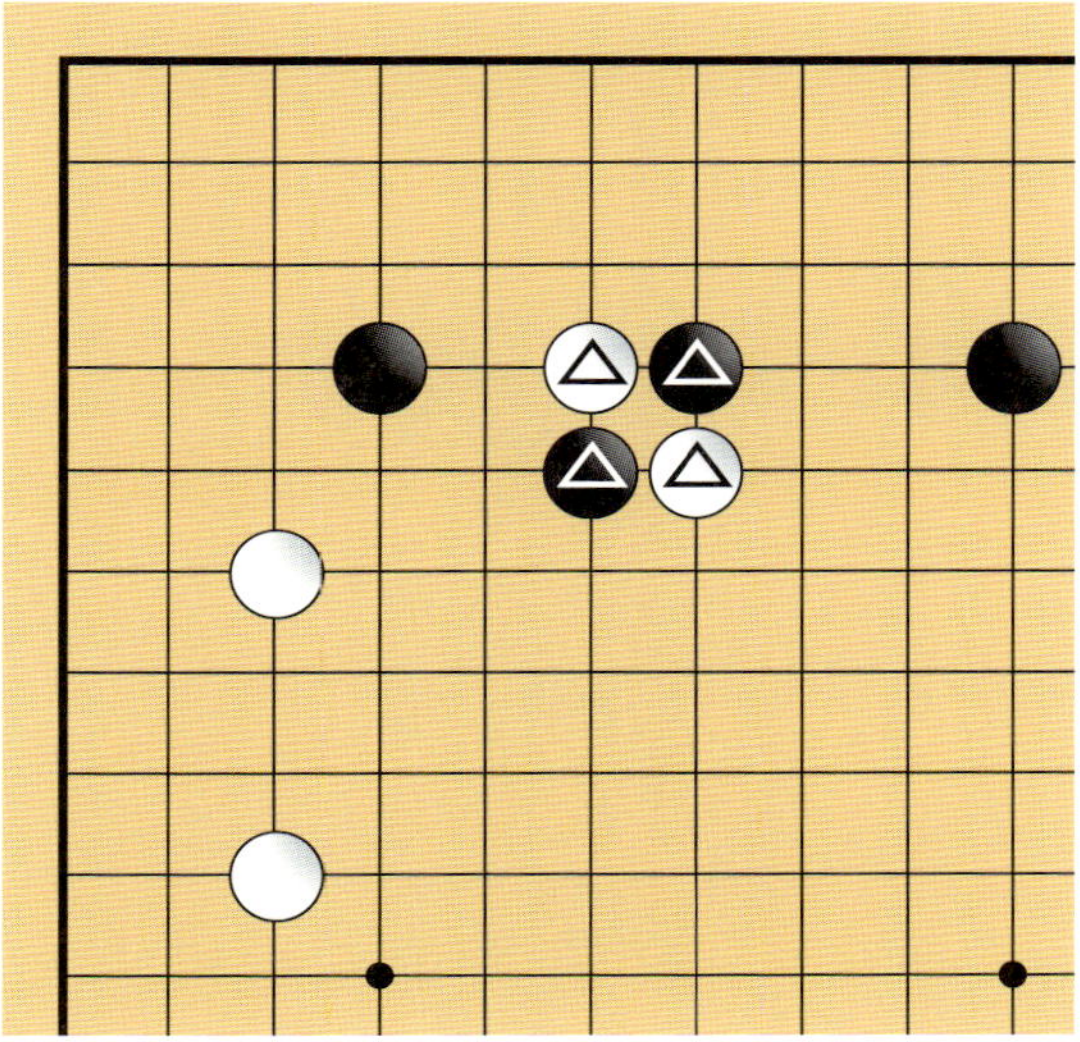

Go豆知識《ゴーまめちしき》 6

男女一緒《だんじょいっしょ》の囲碁《いご》の世界《せかい》

日本《にほん》ではプロ棋士《きし》は約《やく》430人《にん》ほどいます。そのうち女性《じょせい》は約《やく》80人《にん》です。

囲碁《いご》の世界《せかい》では男女《だんじょ》同《おな》じ土俵《どひょう》で対局《たいきょく》します。

将棋《しょうぎ》では「棋士《きし》」と「女流棋士《じょりゅうきし》」は全《まった》く別《べつ》の世界《せかい》で、特別《とくべつ》な棋戦《きせん》を除《のぞ》いて、公式戦《こうしきせん》はありません。それだけ実力差《じつりょくさ》があるということです。囲碁《いご》は、それほど差《さ》はありません。タイトルをとったこともある一流男性棋士《いちりゅうだんせいきし》が若手《わかて》の女性棋士《じょせいきし》に負《ま》けても、よくあることで、ニュースにも話題《わだい》になりません。

「女流名人戦《じょりゅうめいじんせん》」など女性《じょせい》だけが出《で》られる棋戦《きせん》もありますが、それは「新人王戦《しんじんおうせん》」など若手《わかて》だけが出《で》られる棋戦《きせん》があるのと同《おな》じだけのことです。

練習問題《れんしゅうもんだい》3の答《こた》え

【失敗《しっぱい》1】黒《くろ》❶とアタリするのでは、白《しろ》②と逃《に》げられます。うまくいきません。

【失敗《しっぱい》2】黒《くろ》❶とアタリにしても白《しろ》②でうまくいきません。△を狙《ねら》うのは、周囲《しゅうい》に黒《くろ》の味方《みかた》がいないので、無理《むり》なのです。

【失敗《しっぱい》3】黒《くろ》❶とアタリにするのは、白《しろ》②と逃《に》げられます。このあとうまくやれば白《しろ》を取《と》れるかもしれませんが、もっとうまい手段《しゅだん》があるのです。

【正解《せいかい》】黒《くろ》❶とアタリにするのがいい手《て》です。白《しろ》②と逃《に》げたとき、黒《くろ》のいるほうに向《む》かわせています。黒《くろ》の次《つぎ》の手《て》は重要《じゅうよう》です。

【正解続《せいかいつづ》き】黒《くろ》❸とアタリにすれば、シチョウで白《しろ》を取《と》ることができます。

【失敗《しっぱい》】前図《ぜんず》の黒《くろ》❸で❶からアテると、白《しろ》②で▲がアタリになって逃《に》げられます。

【失敗《しっぱい》1】

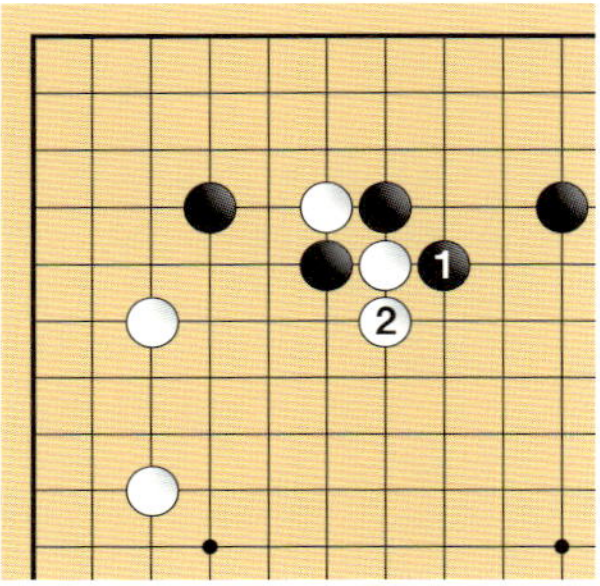

【失敗《しっぱい》3】

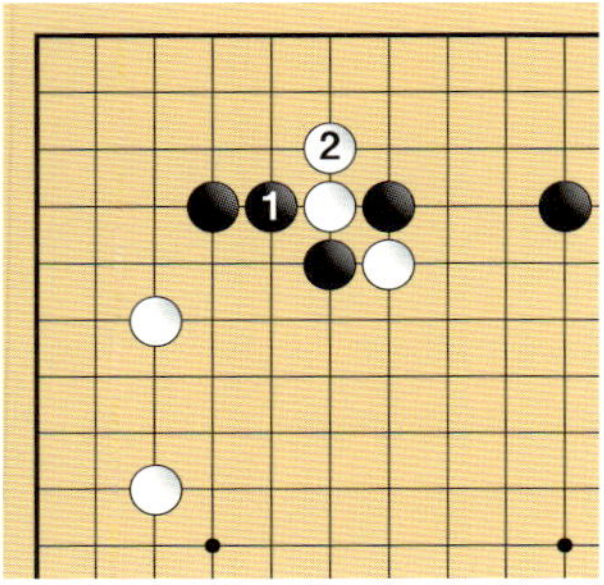

【失敗《しっぱい》2】

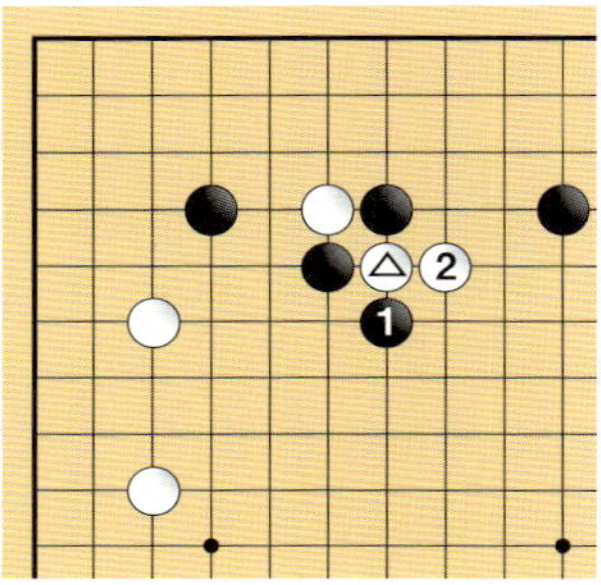

【正解《せいかい》】

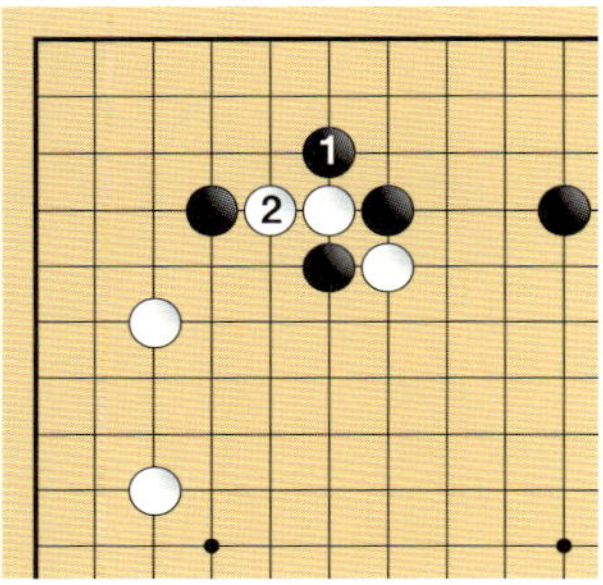

【正解続《せいかいつづ》き】

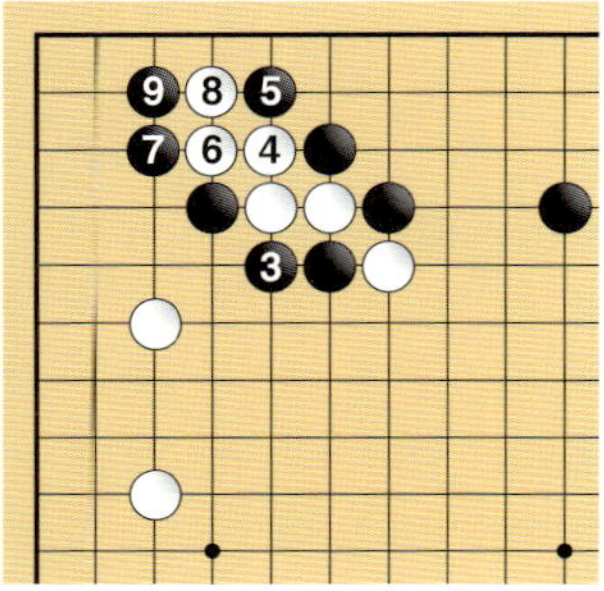

【失敗《しっぱい》】

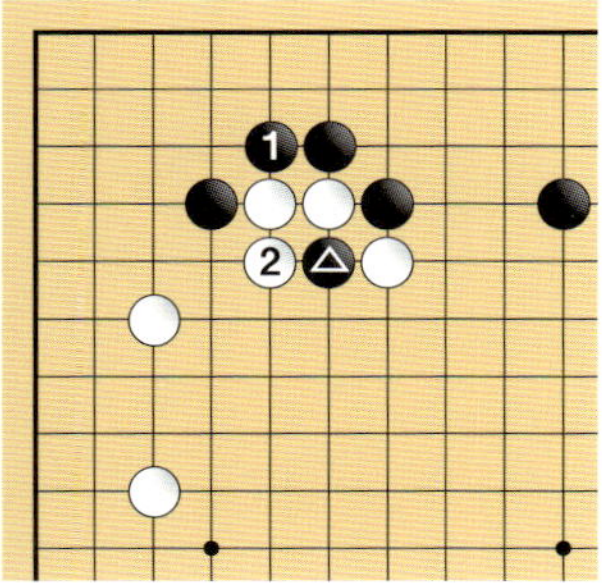

練習問題《れんしゅうもんだい》4

白番《しろばん》です。右下《みぎした》の白《しろ》が囲《かこ》まれてピンチです。周囲《しゅうい》の黒《くろ》を取《と》って、中央《ちゅうおう》の白《しろ》とつながりたいのですが、どう打《う》ちますか。

【練習問題《れんしゅうもんだい》4】答《こた》えは次《つぎ》のページ

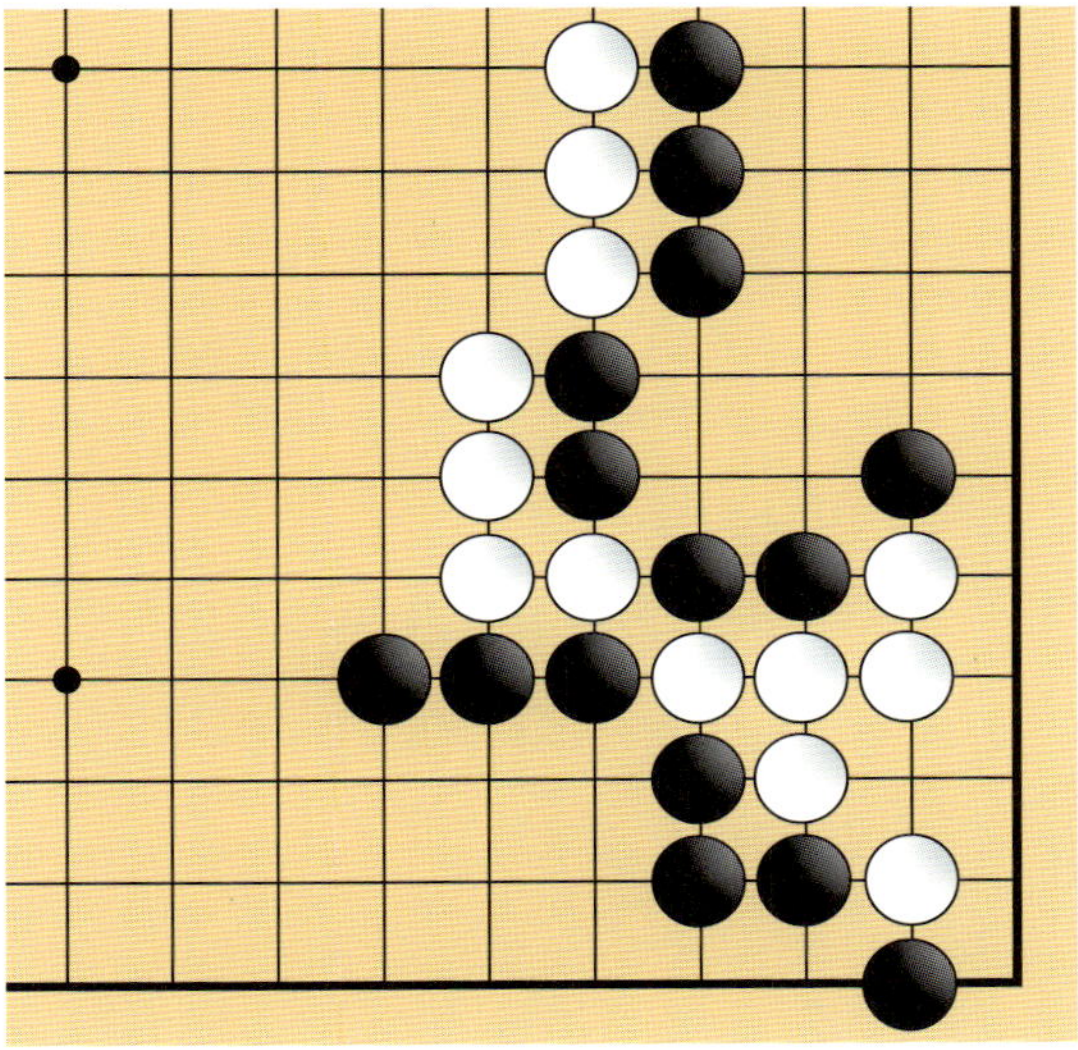

Go豆知識《ゴーまめちしき》 7　局後《きょくご》の検討《けんとう》

上達《じょうたつ》するために大切《たいせつ》なことを、もうひとつお話《はな》ししておきます。対局《たいきょく》が終《お》わったら、ひとつでいいので反省《はんせい》することです。勝《か》っても負《ま》けても、必《かなら》ず失敗《しっぱい》はしているものです（ひとつも失敗《しっぱい》せず打《う》つのは、名人《めいじん》でも難《むずか》しいことなのです）。それを反省《はんせい》して次《つぎ》に生《い》かすことが、強《つよ》くなるのに欠《か》かせません。

私《わたし》たちプロも、必《かなら》ず反省《はんせい》します。反省《はんせい》のことを「検討《けんとう》」といいます。

対局《たいきょく》が終《お》わったら、相手《あいて》に感想《かんそう》を聞《き》くといいでしょう。ふたりで検討《けんとう》することで、一緒《いっしょ》に強《つよ》くなっていきます。

練習問題《れんしゅうもんだい》4の答《こた》え

【失敗《しっぱい》】　白《しろ》①と打《う》てば、△2子《し》ずつがアタリで、両《りょう》アタリになると気《き》がつけば、正解《せいかい》への第一歩《だいいっぽ》です。

【失敗続《しっぱいつづ》き1】　黒《くろ》❷とツガれるとどうでしょうか。

白《しろ》は③と黒《くろ》2子《し》を取《と》ることになります。

【失敗続《しっぱいつづ》き2】　取《と》ったあとの形《かたち》です。黒《くろ》を取《と》っても、右下《みぎした》の白《しろ》は切《き》り離《はな》されたままです。黒《くろ》はタネ石《いし》を取《と》れなかったのです。

【正解《せいかい》】　△を取《と》らないと、中央《ちゅうおう》の白《しろ》とはつながることができません。△がタネ石《いし》なのです。白《しろ》①とアタリにするのが好手《こうしゅ》です。

【正解続《せいかいつづ》き1】　黒《くろ》❷とツグと、白《しろ》③で全部《ぜんぶ》取《と》れます。黒《くろ》を取《と》ることができました。

【正解続《せいかいつづ》き2】　白《しろ》①に切《き》られたら（正解図《せいかいず》）、黒《くろ》は❷とつなぐしかありません。白《しろ》は③で△のタネ石《いし》を取《と》ることができました。

【失敗《しっぱい》】

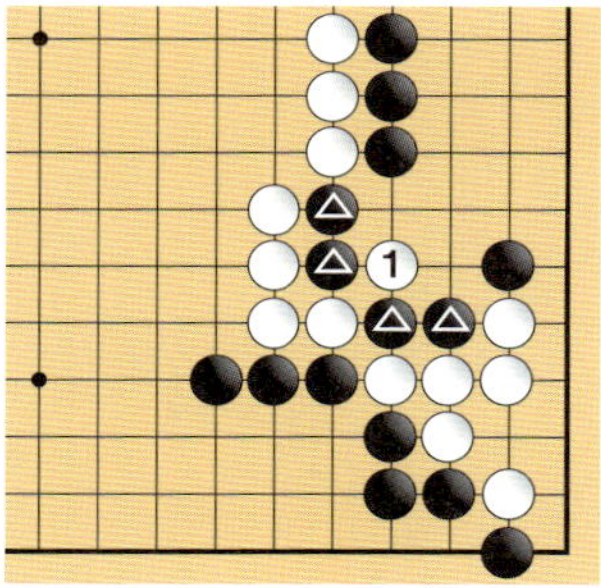

【失敗続《しっぱいつづ》き1】

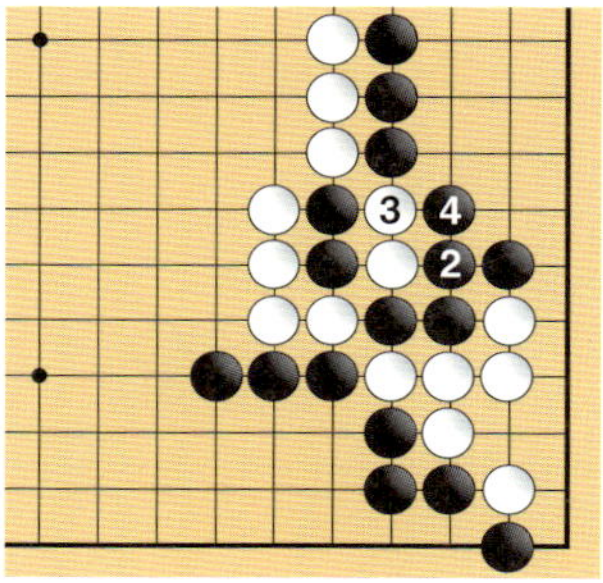

【失敗続《しっぱいつづ》き2】

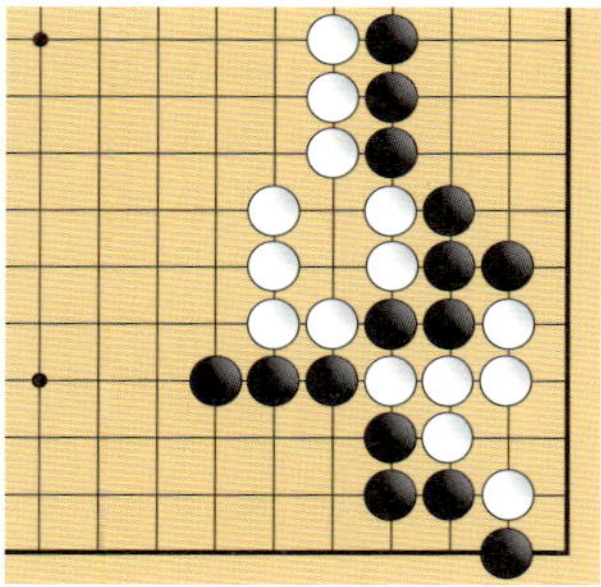

【正解《せいかい》】

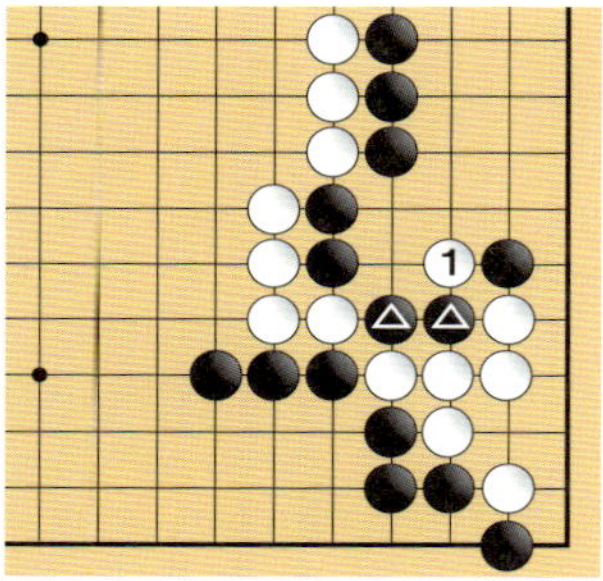

【正解続《せいかいつづ》き1】

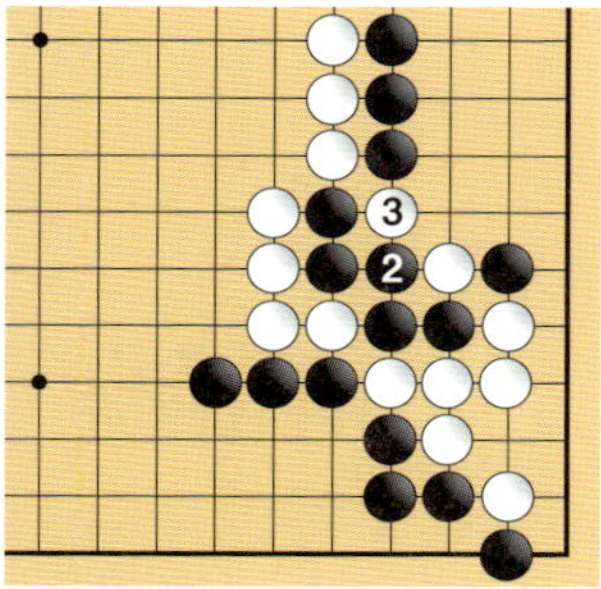

【正解続《せいかいつづ》き2】

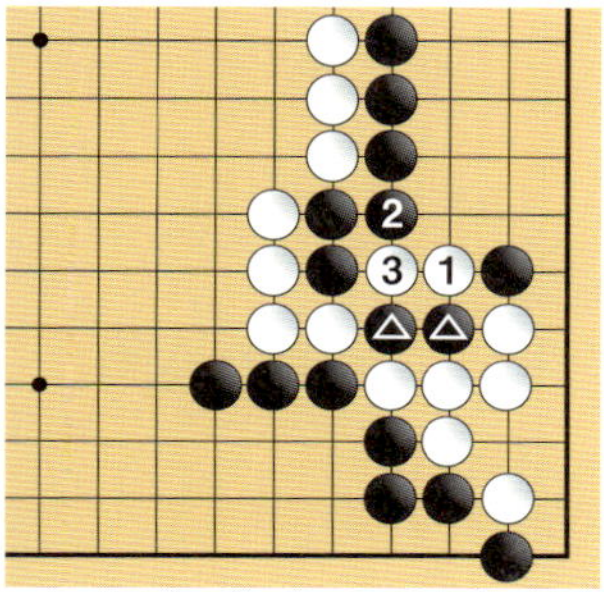

練習問題《れんしゅうもんだい》5

黒番《くろばん》です。白《しろ》①と逃《に》げてきました。この白《しろ》を取《と》ってください。

【練習問題《れんしゅうもんだい》5】答《こた》えは次《つぎ》のページ

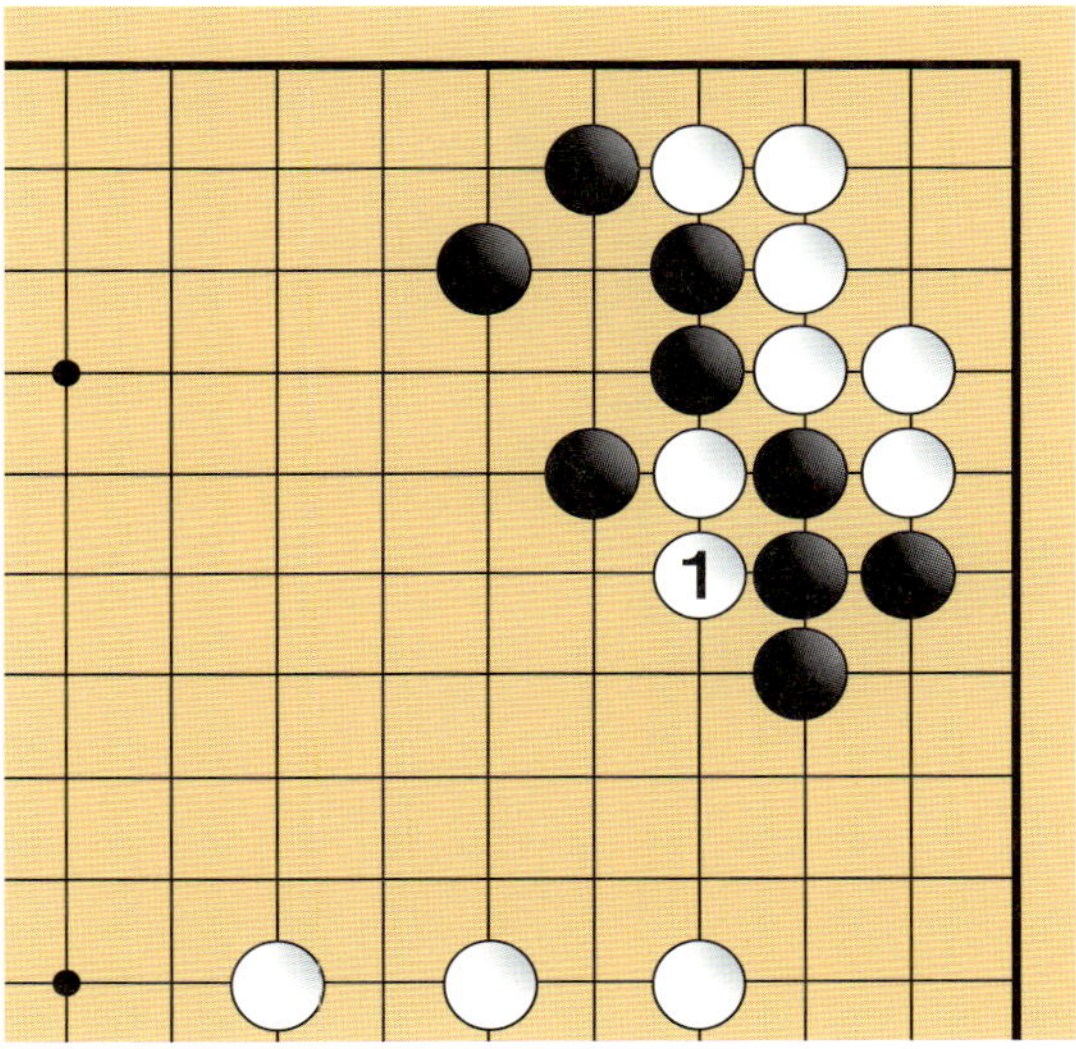

Go豆知識《ゴーまめちしき》 8

たくさん対局《たいきょく》するために

碁《ご》を覚《おぼ》えたけれど、打《う》つ相手《あいて》がいないという人《ひと》もいるでしょう。学校《がっこう》の部活《ぶかつ》や学童保育《がくどうほいく》で「囲碁《いご》」があればいいのですが、地域《ちいき》によってはあったりなかったりします。近所《きんじょ》に囲碁《いご》サロンや碁会所《ごかいしょ》があれば、のぞいてみましょう。子《こ》ども教室《きょうしつ》をやっているところもありますので、ぜひ聞《き》いてみてください。公民館《こうみんかん》やカルチャーセンターでも、囲碁《いご》はたいていあります。インターネットで対局《たいきょく》することもできます。日本棋院《にほんきいん》のホームページなどで紹介《しょうかい》していますので、見《み》てみてください。

一番《いちばん》いいのは、お友達《ともだち》に囲碁《いご》を教《おし》えることです。一緒《いっしょ》に強《つよ》くなると、囲碁《いご》がもっともっと楽《たの》しくなりますよ。

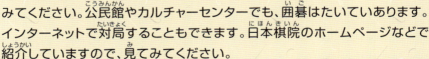

練習問題《れんしゅうもんだい》5の答《こた》え

【失敗《しっぱい》1】　黒《くろ》❶、❸とシチョウに追《お》うのは、シチョウアタリがあるので、逃《に》げられます。シチョウでは取《と》れません。

【失敗《しっぱい》1】

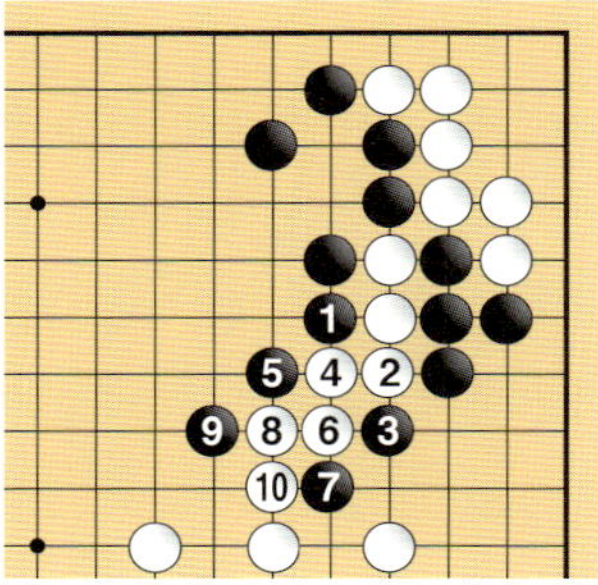

【正解続《せいかいつづ》き1】

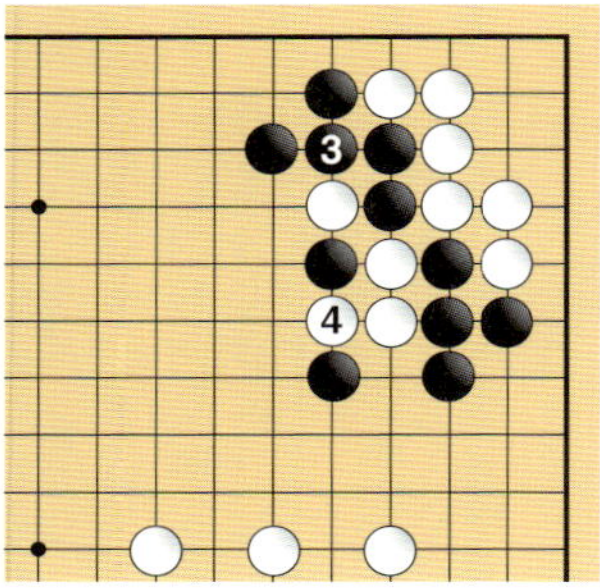

【正解《せいかい》】

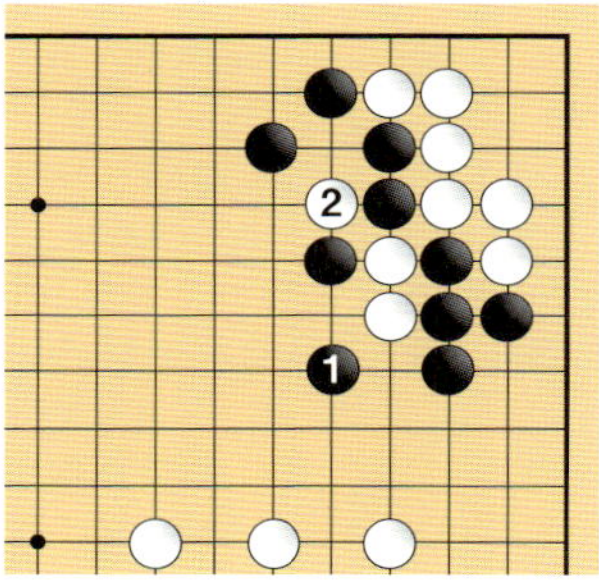

【正解続《せいかいつづ》き2】

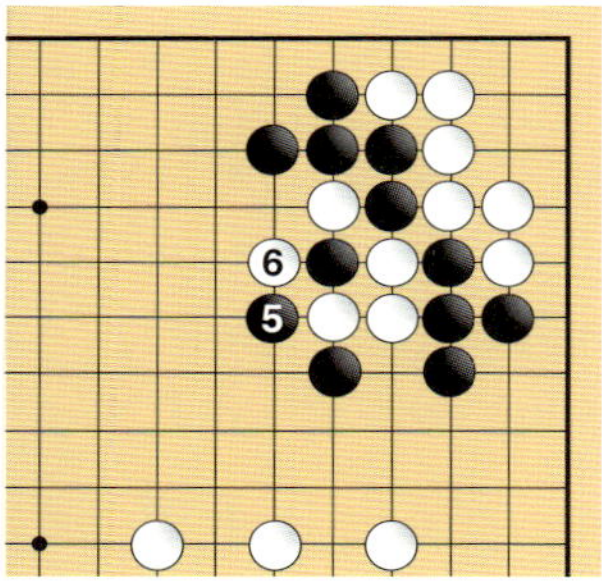

【正解《せいかい》】　黒《くろ》❶とゲタにかけるのが好手《こうしゅ》です。白《しろ》が②とアテてくるのがくせ者《もの》です。

【正解続《せいかいつづ》き1】　黒《くろ》は❸とツギます。白《しろ》④と逃《に》げながらアタリにしてきたときが重要《じゅうよう》です。

【正解続《せいかいつづ》き2】　アタリにかまわず黒《くろ》❺とオサえるのが好手《こうしゅ》なのです、白《しろ》⑥の抜《ぬ》きには……？

【正解続《せいかいつづ》き3】　黒《くろ》❼とタネ石《いし》の白《しろ》3子《し》をアタリにするのがうまいのです。白《しろ》が⑧とツイでも黒《くろ》❾でアタリ。まとめて仕留《しと》めることができました。

【失敗《しっぱい》】　「正解続《せいかいつづ》き2」の黒《くろ》❺で❶と打《う》ってしまうと、白《しろ》②とタネ石《いし》に逃《に》げられてしまいます。右辺《うへん》に黒数子《くろすうし》が取《と》り残《のこ》されてはいけません。

【正解続《せいかいつづ》き3】

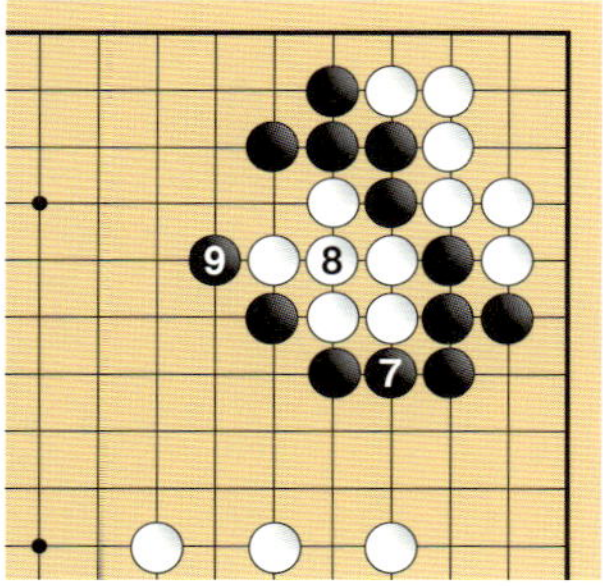

【失敗《しっぱい》】

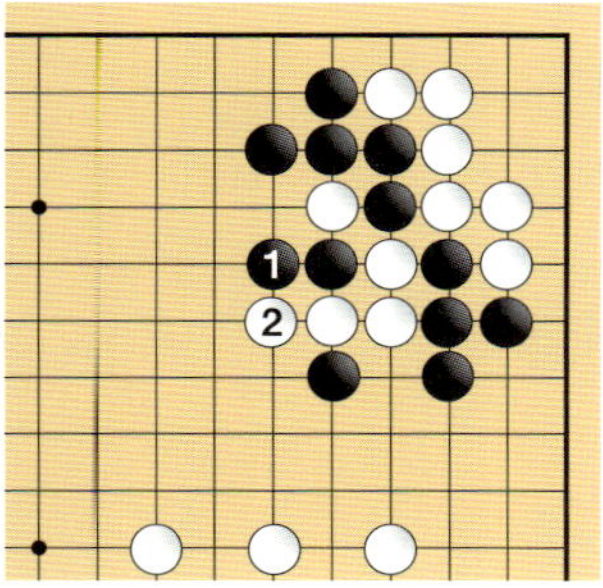

第《だい》四《よん》章《しょう》

石《いし》の形《かたち》をよくしよう

形《かたち》よく打《う》つには

いい形《かたち》とは、働《はたら》きのある形《かたち》のことでしたね。形《かたち》よく打《う》つとどんなにいいことがあるのでしょうか。

実戦《じっせん》によく出《で》てくる形《かたち》で考《かんが》えてみましょう。

【図《ず》1】 △2子《し》は、次《つぎ》に黒《くろ》aと切《き》られると取《と》られてしまいます。

白番《しろばん》です。どう守《まも》ったらいいでしょうか。

【図《ず》2】 白《しろ》①とツグのは素直《すなお》ですが、空《あ》き三角《さんかく》になって働《はたら》きの悪《わる》い格好《かっこう》になります。

黒《くろ》❷と打《う》たれると、白全体《しろぜんたい》が囲《かこ》まれピンチになってきます。

もっといい形《かたち》があります。

【図《ず》3】 白《しろ》①は空《あ》き三角《さんかく》ですので、いくらつながっていても働《はたら》きが悪《わる》い形《かたち》です。

黒《くろ》❷とアタリにされると、白《しろ》③とつながなければなりません。

白《しろ》は石《いし》がかたまっていて、形《かたち》が悪《わる》くなりました。

【図《ず》4】 それでは、白《しろ》①とカケツギで守《まも》るのはどうでしょうか。

【図《ず》1】

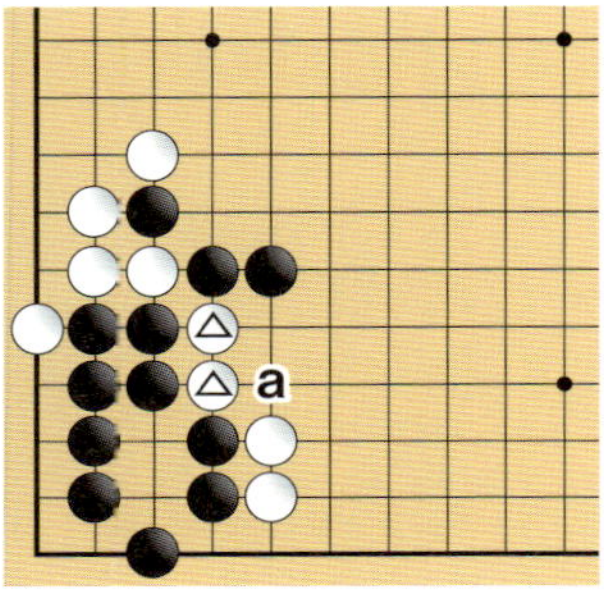

【図《ず》2】

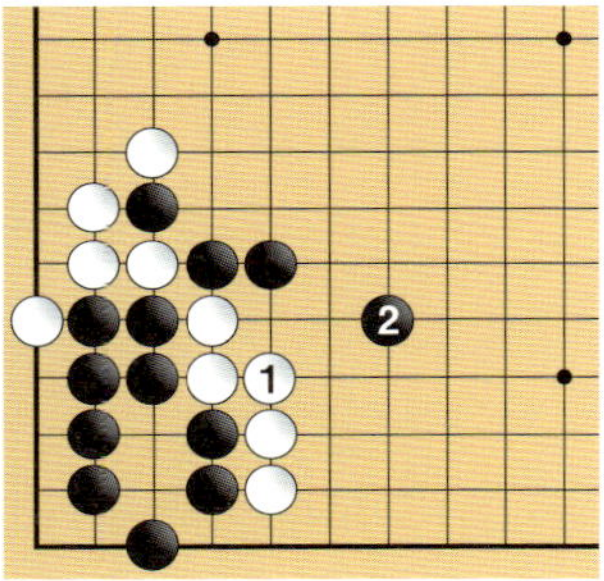

【図《ず》3】

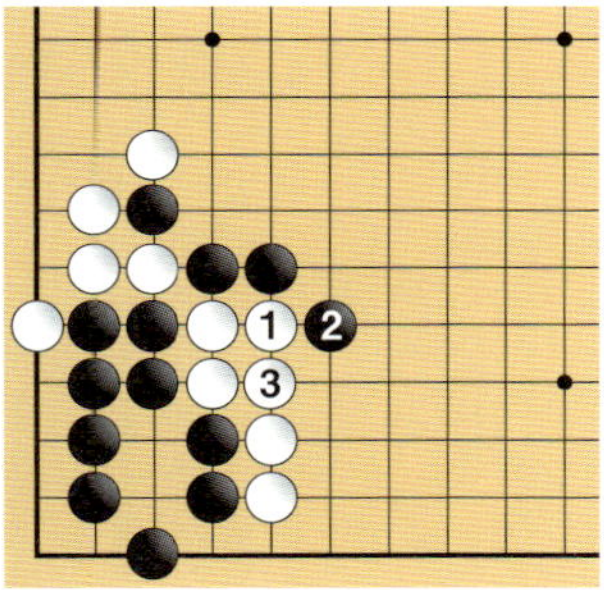

【図《ず》4】

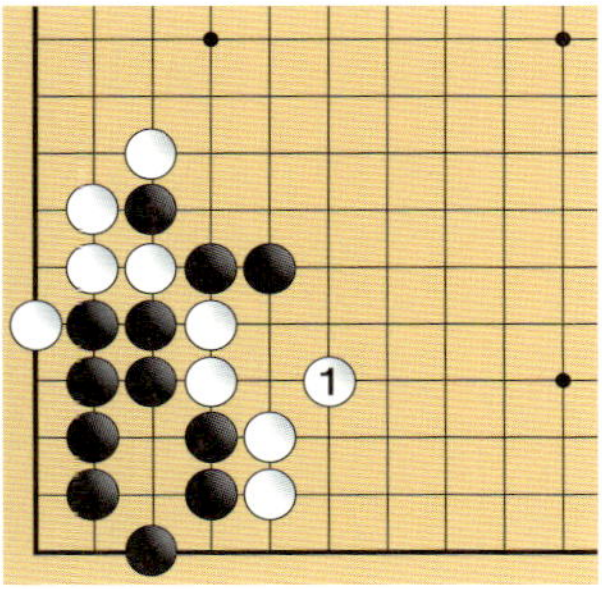

【図《ず》5】 黒《くろ》は❷がいい形《かたち》です。

白《しろ》は③とツガなければなりません。逆《ぎゃく》に黒《くろ》に③のところに打《う》たれると、ウッテガエシで取《と》られてしまいます。

黒《くろ》から❹と囲《かこ》まれて、白《しろ》は窮屈《きゅうくつ》になりました。囲《かこ》まれると白《しろ》は生《い》きなければなりません。

【図《ず》6】 白《しろ》①とトンで守《まも》るのが正解《せいかい》です。

これがいい形《かたち》なのです。

【図《ず》7】 黒《くろ》❷には白《しろ》③とノビます。

下辺《かへん》に地《じ》ができそうで、白《しろ》の形《かたち》は働《はたら》いています。

白《しろ》には無駄《むだ》な石《いし》がありません。

右方向《みぎほうこう》に、黒《くろ》より一歩《いっぽ》白《しろ》が先《さき》に行《い》っていますので、囲《かこ》まれる心配《しんぱい》もありません。

【図《ず》8】 黒《くろ》❹と出《で》られ❻と切《き》られるのは心配《しんぱい》いりません。

黒《くろ》❻を取《と》るには、どうしますか？

【参考図《さんこうず》】

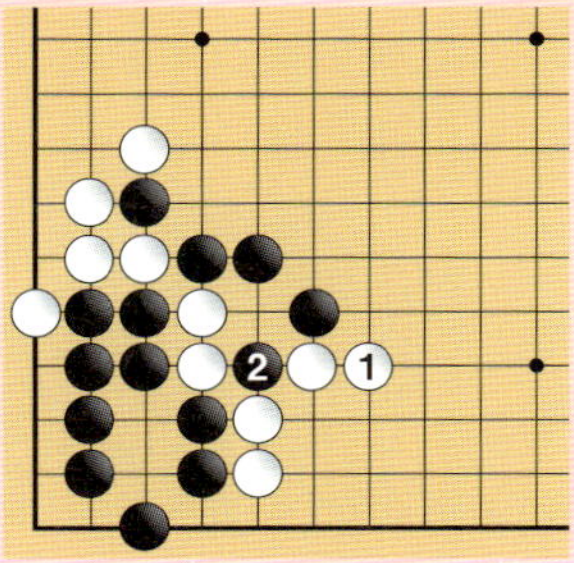

図《ず》5の白《しろ》③を打《う》たないと、黒《くろ》❷に打《う》たれ、ウッテガエシで取《と》られます。

※ウッテガエシは63ページを参考《さんこう》にしてください。

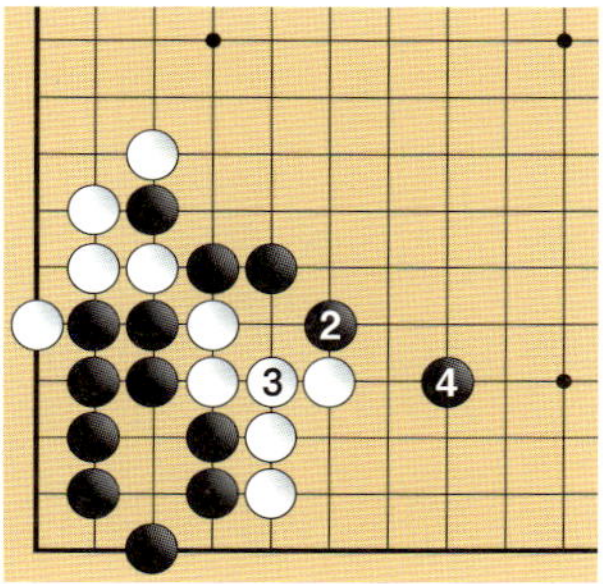

【図《ず》5】

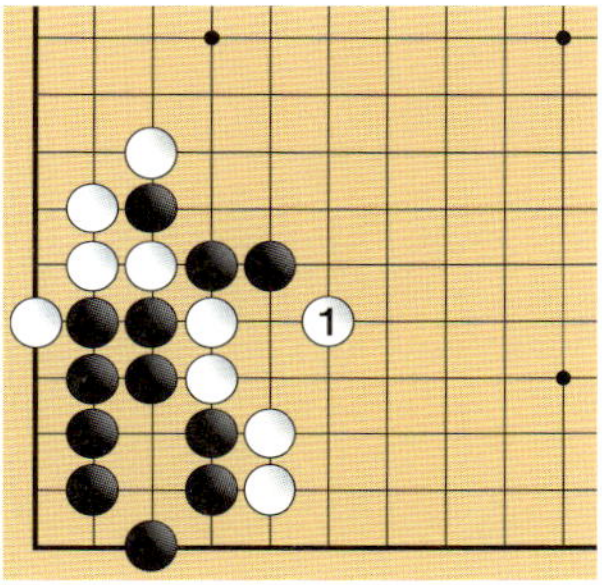

【図《ず》6】

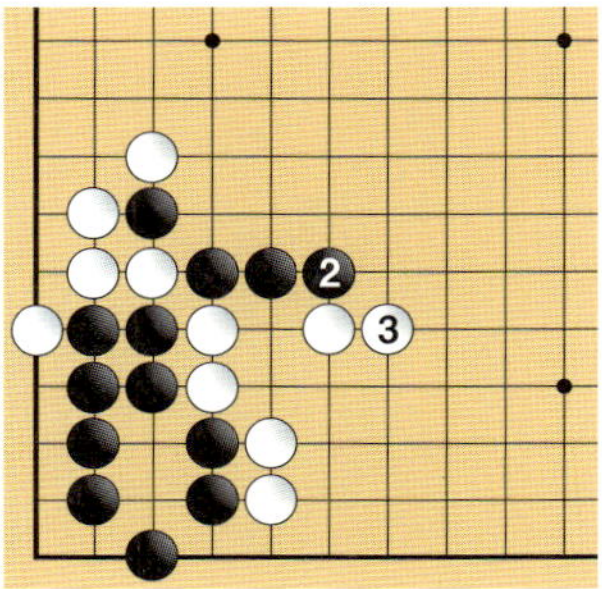

【図《ず》7】

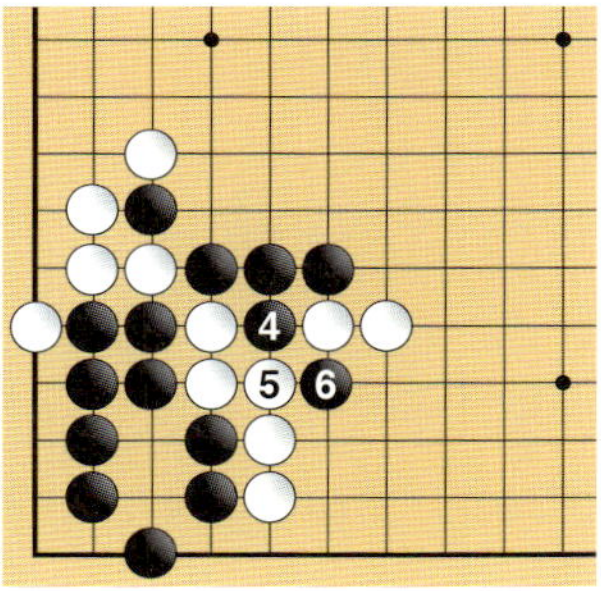

【図《ず》8】

【図《ず》9】図《ず》8のあと、まず白《しろ》は⑦とアテます。黒《くろ》❽と逃《に》げたら、白《しろ》⑨の一手《いって》が大切《たいせつ》です。

この取《と》り方《かた》をなんというのでしたか。

そうです。これはシチョウです。白《しろ》⑬までシチョウで取《と》ることができるので、白《しろ》は切《き》れないいい形《かたち》なのです。


【図《ず》10】図《ず》6にもどり、白《しろ》①はいいのに、③でツイでしまうと、とたんにうまくいかなくなります。
③にツグと空《あ》き三角《さんかく》ができました。
働《はたら》きの悪《わる》い形《かたち》を打《う》つと、いい結果《けっか》にはならないのです。

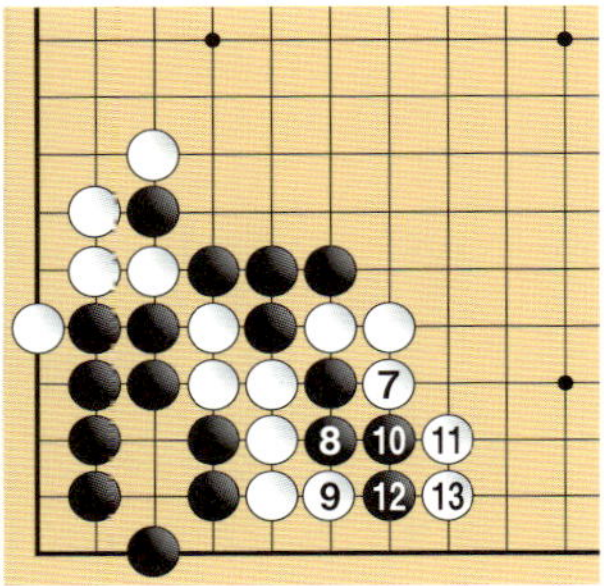

【図《ず》9】

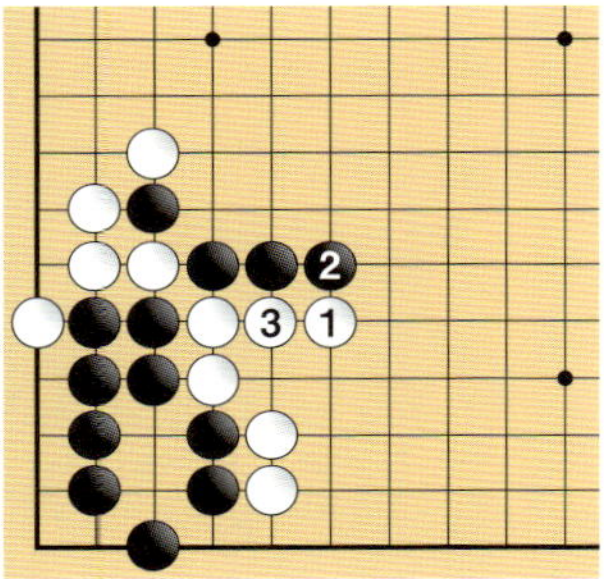

【図《ず》10】

【図《ず》11】図《ず》10のあと、黒《くろ》❹とハネられたら、白《しろ》は⑤とハネます。

黒《くろ》❻とまたハネられ、白《しろ》は囲《かこ》まれてきました。

白《しろ》は⑦とサガるしかなく、縮《ちぢ》こまってしまいます。

図《ず》7と比《くら》べれば、白《しろ》の形《かたち》が悪《わる》いのがよくわかるでしょう。


【図《ず》12】前図《ぜんず》の白《しろ》⑦で①と切《き》って③とアテるのは、無理《むり》です。

黒《くろ》❹で両《りょう》アタリになって、白《しろ》がどちらか取《と》られ、つぶれ（大《おお》きく取《と》られ）てしまいます。

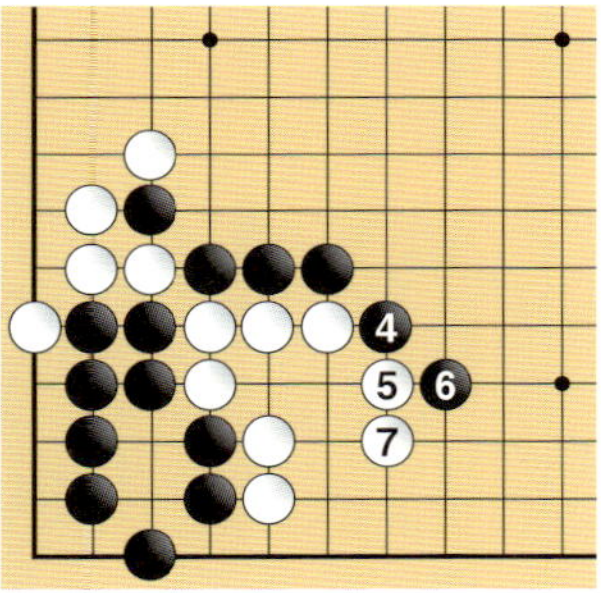

【図《ず》11】

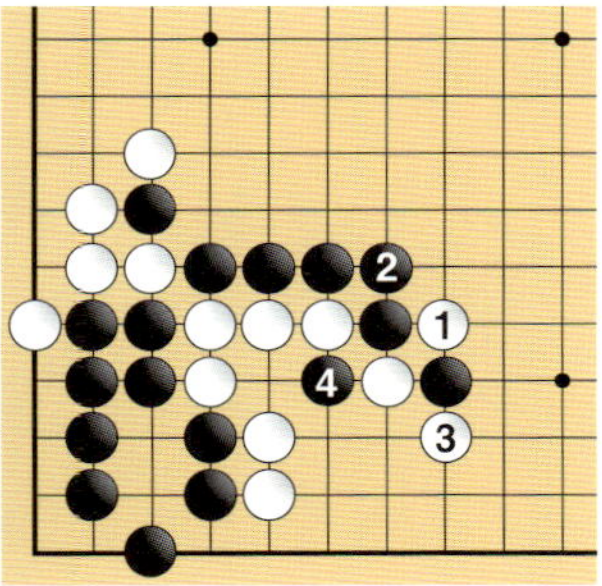

【図《ず》12】

ダメ詰《づ》まりは寿命《じゅみょう》を短《みじか》くする

呼吸点《こきゅうてん》（逃《に》げ道《みち》）のことを、一般的《いっぱんてき》には「ダメ」といいます。ダメが詰《つ》まって（呼吸点《こきゅうてん》がふさがれて）くると取《と》られやすくなります。呼吸点《こきゅうてん》があけばあくほど、取《と》られにくいので、ダメが詰《つ》まることと、石《いし》の寿命《じゅみょう》が短《みじか》くなることは同《おな》じなのです。むやみに自分《じぶん》のダメを詰《つ》めないように気《き》をつけることは大事《だいじ》なのです。

【図《ず》1】 黒模様《くろもよう》に白《しろ》が入《はい》っていった場面《ばめん》です。白《しろ》はスペースを広《ひろ》げて生《い》きようとしています。

【図《ず》1】

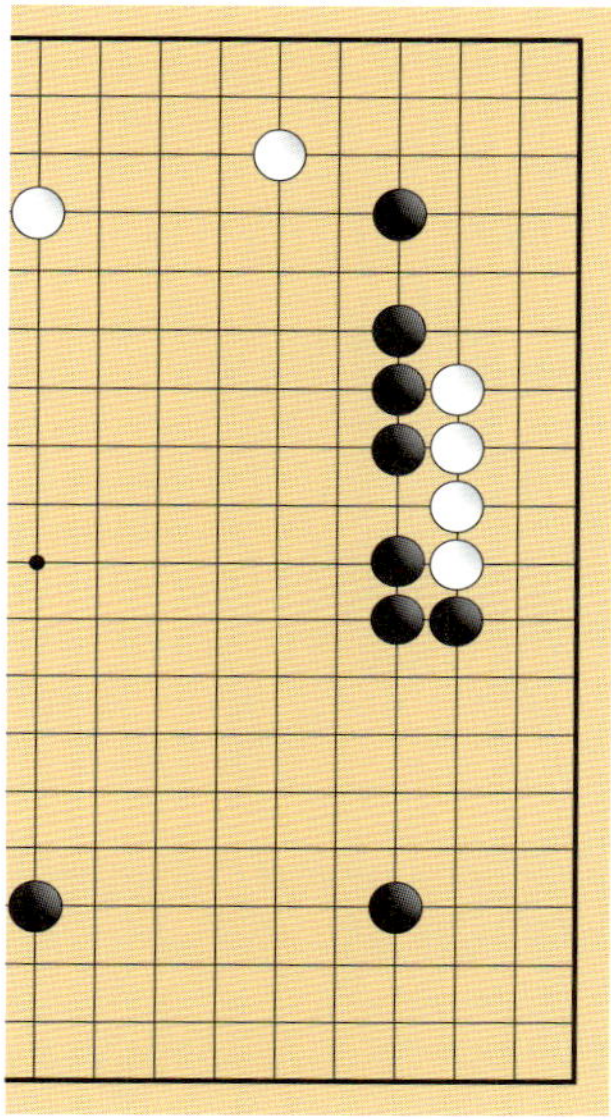

スペースのことを、囲碁《いご》では「フトコロ（懐《ふところ》）」といいます。フトコロが広《ひろ》がると生《い》きやすくなります。

【図《ず》2】 白《しろ》は①とノゾいてフトコロを広《ひろ》げるのが好手《こうしゅ》です。

【図《ず》2】

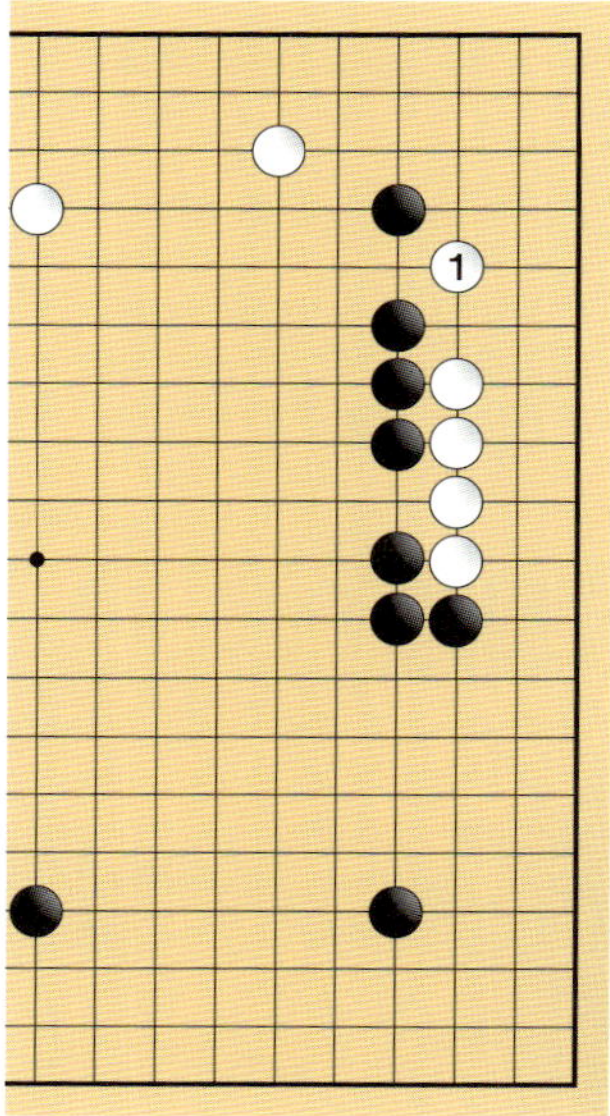

このあと、むやみにダメを詰《つ》めてはいけない例《れい》やダメを詰《つ》めてもいい例《れい》を見《み》てみよう！
生《い》きるためにはフトコロを広《ひろ》げるのが大事《だいじ》なんですね

【図《ず》3】黒《くろ》が❷と出《で》て❹と切《き》ってきたらどうしますか。

【図《ず》4】白《しろ》⑤とツゲば全部《ぜんぶ》つながっています。黒《くろ》❻には白《しろ》⑦とオサえれば、黒《くろ》2子《し》を取《と》ることができます。

【図《ず》5】穴《あな》があいていると白《しろ》①と出《で》たくなる人《ひと》がいますが、これはまずいのです。

【図《ず》6】同《おな》じように黒《くろ》が❹と出《で》て❻と切《き》ってきたとき、黒《くろ》❽から❿で逆《ぎゃく》に取《と》られてしまいます。むやみにダメを詰《つ》めてはいけないのです。

図《ず》5の白《しろ》①は打《う》ってもいいことがありません。いらない手《て》は打《う》たないことです。

【図《ず》3】

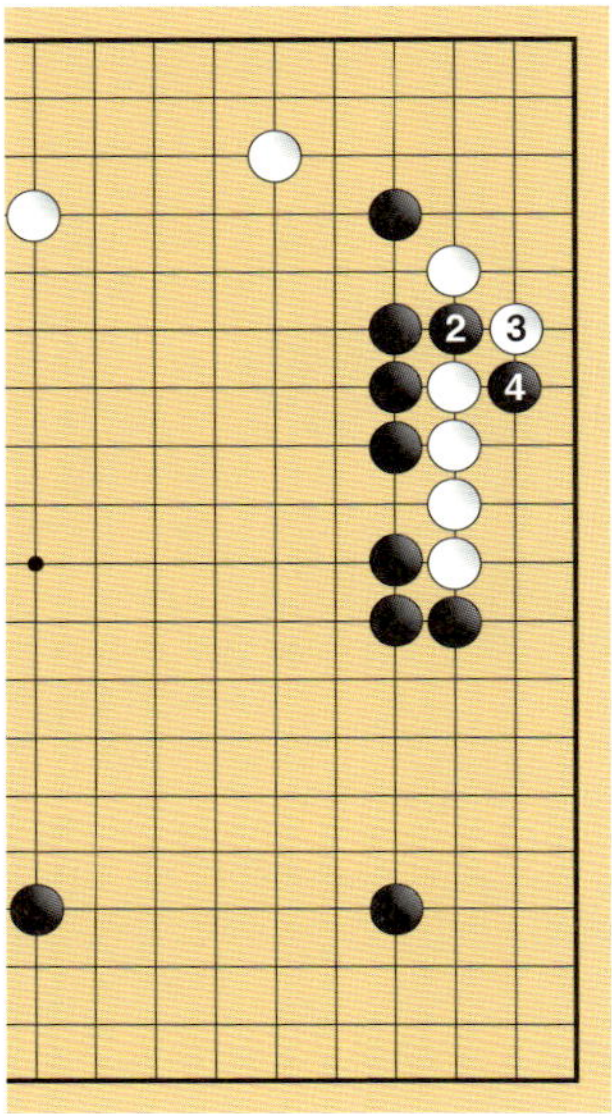

【図《ず》4】

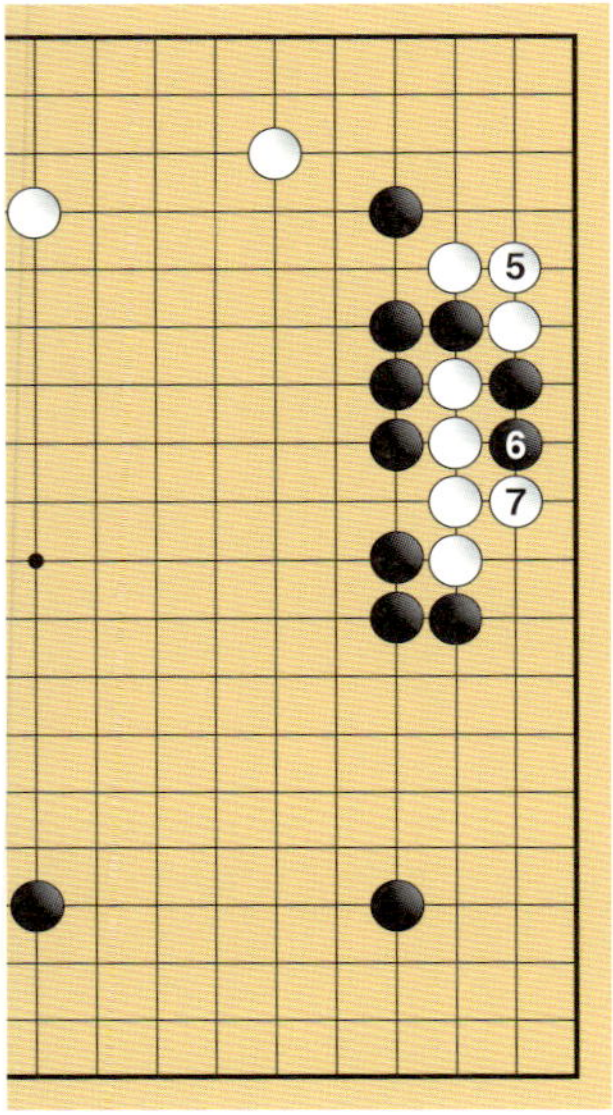

【図《ず》5】

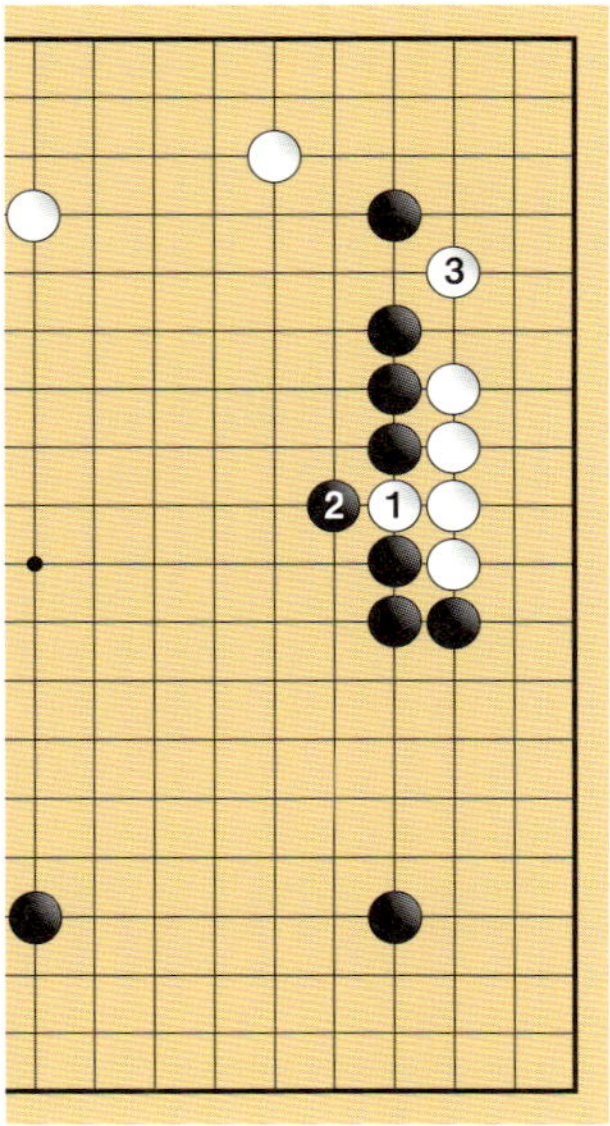

【図《ず》6】

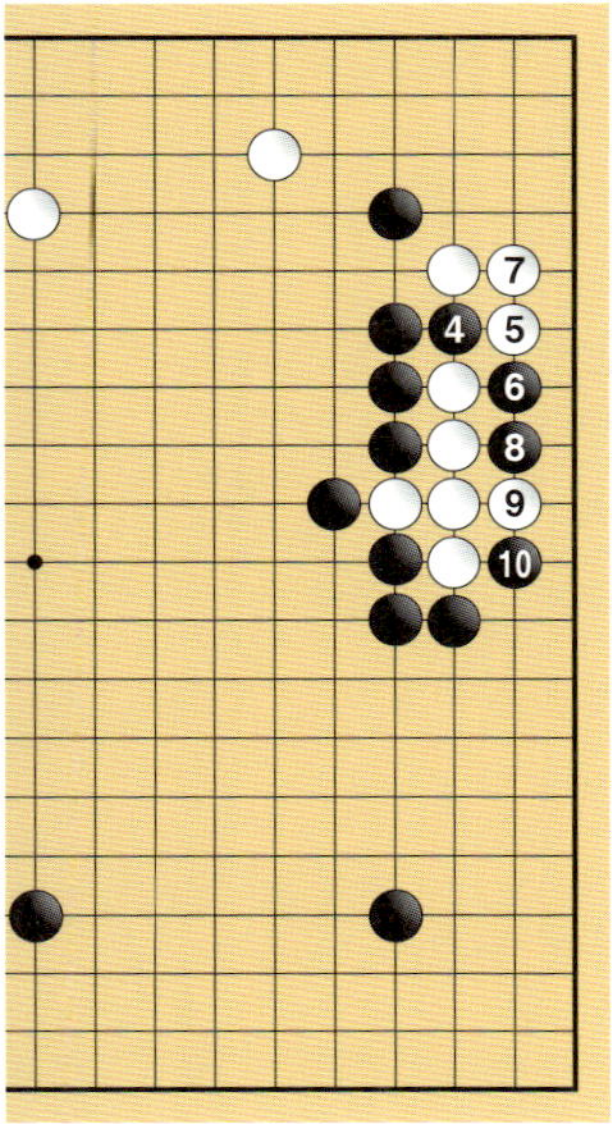

【図《ず》7】それでは、例題《れいだい》で考《かんが》えてみましょう。

【図《ず》8】白《しろ》は①と出《で》てもいいでしょうか。

黒《くろ》は❷を打《う》たないと死《し》んでしまうから受《う》けます。白《しろ》はいいことは何《なに》もありません。次《つぎ》に何《なに》か狙《ねら》いがなければ打《う》つ必要《ひつよう》はないのです。

白《しろ》は自分《じぶん》のダメを詰《つ》めたことで、自分《じぶん》の寿命《じゅみょう》を縮《ちぢ》めました。白《しろ》①はマイナスの手《て》です。

【図《ず》9】それではこの形《かたち》のときは?

【図《ず》10】白《しろ》①と出《で》て③と切《き》る手《て》があるので、打《う》ってもいいのです。

【図《ず》11】黒《くろ》❹なら白《しろ》⑤、⑦で黒《くろ》1子《し》を切《き》り離《はな》せます。

【図《ず》7】

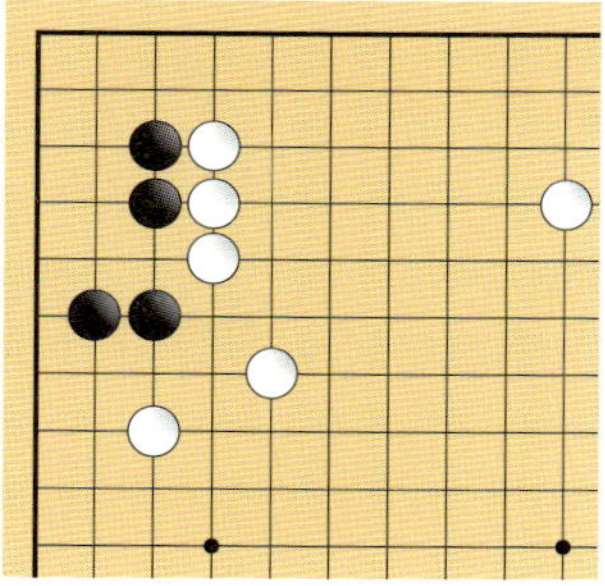

【図《ず》8】

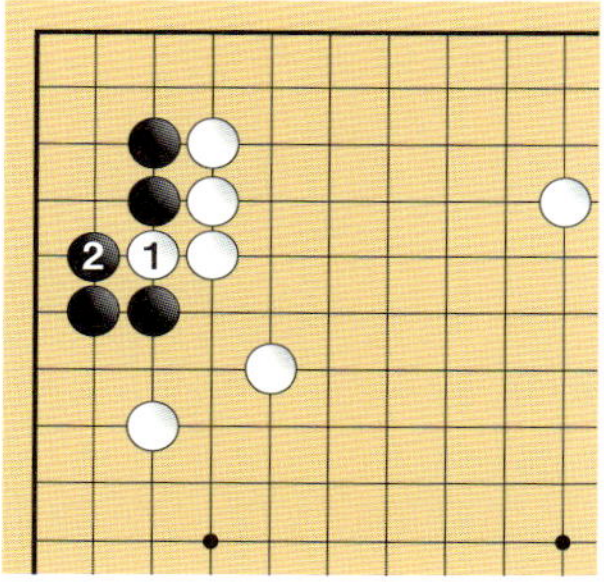

【図《ず》9】

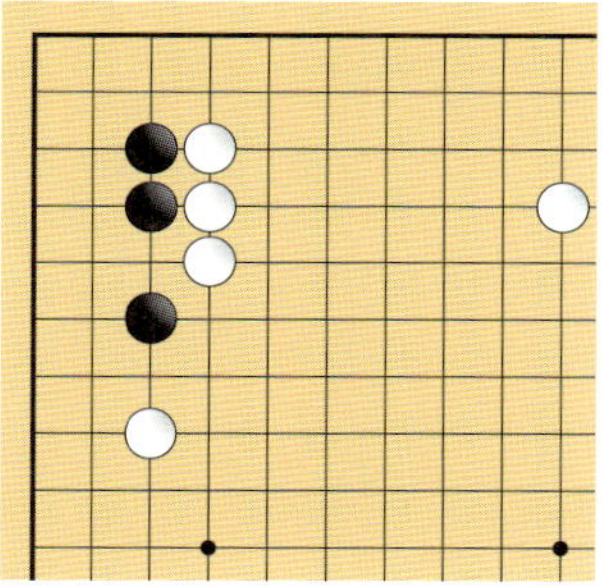

【図《ず》10】

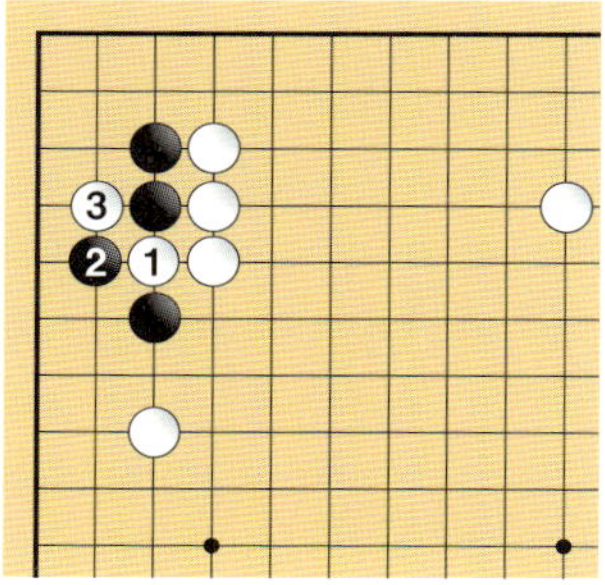

【図《ず》11】

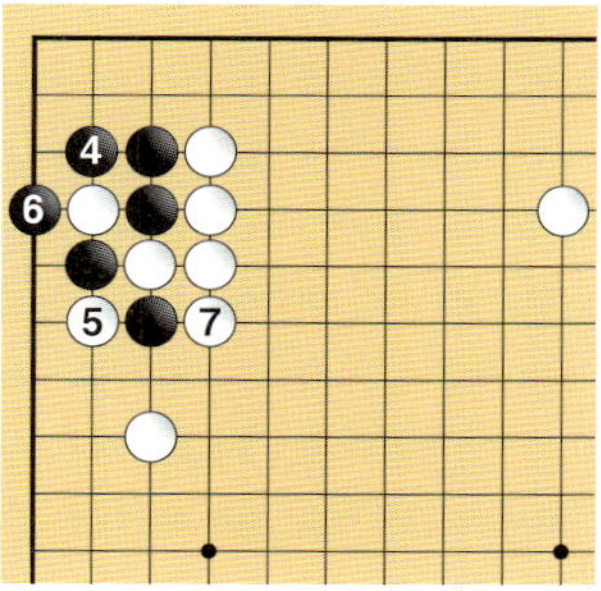

【図《ず》12】

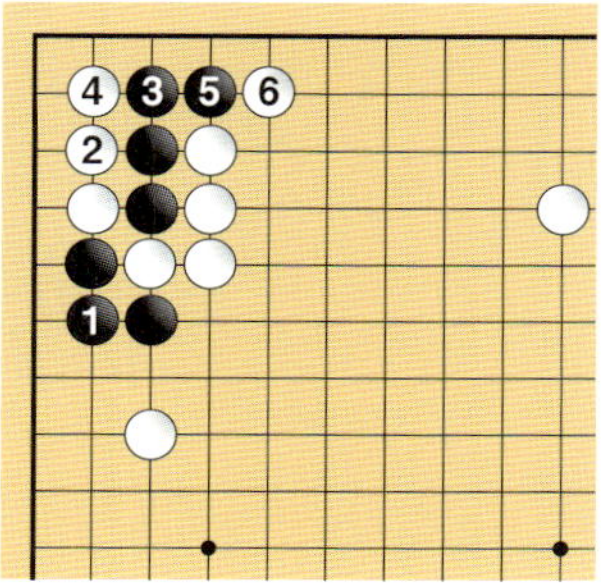

【図《ず》12】前図《ぜんず》で黒《くろ》❹で❶なら白《しろ》②で、隅《すみ》の黒《くろ》を取《と》ることができました。狙《ねら》いがあるときは、ダメを詰《つ》めていってもいいのです。

次《つぎ》に何《なに》がしたいのか、しっかり目的《もくてき》を持《も》って打《う》ちましょう。

とりあえず打《う》つ形《かたち》

碁《ご》では、いい形《かたち》、悪《わる》い形《かたち》など、形《かたち》で判断《はんだん》することが多《おお》いのです。

「とりあえずアテよ」という形《かたち》と、「(アタリを)打《う》ってはいけない」形《かたち》の区別《くべつ》を考《かんが》えましょう。

【図《ず》1】 △3子《し》はカケツギの格好《かっこう》ですので、白《しろ》はAに打《う》ってもすぐ取《と》られます。すでにつながっている形《かたち》といえます。

【図《ず》2】 白《しろ》①のアタリはすぐにでも打《う》ちたい「とりあえずアテよ」という形《かたち》です。

黒《くろ》はもともとつながっている形《かたち》なので、黒《くろ》❷と打《う》たせていいのです。△と❷で空《あ》き三角《さんかく》の形《かたち》にもさせてます。

【図《ず》3】 それではこの形《かたち》で、白《しろ》はアタリを打《う》ってもいいでしょうか。

【図《ず》4】 白《しろ》①とアタリにすると、黒《くろ》は❷とつなぎます。すると、黒《くろ》は断点《だんてん》のないいい形《かたち》になったのに、白《しろ》は断点《だんてん》がふたつもある弱《よわ》い形《かたち》になっています。❷のところは断点《だんてん》だったのに、つながせてはお手伝《てつだ》いなのです。白《しろ》①と打《う》ってはいけない形《かたち》なのです。

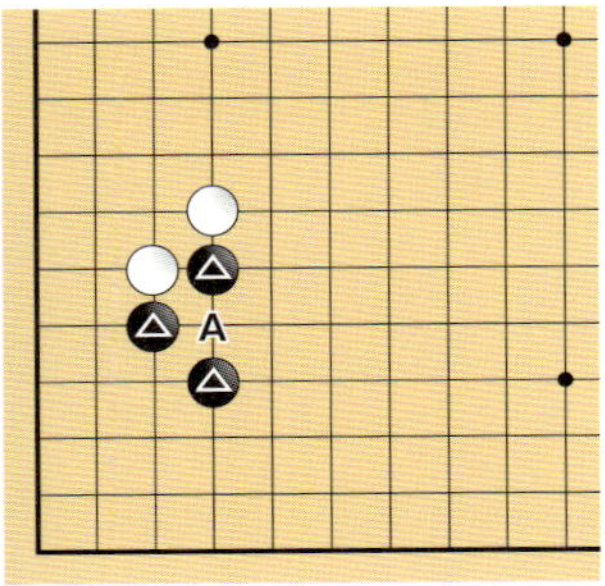

【図《ず》1】

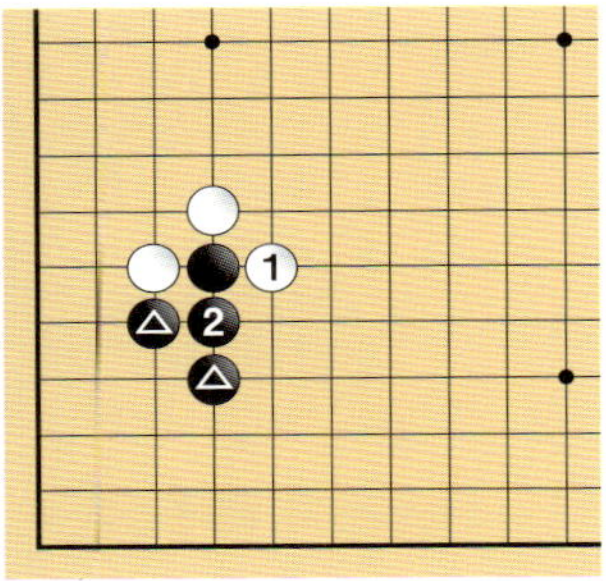

【図《ず》2】

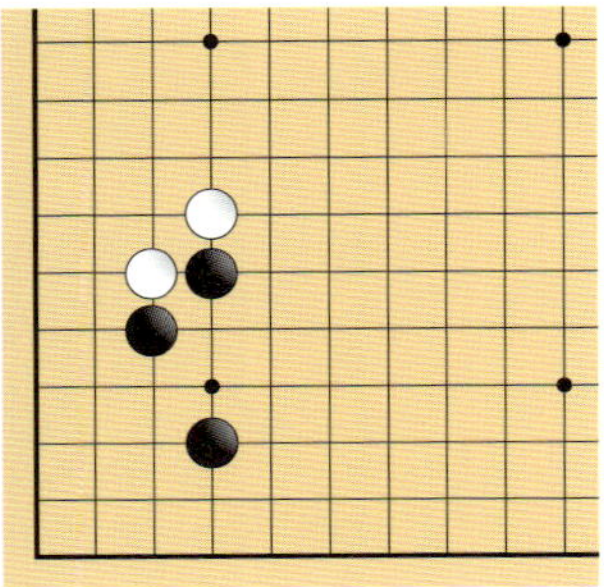

【図《ず》3】

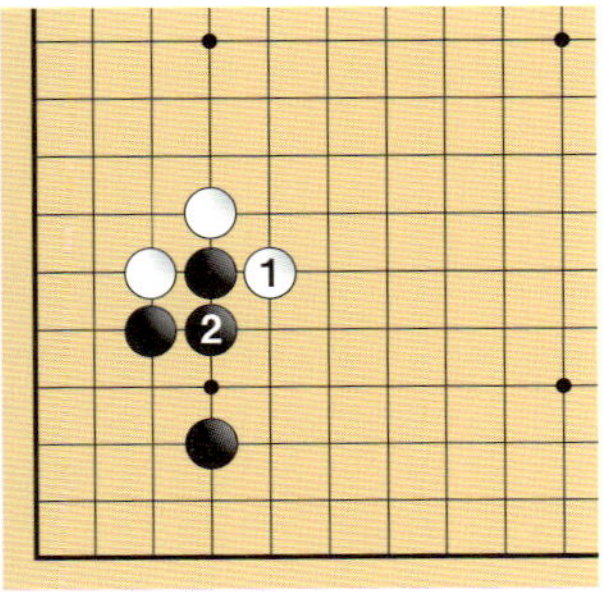

【図《ず》4】

【図《ず》5】 白《しろ》①と切《き》ってアタリにしても、黒《くろ》に❷と逃《に》げられます。

白《しろ》③とアタリにしても黒《くろ》❹と逃《に》げられ、白《しろ》は何《なに》も成果《せいか》をあげることはできませんでした。

白《しろ》①と切《き》るのもよくありません。

【図《ず》6】 黒《くろ》をアタリにする手《て》は、AとBの2カ所《しょ》あります。

アタリが2カ所《しょ》あるときには、アタリを打《う》たないほうがいい場合《ばあい》が多《おお》いのです。

白《しろ》はアタリなどなにもせず、①と自分《じぶん》の断点《だんてん》を補《おぎな》うのが好手《こうしゅ》なのです。

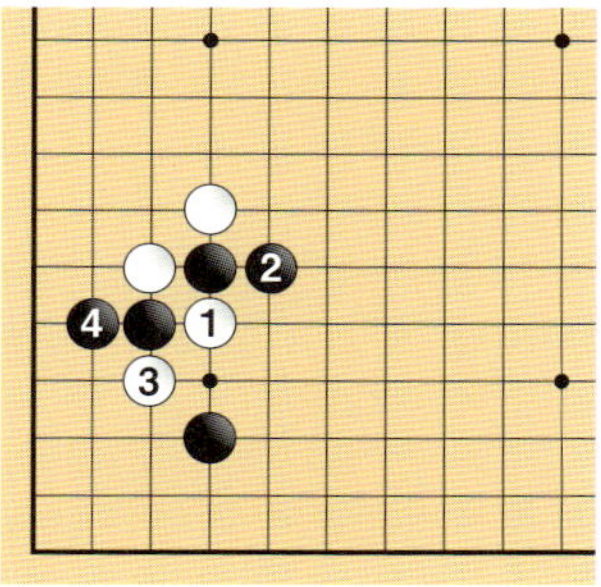

【図《ず》5】

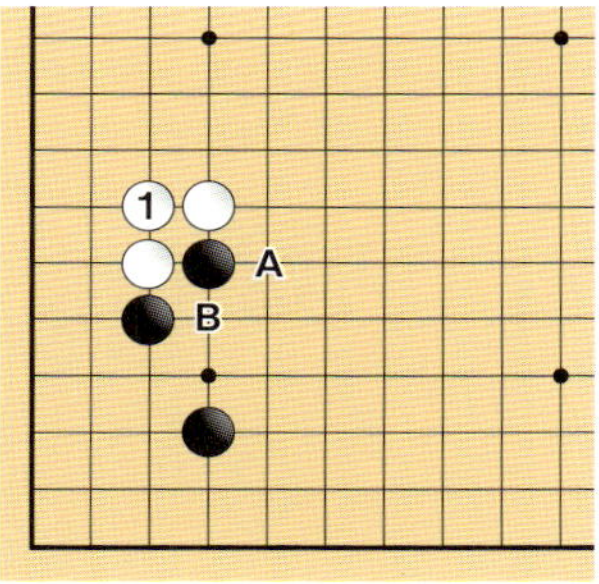
A
B

【図《ず》6】

【図《ず》7】 黒《くろ》も❷と断点《だんてん》をつないだら、白《しろ》は③とトンでいるのがいい形《かたち》です。

【図《ず》8】 前図《ぜんず》で黒《くろ》❷で❶のノビなら、白《しろ》は②とハネます。

相手《あいて》の対応《たいおう》を見《み》てから、自分《じぶん》の打《う》つ手《て》を決《き》めるのはテクニックのひとつです。

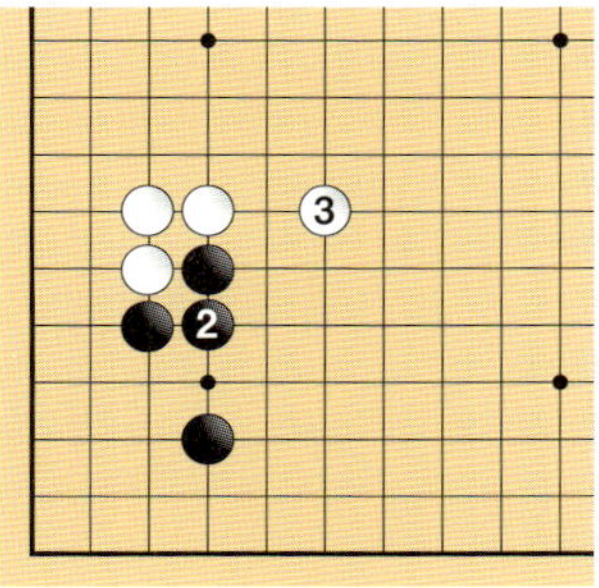

【図《ず》7】

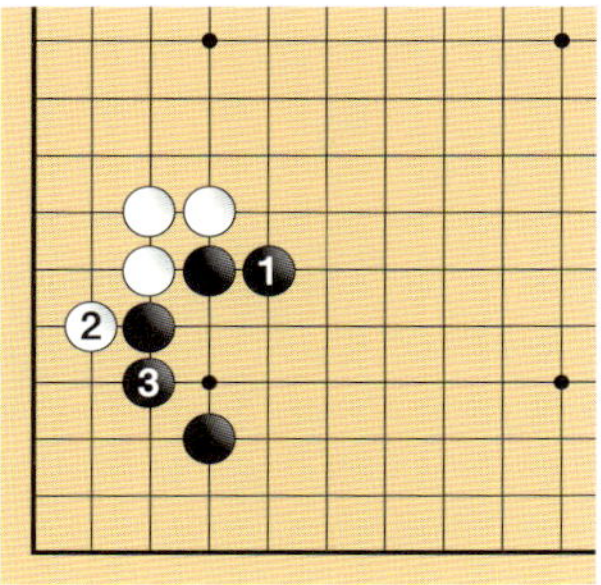

【図《ず》8】

アタリは打《う》っていいときと、打《う》ってはいけないときがあるのね。相手《あいて》の形《かたち》をよく見《み》て決《き》めなきゃね
GO

急所《きゅうしょ》を見《み》つけよう

形《かたち》の急所《きゅうしょ》を知《し》って見《み》つけられることは、上達《じょうたつ》に欠《か》かせません。
代表的《だいひょうてき》な急所《きゅうしょ》を挙《あ》げておきますので、ぜひ身《み》につけてください。

【図《ず》1】 右辺《うへん》の黒《くろ》4子《し》はまだ生《い》きていませんので、弱《よわ》い石《いし》です。どう守《まも》ったらいいでしょうか。

【図《ず》2】 黒《くろ》❶がこの形《かたち》の急所《きゅうしょ》です。眼形《がんけい》が作《つく》りやすくなり、黒《くろ》はいい形《かたち》になりました。黒《くろ》が強《つよ》くなると、自然《しぜん》に右下《みぎした》の白《しろ》が弱《よわ》くなります。

【図《ず》3】 白《しろ》が**A**に切《き》ってきたときは、△とゲタで取《と》るのが筋《すじ》ですね。ゲタの場所《ばしょ》が急所《きゅうしょ》になるというのを目安《めやす》にしましょう。

【図《ず》1】

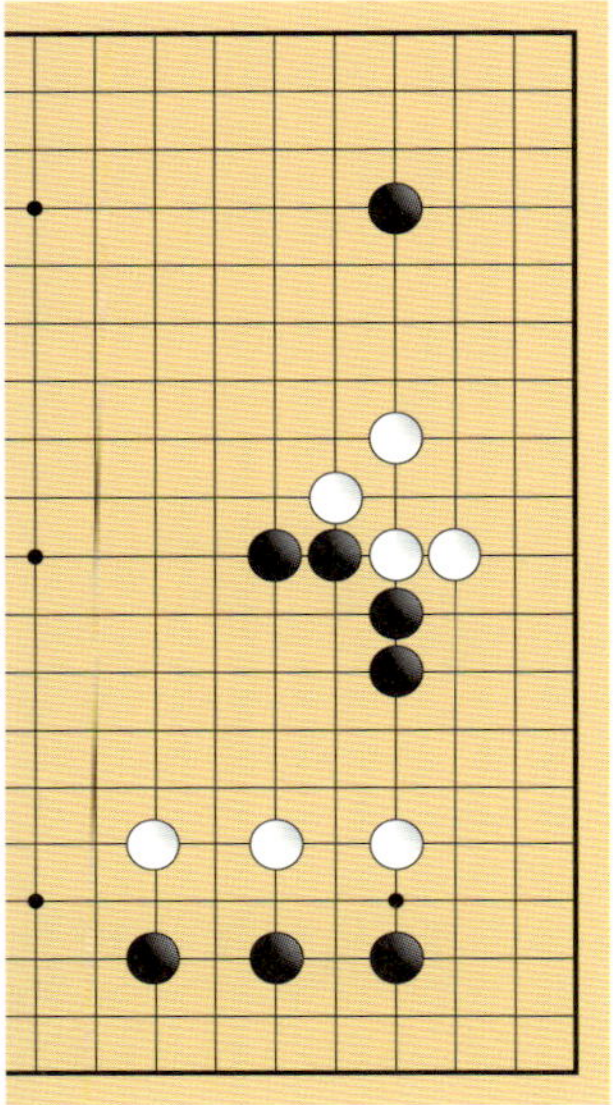

【図《ず》2】

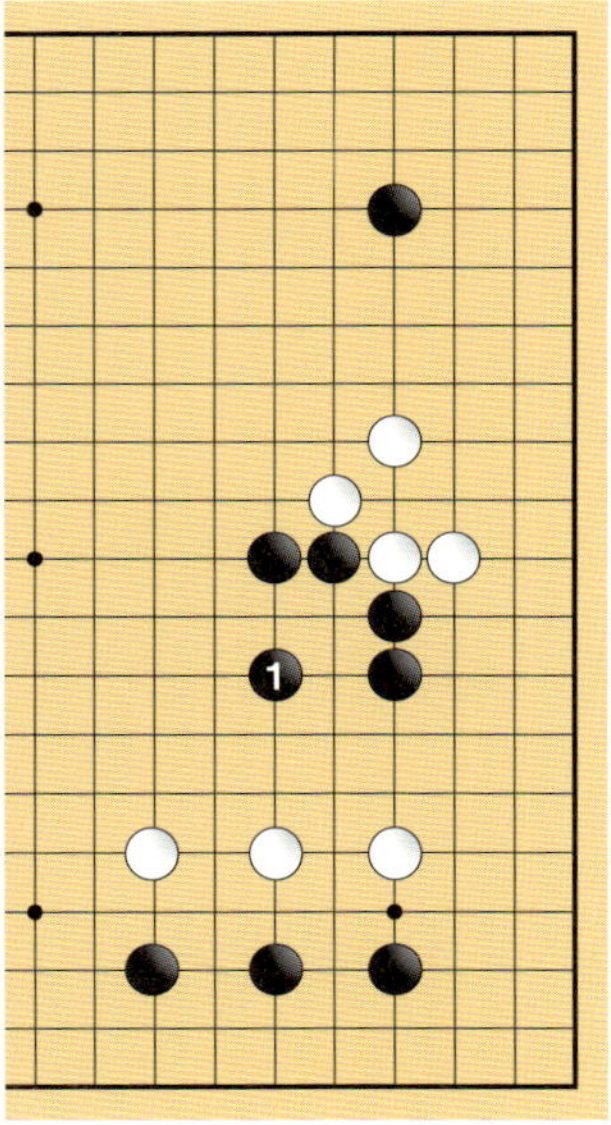

【図《ず》3】

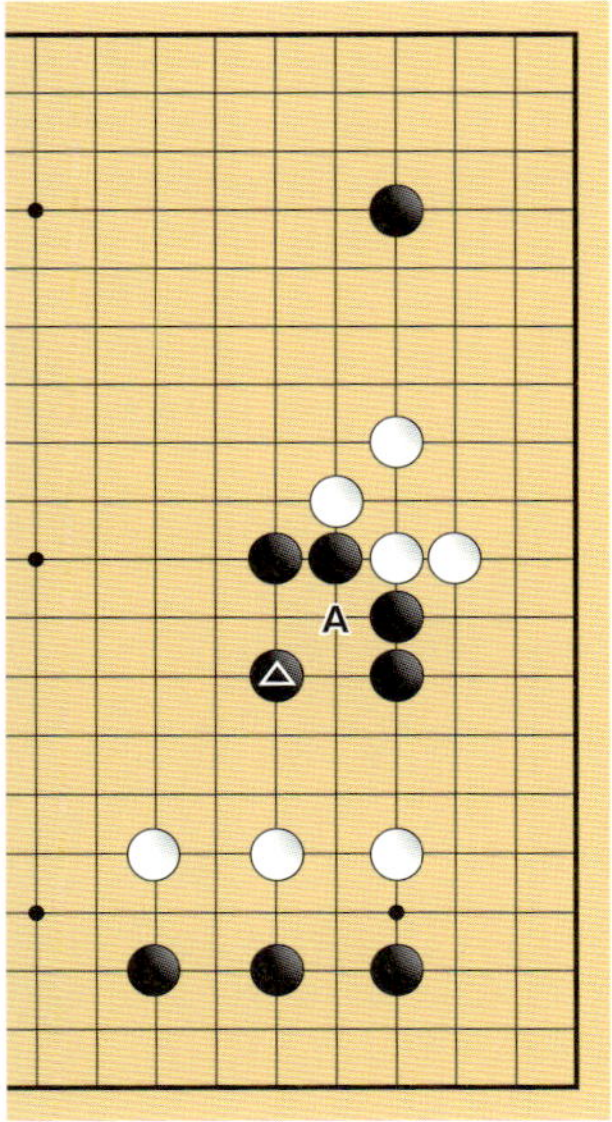

【図《ず》4】　図《ず》1では、逆《ぎゃく》に白番《しろばん》でも①が急所《きゅうしょ》になります。黒《くろ》の断点《だんてん》を「次《つぎ》に切《き》るぞ」といっています。
　これでいっぺんに黒《くろ》の形《かたち》は崩《くず》れました。

【図《ず》5】　黒《くろ》が❷と断点《だんてん》をつなぐと、空《あ》き三角《さんかく》がふたつもできて、とても働《はたら》きの悪《わる》い形《かたち》になります。
　黒《くろ》は根拠《こんきょ》もなく、眼《め》ができそうにない形《かたち》になりました。
　こんどは右下《みぎした》の白《しろ》のほうが強《つよ》い石《いし》になっています。急所《きゅうしょ》にどちらが打《う》つかはたいへんなことなのです。

【図《ず》6】　空《あ》き三角《さんかく》を打《う》つのはひどいので、黒《くろ》としては❶などとカケツぐほうがまさります。
　しかし相変《あいか》わらず眼《め》がなく、苦《くる》しい状況《じょうきょう》に変《か》わりはありません。

【図《ず》4】

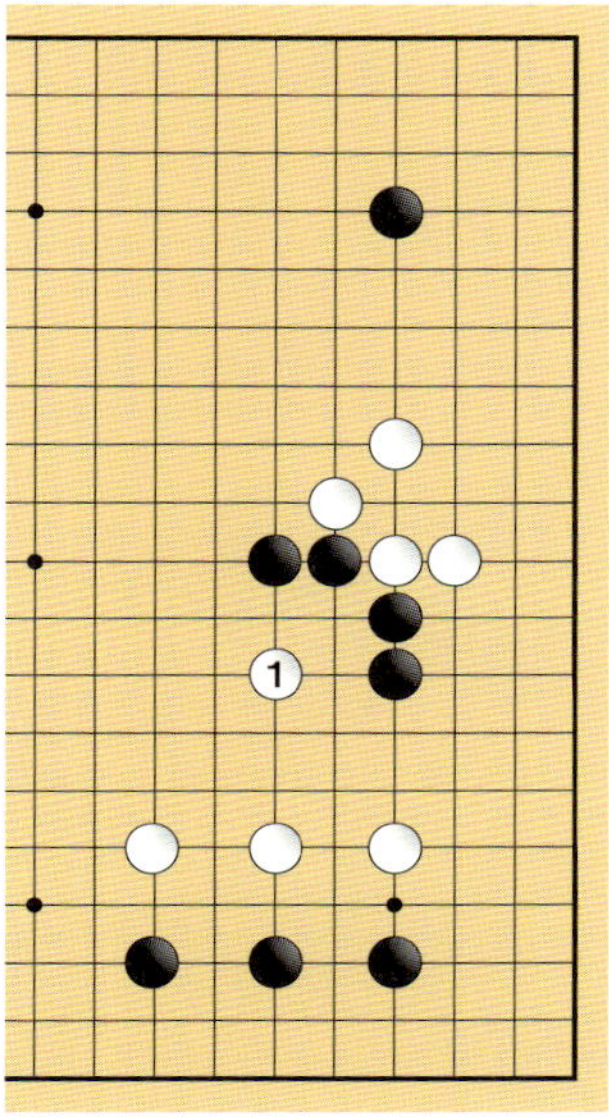

【図《ず》5】

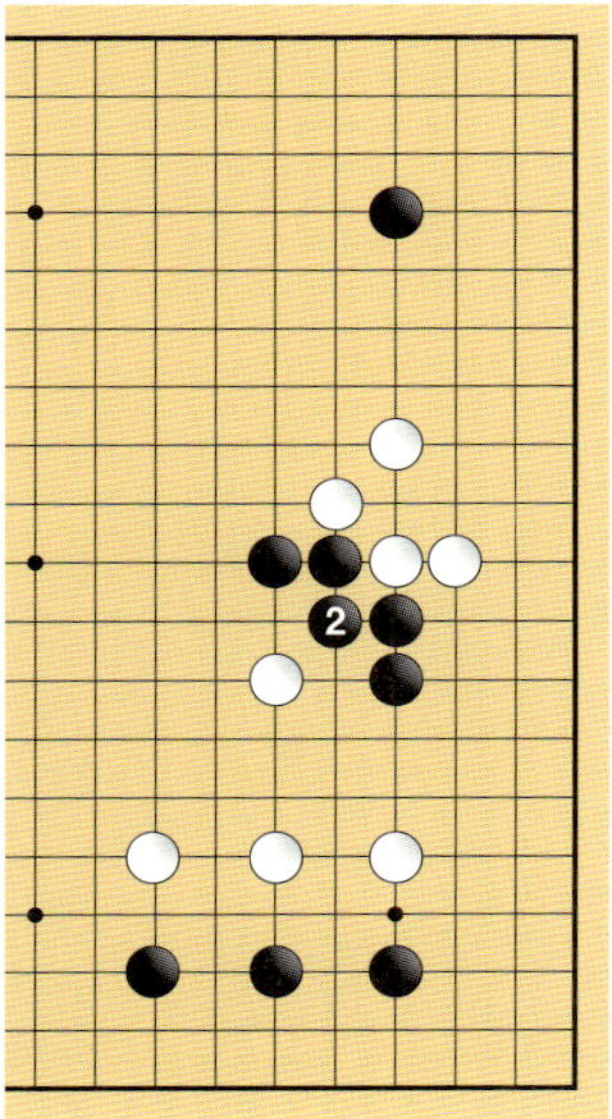

【図《ず》6】

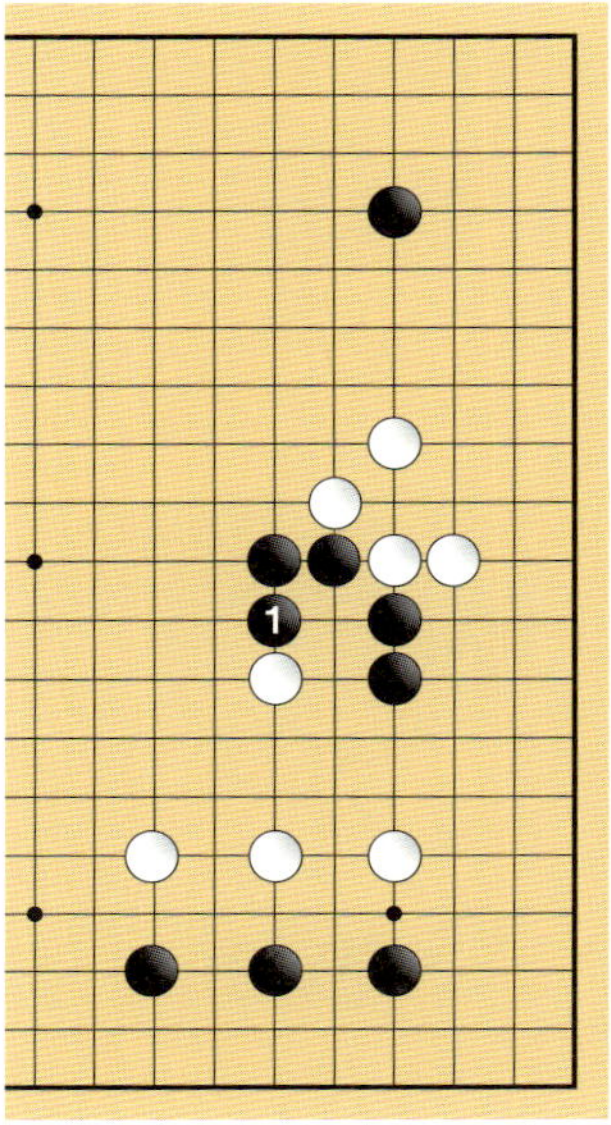

【図《ず》7】もうひとつ、代表的《だいひょうてき》な急所《きゅうしょ》を紹介《しょうかい》しましょう。黒番《くろばん》です。白《しろ》の形《かたち》を崩《くず》す急所《きゅうしょ》はどこだと思《おも》いますか。

【図《ず》8】黒《くろ》❶が急所《きゅうしょ》です。△3子《し》の真《ま》ん中《なか》から一間《いっけん》あけた場所《ばしょ》で、「三目《さんもく》の真《ま》ん中《なか》」と呼《よ》ばれる急所《きゅうしょ》です。

【図《ず》9】白《しろ》が②とカケツげば、黒《くろ》は❸と切《き》ります。次《つぎ》に黒《くろ》に4のところに打《う》たれると、ウッテガエシで取《と》られるので、白《しろ》は④とつなぎます。黒《くろ》❺で白《しろ》の分断《ぶんだん》に成功《せいこう》しました。

【図《ず》10】前図《ぜんず》、白《しろ》④で①と打《う》つと、黒《くろ》❷でウッテガエシで取《と》られます。

【図《ず》7】

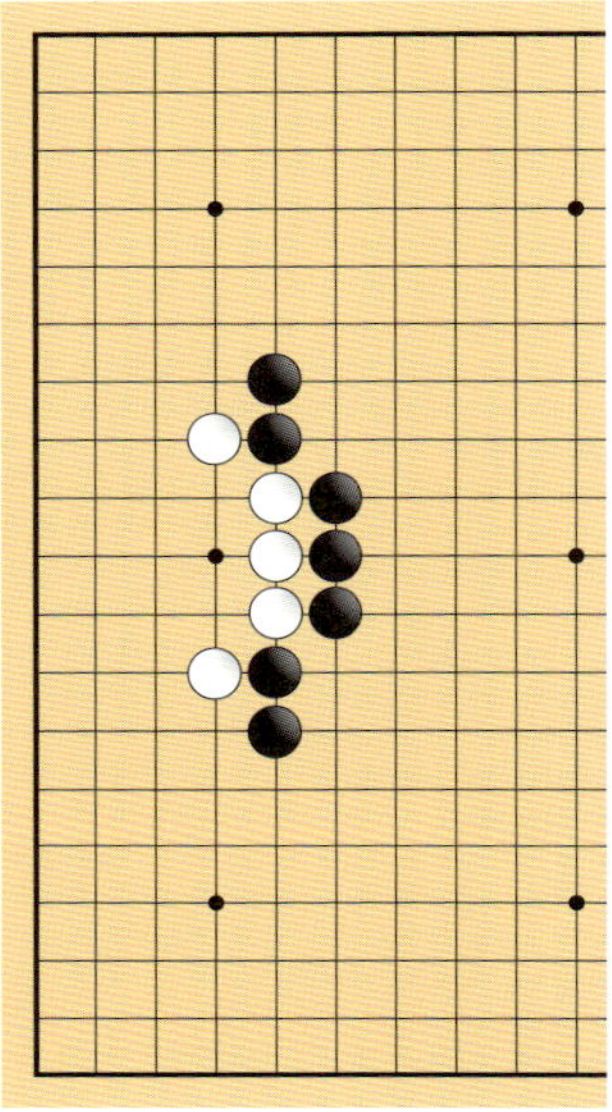

【図《ず》8】

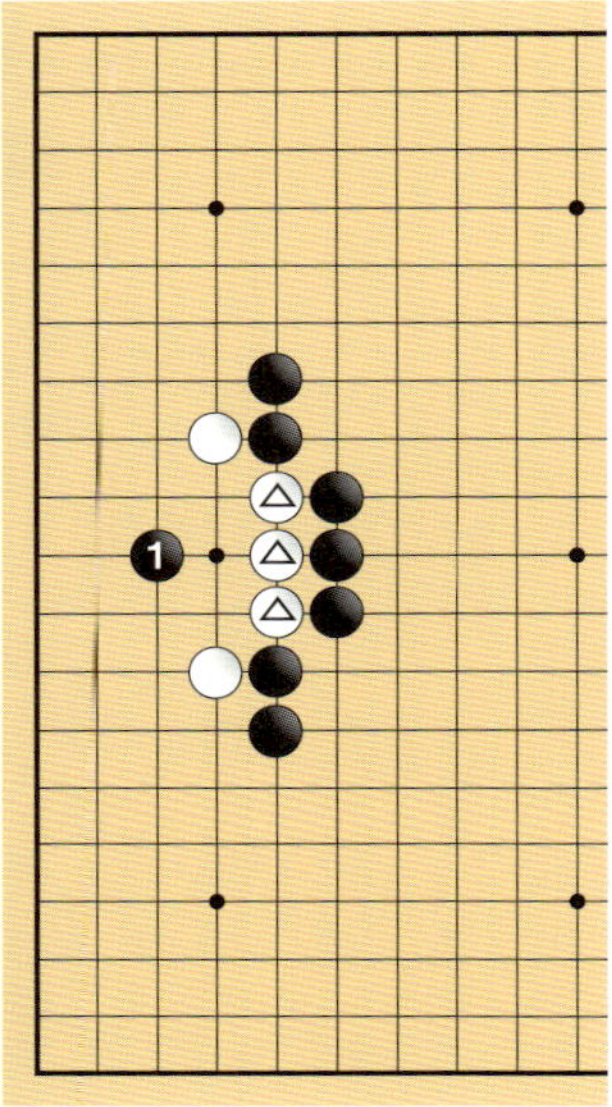

【図《ず》9】

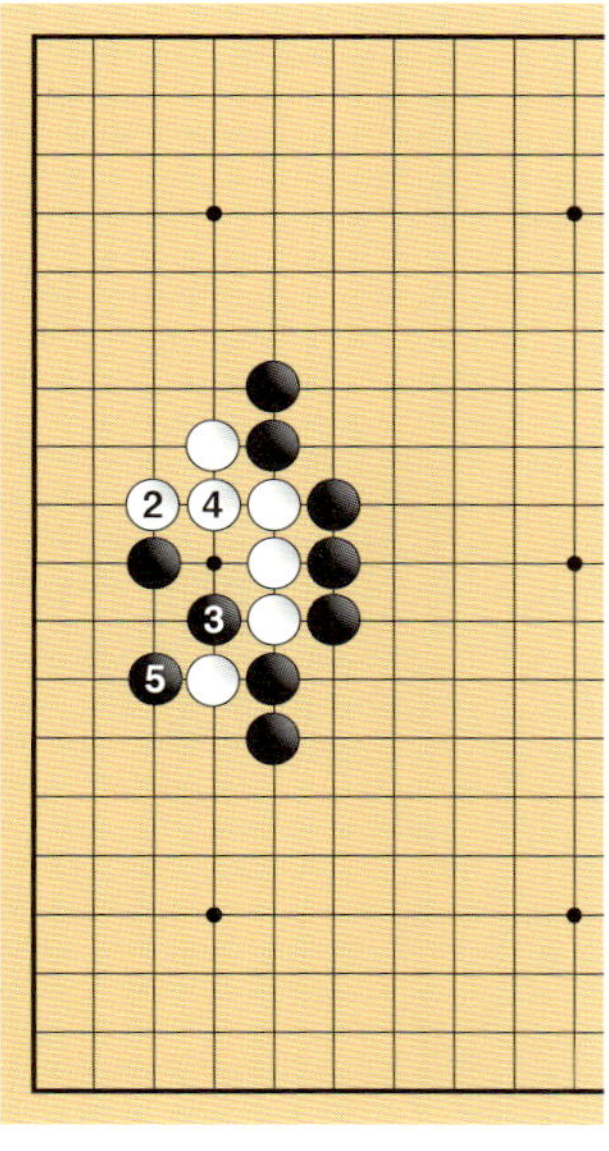

【図《ず》10】

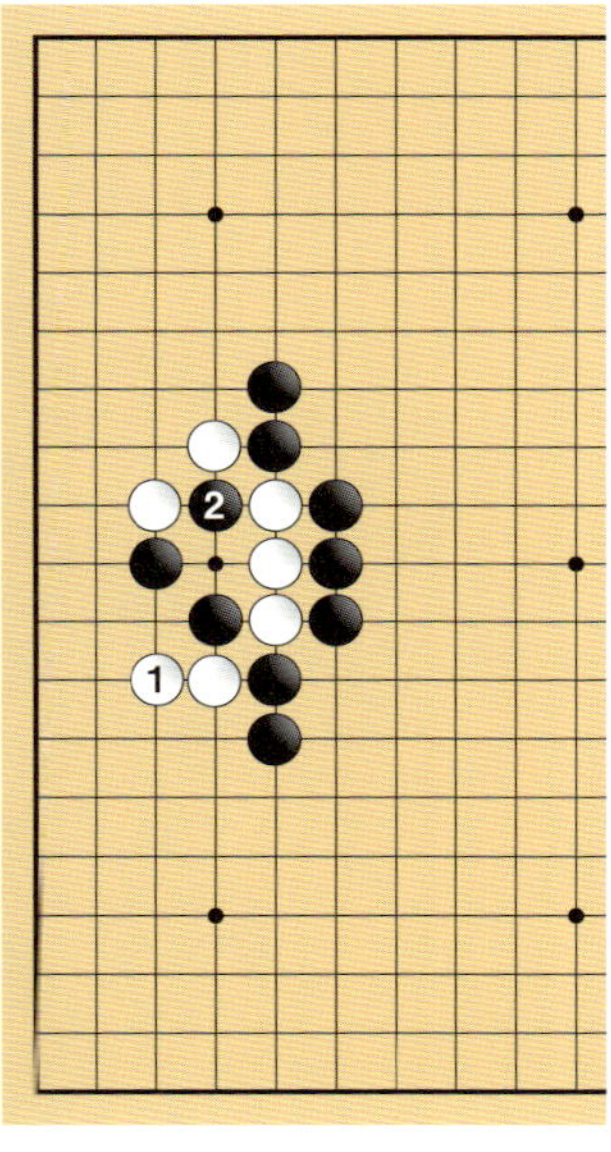

【図《ず》11】 図《ず》8から、白《しろ》①のほうをカケツいでも、黒《くろ》❷に切《き》られます。白《しろ》③とアテても黒《くろ》❹で白《しろ》⑤とツガなければならず、黒《くろ》❻と逃《に》げられます。

やはり白《しろ》は分断《ぶんだん》されてしまいました。

【図《ず》12】 白《しろ》①ならふたつの断点《だんてん》をいっぺんに防《ふせ》いでいますが、黒《くろ》❷とノゾかれます。

白《しろ》は切《き》られないように③とツグことになります。さらに黒《くろ》は❹とノゾいて、白《しろ》⑤とツガせます。白《しろ》の形《かたち》はかたまりになって、地《じ》どころか眼《め》もありません。

こんな働《はたら》きのない形《かたち》になってはいけません。

【図《ず》11】

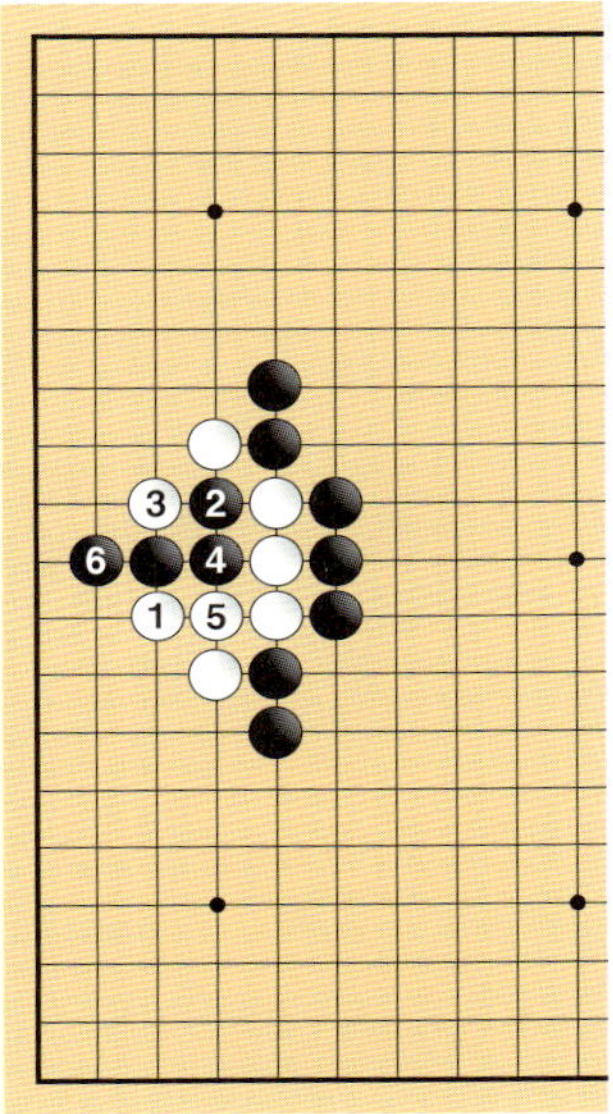

【図《ず》13】 図《ず》8の黒《くろ》❶と同《おな》じように、白番《しろばん》なら①と「三目《さんもく》の真《ま》ん中《なか》」と呼《よ》ばれる急所《きゅうしょ》に打《う》って守《まも》っておくことが大切《たいせつ》です。これなら眼《め》も作《つく》りやすく、立派《りっぱ》な形《かたち》といえます。

いい形《かたち》の感《かん》じをつかんでください。

【図《ず》12】

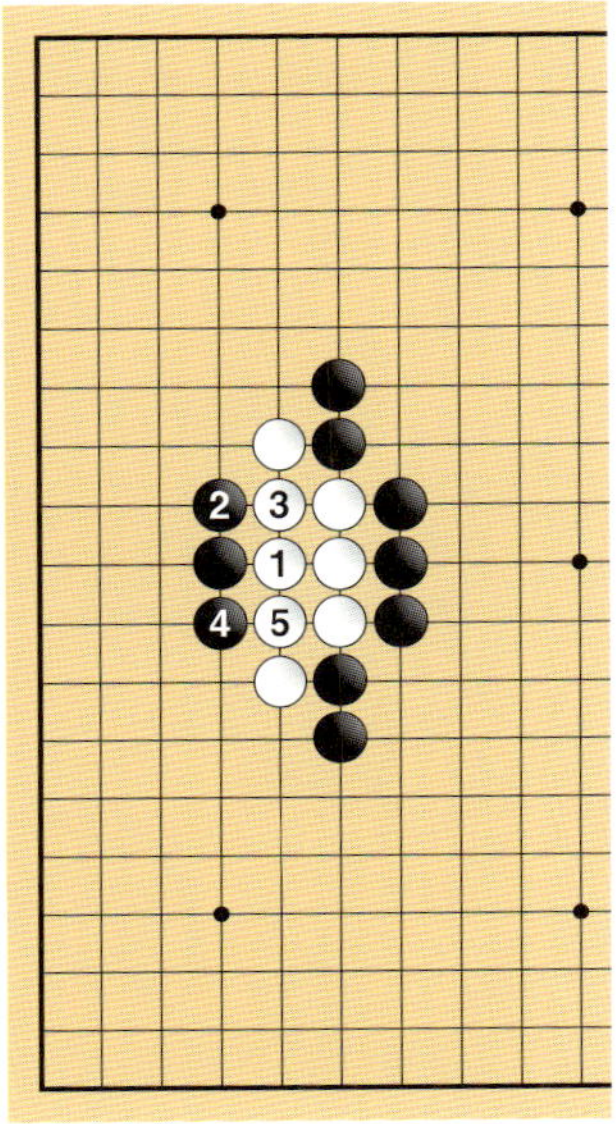

【図《ず》13】

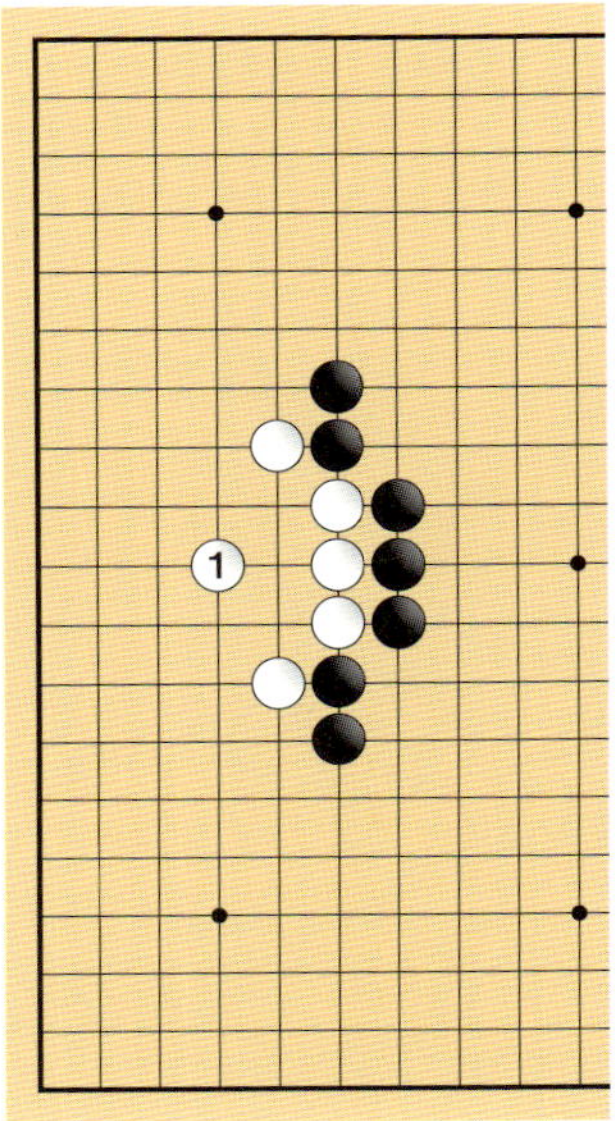

【図《ず》14】「三目《さんもく》の真《ま》ん中《なか》」の急所《きゅうしょ》に関《かん》する類題《るいだい》です。白《しろ》が①と打《う》ちました。黒番《くろばん》です。急所《きゅうしょ》を見《み》つけて、白《しろ》の形《かたち》を崩《くず》してください。

【図《ず》15】黒《くろ》❶とアタリにするのでは、白《しろ》②から④と打《う》たれ、白《しろ》のほうが先《さき》に頭《あたま》を出《だ》してしまい、黒《くろ》はよくありません。

【図《ず》16】黒《くろ》❶のツケが急所《きゅうしょ》です。白《しろ》が②とノビたら、黒《くろ》❸で白《しろ》2子《し》を切《き》ります。これで白《しろ》2子《し》は逃《に》げられないので、取《と》れました。【図《ず》17】白《しろ》は②とツグことになるでしょう。黒《くろ》は❸とハネて、白《しろ》より頭《あたま》を出《だ》すことができました。これが急所《きゅうしょ》に打《う》った効果《こうか》です。

【図《ず》18】それでは白《しろ》が①のほうにトンできたら、黒《くろ》はどう打《う》ちますか。

【図《ず》19】今度《こんど》は黒《くろ》❶が急所《きゅうしょ》になります。白《しろ》②には黒《くろ》❸です。これで白《しろ》を取《と》れます。急所《きゅうしょ》がどこか。感《かん》じがつかめてきましたか。

【図《ず》14】
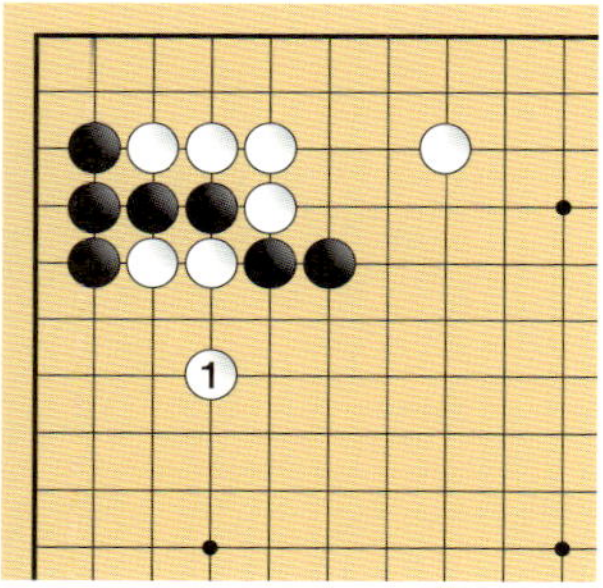

【図《ず》15】
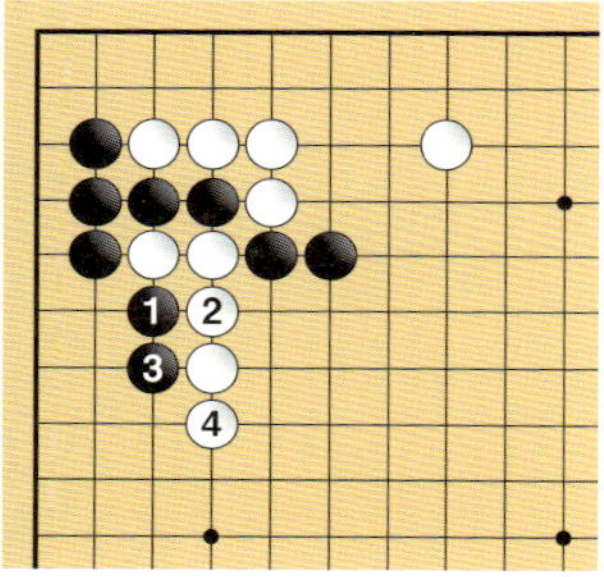

【図《ず》16】
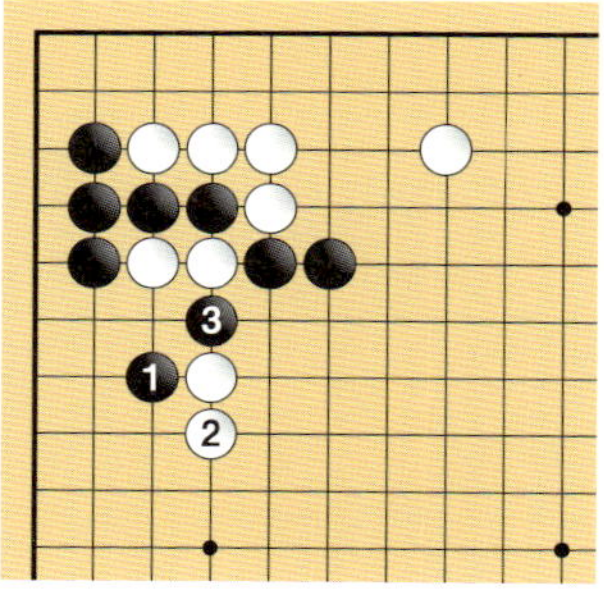

【図《ず》18】
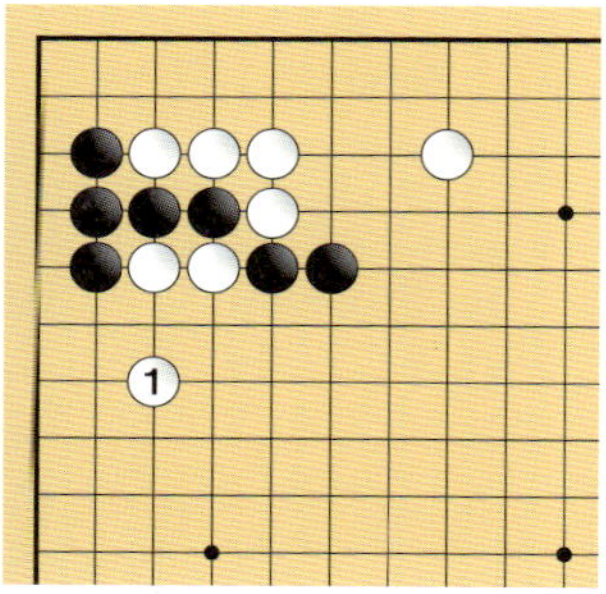

【図《ず》17】
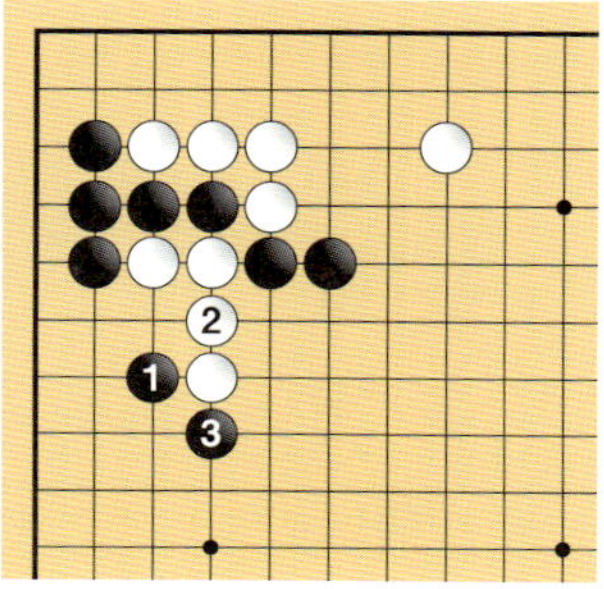

【図《ず》19】
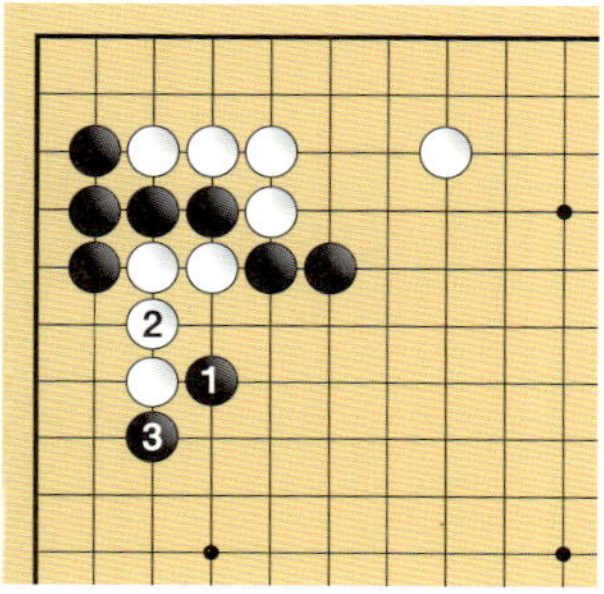

さあ、練習問題《れんしゅうもんだい》で試《ため》してみよう！

練習問題《れんしゅうもんだい》1

白番《しろばん》です。黒《くろ》が❶と打《う》ってきました。形《かたち》よく受《う》けるには、どう打《う》ったらいいですか。

【練習問題《れんしゅうもんだい》1】答《こた》えは次《つぎ》のページ

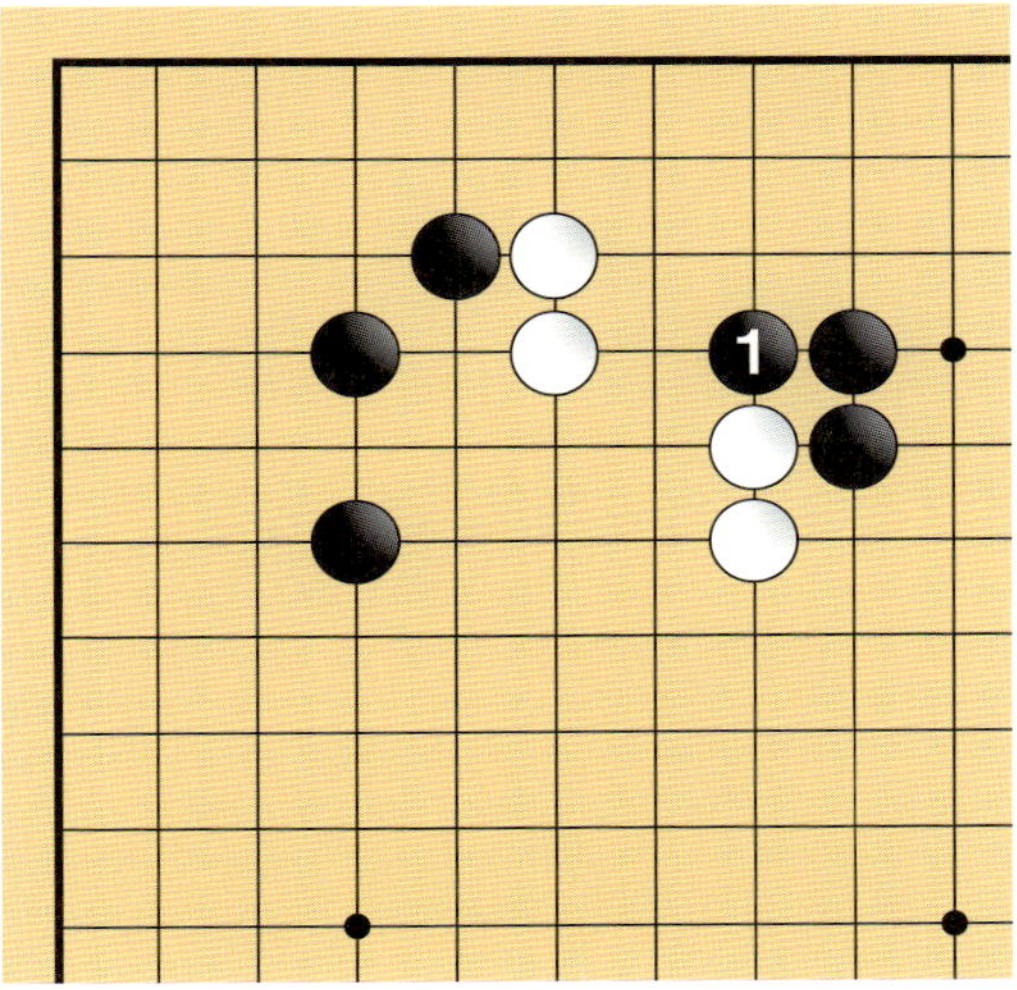

練習問題《れんしゅうもんだい》2

黒番《くろばん》です。
白《しろ》の形《かたち》を崩《くず》すには、どこに打《う》ったらいいでしょうか。
「3目《もく》の真《ま》ん中《なか》の急所《きゅうしょ》」になるよう目指《めざ》してください。

【練習問題《れんしゅうもんだい》2】答《こた》えは次《つぎ》のページ

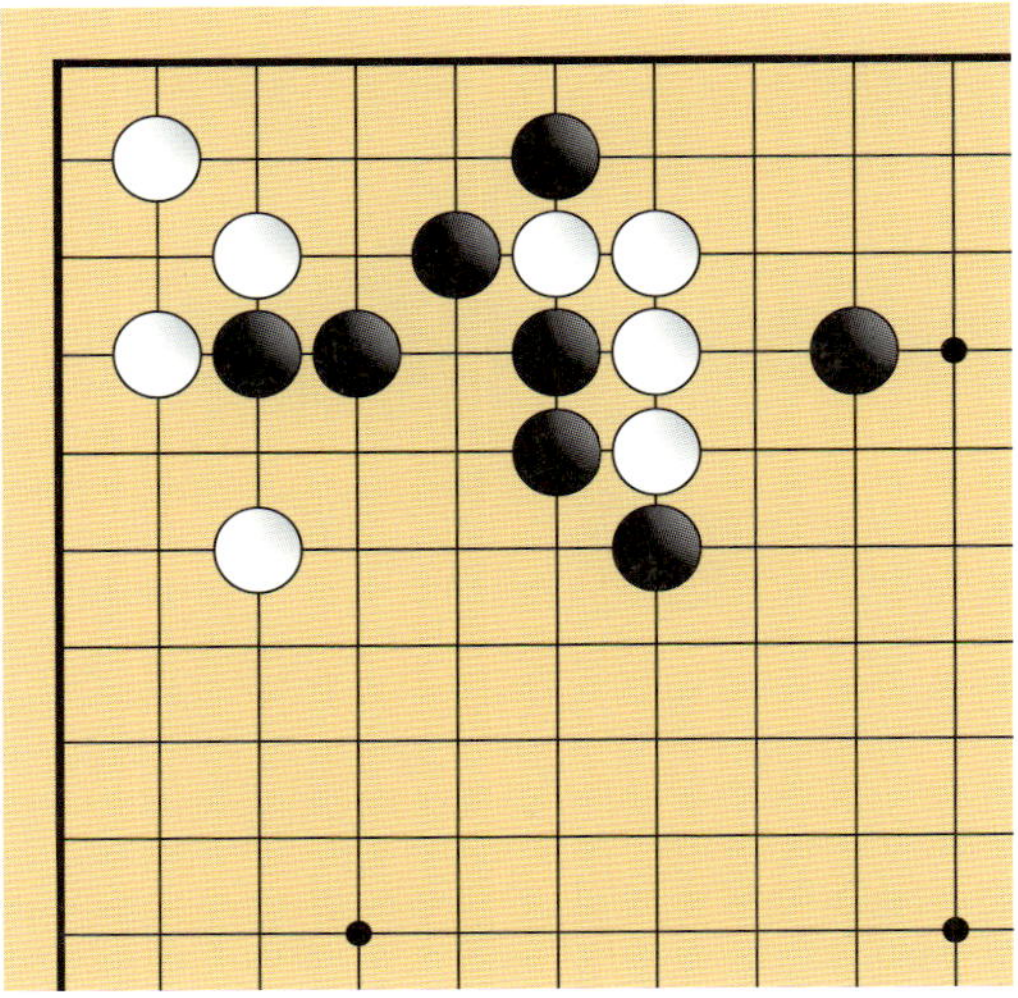

練習問題《れんしゅうもんだい》1の答《こた》え

【失敗《しっぱい》1】 白《しろ》①とオサえるのは、空《あ》き三角《さんかく》の愚形《ぐけい》。その上《うえ》、黒《くろ》❷と急所《きゅうしょ》を打《う》たれてしまい、白《しろ》の形《かたち》が崩《くず》れてしまいます。

【失敗《しっぱい》2】 白《しろ》①と打《う》っても、黒《くろ》❷で白《しろ》③と空《あ》き三角《さんかく》でつながらなければならなく、形《かたち》が悪《わる》くなります。

【正解《せいかい》】 白《しろ》①が急所《きゅうしょ》で逃《のが》せません。

【失敗《しっぱい》1】

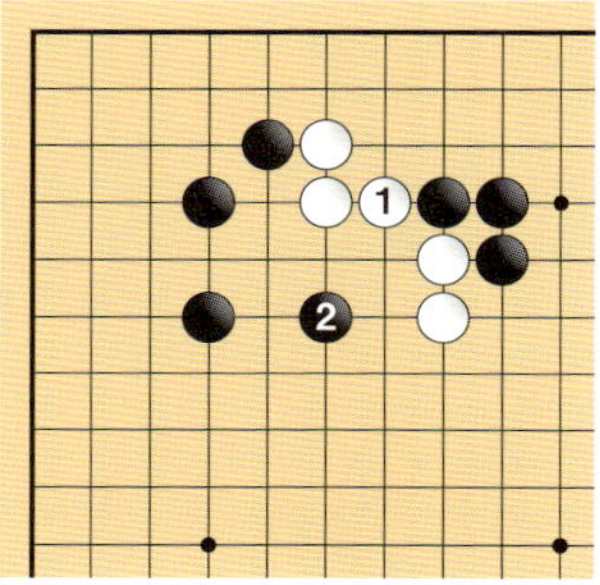

【失敗《しっぱい》2】

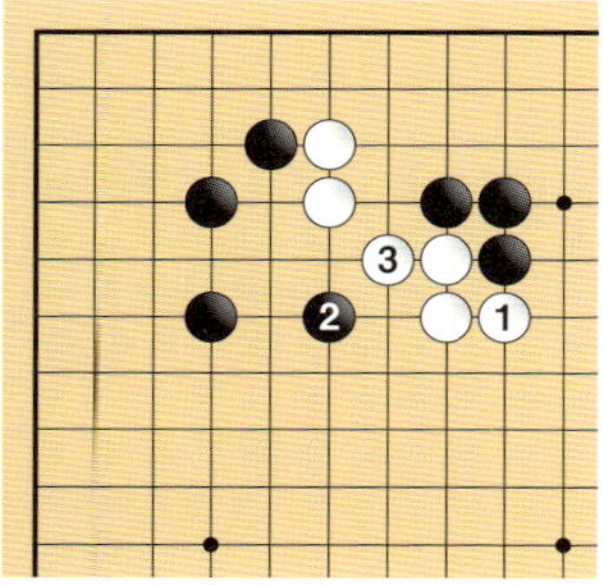

【正解《せいかい》】

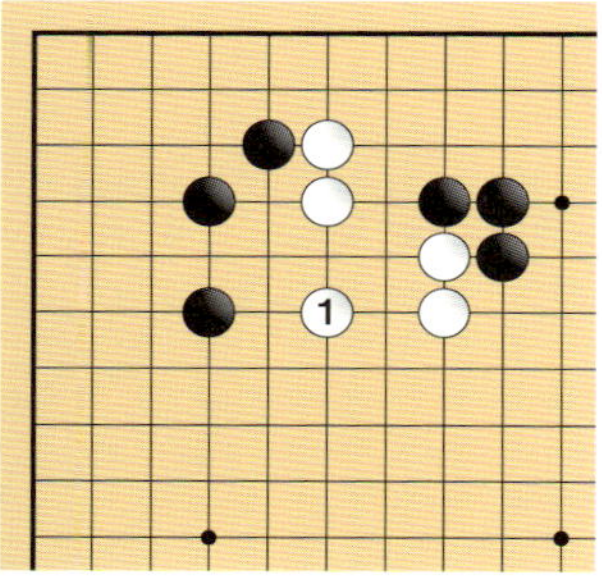

練習問題《れんしゅうもんだい》2の答《こた》え

【正解《せいかい》】 黒《くろ》❶とハッて白《しろ》のダメを詰《つ》めると、△がちょうど「3目《もく》の真《ま》ん中《なか》の急所《きゅうしょ》」になります。

こうなると白《しろ》はダメ詰《つ》まりで苦《くる》しく、逃《に》げにくくなります。

【正解続《せいかいつづ》き】 たとえば白《しろ》②だと黒《くろ》❸と割《わ》り込《こ》みがあります。

白《しろ》④には黒《くろ》❺でウッテガエシで取《と》ることができました。白《しろ》は黒《くろ》❸の石《いし》を取《と》っても、だめなことはわかりますか。

【正解《せいかい》】

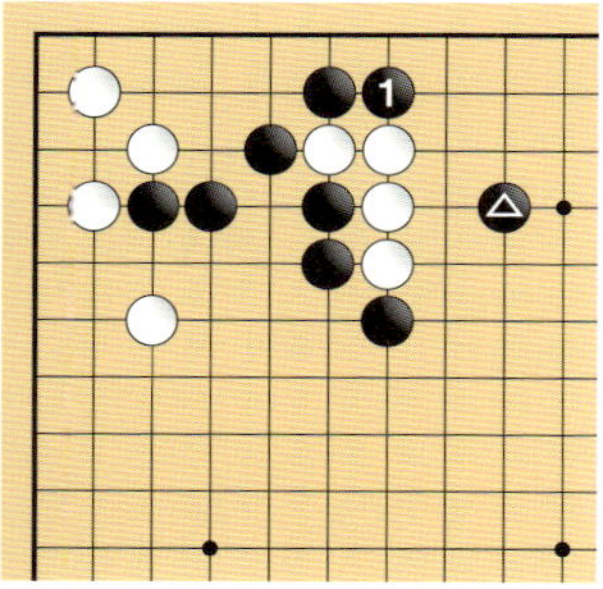

【正解続《せいかいつづ》き】

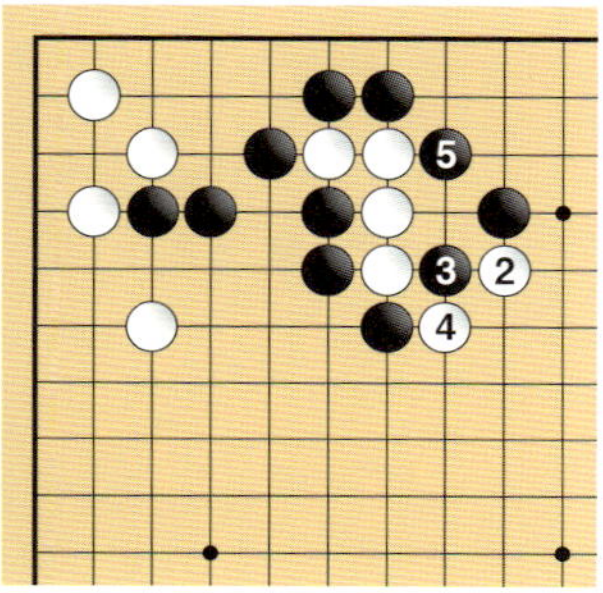

第《だい》五《ご》章《しょう》

基《き》本《ほん》の定石《じょうせき》・布石《ふせき》

定石《じょうせき》と布石《ふせき》

「定石《じょうせき》」という言葉《ことば》を知《し》っていますか。

一般《いっぱん》には、最善《さいぜん》と考えられている方法《ほうほう》や手順《てじゅん》のことをいいますが、これは囲碁《いご》が語源《ごげん》の言葉《ことば》です。

囲碁《いご》で「定石《じょうせき》」といえば、長年《ながねん》の研究《けんきゅう》によってできた手順《てじゅん》で、主《おも》に隅《すみ》の変化《へんか》に対《たい》して使《つか》われます。定石《じょうせき》は部分的《ぶぶんてき》には互角《ごかく》ですが、全局《ぜんきょく》の石《いし》の状況《じょうきょう》によっては、良《よ》くも悪《わる》くもなります。

対局《たいきょく》が始《はじ》まるとだいたい30~40手《て》くらいまでを序盤《じょばん》、そのあとを中盤《ちゅうばん》、終《お》わりに近《ちか》づくと終盤《しゅうばん》といいます。

序盤《じょばん》のことを「布石《ふせき》」と呼《よ》びます。

中盤《ちゅうばん》では、戦《たたか》いや競《せ》り合《あ》いが起《お》きます。

終盤《しゅうばん》のことを「ヨセ」と呼《よ》びます。

ここでは布石《ふせき》の部分《ぶぶん》の打《う》ち方《かた》について、お話《はな》ししようと思《おも》います。

布石《ふせき》の段階《だんかい》では、定石《じょうせき》がよく出《で》てきます。

よく出《で》てくる基本《きほん》の定石《じょうせき》も身《み》につけておくと、迷《まよ》わず楽《らく》に対局《たいきょく》できます。

定石《じょうせき》は布石《ふせき》の進行《しんこう》の中《なか》で身《み》につけていくものなので、定石《じょうせき》と布石《ふせき》はセットで学《まな》んでいきましょう。

囲碁《いご》はどこに打《う》ってもいいのですが、長年《ながねん》、多《おお》くの棋士《きし》に愛用《あいよう》されている布石《ふせき》の「型《かた》」がいくつかあります。

布石《ふせき》は、黒《くろ》が先《さき》に打《う》ちますので黒《くろ》が主導権《しゅどうけん》を握《にぎ》ることができます。布石《ふせき》の「型《かた》」とは、主《おも》に黒《くろ》の「型《かた》」のことをいいます。

基本的《きほんてき》な布石《ふせき》の模範《もはん》を紹介《しょうかい》しますので、まずはいろいろ試《ため》してみて、自分《じぶん》に合《あ》ったものを見《み》つけてください。

初心者《しょしんしゃ》のうちは、気《き》に入《い》ったパターンの布石《ふせき》を打《う》ち続《つづ》けるのがわかりやすいと思《おも》います。

模範《もはん》の布石《ふせき》を並《なら》べて、碁《ご》の流《なが》れをつかみましょう。

まずはいい碁《ご》をマネることが大事《だいじ》です。

1 星《ほし》とシマリの布石《ふせき》

第《だい》1譜《ぶ》 隅《すみ》から打《う》とう

打《う》ち始《はじ》めは、「隅《すみ》」→「シマリ」「カカリ」→「辺《へん》」と展開《てんかい》していくのがふつうです。

図《ず》1では3カ所《しょ》で黒地《くろじ》ができています。

【第《だい》1譜《ぶ》】

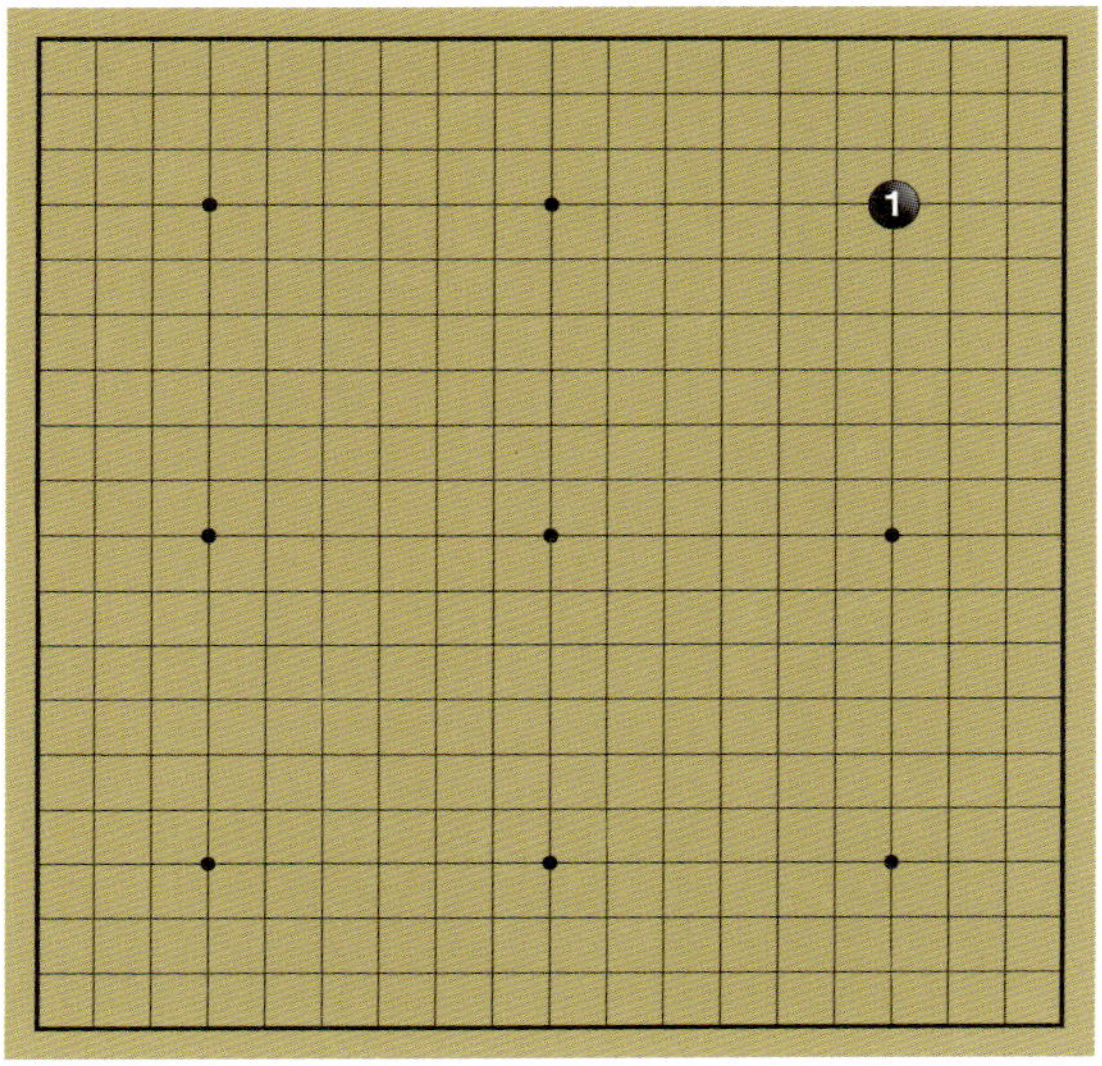

どれも15目《もく》の地《じ》ですが、使《つか》っている黒石《くろいし》の数《かず》が違《ちが》います。Aは8子《し》、Bは11子《し》、Cは16子《し》ですので、Aの隅《すみ》が効率《こうりつ》よく地《じ》を囲《かこ》えるということなのです。効率《こうりつ》よく地《じ》にできる順《じゅん》で、隅《すみ》→辺《へん》と展開《てんかい》していくのが基本《きほん》なのです。

一手目《いってめ》は黒❶などと、右上《みぎうえ》に打《う》つのがマナーとされています。

【図《ず》1】

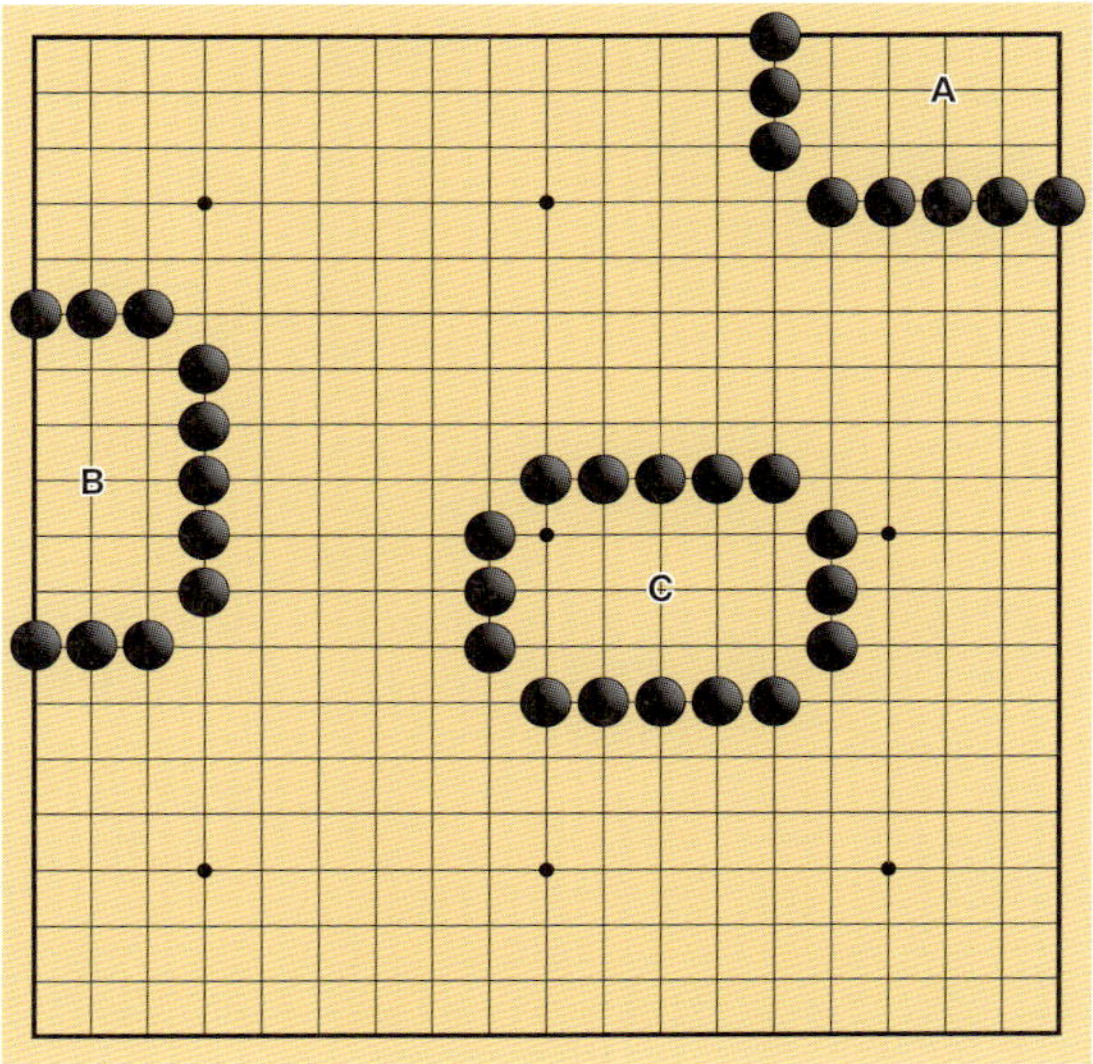

第《だい》2譜《ふ》　隅《すみ》の手《て》の名前《なまえ》

白《しろ》②も④も星《ほし》です。白《しろ》は星《ほし》がふたつですので、「二連星《にれんせい》」の布陣《ふじん》です。黒《くろ》❸は「小目《こもく》」といいます。第《だい》3線《せん》と第《だい》4線《せん》の交《まじ》わったところが小目《こもく》です。図《ず》2も小目《こもく》。図《ず》3は第《だい》3線《せん》と第《だい》3線《せん》が交《まじ》わったところなので、「三々《さんさん》」です。

【第《だい》2譜《ふ》】

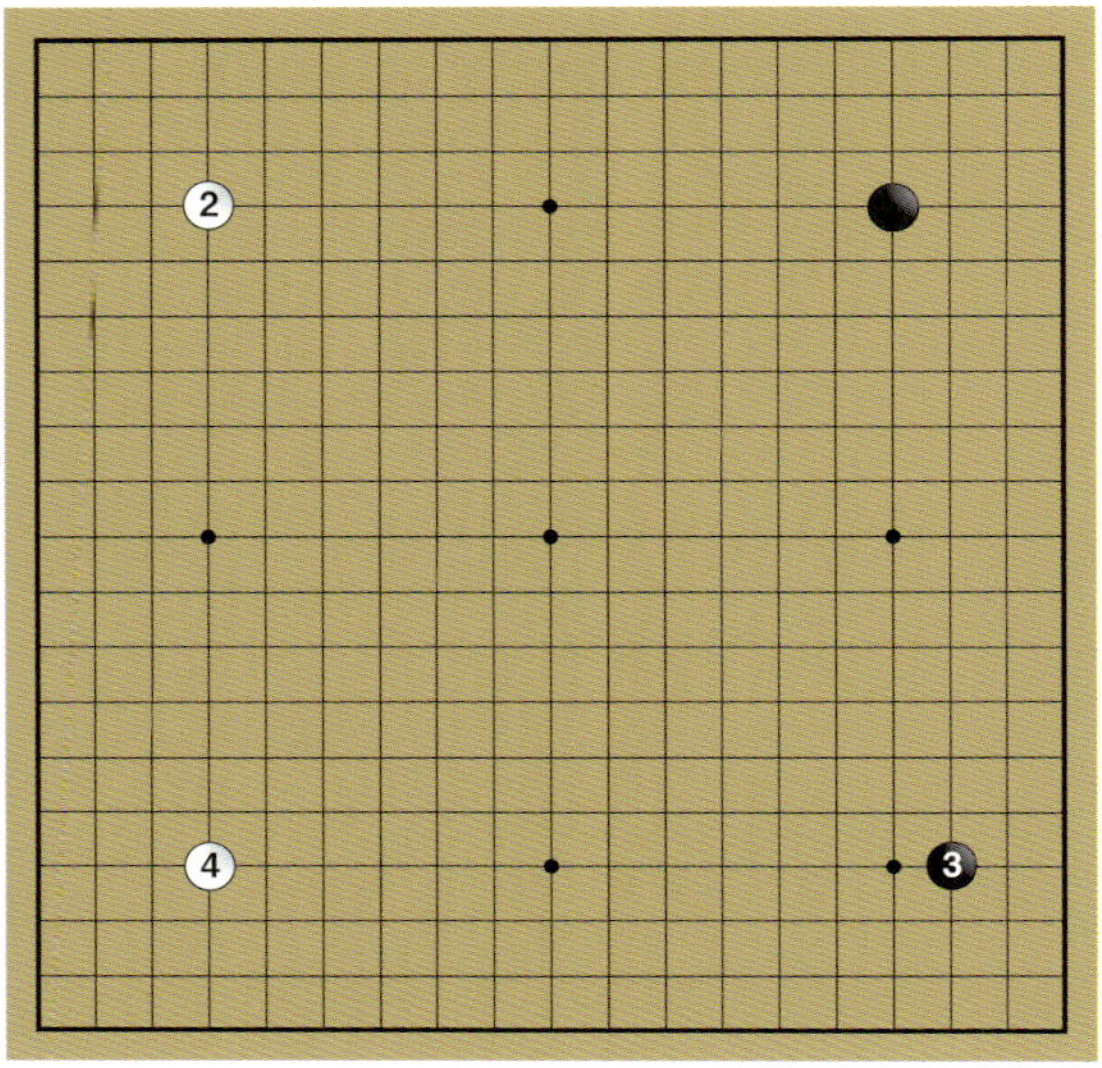

図《ず》4は「高目《たかもく》」。第《だい》4線《せん》と第《だい》5線《せん》が交《まじ》わったところで、aでも高目《たかもく》です。図《ず》5は「目外《もくはず》し」です。第《だい》5線《せん》と第《だい》3線《せん》が交《まじ》わったところで、aも目外《もくはず》し。隅《すみ》を打《う》つときはこれらの中《なか》から選《えら》ぶのがふつうです。

【図《ず》2】

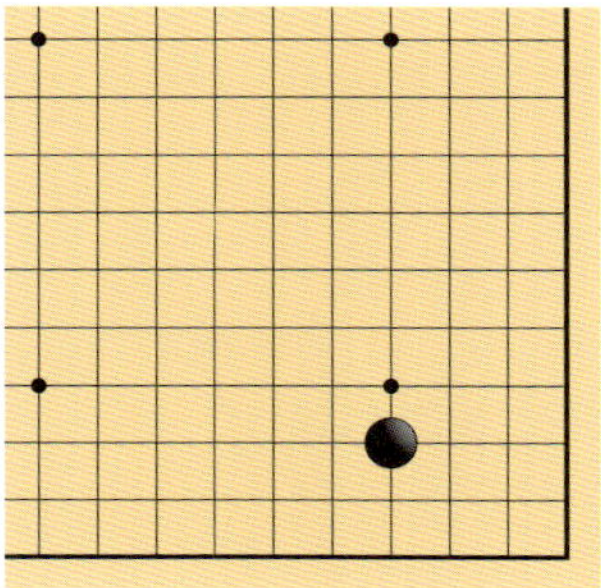

【図《ず》4】

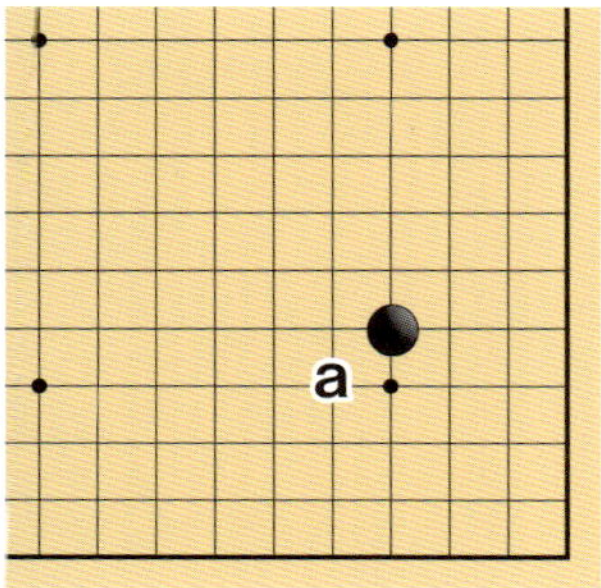

【図《ず》3】

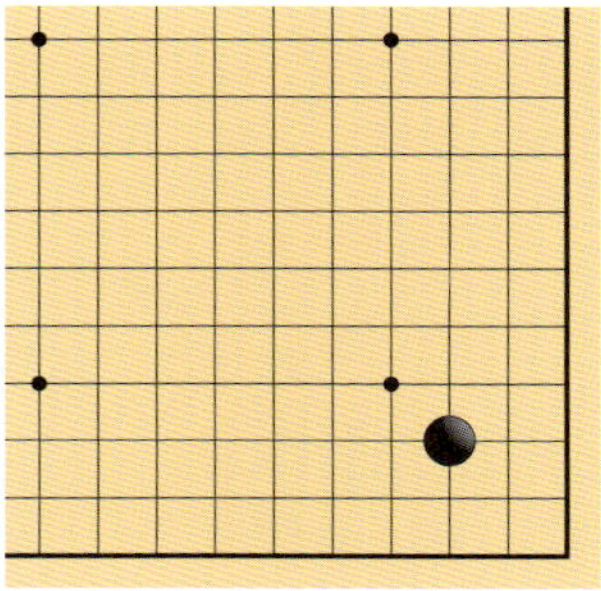

【図《ず》5】

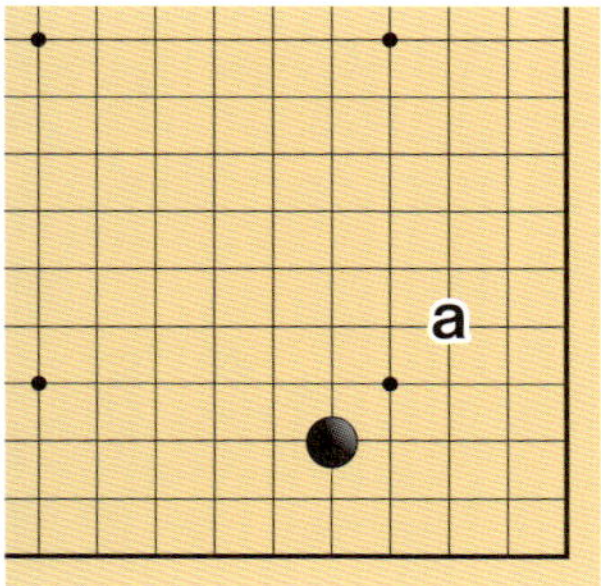

第《だい》3譜《ぶ》 シマリとは

黒《くろ》❺を「シマリ」といいます。小目《こもく》からケイマに打《う》って、隅《すみ》の地《じ》を確保《かくほ》しようという構《かま》えです。星《ほし》の印《しるし》をはさんで、目外《もくはず》しの位置《いち》のケイマに打《う》つのが、シマリです。

ここまで、黒《くろ》❶が星《ほし》で、黒《くろ》❸が小目《こもく》、黒《くろ》❺でシマリを打《う》ったので、「星《ほし》とシマリ」の布石《ふせき》です。星《ほし》と小目《こもく》の布石《ふせき》は、勢力《せいりょく》と実利《じつり》の両方《りょうほう》をかねそなえたバランスのいい布陣《ふじん》といえます。シマリには他《ほか》の打《う》ち方《かた》もあります。図《ず》6は大《だい》ゲイマジマリ、図《ず》7は一間《いっけん》ジマリです。シマリは必《かなら》ず星《ほし》をはさんで打《う》ちます。小目《こもく》からのシマリの中《なか》では、黒《くろ》❺の小《こ》ゲイマジマリがもっとも隅《すみ》の地《じ》が確保《かくほ》しやすい形《かたち》です。逆《ぎゃく》に図《ず》8のように白《しろ》が打《う》つのを「カカリ」といいます。

【第《だい》3譜《ぶ》】

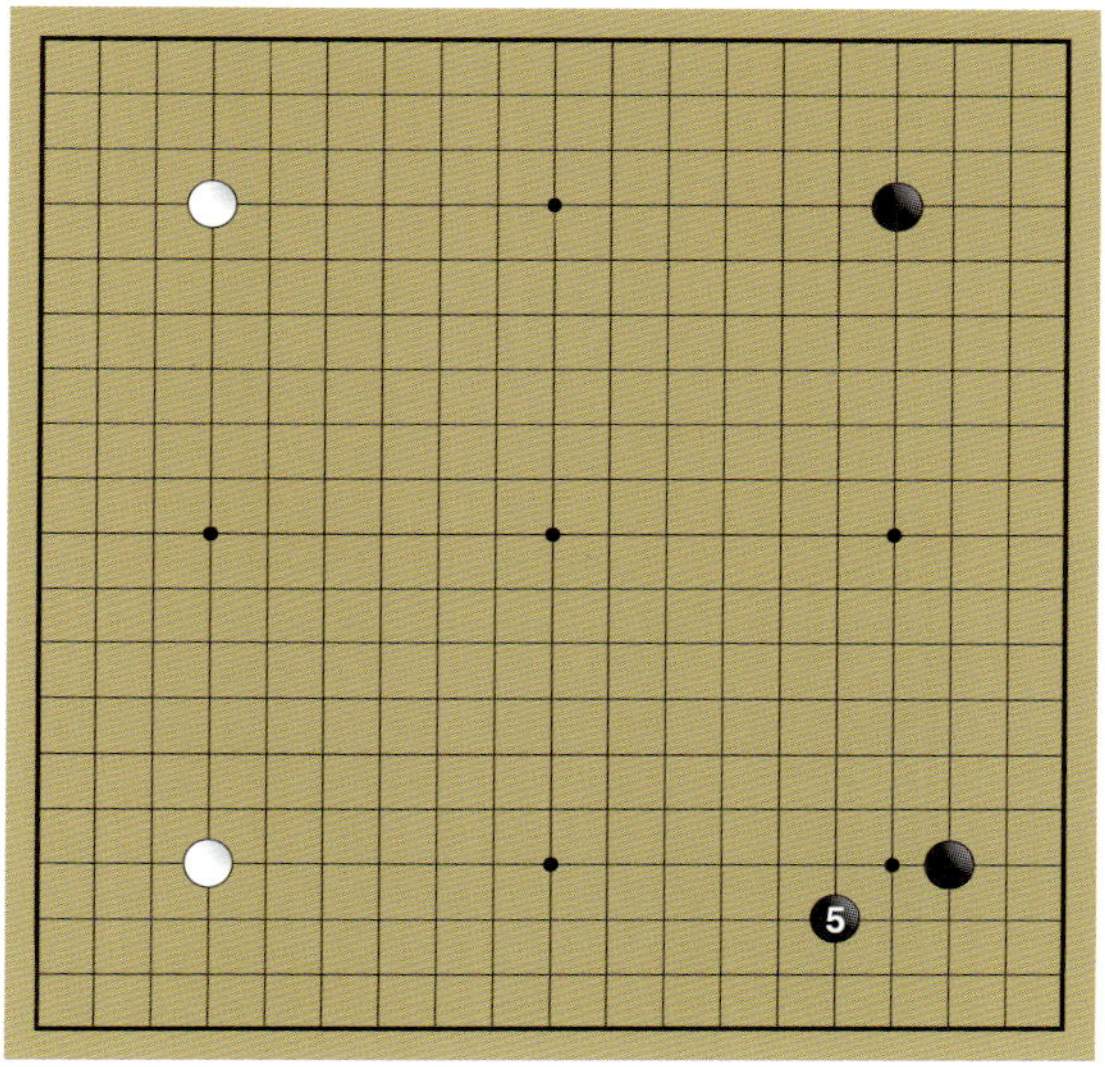

【図《ず》6】

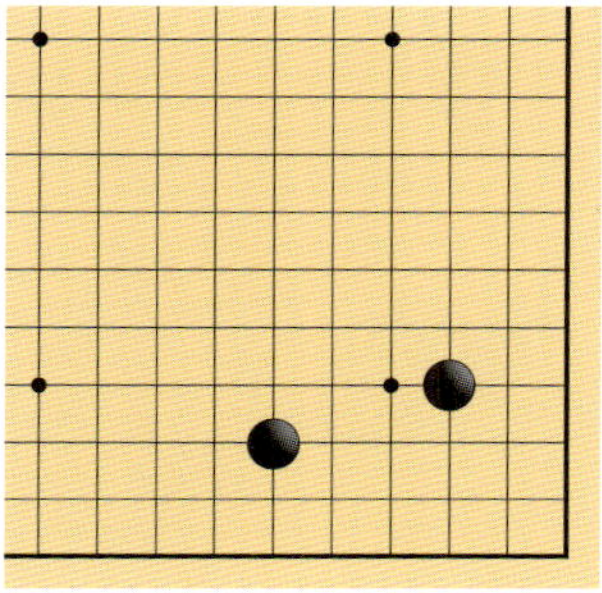

【図《ず》7】

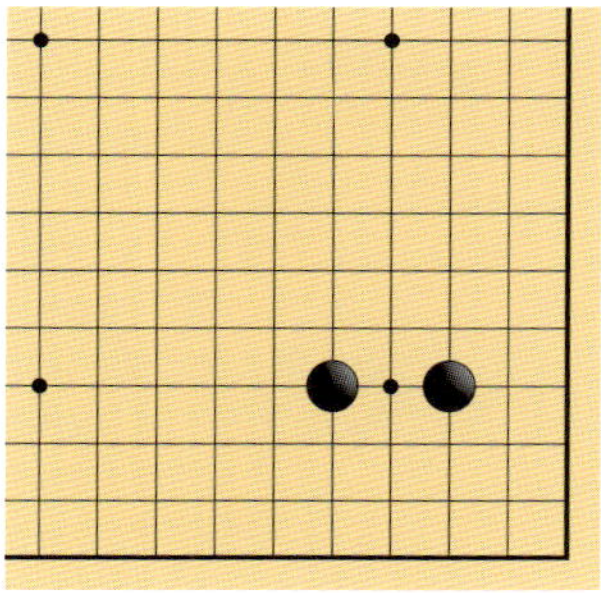

【図《ず》8】

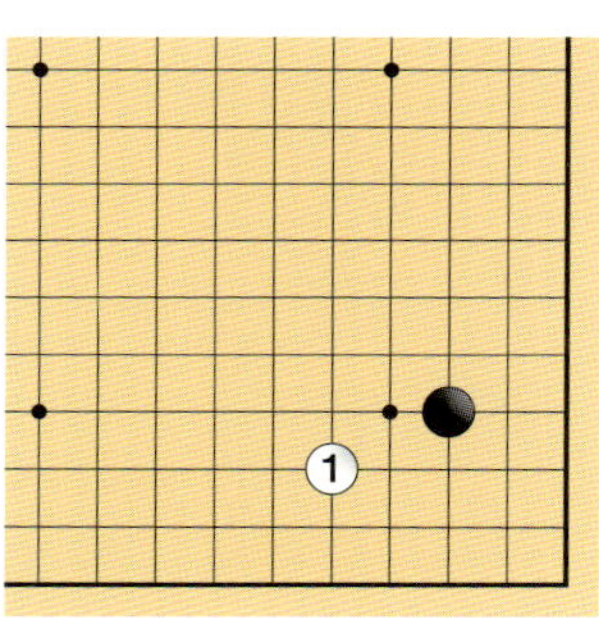

第《だい》4譜《ぶ》 割《わ》り打《う》ち

四隅《よすみ》が打《う》ち終《お》わりましたので、これからは辺《へん》に展開《てんかい》していきます。右辺《うへん》に黒《くろ》の勢力《せいりょく》があります。

白《しろ》⑥を「割《わ》り打《う》ち」といいます。

黒《くろ》が❼ときたら白《しろ》⑧と二間《にけん》ビラキができ、また図《ず》9の黒《くろ》❶からきたら白《しろ》②と、黒《くろ》がどちらから迫《せま》ってきても二間《にけん》ビラキできる手《て》を割《わ》り打《う》ちといいます。

割《わ》り打《う》ちは第《だい》3線《せん》に打《う》つのがふつうです。

第《だい》3線《せん》の二間《にけん》ビラキを打《う》つことができるので、相手《あいて》の勢力圏《せいりょくけん》で安定《あんてい》しやすいからです。

右辺《うへん》に黒《くろ》の大模様《だいもよう》を作《つく》らせないようにするには、白《しろ》⑥の割《わ》り打《う》ちです。

黒《くろ》❼を「ツメ」といいます。ツメられたら白《しろ》は⑧と二間《にけん》にヒラいて根拠《こんきょ》を作《つく》ります。

ヒラけるときにはヒラいて、地《じ》を作《つく》ることが大切《たいせつ》です。地《じ》を作《つく》ることで生《い》きやすくなるからです。

【第《だい》4譜《ぶ》】

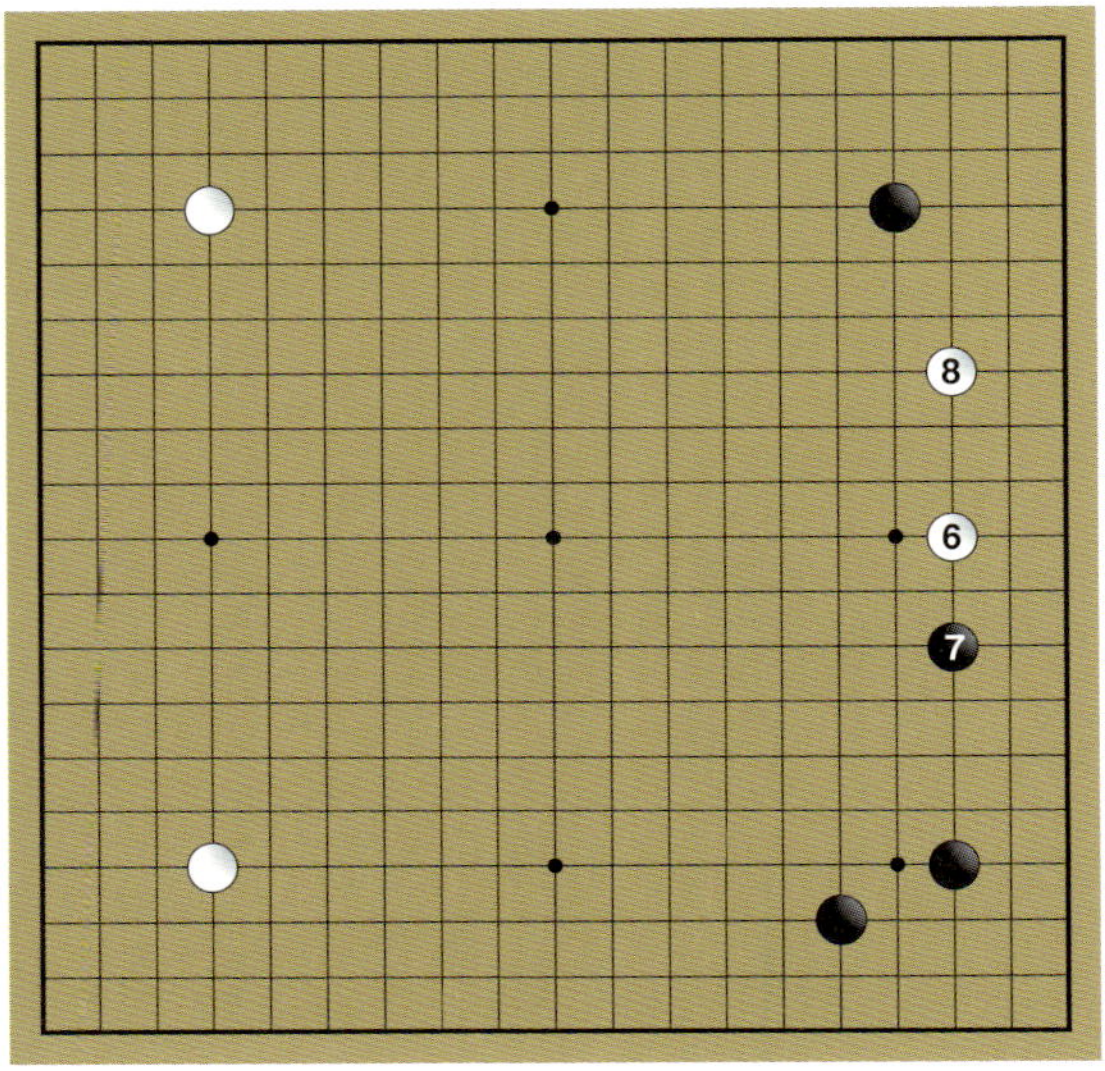

【図《ず》9】

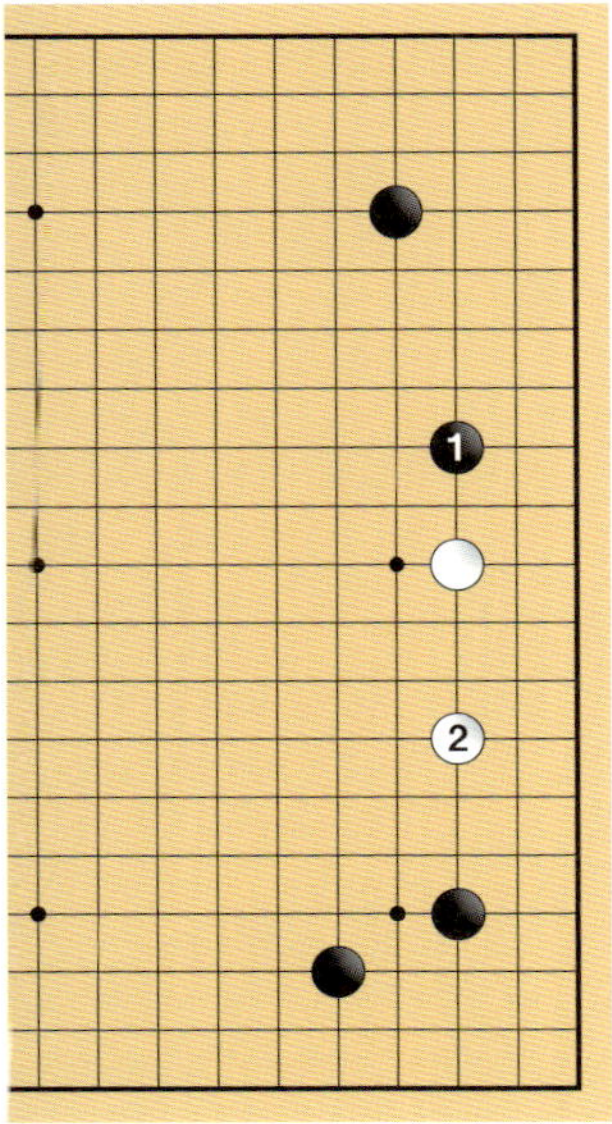

第《だい》5譜《ふ》　根拠《こんきょ》を作《つく》って治《おさ》まる

黒《くろ》❾は、これ以上白《いじょうしろ》にスペースを広《ひろ》げさせないようにしています。攻《せ》めをみているのです。

それと同時《どうじ》に、右上《みぎうえ》の地《じ》を確保《かくほ》しようともしています。

白《しろ》⑩には黒《くろ》⓫と隅《すみ》を守《まも》っておきます。

【第《だい》5譜《ふ》】

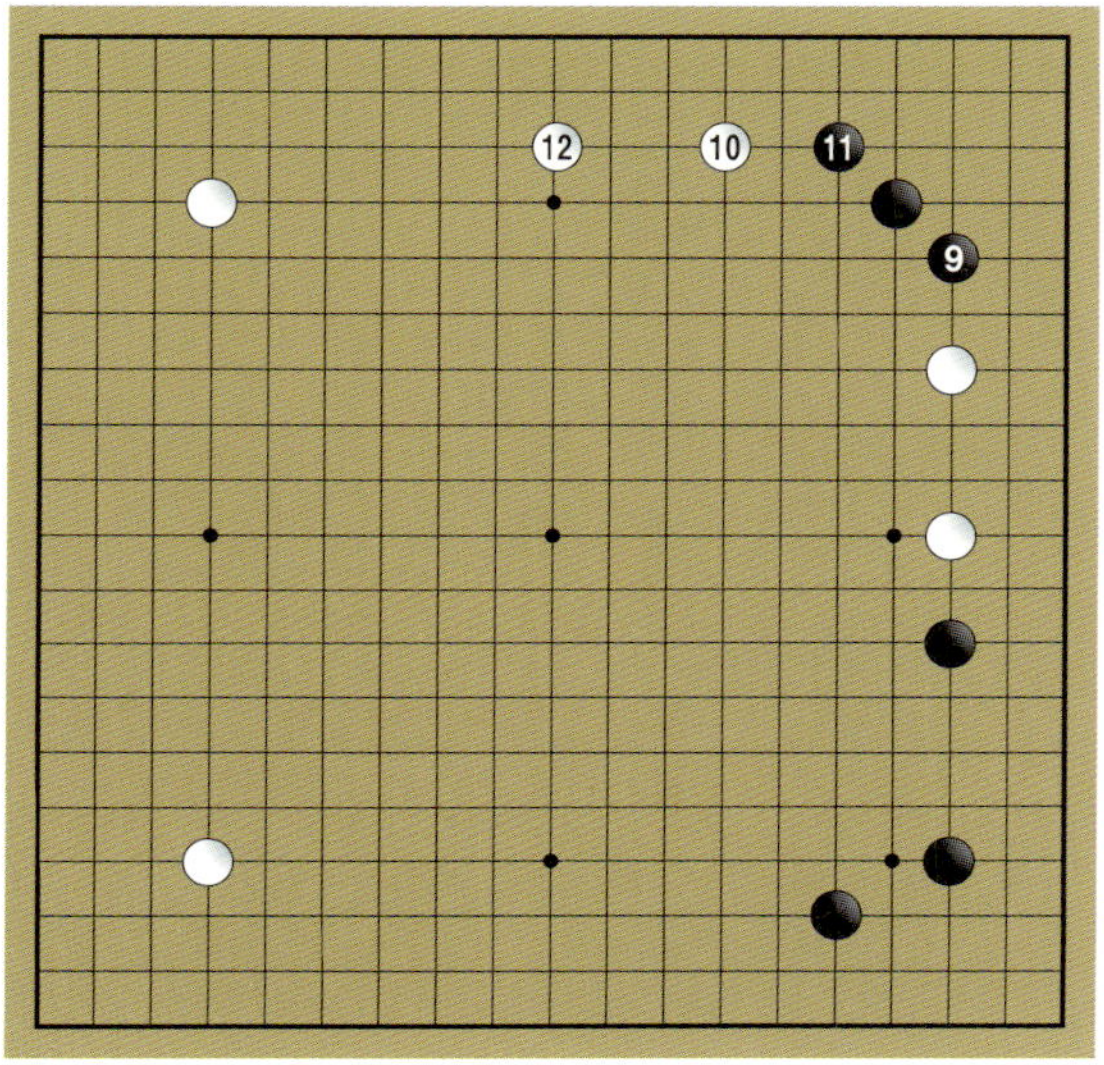

黒《くろ》❾から白《しろ》⑫の二間《にけん》ビラキまでが定石《じょうせき》のひとつです。お互《たが》い治《おさ》まりました。これで一段落《いちだんらく》で、他《ほか》へ向《む》かうことになります。

黒《くろ》⓫は大事《だいじ》な守《まも》りです。打《う》たないで図《ず》10の黒《くろ》❶など他《ほか》へ向《む》かうと、白《しろ》②と打《う》たれます。

黒《くろ》❸と守《まも》っても、白《しろ》④とさらに入《はい》りこまれ、黒地《くろじ》が小《ちい》さくなります。これくらいの小《ちい》ささですと、生《い》きるのに十分《じゅうぶん》なスペースがなくなってしまいました。

こうなると、攻《せ》められる対象《たいしょう》になり、逃《に》げなくてはいけなくなります。

根拠《こんきょ》を得《え》ておくことは、大切《たいせつ》なことなのです。

【図《ず》10】

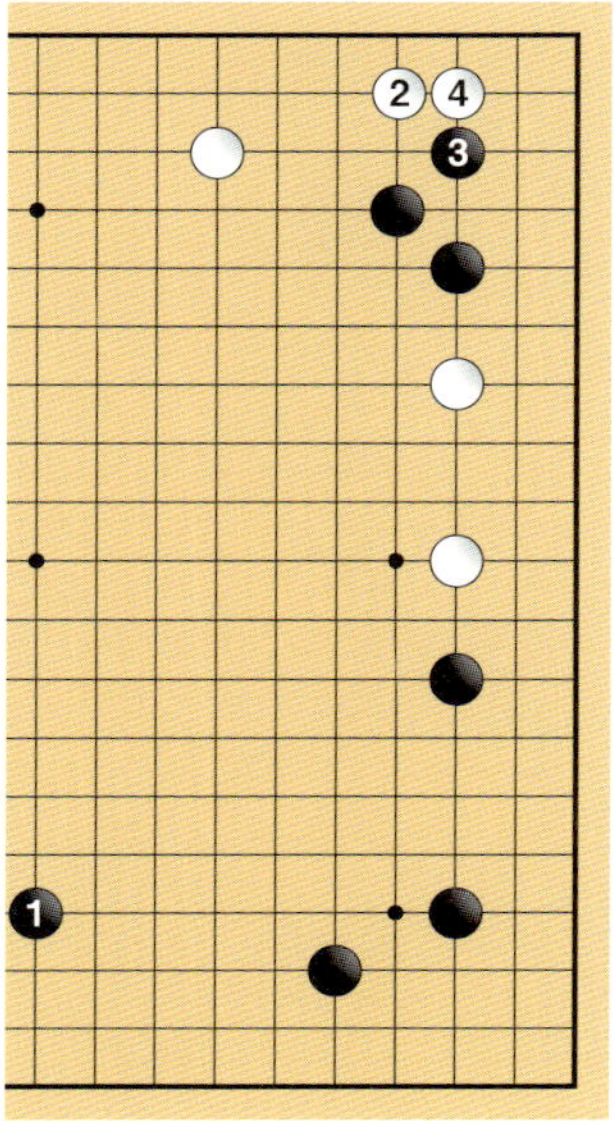

第《だい》6譜《ぶ》　基本《きほん》の定石《じょうせき》

布石《ふせき》では広《ひろ》いところを目指《めざ》すことが大切《たいせつ》です。広《ひろ》さは第《だい》3、4線《せん》あたりの石《いし》と石《いし》の距離《きょり》で測《はか》ります。
最《もっと》も広《ひろ》いのは左辺《さへん》なので、黒《くろ》は⓭とカカりました。ケイマの位置《いち》ですので、「小《こ》ゲイマガカリ」ともいいます。星《ほし》にカカるときには、ほとんどが小《こ》ゲイマガカリです。

【第《だい》6譜《ぶ》】

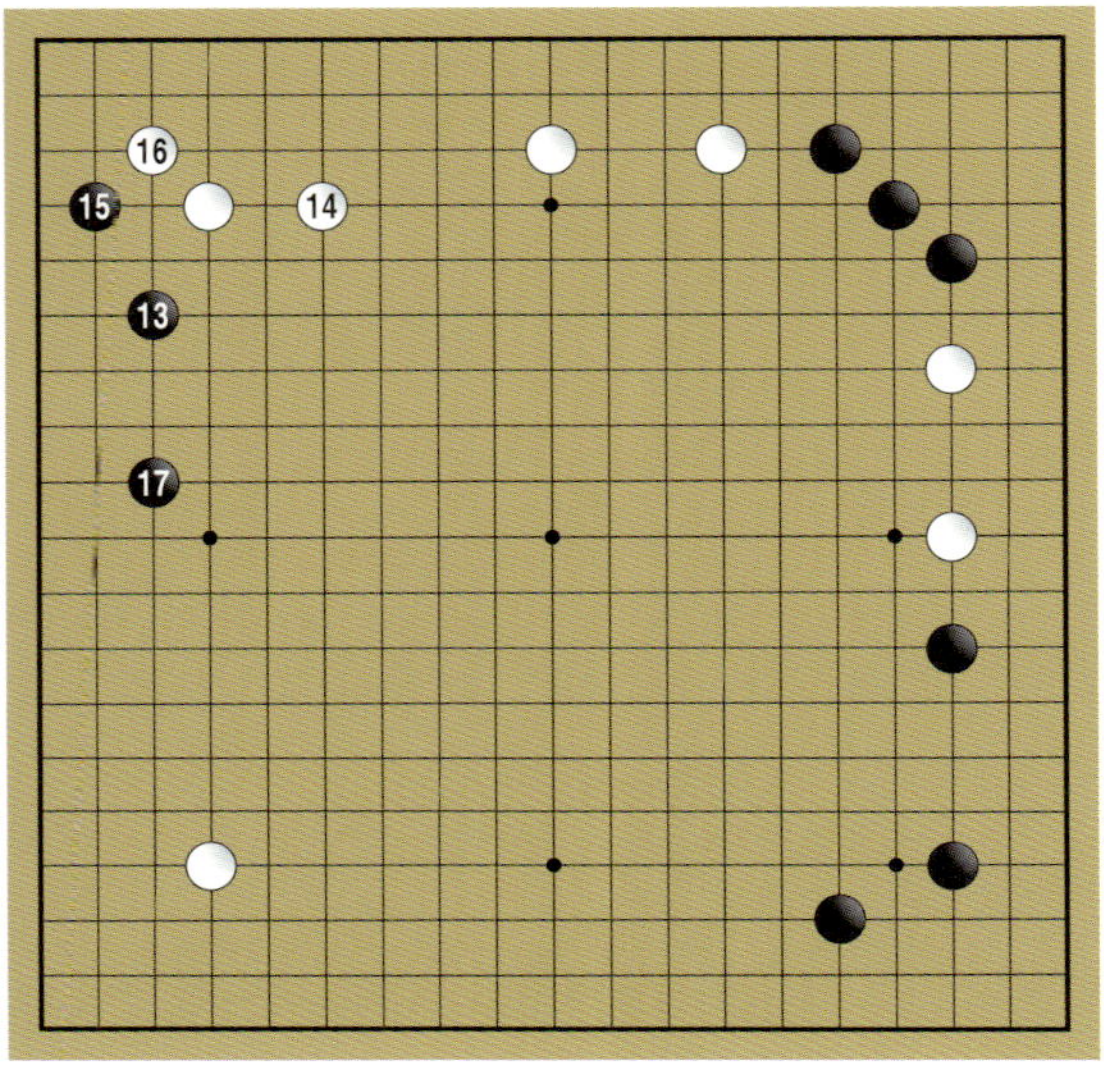

白《しろ》は⑭と一間《いっけん》に受《う》けました。上辺《じょうへん》、第《だい》3線《せん》に味方《みかた》がいますので、バランスがいいのです。
布石《ふせき》では、第《だい》3線《せん》と第《だい》4線《せん》にバランスよく配置《はいち》していくと、うまく打《う》てるようになります。
黒《くろ》⓯は「スベリ」といいます。根拠《こんきょ》を作《つく》りながら、白《しろ》の地《じ》のほうに進入《しんにゅう》しようとしています。白《しろ》はこれ以上入《いじょうはい》って来《こ》ないように、⑯と打《う》ちました。
黒《くろ》は⓱と二間《にけん》にヒラいて治《おさ》まっておくのが大切《たいせつ》です。黒《くろ》⓱までがたいへんよくできる基本《きほん》の定石《じょうせき》ですので、ぜひ身《み》につけてください。

第《だい》7譜《ふ》　ヒラキの限度《げんど》

左上《ひだりうえ》で定石《じょうせき》が打《う》ち終《お》わりましたので一段落《いちだんらく》しました。

一番広《いちばんひろ》い下辺《かへん》に、白《しろ》⑱とヒラきました。ヒラキは⑱までが限度《げんど》です。

⑱なら図《ず》11の黒《くろ》❶と入《はい》られても、白《しろ》②と二間《にけん》ビラキができますので、安定《あんてい》することができます。二間《にけん》ビラキできるまでヒラくのが、ヒラキの限度《げんど》といえます。

【第《だい》7譜《ふ》】

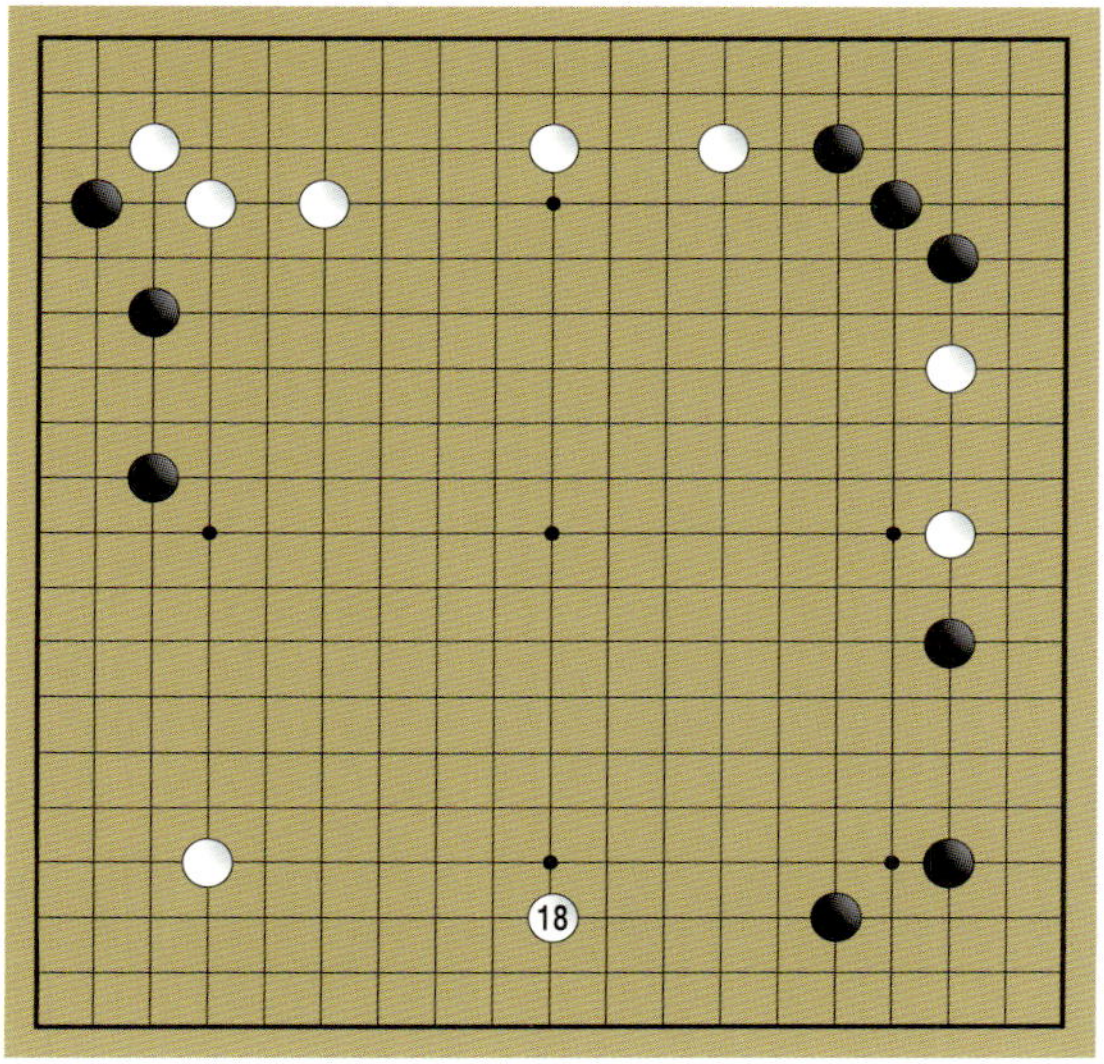

⑱で図《ず》12の白《しろ》①まで進《すす》めてしまうと、黒《くろ》❷と入《はい》られたときに、白《しろ》③と一間《いっけん》にしかヒラけず、生《い》きるために十分《じゅうぶん》なスペースを確保《かくほ》できません。弱《よわ》い石《いし》を作《つく》らないように気《き》をつけましょう。

【図《ず》11】

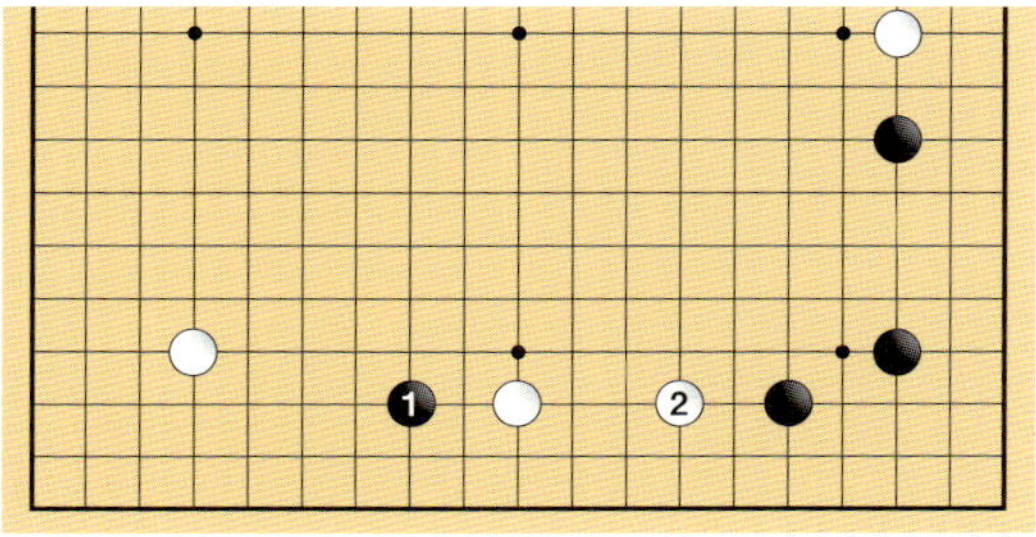

【図《ず》12】

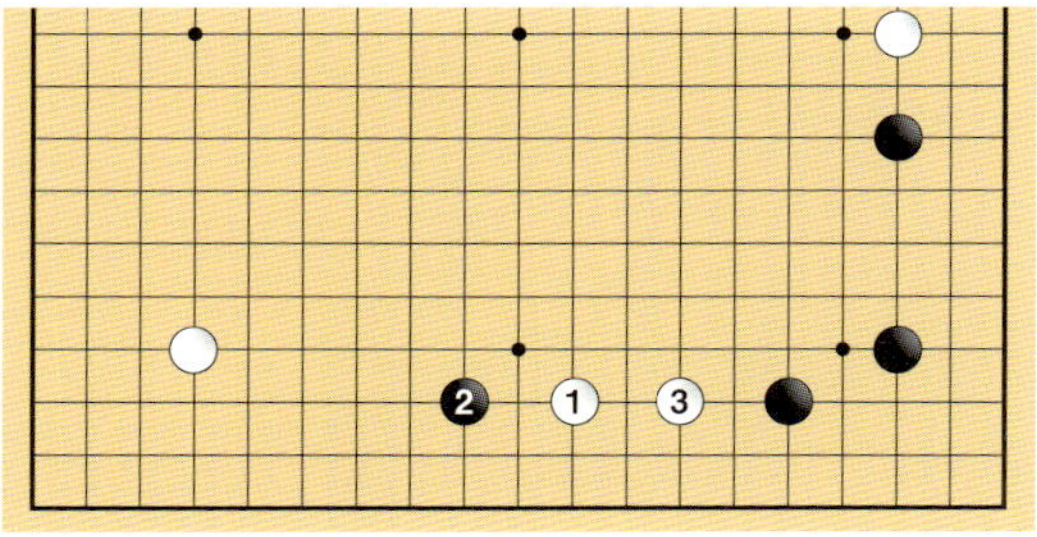

第《だい》8譜《ふ》　第《だい》3線《せん》と第《だい》4線《せん》をバランスよく打《う》つ

黒《くろ》は⓳とカカりました。白《しろ》⑳の受《う》けから白《しろ》㉒までは左上《ひだりうえ》でやった定石《じょうせき》と同《おな》じ進行《しんこう》です。黒《くろ》は㉓とケイマに打《う》ちました。

左辺《さへん》は第《だい》3線《せん》の石《いし》が並んでいますので、㉓と第《だい》4線《せん》に打《う》って、バランスをよくしたのです。

【第《だい》8譜《ふ》】

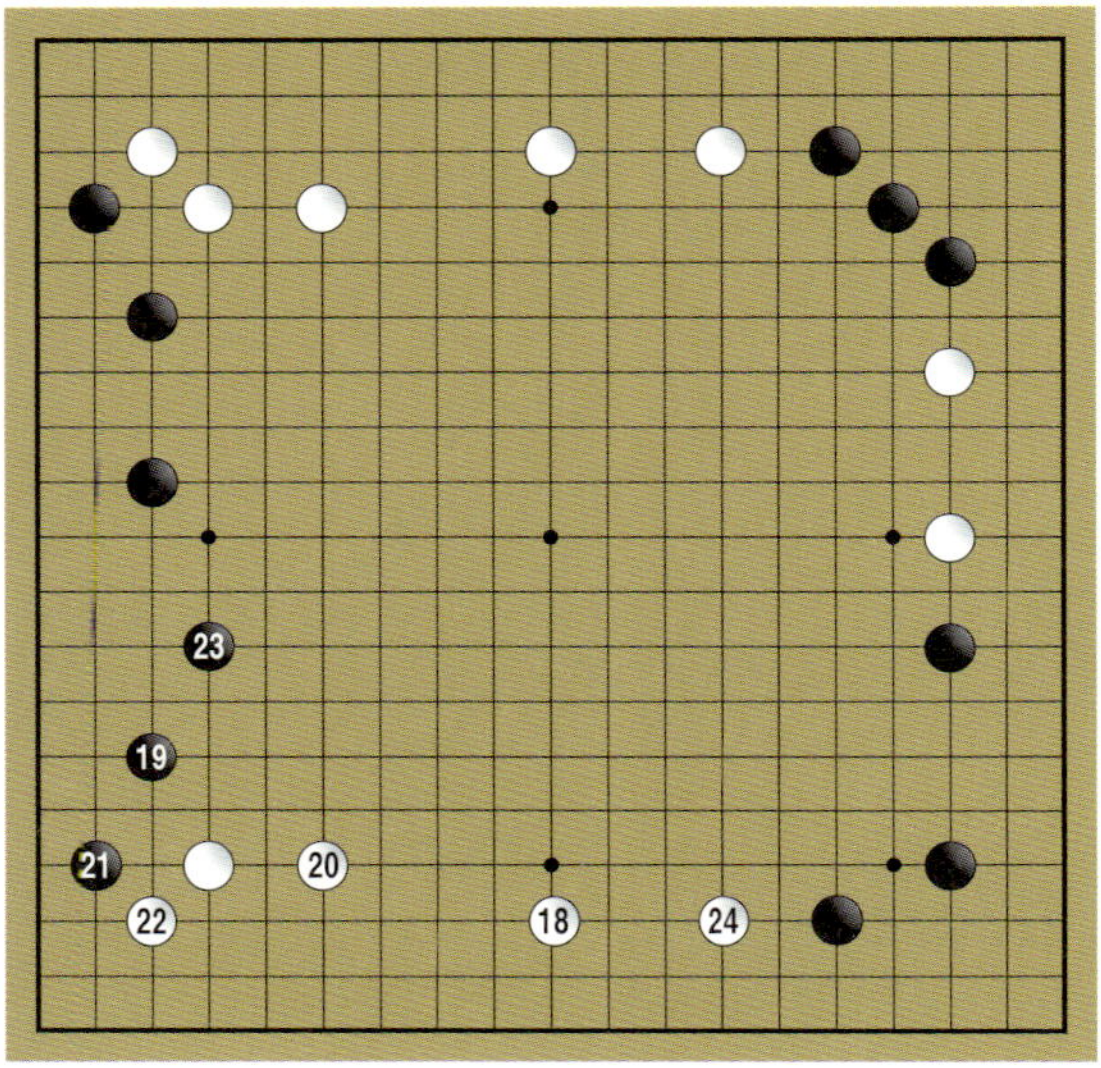

㉓で図《ず》13の❶と定石通《じょうせきどお》り打《う》つと、左辺《さへん》は第《だい》3線《せん》ばかりでぺしゃんこな地《じ》になります。

同《おな》じ手間《てま》なら、少《すこ》しでも地《じ》は大《おお》きい方《ほう》がいいので、㉓がいい形《かたち》なのです。白《しろ》は㉔と二間《にけん》にヒラいて、自分《じぶん》の地《じ》を広《ひろ》げながら右下《みぎした》の黒地《くろじ》を減《へ》らしました。

辺《へん》の区分《くぶん》がだいたい終《お》わったので、このあたりで布石《ふせき》の段階《だんかい》は終《お》わり、中盤《ちゅうばん》戦《せん》へ向《む》かいます。

【図《ず》13】

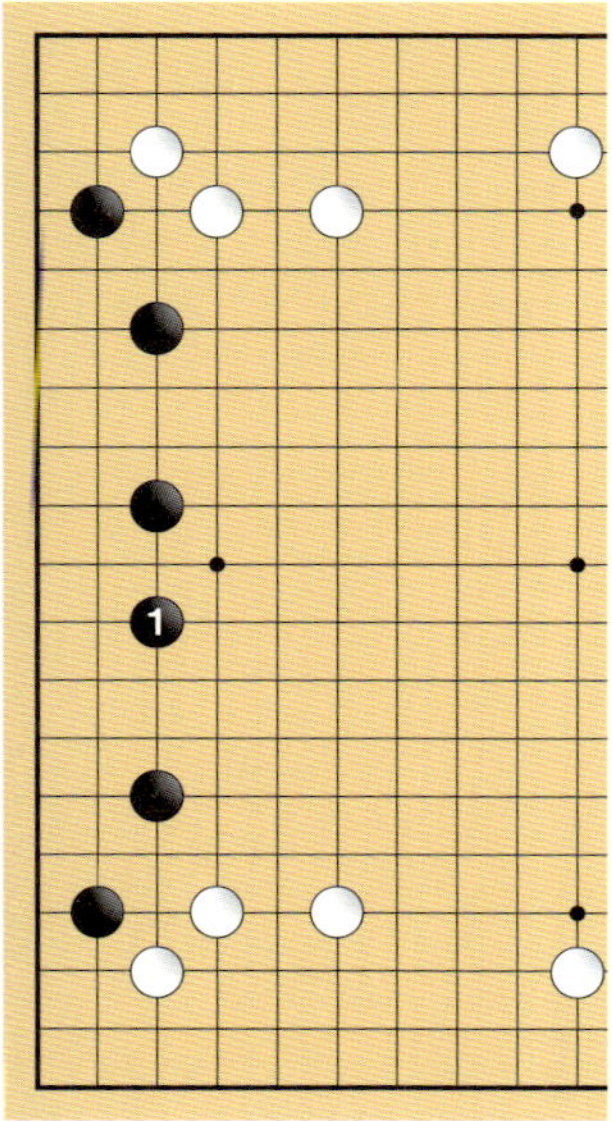

お手本《てほん》の打《う》ち方《かた》だね。何度《なんど》も繰《く》り返《かえ》し、暗記《あんき》できるほど並《なら》べると強《つよ》くなるね
5

2 三連星《さんれんせい》の布石《ふせき》

第《だい》1譜《ぶ》　辺《へん》の大《おお》きさ

黒《くろ》❶、❸、❺と右辺《うへん》で星《ほし》を3つ占《し》めましたので、「三連星《さんれんせい》」といいます。

勢力線《せいりょくせん》の第《だい》4線《せん》に打《う》っていますので、戦《たたか》いに向《む》いている反面《はんめん》、地《じ》にはなりにくい特徴《とくちょう》があります。

相手《あいて》が入《はい》ってこないと、大《おお》きな地《じ》になります。

相手《あいて》に入《はい》って来《こ》させて攻《せ》めて得《とく》をしようという作戦《さくせん》には、三連星《さんれんせい》はぴったりです。

相手《あいて》がカカって来《こ》なかったので、白《しろ》⑥とシマりました。

【第《だい》1譜《ぶ》】

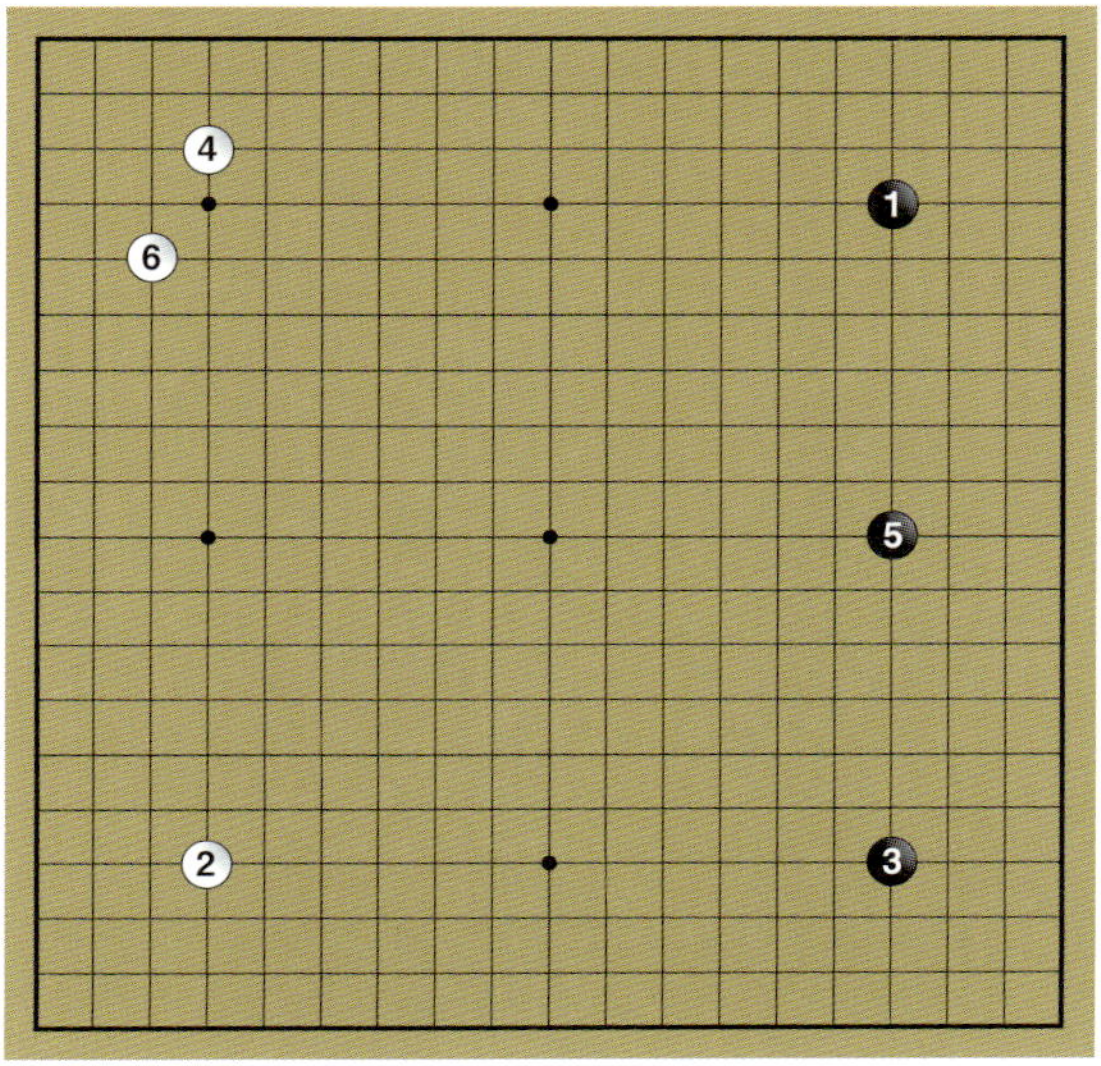

さてここで、価値《かち》が大《おお》きいのはどこでしょうか。

大《おお》きいところは広《ひろ》いところ。

布石《ふせき》の段階《だんかい》ですので、辺《へん》のあたりを見《み》ます。

上辺《じょうへん》、左辺《さへん》、下辺《かへん》を比《くら》べてください。

大《おお》きさを見《み》るときには、石《いし》と石《いし》の幅《はば》、距離《きょり》を測《はか》ります。

上辺《じょうへん》は❶と④の距離《きょり》、左辺《さへん》は⑥と②の距離《きょり》、下辺《かへん》は②と❸の距離《きょり》です。

まず、左辺《さへん》の幅《はば》は10路《ろ》ですので、狭《せま》いですね。

上辺《じょうへん》と下辺《かへん》は11路《ろ》で同《おな》じ距離《きょり》ですが、価値《かち》は違《ちが》います。

どちらが価値《かち》が大《おお》きいと思《おも》いますか。

第《だい》2譜《ふ》　一間《いっけん》バサミ

下辺《かへん》より上辺《じょうへん》の価値《かち》のほうが大《おお》きいのです。左上《ひだりうえ》に小《こ》ゲイマジマリがあるからです。地《じ》になりやすい小《こ》ゲイマジマリから広《ひろ》げていくほうが大《おお》きな地《じ》になりやすい特徴《とくちょう》があります。

黒《くろ》❼とヒラいて白《しろ》の拡大《かくだい》を防《ふせ》ぎつつ、右辺《うへん》からの黒《くろ》の勢力《せいりょく》を広《ひろ》げています。黒《くろ》が上辺《じょうへん》を占《し》めましたので、白《しろ》は⑧とカカって下辺《かへん》に向《む》かいました。カカリに対《たい》しては何《なに》か応《おう》じるのが基本《きほん》で、応《おう》じ方《かた》はおおまかに2種類《しゅるい》あります。ひとつは、図《ず》1の黒《くろ》❶の受《う》けです。これなら白《しろ》④までの定石《じょうせき》になるでしょう。

もうひとつの応《おう》じ方《かた》として、黒《くろ》❾（第《だい》2譜《ふ》）とハサむのもあります。❾は⑧から一路《ろ》あけていますので、一間《いっけん》バサミといいます。図《ず》2の黒《くろ》❶は「二間高《にけんたか》バサミ」です。4線《せん》を「高《たか》い」と表現《ひょうげん》します。❶でaは「一間高《いっけんたか》バサミ」、bは「三間高《さんげんたか》バサミ」、cは「三間《さんげん》バサミ」です。

【第《だい》2譜《ふ》】

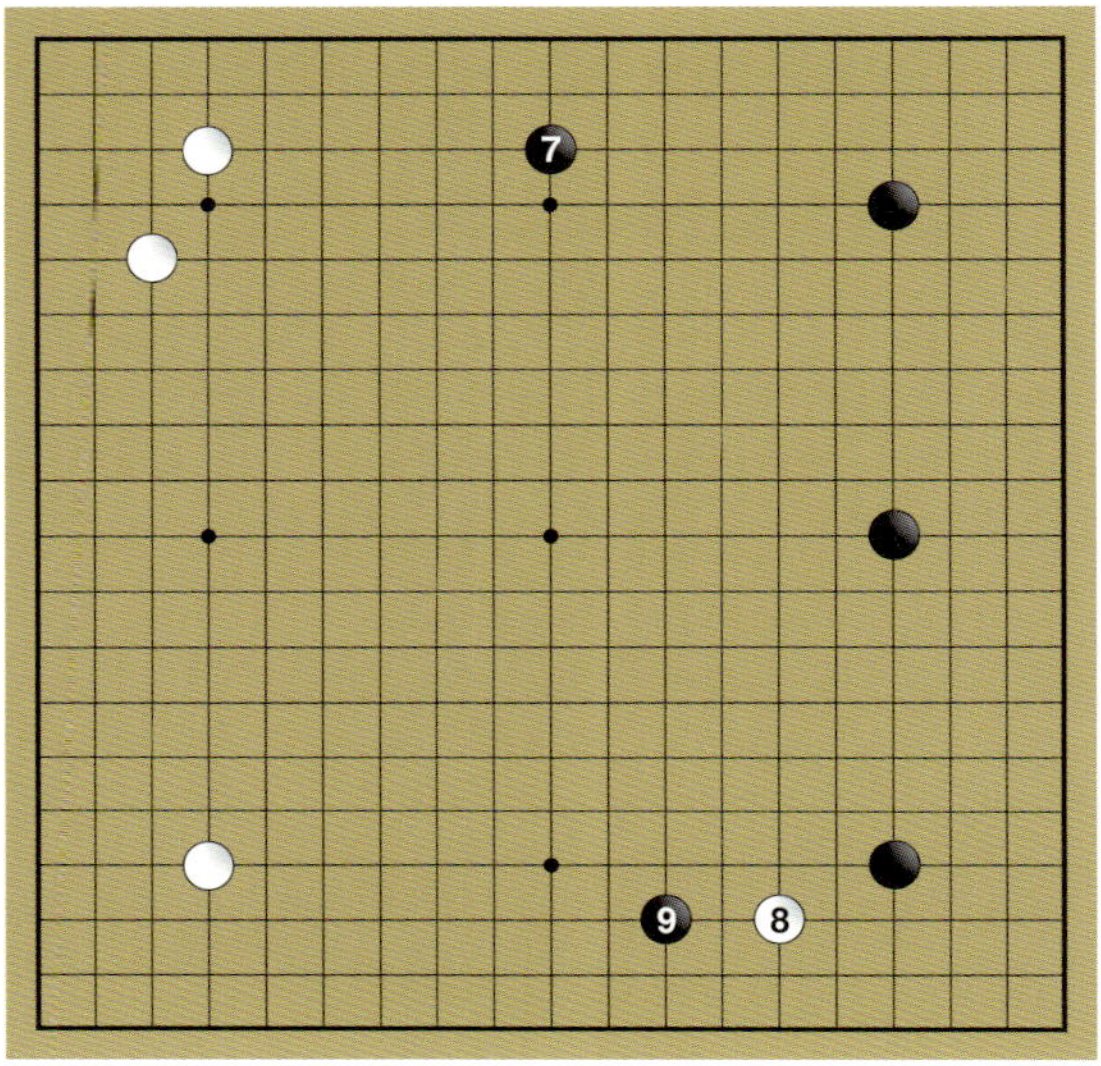

【図《ず》1】

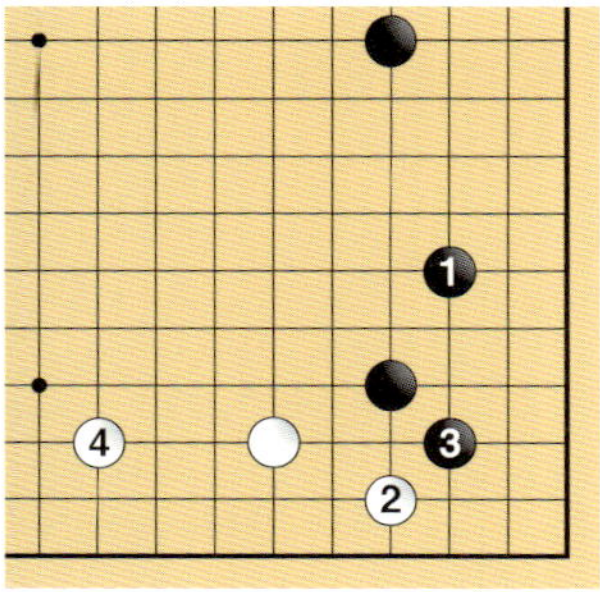

【図《ず》2】

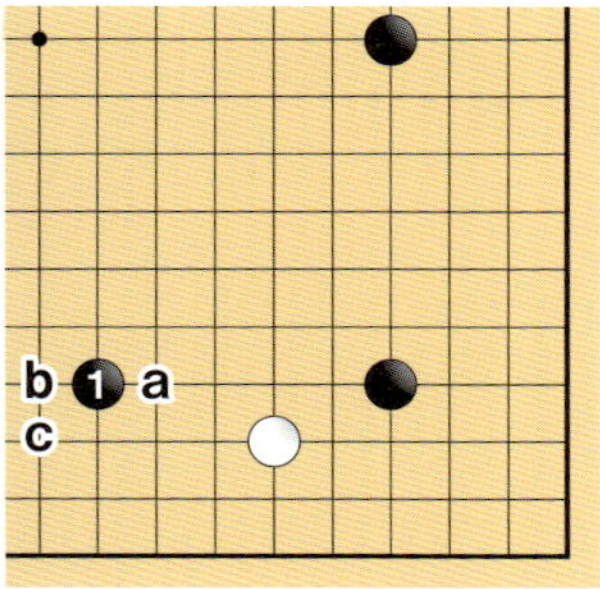

第《だい》3譜《ぶ》　三々《さんさん》に入《はい》る

星《ほし》にカカってハサまれたら、白《しろ》⑩と三々《さんさん》に入《はい》るのが基本《きほん》と思《おも》っていていいでしょう。

いろいろな打《う》ち方《かた》はありますが、三々《さんさん》をまずマスターしてください。

とくに一間《いっけん》バサミの場合《ばあい》は、白《しろ》⑩と三々《さんさん》に入《はい》るのがもっともよく打《う》たれています。

さて今度《こんど》は黒《くろ》の立場《たちば》です。黒《くろ》は△があるときには⓫と打《う》ちます。右辺《うへん》を大事《だいじ》にすることで、右辺《うへん》方面《ほうめん》に勢力《せいりょく》を築《きず》こうとしています。

白《しろ》は⑫とつながります。

黒《くろ》⓭は急所《きゅうしょ》で逃《のが》せません。⓭で図《ず》3の黒《くろ》❶など他《ほか》へ打《う》つと、白《しろ》②と打《う》たれます。この形《かたち》はフクレといい、好形《こうけい》の1つです。黒《くろ》❸にはさらに白《しろ》④と打《う》たれます。このカケツギふたつの形《かたち》がとてもいい形《かたち》なので、黒《くろ》としてはこの形《かたち》にさせないように気《き》をつけましょう。

【第《だい》3譜《ぶ》】

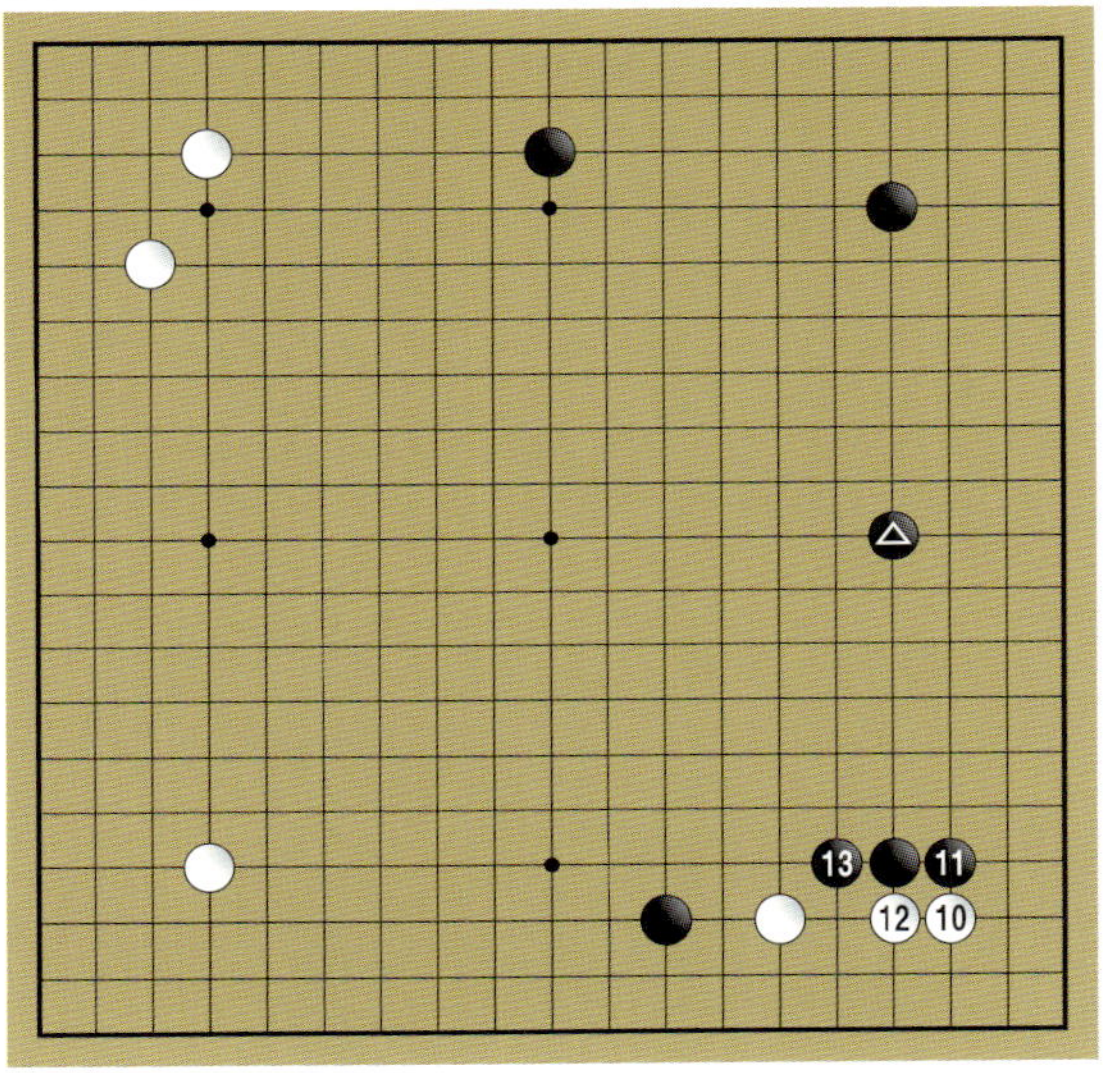

【図《ず》3】

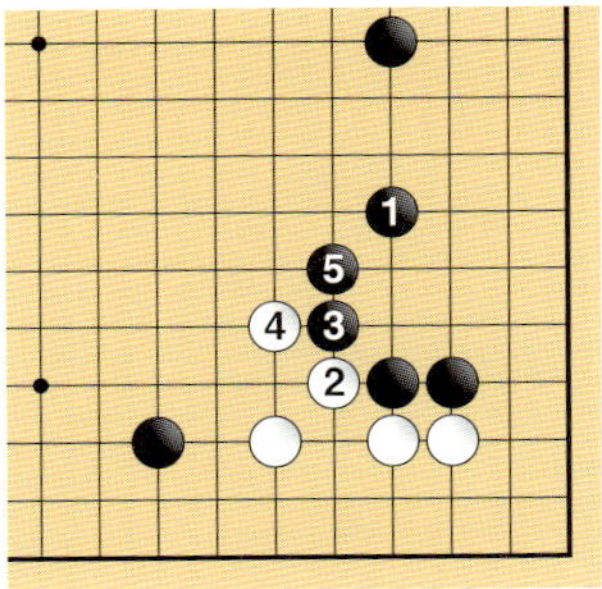

②のところを『フクレの急所《きゅうしょ》』というのね

第4譜《だいぶ》 切《き》られないように打《う》つ

急所《きゅうしょ》の黒《くろ》⓭は、白《しろ》の弱点《じゃくてん》も狙《ねら》っています。白《しろ》が次《つぎ》に何《なに》も打《う》たないと、図《ず》4の黒《くろ》❶と出《で》られて黒《くろ》❸と切《き》られます。次《つぎ》に黒《くろ》aと打《う》たれると白《しろ》2子《し》が取《と》られてしまいますので、白《しろ》は図《ず》5の④とアタリにすることになります。黒《くろ》❺でアタリですので、白《しろ》は⑥と取《と》らなければなりません。黒《くろ》❼まで白《しろ》1子《し》を切《き》り離《はな》されてしまいました。こうなってはいけません。

そこで白《しろ》は⑭（第《だい》4譜《ぷ》）と打《う》ちました。⑭は間接的《かんせつてき》につなげています。黒《くろ》が図《ず》6の黒《くろ》❶と出《で》てきても、白《しろ》②とオサえれば大丈夫《だいじょうぶ》。黒《くろ》❸には白《しろ》④で取《と》れています。黒《くろ》は⓯とケイマで△とつながります。⓯までが身《み》につけてもらいたい「一間《いっけん》バサミの三々入《さんさんい》り定石《じょうせき》」です。

【第《だい》4譜《ぶ》】

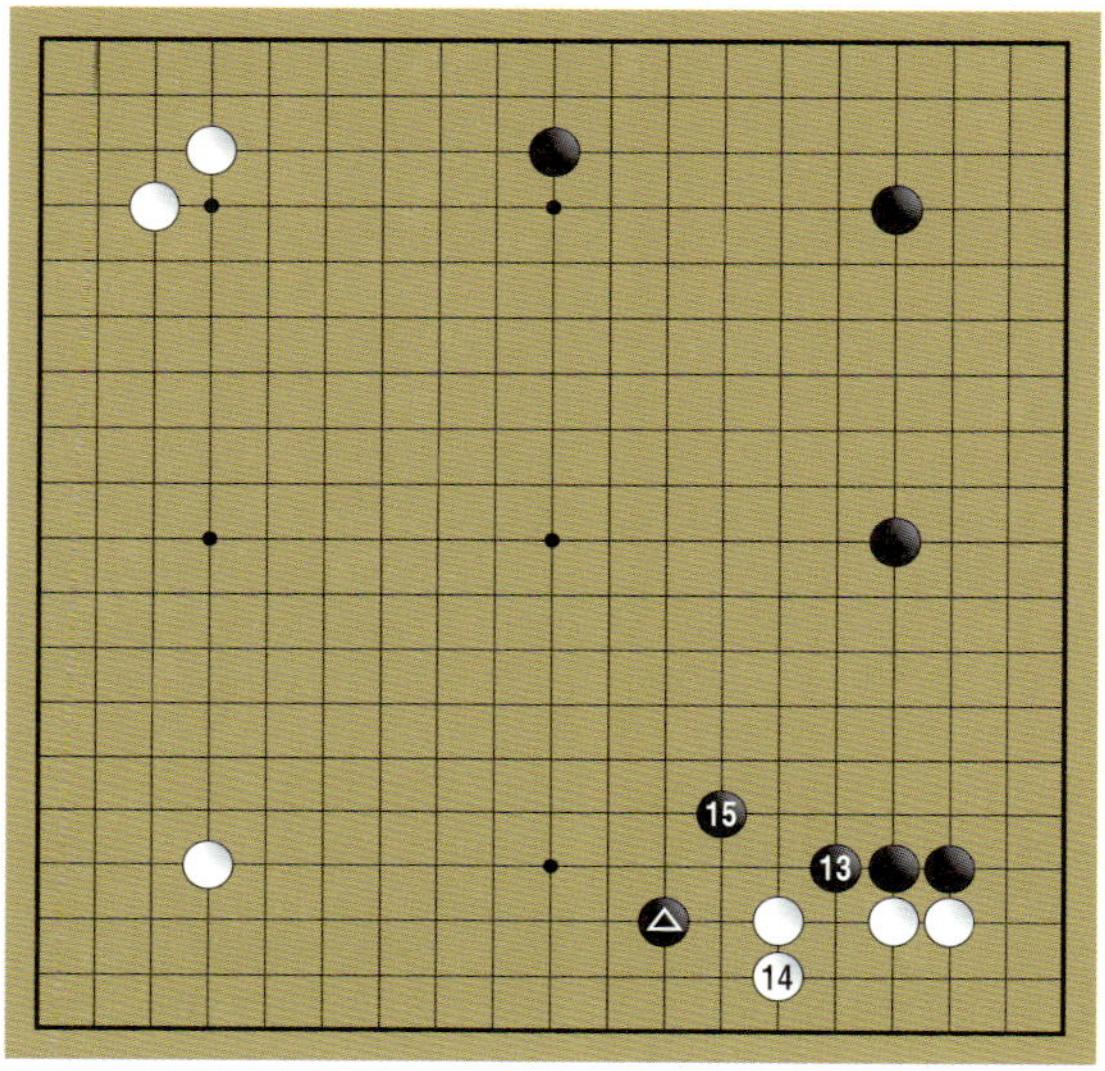

【図《ず》4】

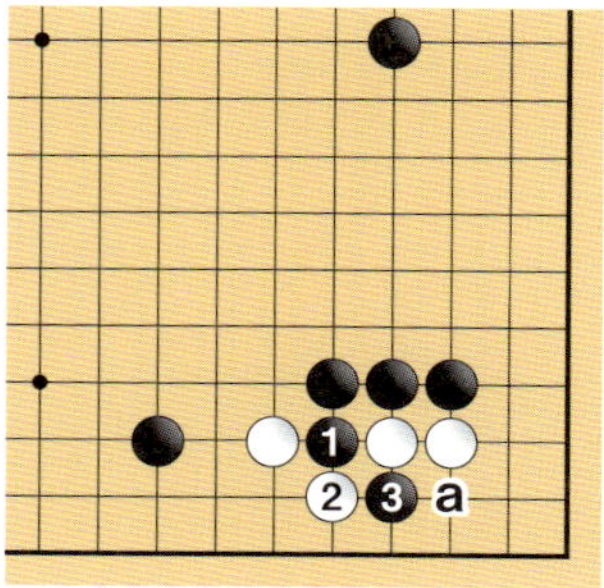

【図《ず》5】

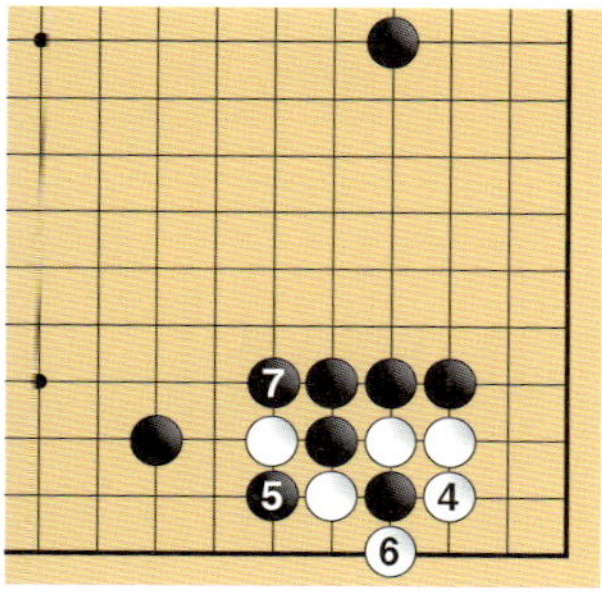

【図《ず》6】

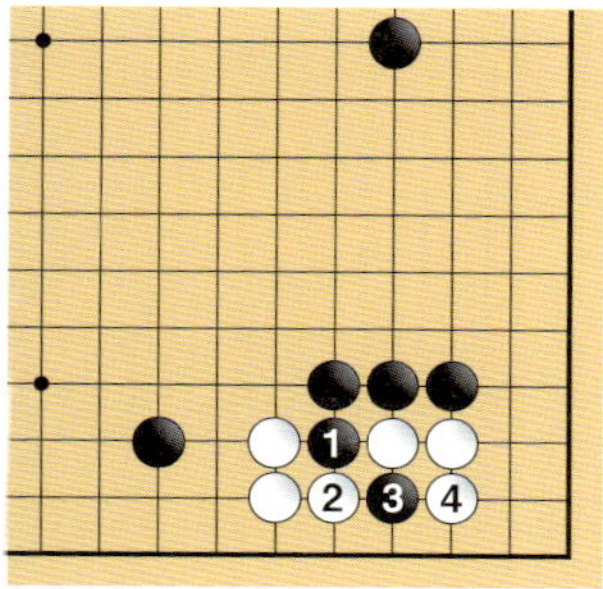

第《だい》5譜《ふ》 攻《せ》めとは

右辺《うへん》の黒模様《くろもよう》が大《おお》きくなってきました。

白《しろ》は荒《あ》らしに向《む》かいたいタイミングです。右辺《うへん》の模様《もよう》が大《おお》きいので、右辺《うへん》から白《しろ》⑯とカカりました。

黒《くろ》の勢力圏《せいりょくけん》に白《しろ》が入《はい》ってきたのですから、攻《せ》めなくてはいけません。**攻《せ》めるということは、石《いし》を取《と》るのが目的《もくてき》ではありません。効率《こうりつ》の悪《わる》い手《て》を打《う》たせて、得《とく》をすれば攻《せ》めた効果《こうか》があがります。**

攻《せ》めるには、相手《あいて》に生《い》きるための広《ひろ》いスペースを与《あた》えないことが大切《たいせつ》です。黒《くろ》は⓱と打《う》ちました。⓱で図《ず》7の黒《くろ》❶と受《う》けてしまうと、白《しろ》②のスベリから④とヒラかれ、根拠《こんきょ》を作《つく》られます。さらに黒《くろ》❺などと打《う》つと、白《しろ》⑥で楽々《らくらく》生《い》きられます。

せっかく三連星《さんれんせい》で攻《せ》める作戦《さくせん》を立《た》てたのに、白《しろ》に楽《らく》をさせては三連星《さんれんせい》が泣《な》いてしまいます。

白《しろ》は⑱（第《だい》5譜《ふ》）と打《う》つのがいい形《かたち》です。

【第《だい》5譜《ふ》】

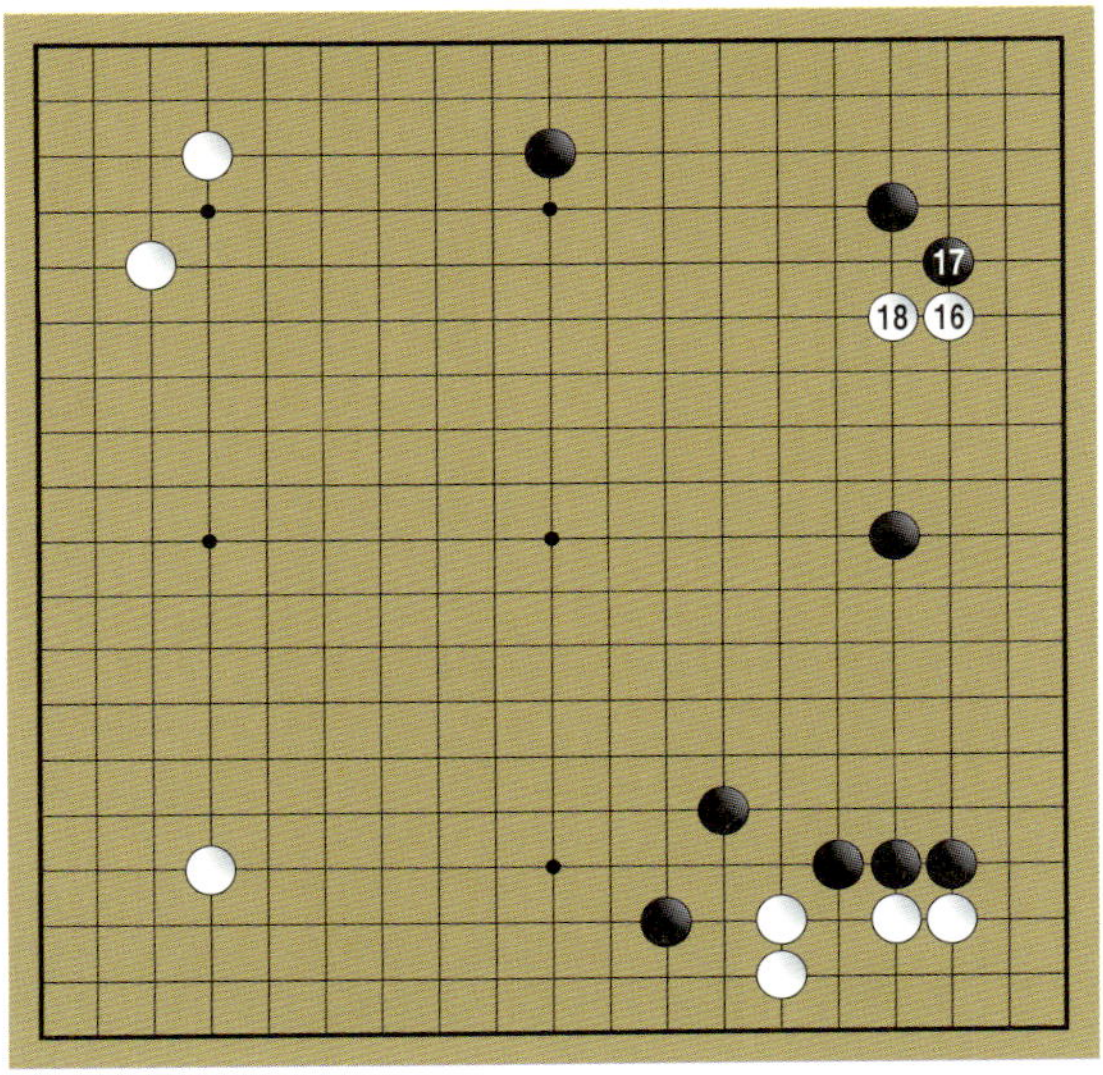

【図《ず》7】

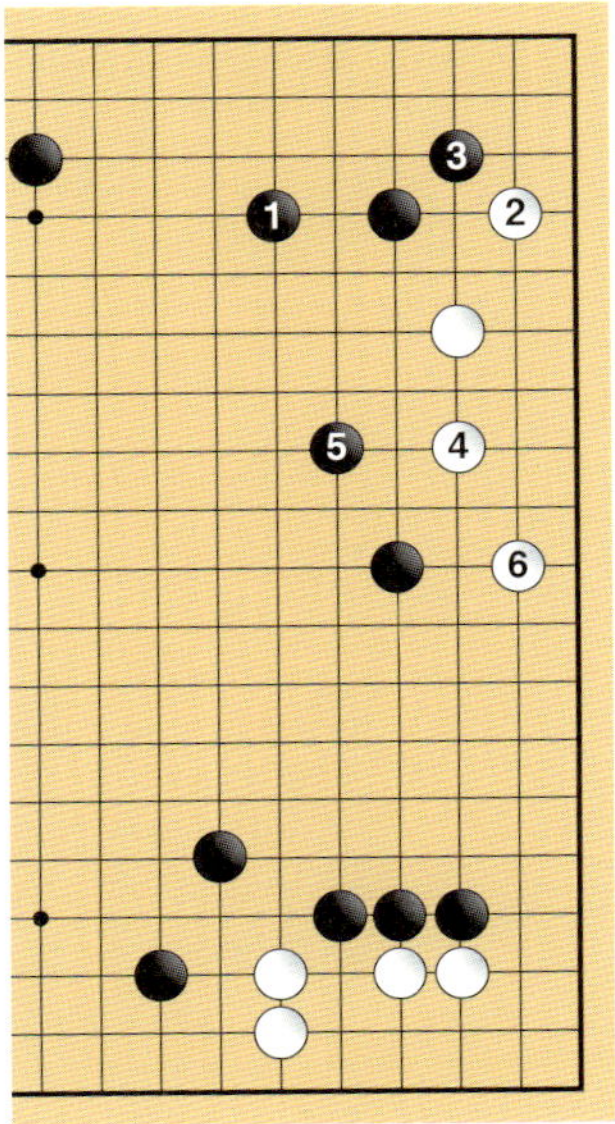

第《だい》6譜《ぶ》 攻《せ》めの効果《こうか》

黒《くろ》は⓳と一間《いっけん》で守《まも》るのも大切《たいせつ》です。攻《せ》めながら地《じ》を作《つく》り、得《とく》をするのが攻《せ》めの極意《ごくい》です。

△とふたつ立《た》っているのに、▲が待《ま》っていますので、白《しろ》は⑳と一間《いっけん》に狭《せま》くしかヒラけません。白《しろ》は効率《こうりつ》の悪《わる》い形《かたち》になりました。

【第《だい》6譜《ぶ》】

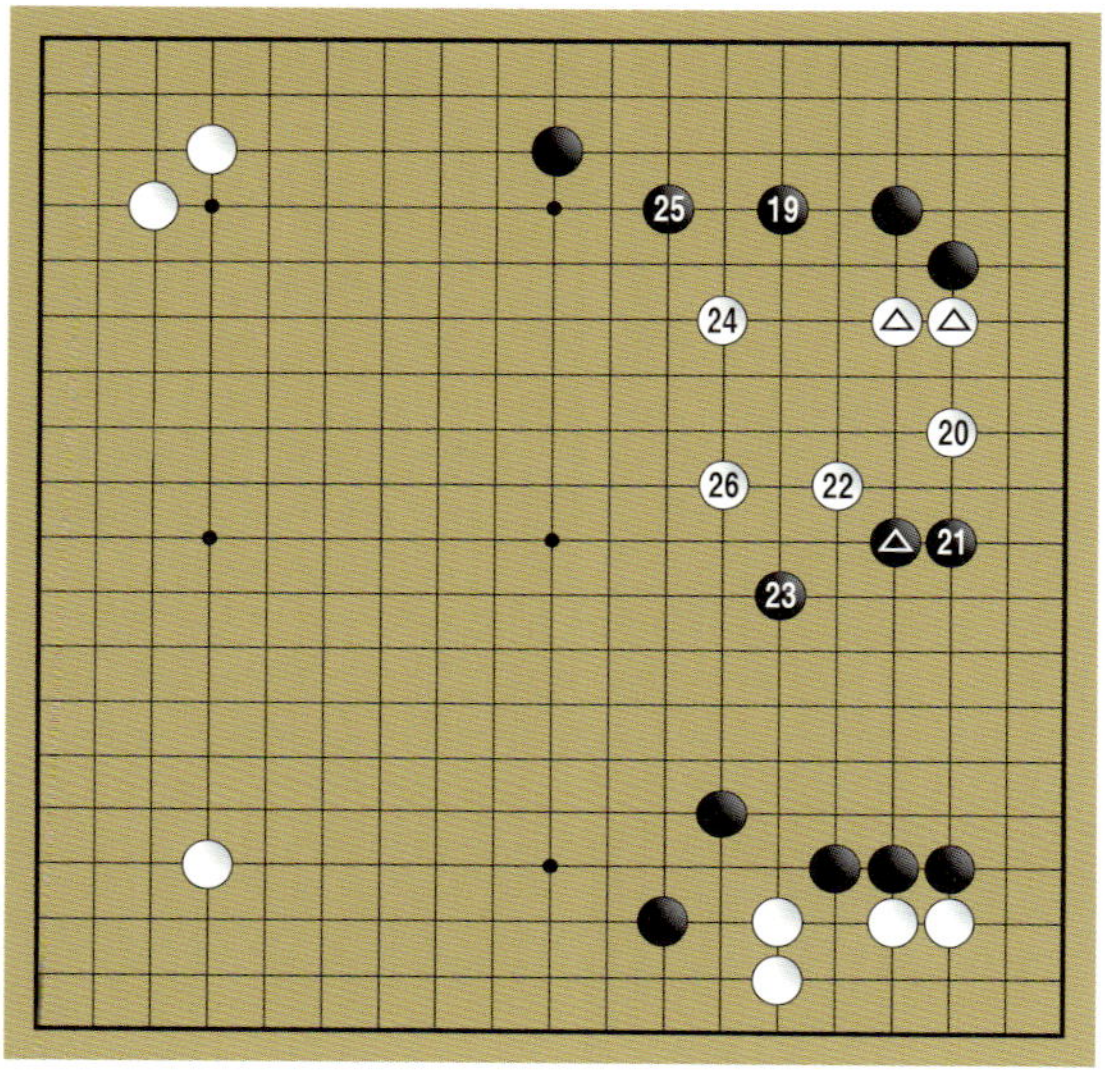

さらに広《ひろ》げられないように、黒《くろ》㉑と打《う》っておくのも大切《たいせつ》です。㉑を「鉄柱《てっちゅう》」といいます。

㉑で図《ず》8の黒《くろ》❶などと打《う》つのは攻《せ》めではありません。白《しろ》②とスベられると、白《しろ》は根拠《こんきょ》ができて生《い》きやすくなり、右辺《うへん》の黒地《くろじ》も減《へ》らされています。㉑（第《だい》6譜《ぶ》）は白《しろ》の根拠《こんきょ》をおびやかして攻《せ》めながら、右辺《うへん》の地《じ》を固《かた》める一石二鳥《いっせきにちょう》の好手《こうしゅ》なのです。白《しろ》は㉒から㉖と地《じ》を囲《かこ》って、根拠《こんきょ》を作《つく》りました。6手《て》かけてできた地《じ》の大《おお》きさは、5手《て》しかかけていない右上《みぎうえ》の黒《くろ》よりだいぶ小《ちい》さいでしょう。効率《こうりつ》の悪《わる》い地《じ》を作《つく》らせたのも、攻《せ》めの効果《こうか》です。

【図《ず》8】

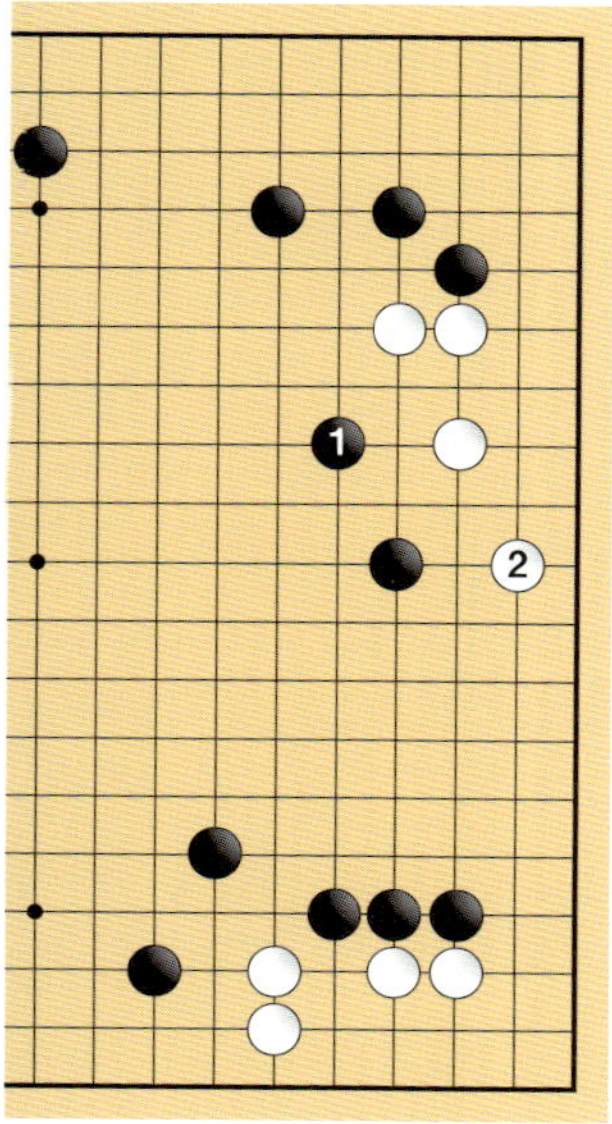

第《だい》5譜《ふ》の白《しろ》⑯とカカったため、だいぶ攻《せ》められました。譜《ふ》の進行《しんこう》でも互角《ごかく》なのですが、⑯では別《べつ》の荒《あ》らす方法《ほうほう》もあります。

図《ず》9の白《しろ》①とすぐ三々《さんさん》に入《はい》る手《て》です。△と両側《りょうがわ》に待《ま》たれているときにはとくに、三々《さんさん》は有力《ゆうりょく》です。

黒《くろ》は右辺《うへん》を大事《だいじ》にしていますので、黒《くろ》❷とオサえます。白《しろ》はスペースを広《ひろ》げるために、白《しろ》⑤のハネから⑦とハイます。黒《くろ》は❽とノビるのが大事《だいじ》な一手《いって》。

それから白《しろ》⑨、⑪とハネツぎます。黒《くろ》⓬とカケツいで、定石《じょうせき》の完成《かんせい》です。

三々《さんさん》に入《はい》ると生《い》きることができますので、荒《あ》らすのには有力《ゆうりょく》です。

黒《くろ》は厚《あつ》みができて、ますます中央《ちゅうおう》の勢力《せいりょく》が強《つよ》くなってきました。この進行《しんこう》も互角《ごかく》で、このあと、右辺《うへん》の黒模様《くろもよう》がどうなるかがポイントになります。

この定石《じょうせき》はよく出《で》てきますので、ぜひともマスターしてください。

このあと白《しろ》は⑬などと黒模様《くろもよう》を制限《せいげん》しに行《い》くことになるでしょう。あまり黒《くろ》の厚《あつ》みに近寄《ちかよ》ると攻《せ》められますので、⑬の近辺《きんぺん》あたりが妥当《だとう》なところです。

【図《ず》9】

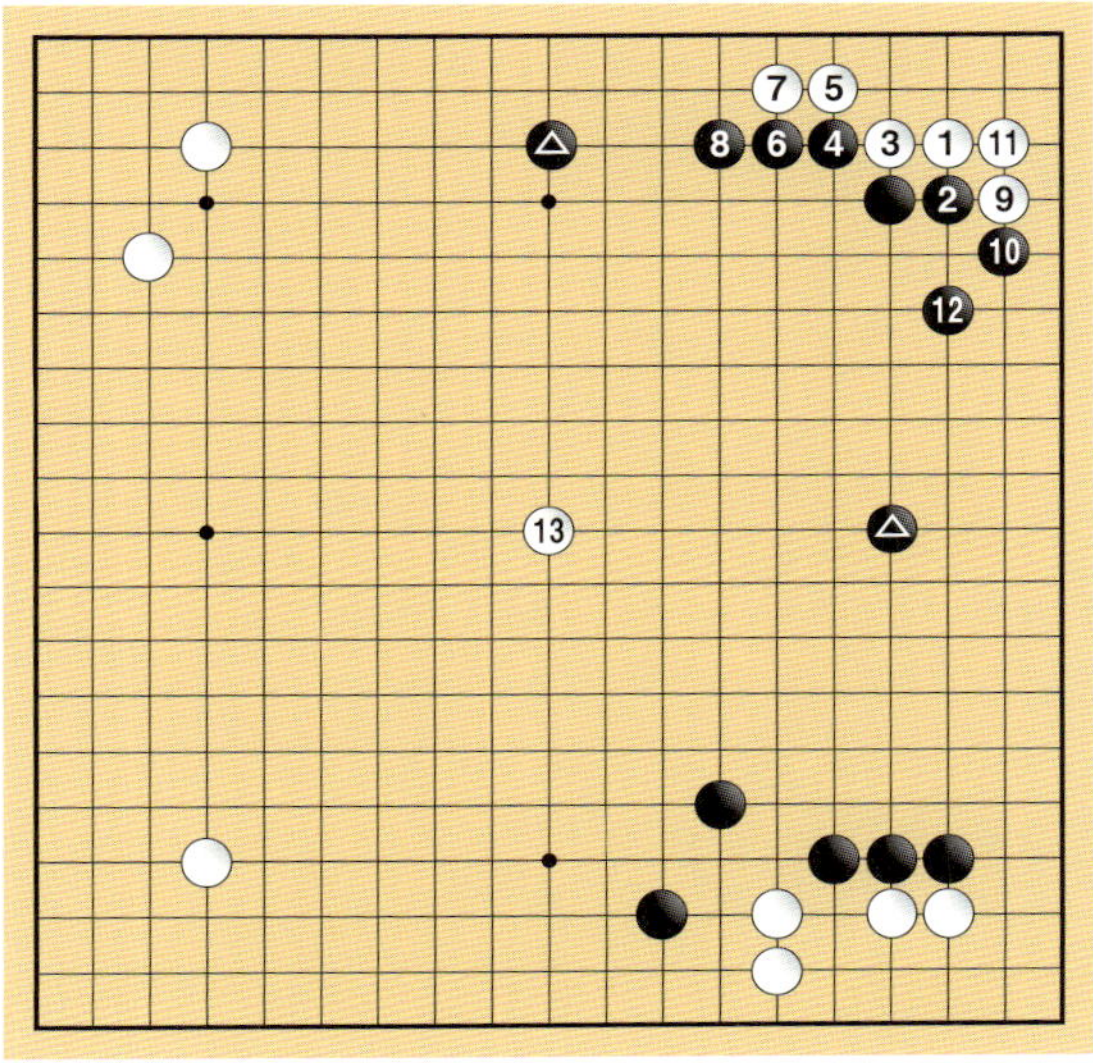

第7譜《だいふ》　基本《きほん》の定石《じょうせき》

この局面《きょくめん》で大《おお》きいのは左辺《さへん》ですので、黒《くろ》は㉗とカカりました。白《しろ》も左辺《さへん》が大事《だいじ》なので、白《しろ》㉘とハサみました。

星《ほし》にカカってハサまれましたので、黒《くろ》は㉙と三々《さんさん》に入《はい》るのが基本《きほん》でしたね。

【第《だい》7譜《ふ》】

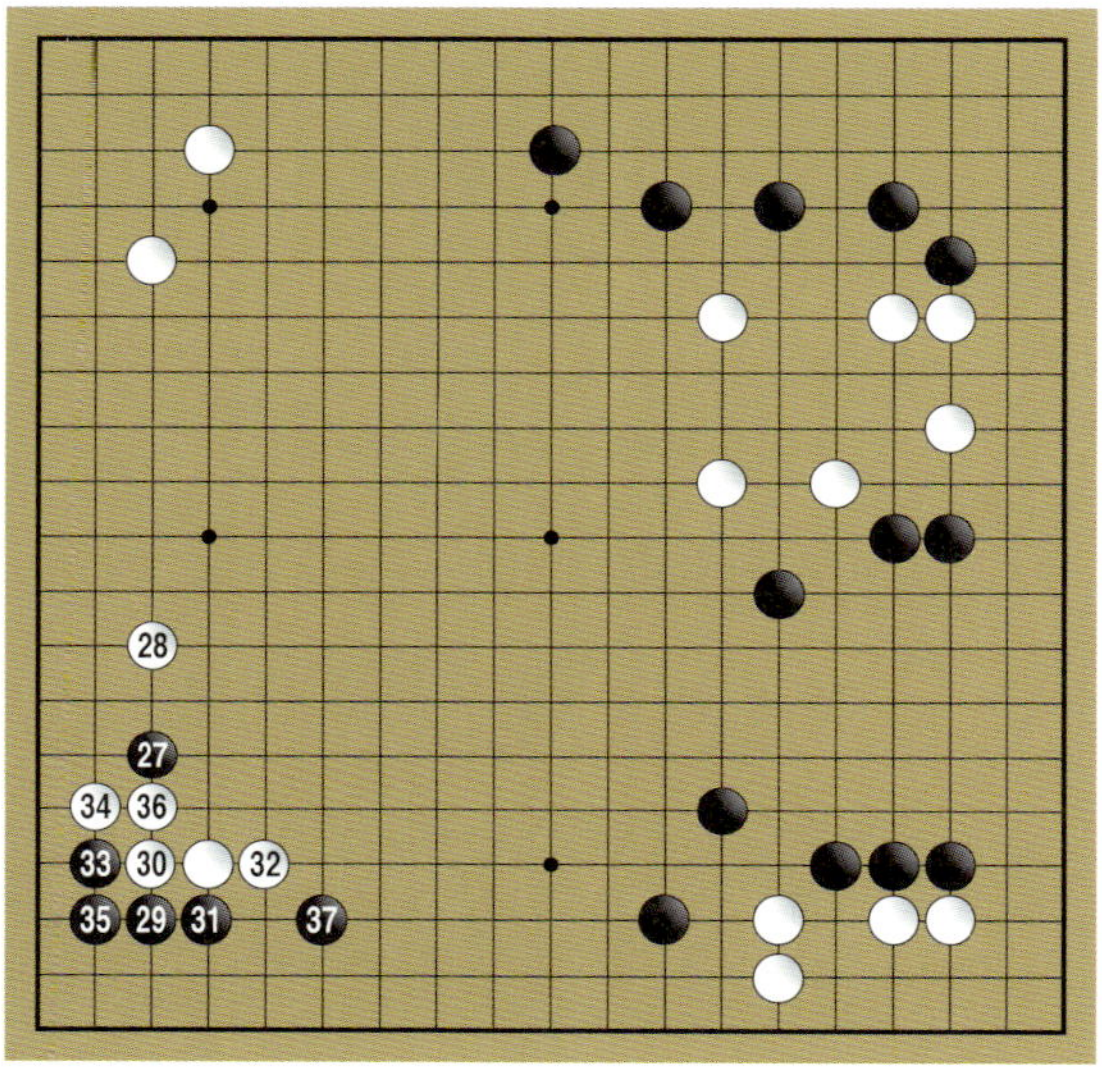

白《しろ》は㉚とさえぎるほうからオサえるのがいい手《て》です。

図《ず》10の白《しろ》①からオサえて白《しろ》⑤までと右下《みぎした》で習《なら》った定石《じょうせき》を打《う》つとどうでしょうか。

せっかく壁《かべ》を作《つく》ったのに、下辺《かへん》は黒《くろ》が❻と先着《せんちゃく》できますので、地《じ》になりません。隅《すみ》は黒《くろ》に与《あた》えて、さらに壁《かべ》が働《はたら》かないのではいけません。

【図《ず》10】

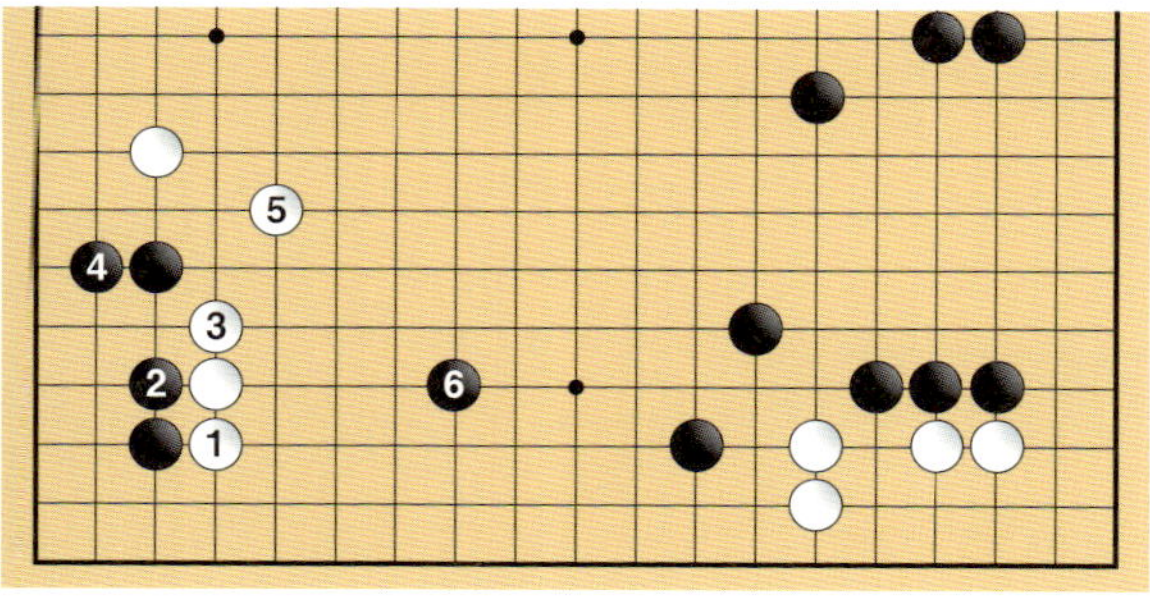

黒《くろ》㉛（第《だい》7譜《ふ》）には白《しろ》は㉜とノビるのが大事《だいじ》な一手《いって》です。

黒《くろ》㊲までが一間《いっけん》バサミの定石《じょうせき》です。

基本《きほん》の形《かたち》ですので、身《み》につけてください。

さあ、練習問題《れんしゅうもんだい》で試《ため》してみよう!

練習問題《れんしゅうもんだい》1

黒番《くろばん》です。定石《じょうせき》ができあがったところに、白《しろ》が①と出《で》て③と切《き》ってきました。

黒《くろ》はどう対応《たいおう》しますか。

【練習問題《れんしゅうもんだい》1】答《こた》えは次《つぎ》のページ

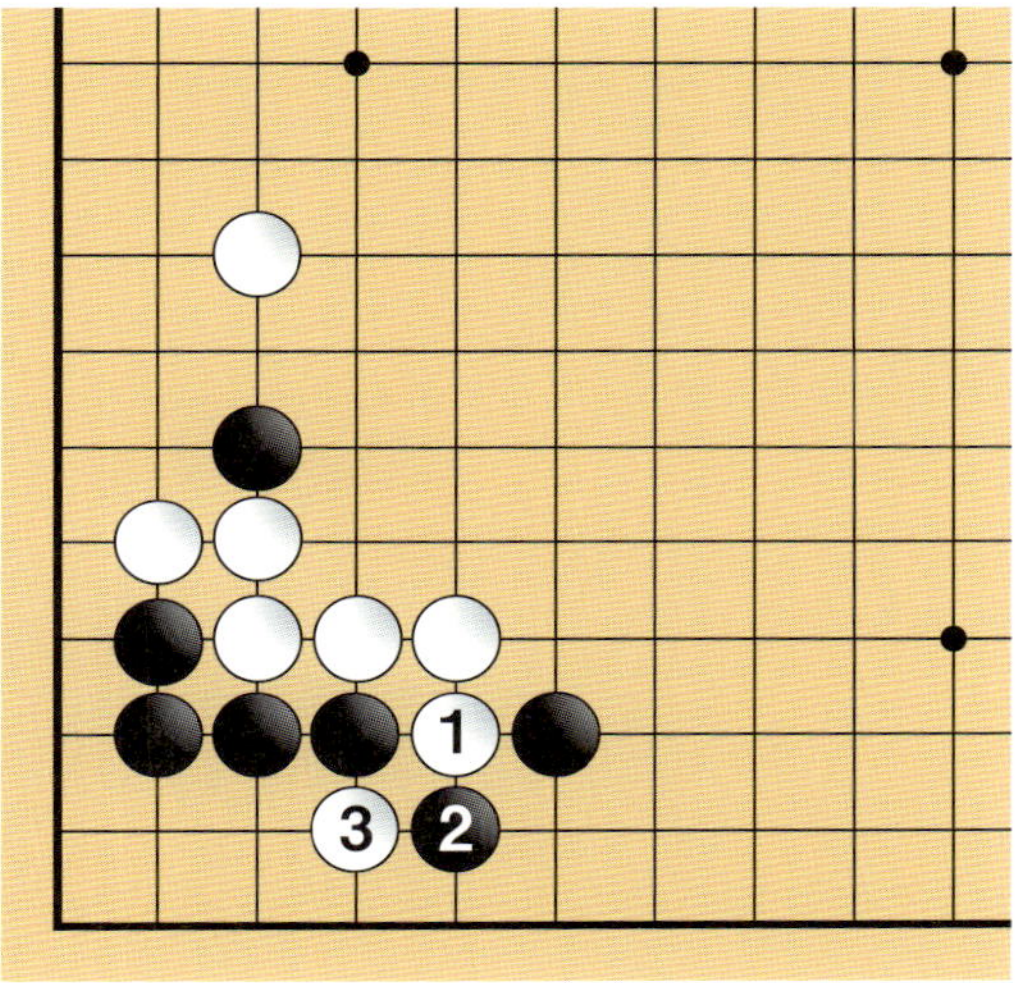

練習問題《れんしゅうもんだい》2

白番《しろばん》です。

黒《くろ》が❶と三々《さんさん》に入《はい》ってきました。黒《くろ》❸、❺と先《さき》にハネツグのは、手順《てじゅん》が正《ただ》しくありません。定石《じょうせき》を間違《まちが》えると、欠陥《けっかん》ができます。

白《しろ》はどう打《う》ちますか。

【練習問題《れんしゅうもんだい》2】答《こた》えは次《つぎ》のページ

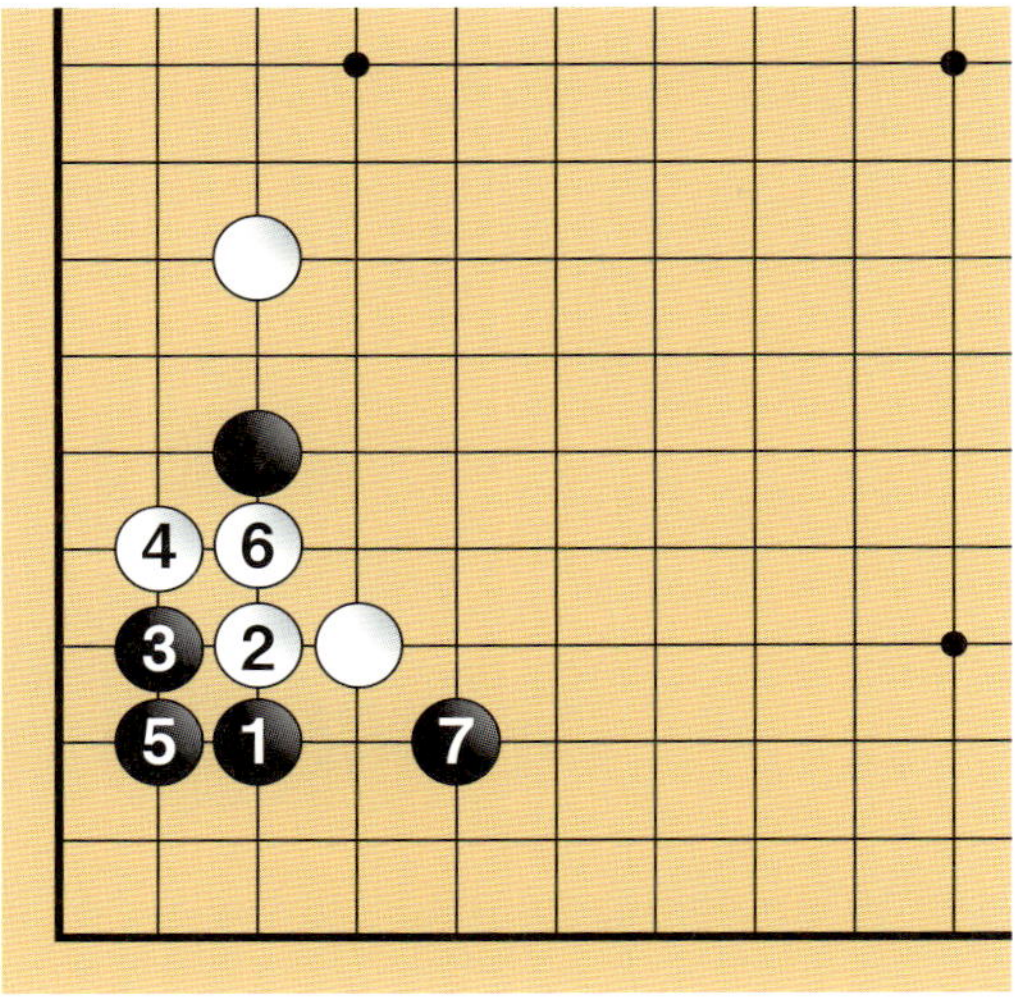

練習問題《れんしゅうもんだい》1の答《こた》え

【正解《せいかい》】 黒《くろ》❶とツグのがよい判断《はんだん》です。白《しろ》が②と打《う》ってきても、黒《くろ》❸で白《しろ》2子《し》を取《と》ることができます。
黒《くろ》は全体《ぜんたい》がつながっているのがわかりました。

【失敗《しっぱい》】 黒《くろ》❶と白《しろ》をアタリにすると、白《しろ》②と切《き》られます。黒《くろ》❸と取《と》っても、白《しろ》④で黒《くろ》1子《し》をシチョウに取《と》られます。
切《き》り離《はな》されてはいけません。

【正解《せいかい》】

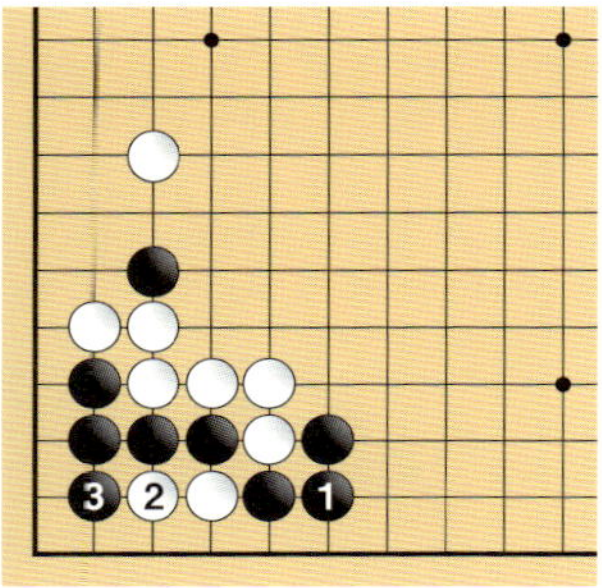

【失敗《しっぱい》】

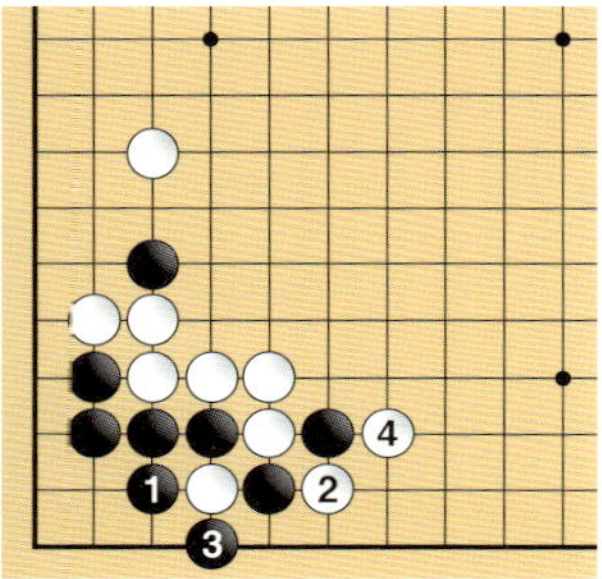

練習問題《れんしゅうもんだい》2の答《こた》え

【正解《せいかい》】 白《しろ》は直《ただ》ちに①と出《で》て③と切《き》ります。黒《くろ》は❹と取《と》るしかなく、白《しろ》は⑤、⑦と黒《くろ》1子《し》をシチョウに取《と》ることができました。
黒《くろ》1子《し》を切《き》り離《はな》されてしまうので、問題図《もんだいず》の黒《くろ》の手順《てじゅん》は間違《まちが》っているのです。

【正解変化《せいかいへんか》】 前図《ぜんず》黒《くろ》❹で❶とつないできたら、白《しろ》は②と打《う》ちます。
黒《くろ》❸には白《しろ》④で、黒《くろ》3子《し》を取《と》ることができました。

【正解《せいかい》】

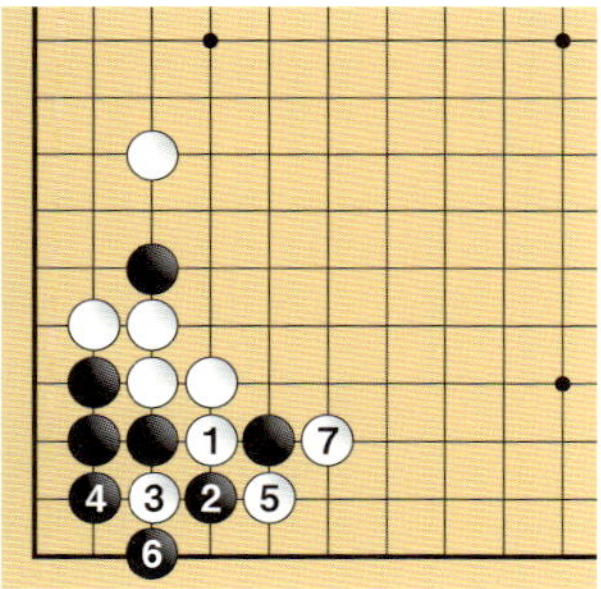

【正解変化《せいかいへんか》】

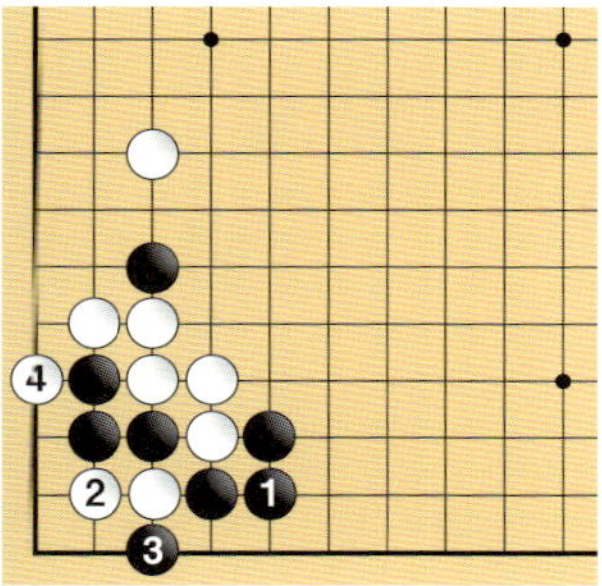

練習問題《れんしゅうもんだい》3

黒番《くろばん》です。
黒《くろ》が❶のカカリから❸とスベったとき、白《しろ》が④と打《う》ってきました。
黒《くろ》はどう打《う》ちますか。

【練習問題《れんしゅうもんだい》3】答《こた》えは次《つぎ》のページ

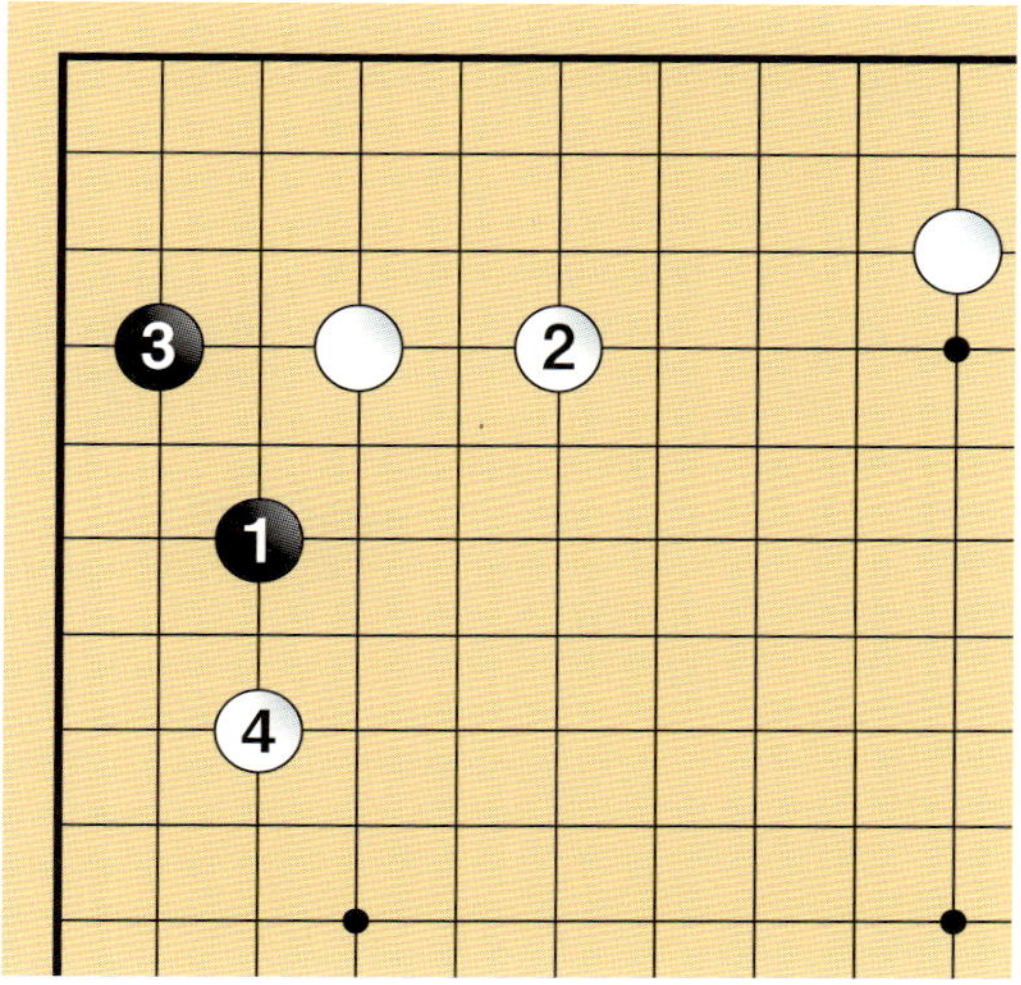

練習問題《れんしゅうもんだい》4

白番《しろばん》です。
黒《くろ》が❶のカカリから❸とスベって、白《しろ》④のときに黒《くろ》❺と打《う》ってきました。
黒《くろ》は大事《だいじ》な一手《いって》を忘《わす》れています。白《しろ》はどう打《う》ちますか。

【練習問題《れんしゅうもんだい》4】答《こた》えは次《つぎ》のページ

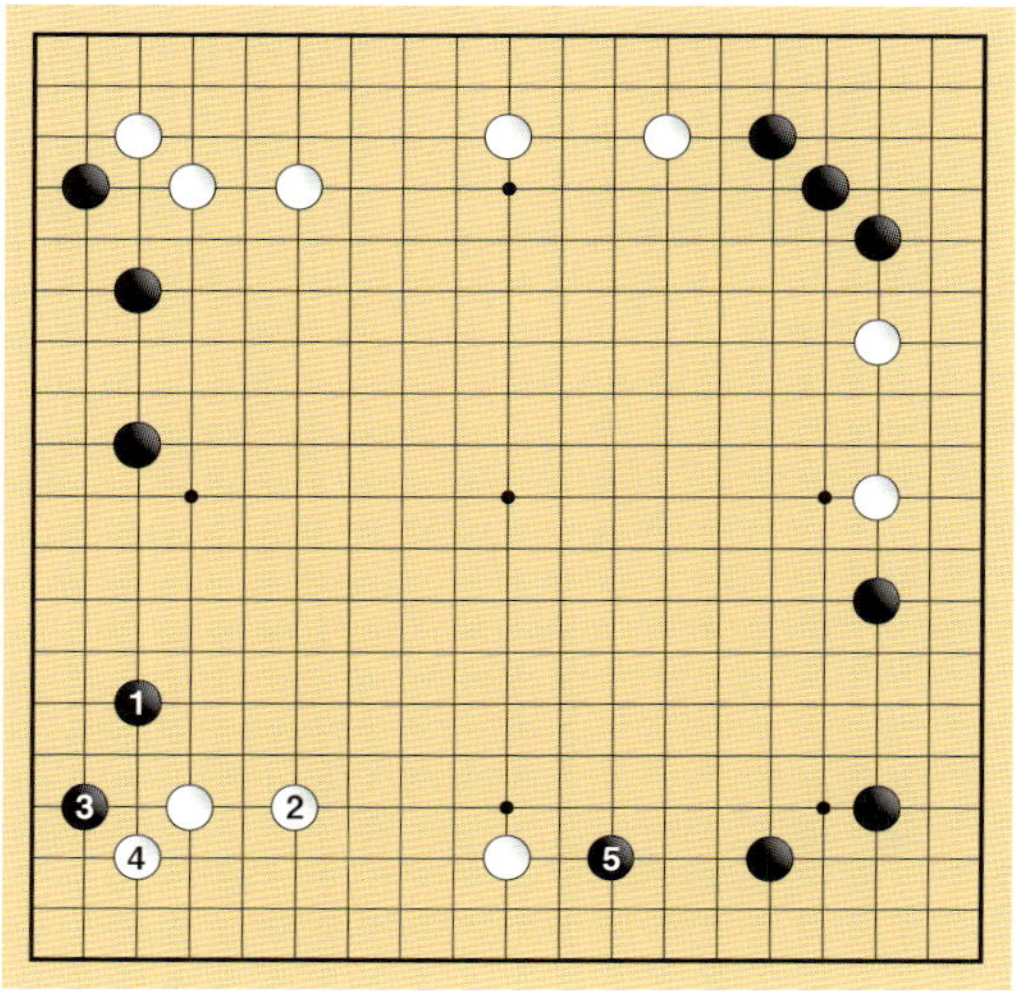

練習《れんしゅう》問題《もんだい》3の答《こた》え

【正解《せいかい》】 定石《じょうせき》を知《し》っていれば、答《こた》えは簡単《かんたん》。相手《あいて》が打《う》たなかったところに黒《くろ》❶と打《う》てばいいのです。

これで黒《くろ》は根拠《こんきょ》を得《え》ることができて、治《おさ》まることができました。

【失敗《しっぱい》】 黒《くろ》❶などと逃《に》げようとすると、白《しろ》②に打《う》たれてしまいます。

黒《くろ》は隅《すみ》にも辺《へん》にも根拠《こんきょ》がなく、とたんに弱《よわ》い石《いし》になってしまいました。

【正解《せいかい》】

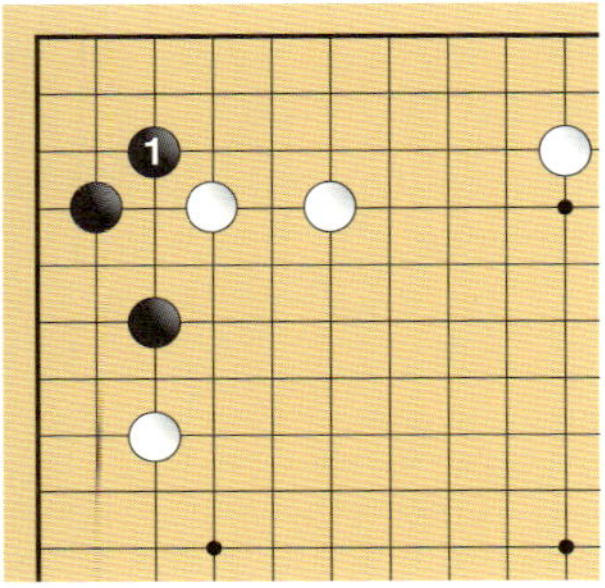

【失敗《しっぱい》】

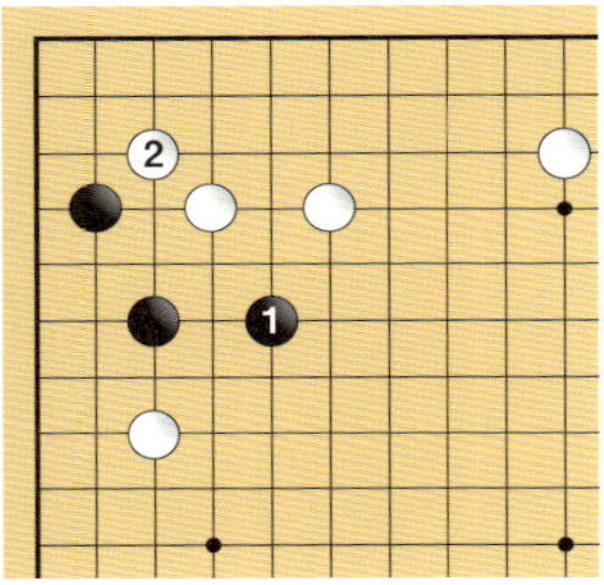

練習《れんしゅう》問題《もんだい》4の答《こた》え

【正解《せいかい》】 黒《くろ》がAと守《まも》らなかったのですから、すぐに白《しろ》①と打《う》ち込《こ》んで攻《せ》めましょう。

黒《くろ》❷には白《しろ》③とトビます。左下《ひだりした》の黒《くろ》は根拠《こんきょ》がなく、弱《よわ》い石《いし》です。

白《しろ》が①でなく他《ほか》へ打《う》つと、黒《くろ》Aに守《まも》られます。黒《くろ》にAも▲も打《う》たれては、失敗《しっぱい》です。

【正解《せいかい》】

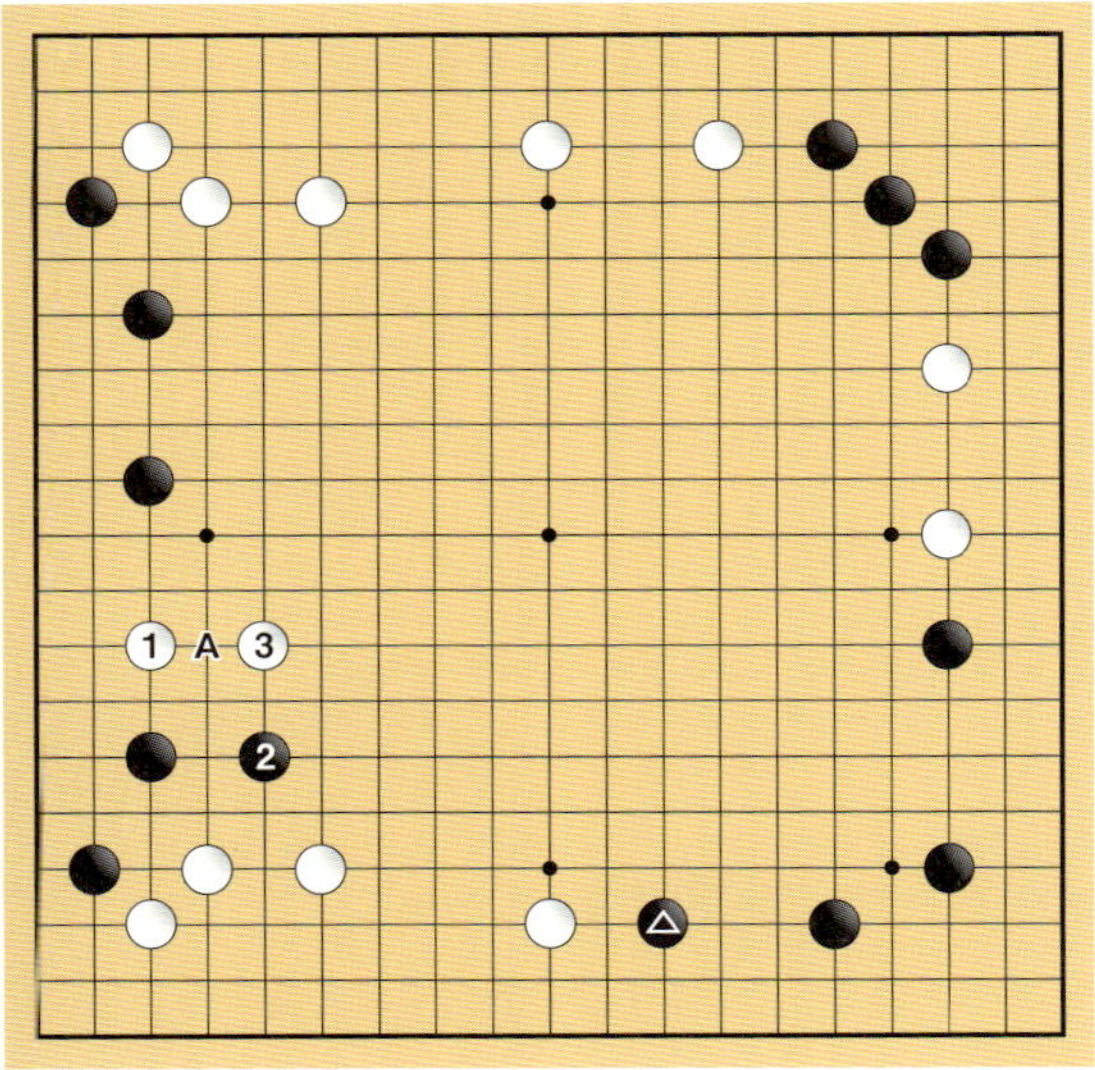

第六章《だいろくしょう》

石《いし》の生《い》き死《し》にの基本《きほん》

石《いし》の生《い》き死《し》に

石《いし》は呼吸点《こきゅうてん》（逃《に》げ道《みち》）を全部《ぜんぶ》ふさぐと取《と》れるというルールがありました。

もうひとつ、自分《じぶん》から呼吸点《こきゅうてん》のないところには打《う》ってはいけないという着手禁止《ちゃくしゅきんし》のルールもありましたね。

【図《ず》1】白《しろ》はこの黒《くろ》を取《と》れますか。

【図《ず》2】白《しろ》①と打《う》てば黒《くろ》の呼吸点《こきゅうてん》が全部《ぜんぶ》なくなるので、①と打《う》って黒《くろ》を取《と》っていいルールもありました。着手禁止《ちゃくしゅきんし》の例外《れいがい》ですね。

【図《ず》1】

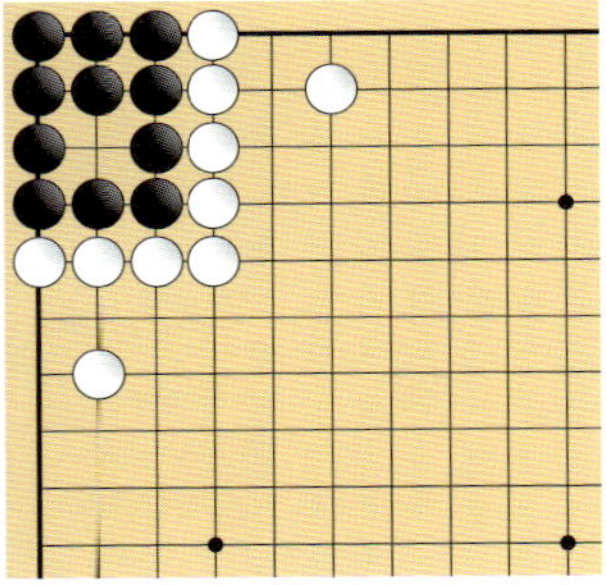

【図《ず》2】

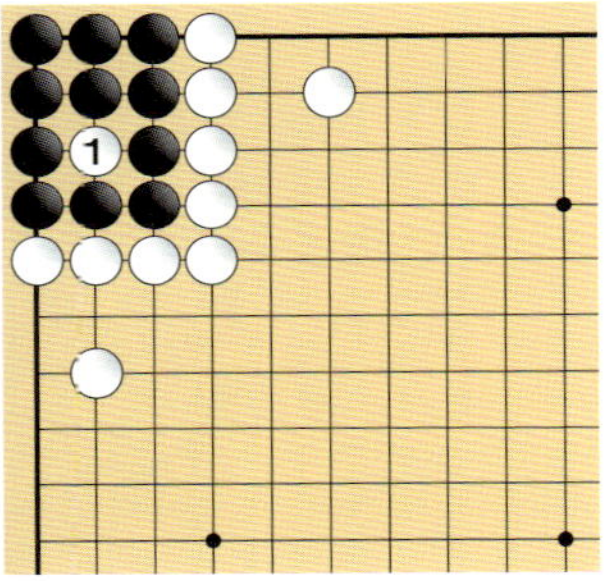

【図《ず》3】それではこの形《かたち》はどうでしょうか。白番《しろばん》で黒《くろ》を取《と》ることができますか。

白《しろ》はAにもBにも、打《う》っても黒《くろ》の呼吸点《こきゅうてん》があいていますので、打《う》つことができません。

着手禁止《ちゃくしゅきんし》のルールがあるからですね。

AやBの着手禁止点《ちゃくしゅきんしてん》のところを「眼《め》」といいます。

眼《め》がふたつ以上《いじょう》あると、石《いし》は絶対《ぜったい》取《と》られません。

取《と》られない石《いし》を「生《い》き」、眼《め》が1つ以下《いか》しかない石《いし》を「死《し》に」といいます。

生《い》き死《し》にの問題《もんだい》は、地《じ》のスペースが狭《せま》いときに起《お》こります。

【図《ず》3】

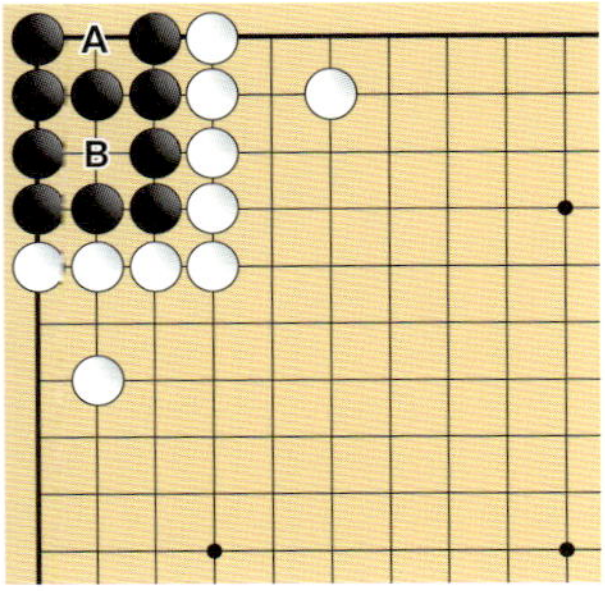

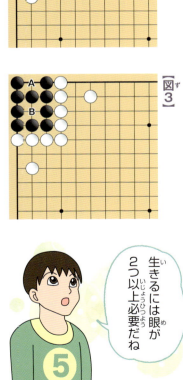

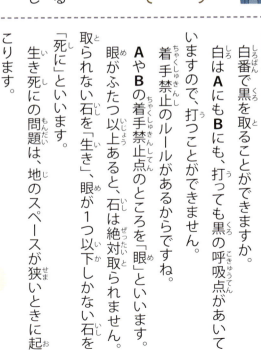

詰碁《つめご》とは

「詰碁《つめご》」とは主《おも》に生《い》き死《し》にに関《かん》しての問題《もんだい》のことです。詰碁《つめご》に強《つよ》くなれば、相手《あいて》の地《じ》の中《なか》に入《はい》って生《い》きる手段《しゅだん》が見《み》つけやすくなったり、相手《あいて》が自分《じぶん》の地《じ》に入《はい》ってきても石《いし》を取《と》ることができます。

【図《ず》1】　白番《しろばん》です。黒《くろ》が生《い》きないようにするには、どこに打《う》ったらいいでしょうか。

【図《ず》2】　白《しろ》①と打《う》てば、黒《くろ》は2つ眼《め》を作《つく》ることができず、死《し》にとなります。

【図《ず》3】　逆《ぎゃく》に黒《くろ》が❶と打《う》つと、眼《め》がふたつできますので、生《い》きとなります。

このように急所《きゅうしょ》は同《おな》じことが多《おお》いのです。「敵《てき》の急所《きゅうしょ》は我《わ》が急所《きゅうしょ》」という格言《かくげん》があります。

【図《ず》4】　それではこの形《かたち》はどうでしょうか。

黒《くろ》は眼《め》はふたつありますか？

△がアタリになっていますので、いずれ黒《くろ》はAにツガなければなりません。となると眼《め》はひとつ。この黒《くろ》は死《し》んでいるのです。

Aのように眼《め》のように見《み》えて眼《め》ではないところを「欠《か》け眼《め》」といいます。

【図《ず》1】

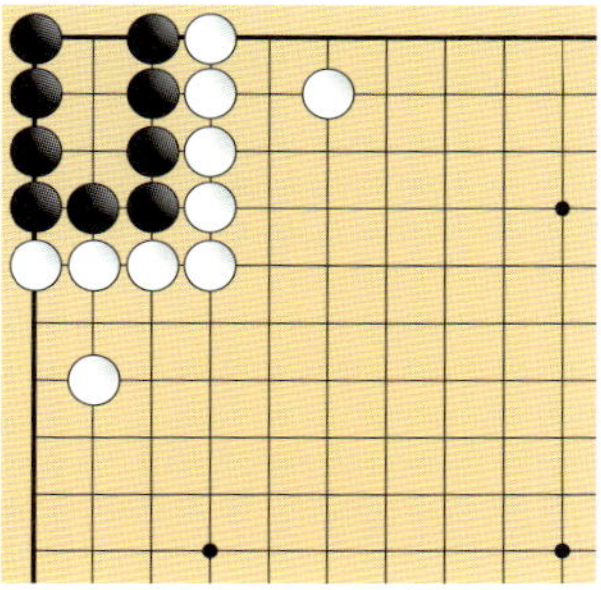

【図《ず》2】

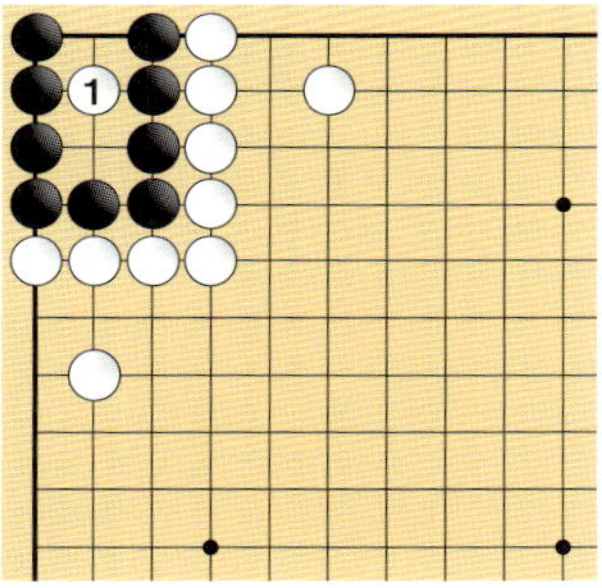

【図《ず》3】

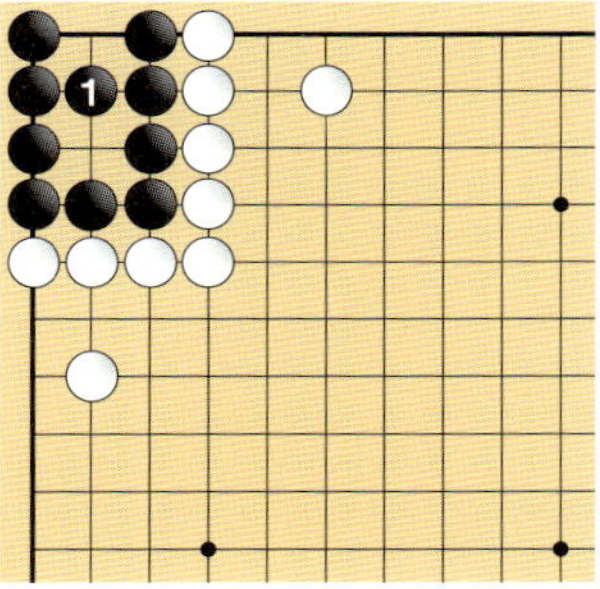

【図《ず》4】

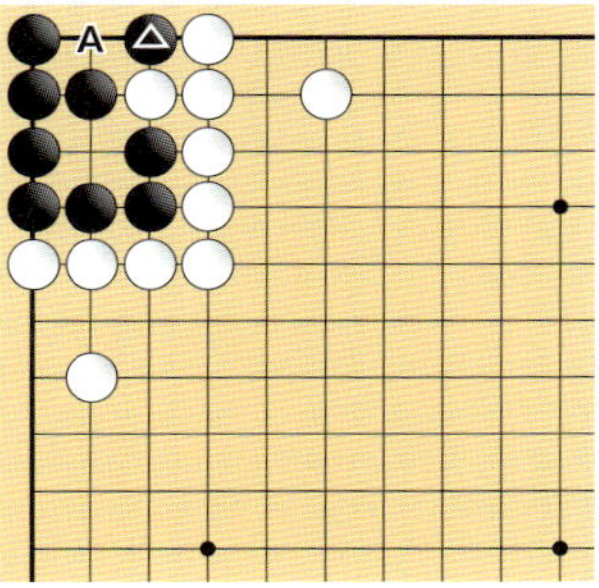

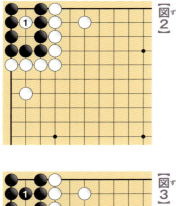

隅《すみ》の基本《きほん》の死活《しかつ》

【図《ず》1】

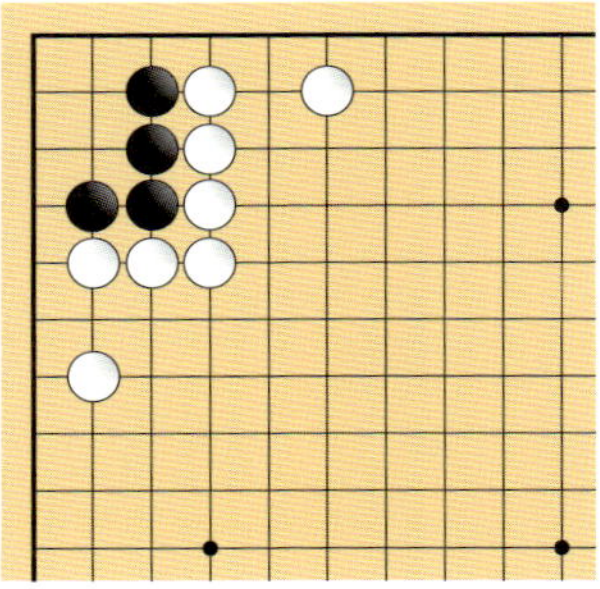

【図《ず》2】

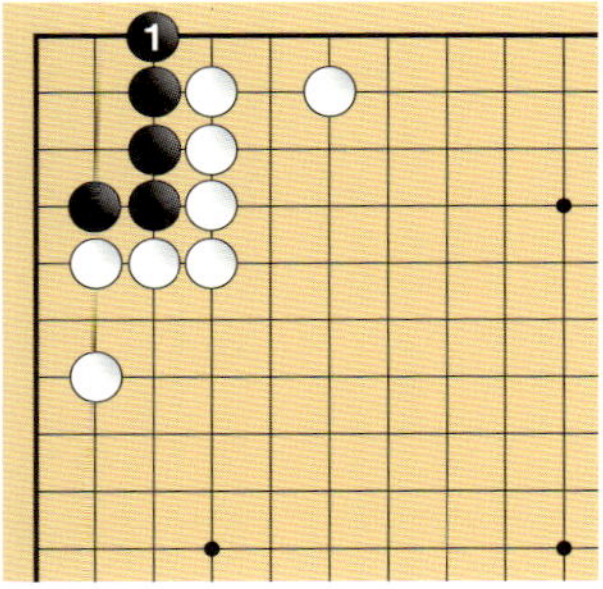

【図《ず》3】

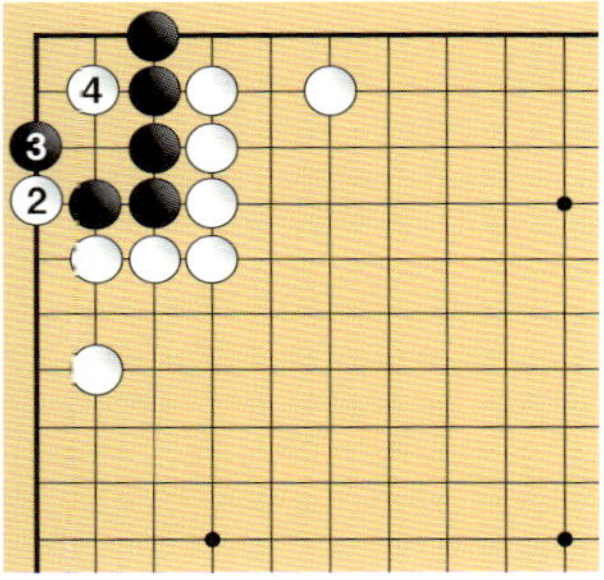

【図《ず》1】この形《かたち》の黒《くろ》は生《い》きることはできません。このくらいのスペースでは、死《し》ぬ可能性《かのうせい》があるという感《かん》じをつかんでください。

【図《ず》2】生《い》きるためにはスペースを広《ひろ》げることが第一歩《だいいっぽ》です。黒《くろ》が❶と打《う》って、スペースを広《ひろ》げたとしましょう。

【図《ず》3】黒《くろ》を取《と》りたい白《しろ》は、②とスペースを狭《せば》めます。黒《くろ》❸のアタリのときに、かまわず白《しろ》④と打《う》って、2つ眼《め》を作《つく》らせないのが大切《たいせつ》です。

白《しろ》②の1子《し》は取《と》っても欠《か》け眼《め》です。

【図《ず》4】2眼《がん》できるように、黒《くろ》❶と区切《くぎ》るのはどうでしょうか。

【図《ず》5】白《しろ》②が急所《きゅうしょ》です。白《しろ》が打《う》って、呼吸点《こきゅうてん》がもっとも多《おお》い地点《ちてん》が、急所《きゅうしょ》の目安《めやす》です。黒《くろ》が❸と遮《さえぎ》ってきたら、白《しろ》④とスペースを狭《せば》めます。黒《くろ》❺には白《しろ》⑥と打《う》てば、黒《くろ》は2眼作《がんつく》ることはできません。黒《くろ》❼と抜《ぬ》いても白《しろ》⑧でアタリですので、④のところは欠《か》け眼《め》です。

【図《ず》4】

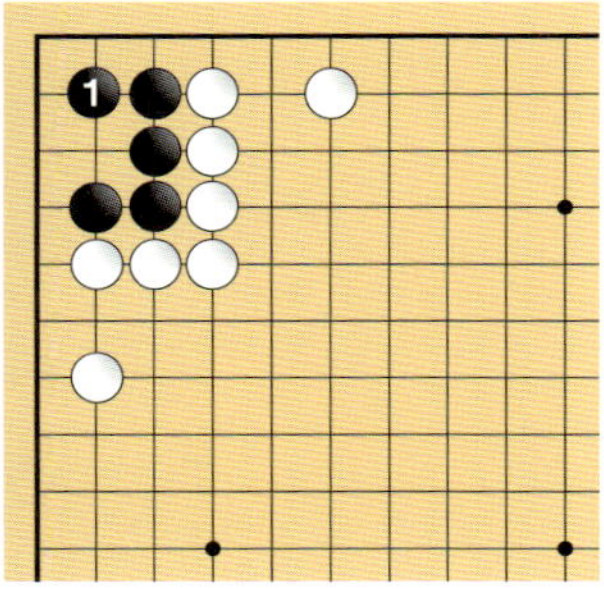

【図《ず》5】

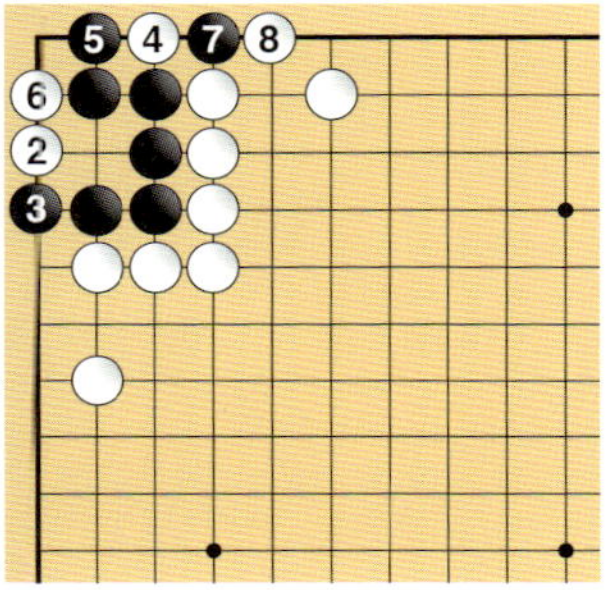

【図《ず》6】

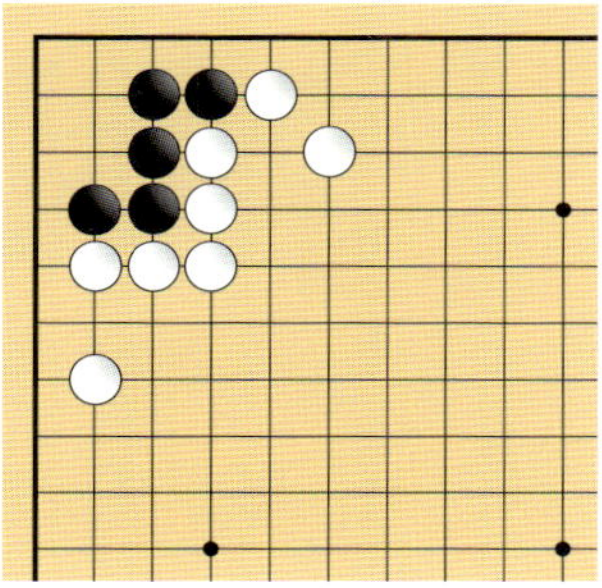

【図《ず》6】 黒地《くろじ》を少《すこ》し大《おお》きくしました。

この形《かたち》は、早《はや》い者勝《ものが》ちです。

白《しろ》から打《う》てば死《し》ぬし、黒《くろ》から打《う》てば生《い》きます。

【図《ず》7】

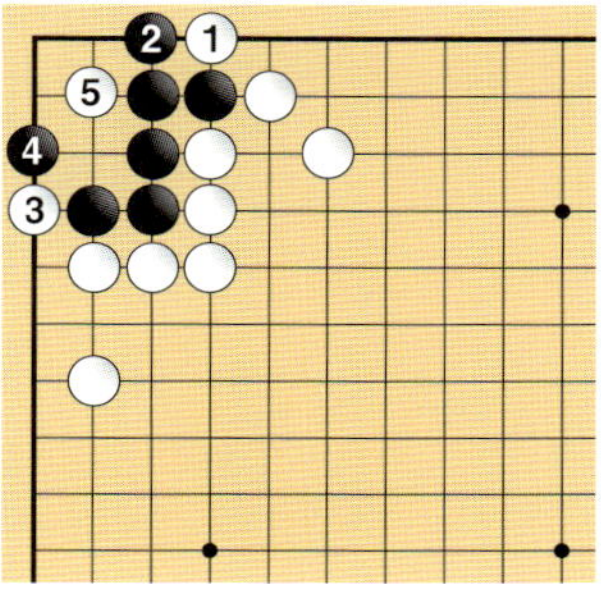

【図《ず》7】 白《しろ》は①、③とスペースを狭《せば》めます。

白《しろ》①、③の2子《し》はアタリですが、取《と》られても欠《か》け眼《め》ですから、アタリにツがなくても大丈夫《だいじょうぶ》。白《しろ》⑤まで、黒《くろ》は死《し》にました。

【図《ず》8】

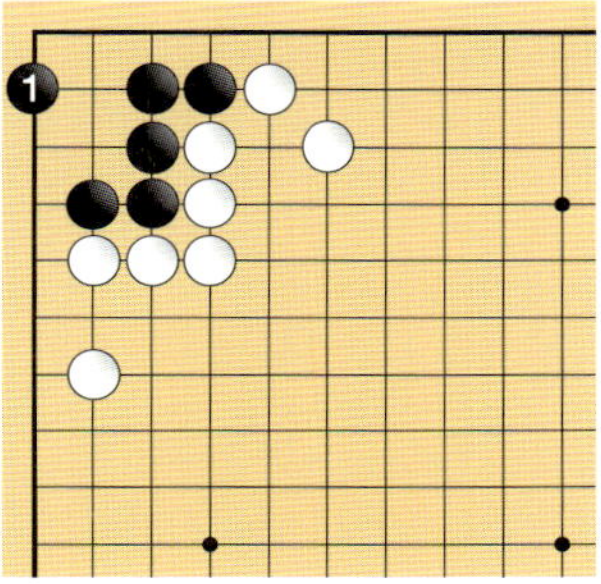

【図《ず》8】 黒《くろ》からは、❶と急所《きゅうしょ》に打《う》って、2つ眼《め》ができるように区切《くぎ》ります。

❶は第《だい》2線《せん》と第《だい》1線《せん》の交点《こうてん》で、隅《すみ》の死活《しかつ》の急所《きゅうしょ》になりやすいところです。

「2の1の急所《きゅうしょ》」と呼《よ》ばれています。

【図《ず》9】

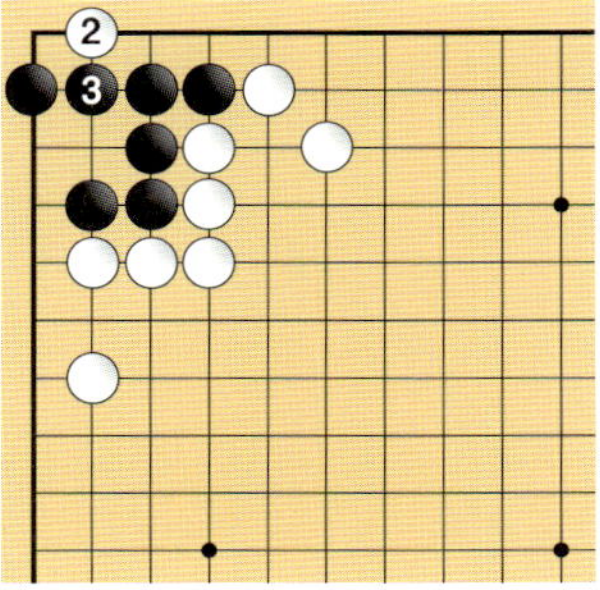

【図《ず》9】 「2の1の急所《きゅうしょ》」を打《う》たれたら、残《のこ》った「2の1の急所《きゅうしょ》」に白《しろ》は②と打《う》つのがほぼ絶対《ぜったい》です。両方《りょうほう》を黒《くろ》に打《う》たれると、黒《くろ》に眼《め》ができます。

黒《くろ》は❸と2眼《め》できるように区切《くぎ》ります。

【図《ず》10】

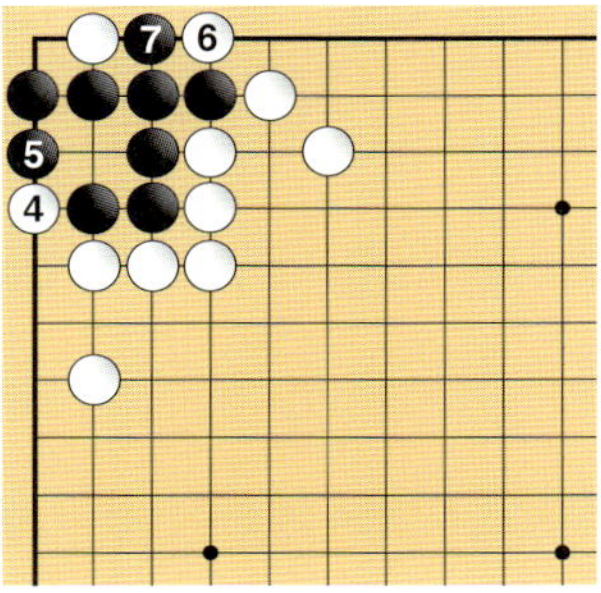

【図《ず》10】 白《しろ》④、⑥とスペースを狭《せば》めてきても、黒《くろ》❼まで2つ眼《め》を確保《かくほ》できました。

黒《くろ》から打《う》てば、この形《かたち》は生《い》きているのです。

【図《ず》11】　また少《すこ》し黒《くろ》のスペースを広《ひろ》げました。この形《かたち》の黒《くろ》は生《い》きています。
　この程度《ていど》の広《ひろ》さになったら、生《い》きられるという感《かん》じをつかんでください。

【図《ず》11】

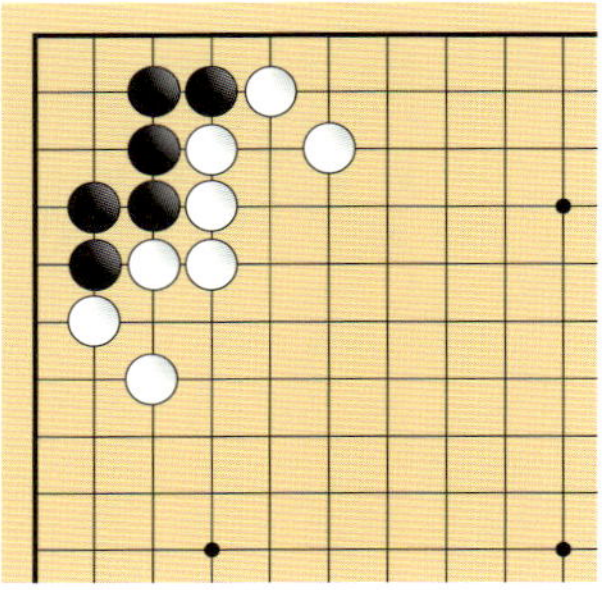

【図《ず》12】

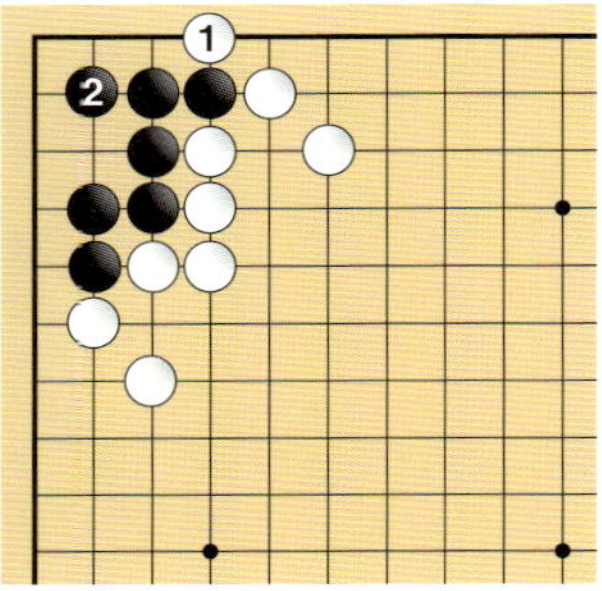

【図《ず》12】　白《しろ》①とスペースを狭《せば》めてきました。黒《くろ》は❷と2眼《め》になるよう区切《くぎ》ります。

【図《ず》13】　白《しろ》③には黒《くろ》❹でスペースが2カ所《しょ》になりました。白《しろ》⑤には黒《くろ》❻、白《しろ》⑦には黒《くろ》❽で2つ眼《め》ができています。黒《くろ》生《い》きです。

【図《ず》13】

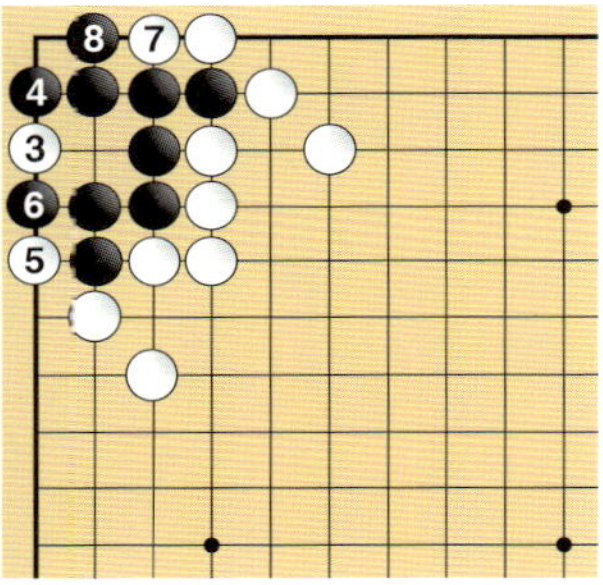

【図《ず》14】　白《しろ》①のハネなら、黒《くろ》❷の「2の1」で区切《くぎ》ります。

【図《ず》15】　白《しろ》③には黒《くろ》❹で、❽まで2つ眼《め》を作《つく》ることができました。

【図《ず》14】

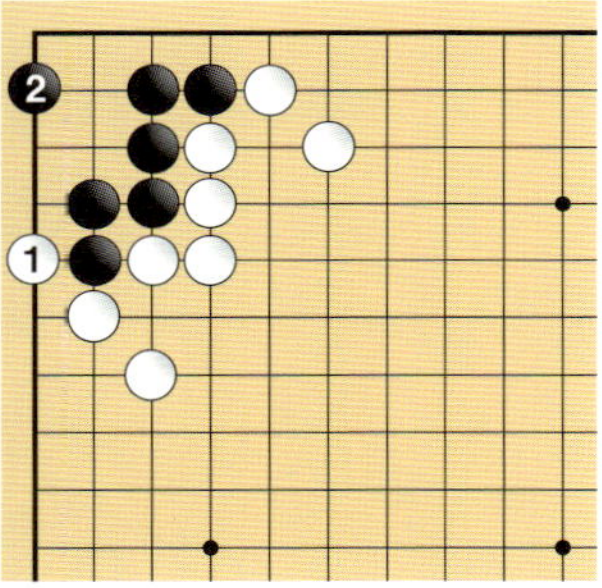

【図《ず》15】

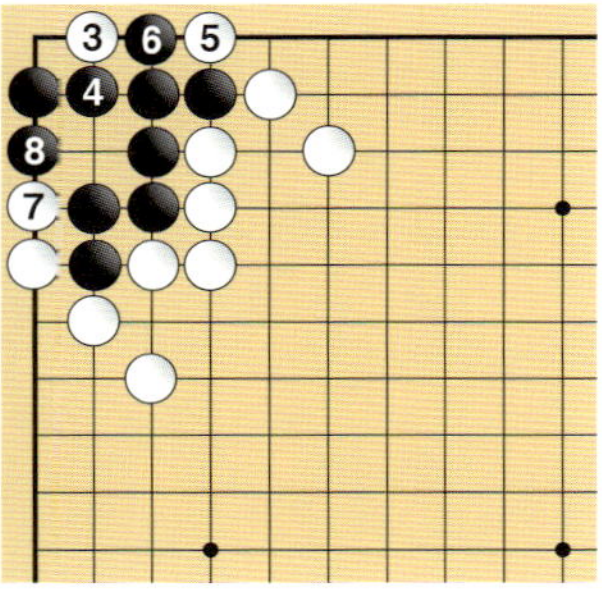

以上《いじょう》の形《かたち》は、生《い》きたり死《し》んだりする手《て》が何通《なんとお》りかあるので、正式《せいしき》には詰碁《つめご》とはいいません。詰碁《つめご》は答《こた》えが1つと決《き》まっていて、1つ以上解答《いじょうかいとう》があったり、なかったりすると「失題《しつだい》（失敗《しっぱい》の問題《もんだい》）」となります。

【図《ず》16】それでは、これまでわかったことが実戦《じっせん》でどう役《やく》に立《だ》つかを見《み》ていきます。
△の小目《こもく》からの小ゲイマジマリは、地《じ》になりやすいとお話《はな》ししました。それは△の中《なか》に入《はい》ってきても、黒《くろ》が生《い》きることができないからです。

【図《ず》17】黒《くろ》が❶と入《はい》ってきました。白《しろ》は囲《かこ》むように②と打《う》つのが大切《たいせつ》です。
黒《くろ》❸と打《う》ってきたときが肝心《かんじん》です。

【図《ず》18】白《しろ》は④とサガって、黒《くろ》のスペースを狭《せば》めます。いくら眼《め》を奪《うば》っても、周囲《しゅうい》の白《しろ》が取《と》られて脱出《だっしゅつ》されては石《いし》を取《と》ることはできません。

【図《ず》16】
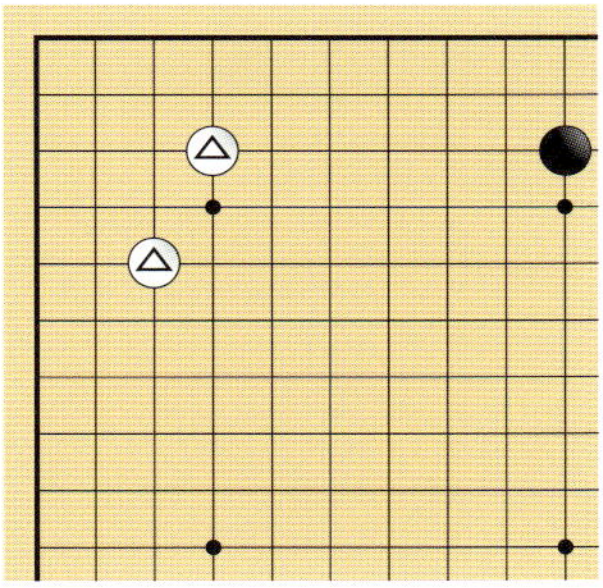

【図《ず》17】
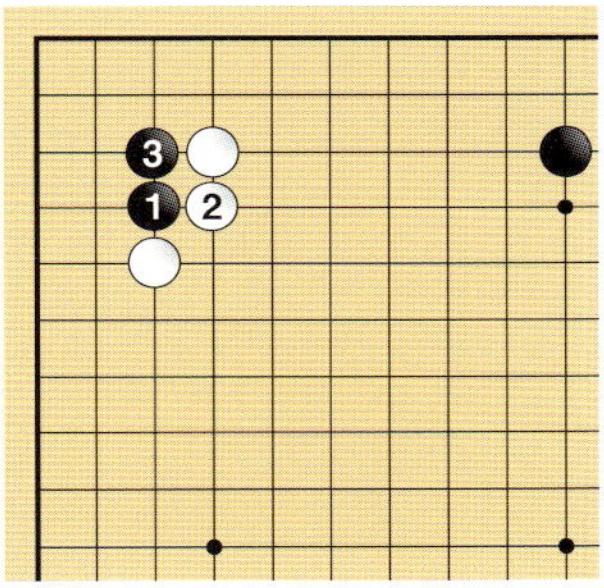

黒《くろ》❺、❼とハネツいだときに、白《しろ》⑧と断点《だんてん》を守《まも》るヒマがあることに気《き》がつきましたか。
黒《くろ》❾とオサえた形《かたち》に見覚《みおぼ》えがあるでしょう？図《ず》6と同《おな》じですね。
隅《すみ》の基本《きほん》はこのようによく登場《とうじょう》するのです。
ここで白番《しろばん》ですので……。

【図《ず》19】白《しろ》①、③とハネてスペースを狭《せば》め、白《しろ》⑤と打《う》てば黒死《くろし》にとなります。
黒地《くろじ》が5目《もく》あるところで死《し》にとなるこの形《かたち》を「5目《もく》ナカデ」と呼《よ》びます。「ナカデ」とは真《ま》ん中《なか》において殺《ころ》す打《う》ち方《かた》のことです。

【図《ず》18】
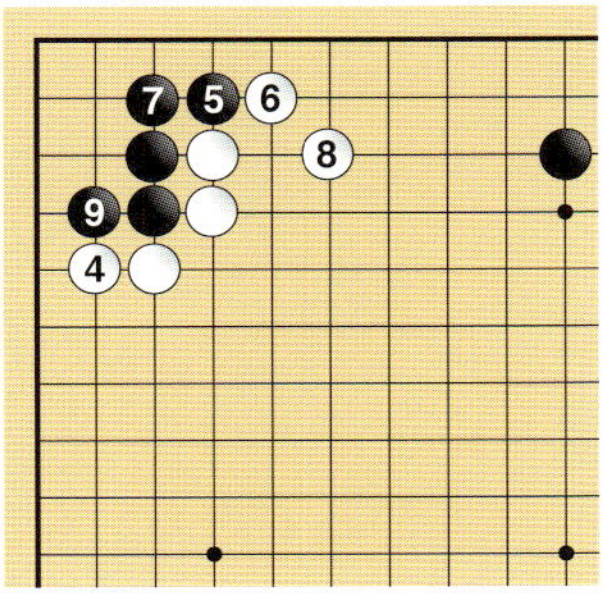

【図《ず》19】
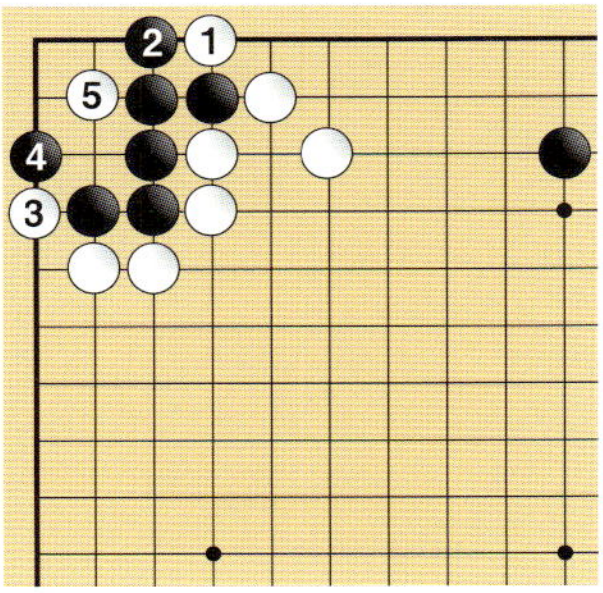

【図《ず》20】このふたつの黒《くろ》は、「3目《もく》ナカデ」で死《し》んでいます。

【図《ず》21】この黒《くろ》は、このまま死《し》んでいます。

【図《ず》22】黒《くろ》が❶と打《う》っても白《しろ》②で3目《もく》ナカデです。

【図《ず》23】黒《くろ》❶でも白《しろ》②でやはり3目《もく》ナカデです。

【図《ず》24】第《だい》2線《せん》に黒《くろ》が7子《し》並《なら》んでいます。この形《かたち》は

辺《へん》の死活《しかつ》の基本《きほん》で、早《はや》い者勝《ものが》ち。白《しろ》から打《う》てば死《し》にで、黒《くろ》から打《う》てば生《い》きです。

【図《ず》25】白《しろ》は①、③とハネてまずはスペースを狭《せば》めます。すると、3目《もく》ナカデの格好《かっこう》が見《み》えてきます。白《しろ》⑤と急所《きゅうしょ》に打《う》って、黒《くろ》を取《と》ることができました。[1]スペースを狭《せば》め、[2]急所《きゅうしょ》に打《う》つ、この順番《じゅんばん》が基本《きほん》です。

【図《ず》26】黒番《くろばん》なら❶とスペースを広《ひろ》げます。白《しろ》②には黒《くろ》❸で生《い》きています。なお、❶で②でも生《い》きています。

【図《ず》20】
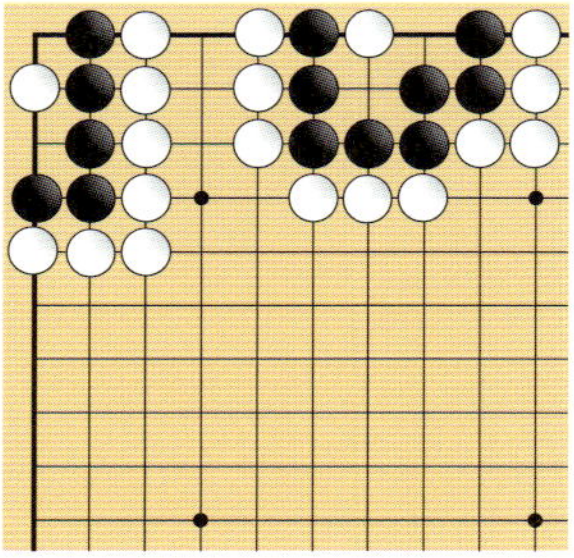

【図《ず》21】
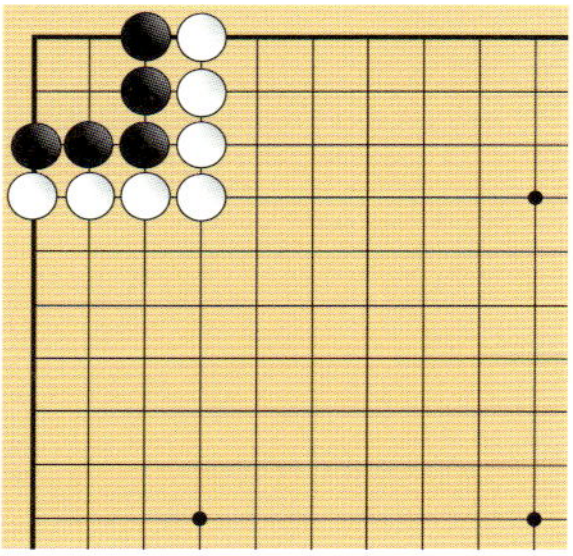

【図《ず》22】
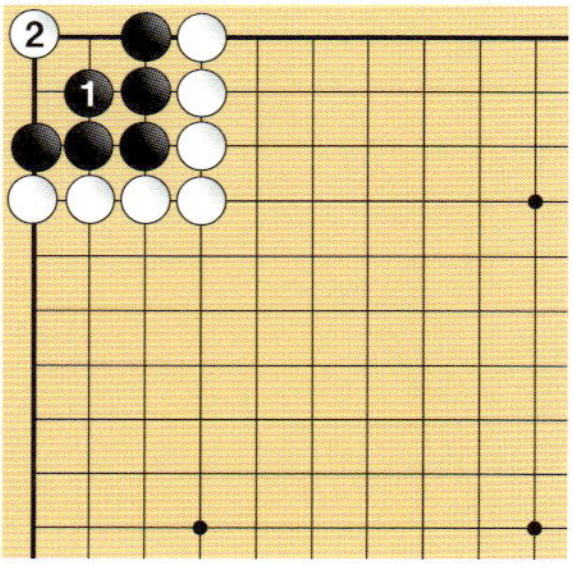

【図《ず》23】
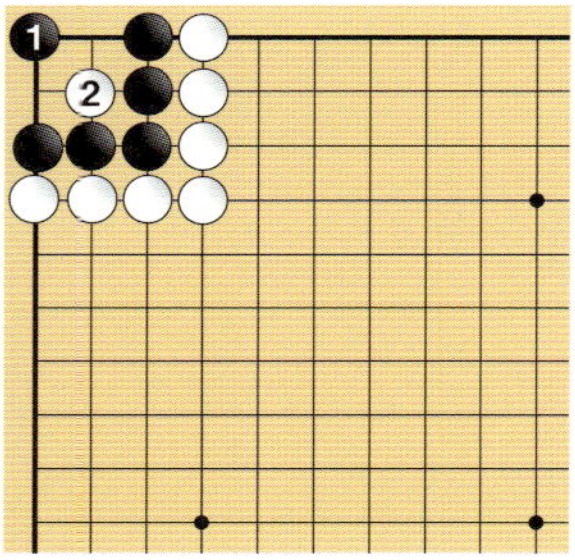

【図《ず》24】
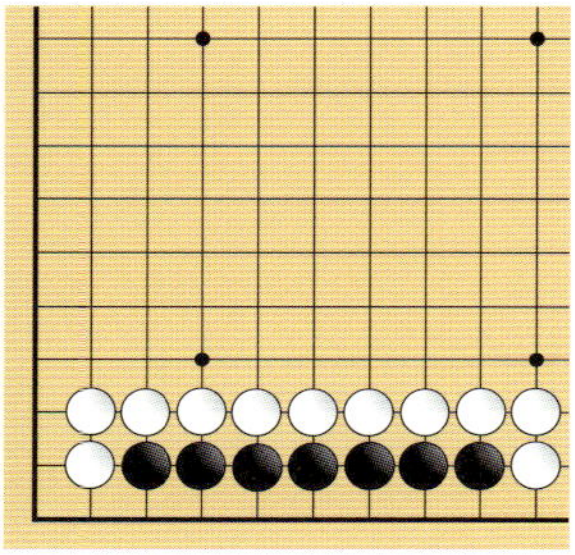

【図《ず》25】
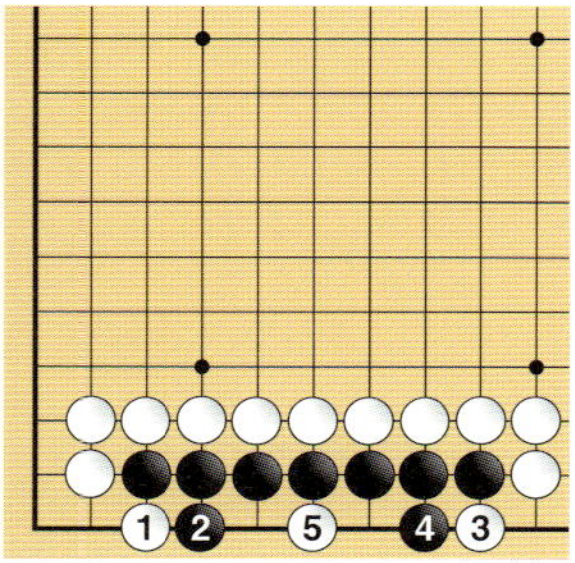

【図《ず》26】
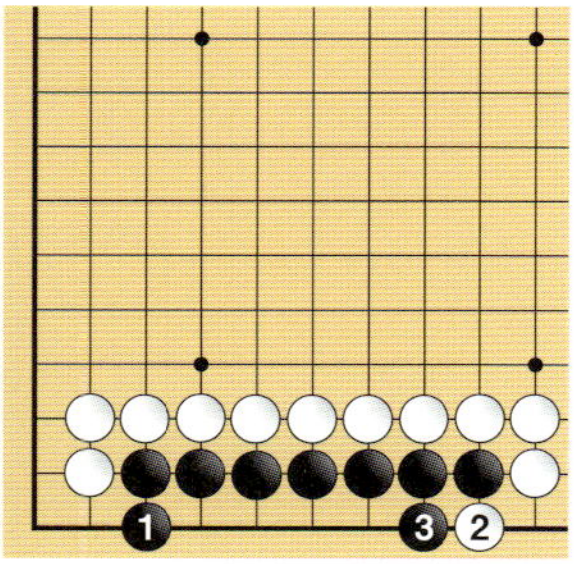

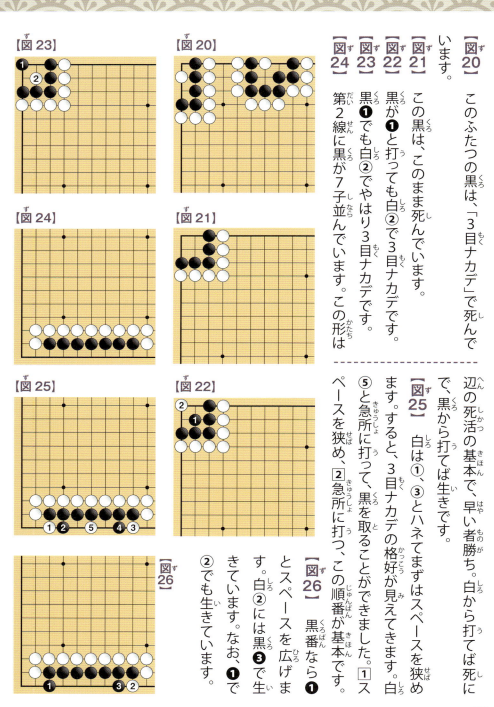

さあ、練習問題《れんしゅうもんだい》で試《ため》してみよう！

練習問題《れんしゅうもんだい》1

白番《しろばん》です。黒《くろ》を取《と》ってください。「4目《もく》ナカデ」になりますよ。

【練習問題《れんしゅうもんだい》1】答《こた》えは次《つぎ》のページ

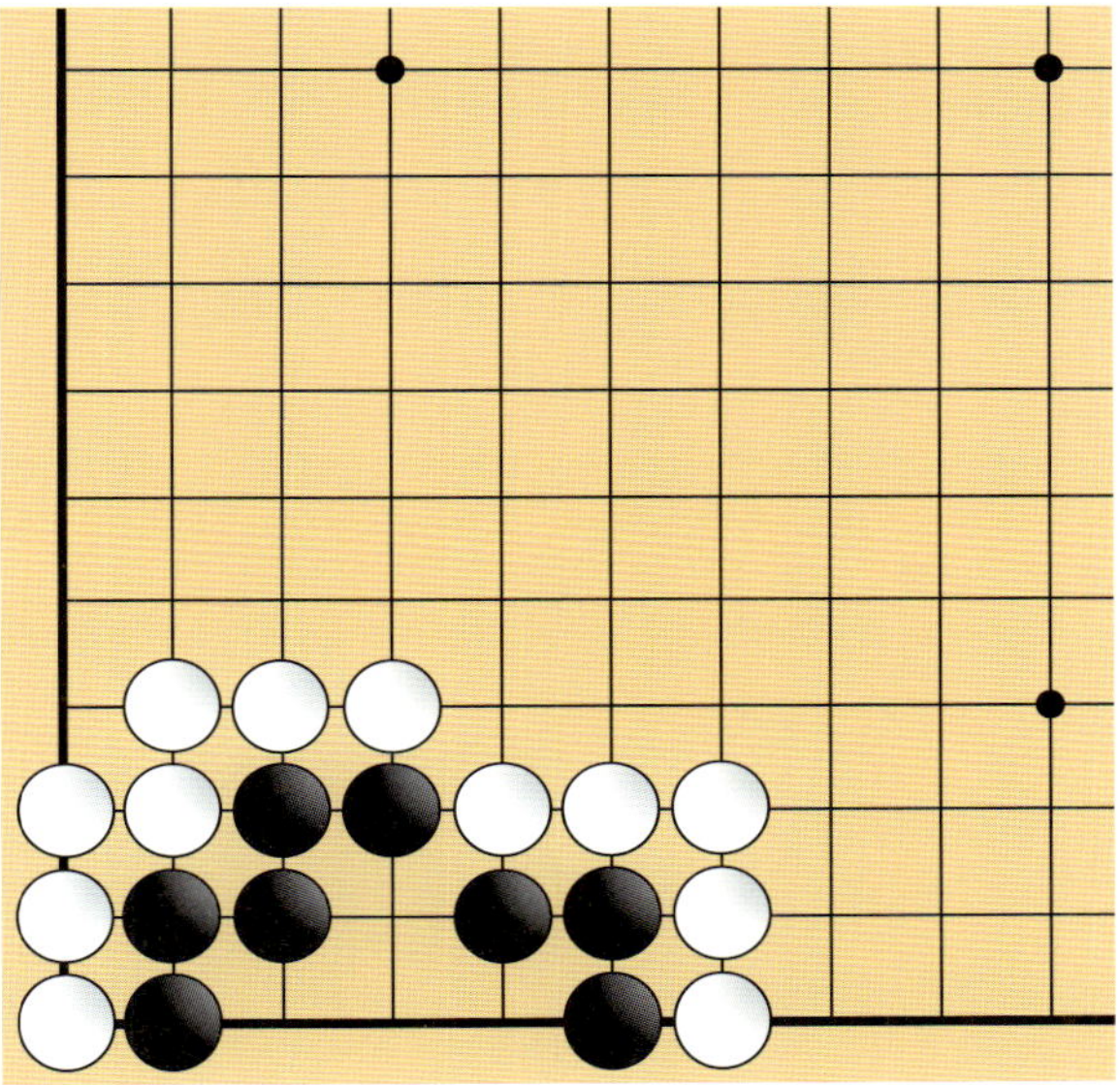

練習問題《れんしゅうもんだい》2

黒番《くろばん》です。生《い》きるためにはスペースを広《ひろ》げることが大切《たいせつ》でしたね。

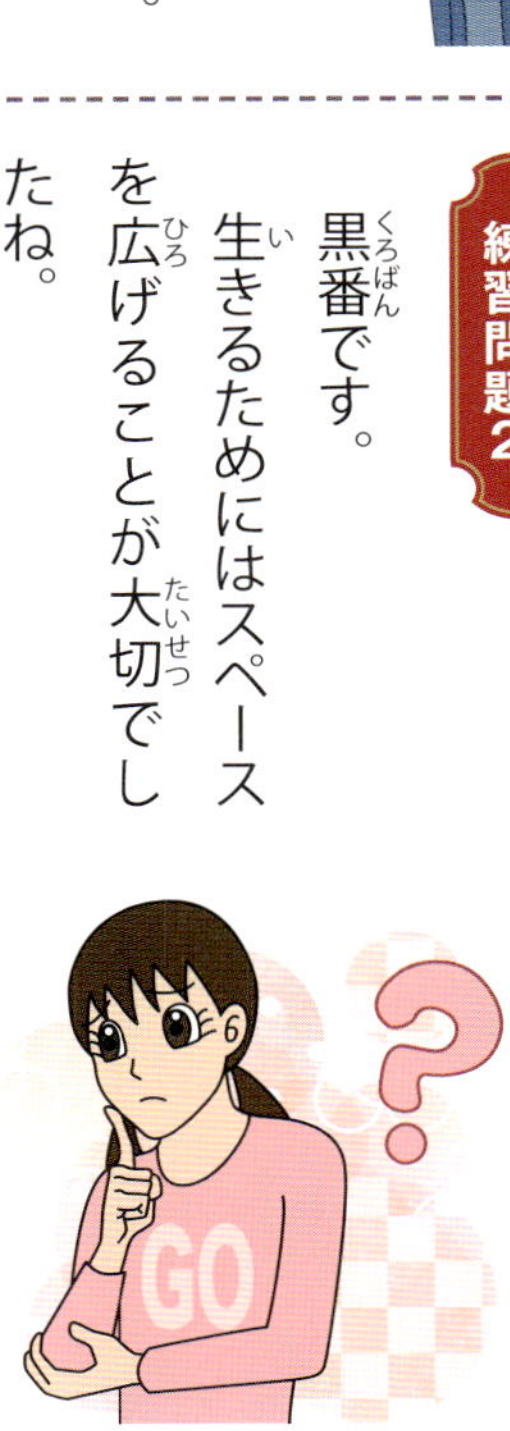

【練習問題《れんしゅうもんだい》2】答《こた》えは次《つぎ》のページ

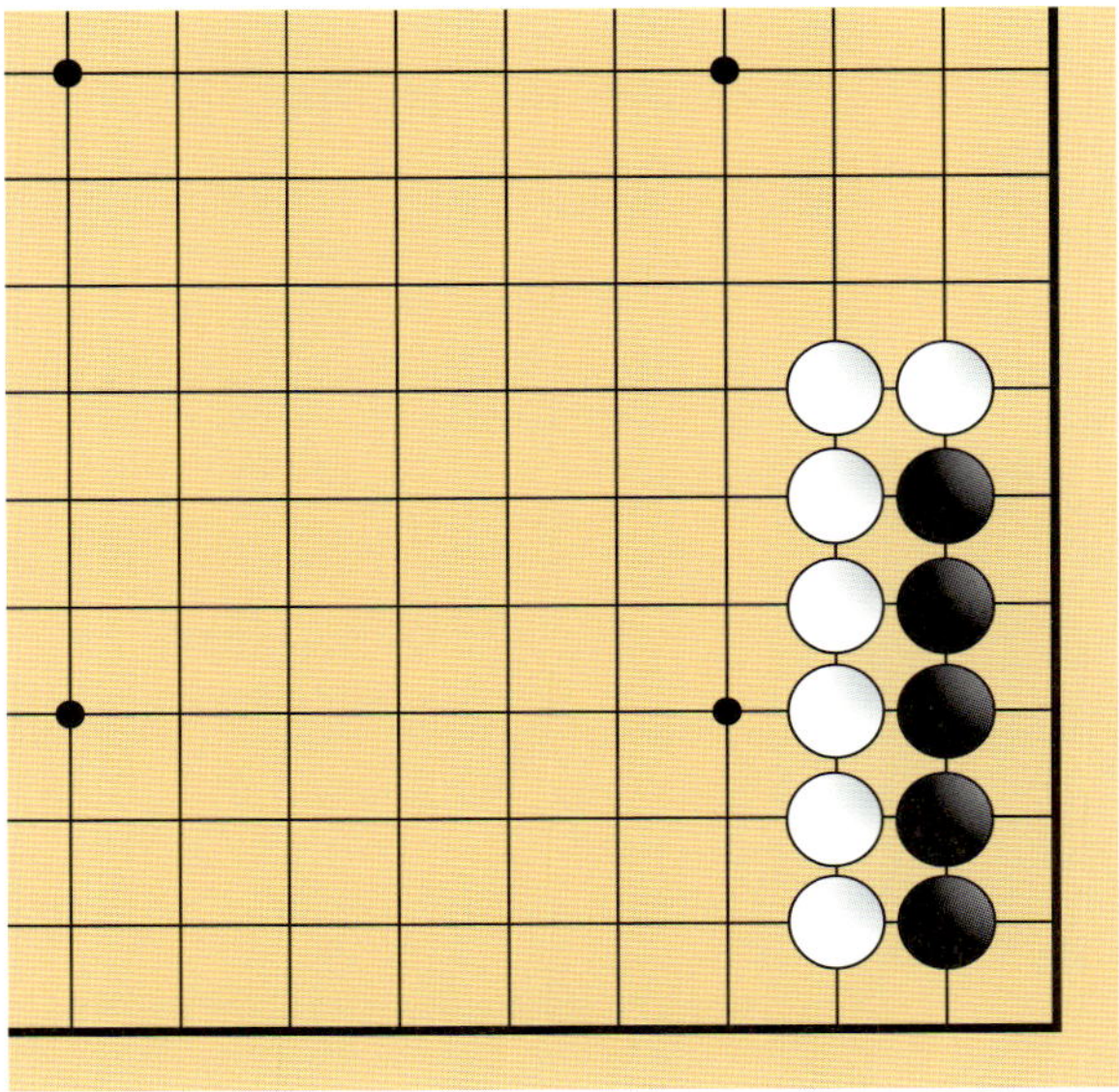

練習問題《れんしゅうもんだい》1の答《こた》え

【正解《せいかい》】白《しろ》①が急所《きゅうしょ》で、ナカデになりました。

黒地《くろじ》の中《なか》で、白《しろ》が打《う》つともっとも呼吸点《こきゅうてん》が多《おお》いところが急所《きゅうしょ》になります。

もっとも呼吸点《こきゅうてん》が多《おお》いところを、囲碁《いご》では「真《ま》ん中《なか》」ということがあります。

【参考《さんこう》】黒《くろ》なら❶と真《ま》ん中《なか》に打《う》てば、生《い》きることができます。着手禁止点《ちゃくしゅきんしてん》（眼《め》）が3つできました。

他《ほか》のところはどこに打《う》っても生《い》きることができません。

【正解《せいかい》】

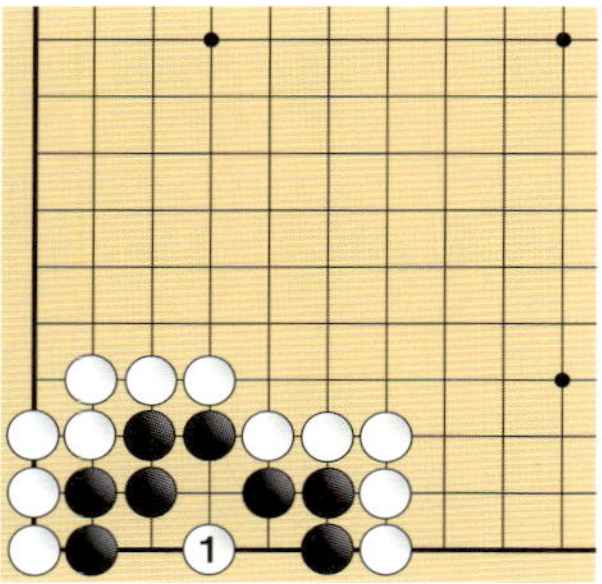

【参考《さんこう》】

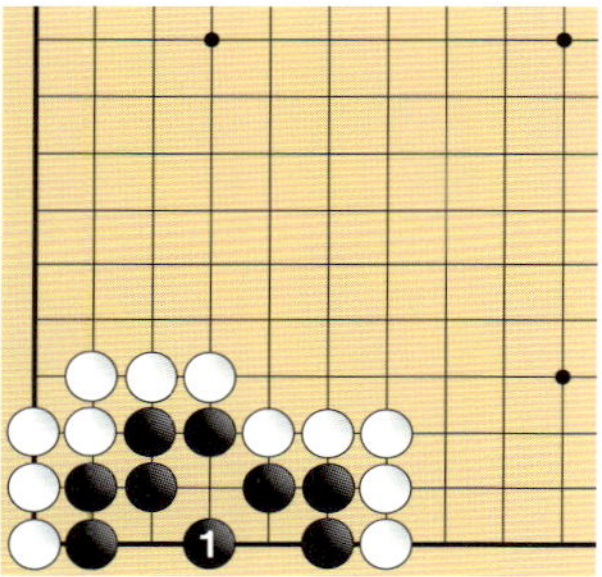

練習問題《れんしゅうもんだい》2の答《こた》え

【正解《せいかい》】黒《くろ》❶と隅《すみ》のほうでスペースを広《ひろ》げます。白《しろ》が②と狭《せば》めても、黒《くろ》❸で生《い》きています。

黒《くろ》は地《じ》が4目《もく》あります。まっすぐの4目《もく》は、真《ま》ん中《なか》が**a**とbの2カ所《しょ》あるので、例《たと》えば白《しろ》が**a**ときたら黒《くろ》**b**、または白《しろ》が**b**ときたら黒《くろ》**a**と打《う》てば2つ眼《め》を作《つく》ることができます。どちらか打《う》たれたら、どちらかに打《う》てる、という状況《じょうきょう》を、「見合《みあ》い」といいます。黒《くろ》は**a**と**b**、見合《みあ》いで生《い》きていると表現《ひょうげん》します。

【失敗《しっぱい》】黒《くろ》❶だと白《しろ》②、④で3目《もく》ナカデになります。

【正解《せいかい》】

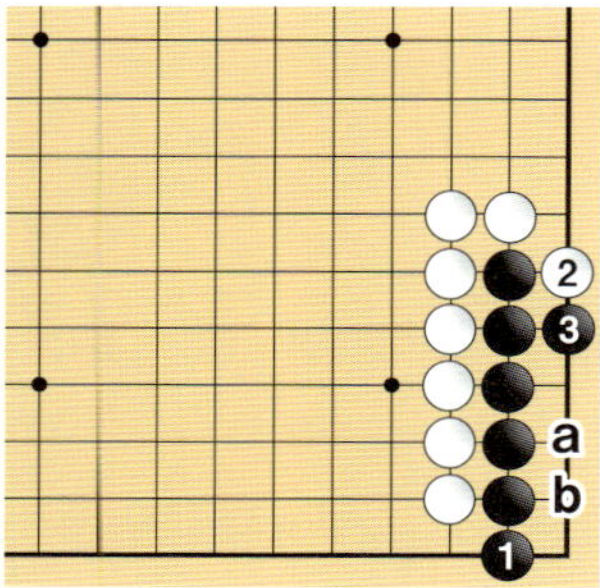

【失敗《しっぱい》】

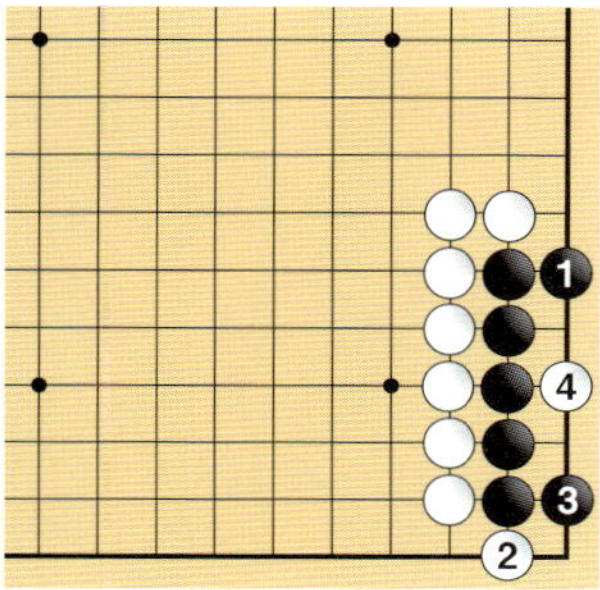

練習問題《れんしゅうもんだい》3

白番《しろばん》です。三々定石《さんさんじょうせき》からできる形《かたち》です。△と▲の交換《こうかん》がありますが、□の形《かたち》を見《み》れば見覚《みおぼ》えがあるでしょう。全《まった》く一緒《いっしょ》ではありませんが、図《ず》11（ページ120）の形《かたち》と同《おな》じです。

黒《くろ》❶に対《たい》して、どう打《う》ちますか。

【練習問題《れんしゅうもんだい》3】答《こた》えは次《つぎ》のページ

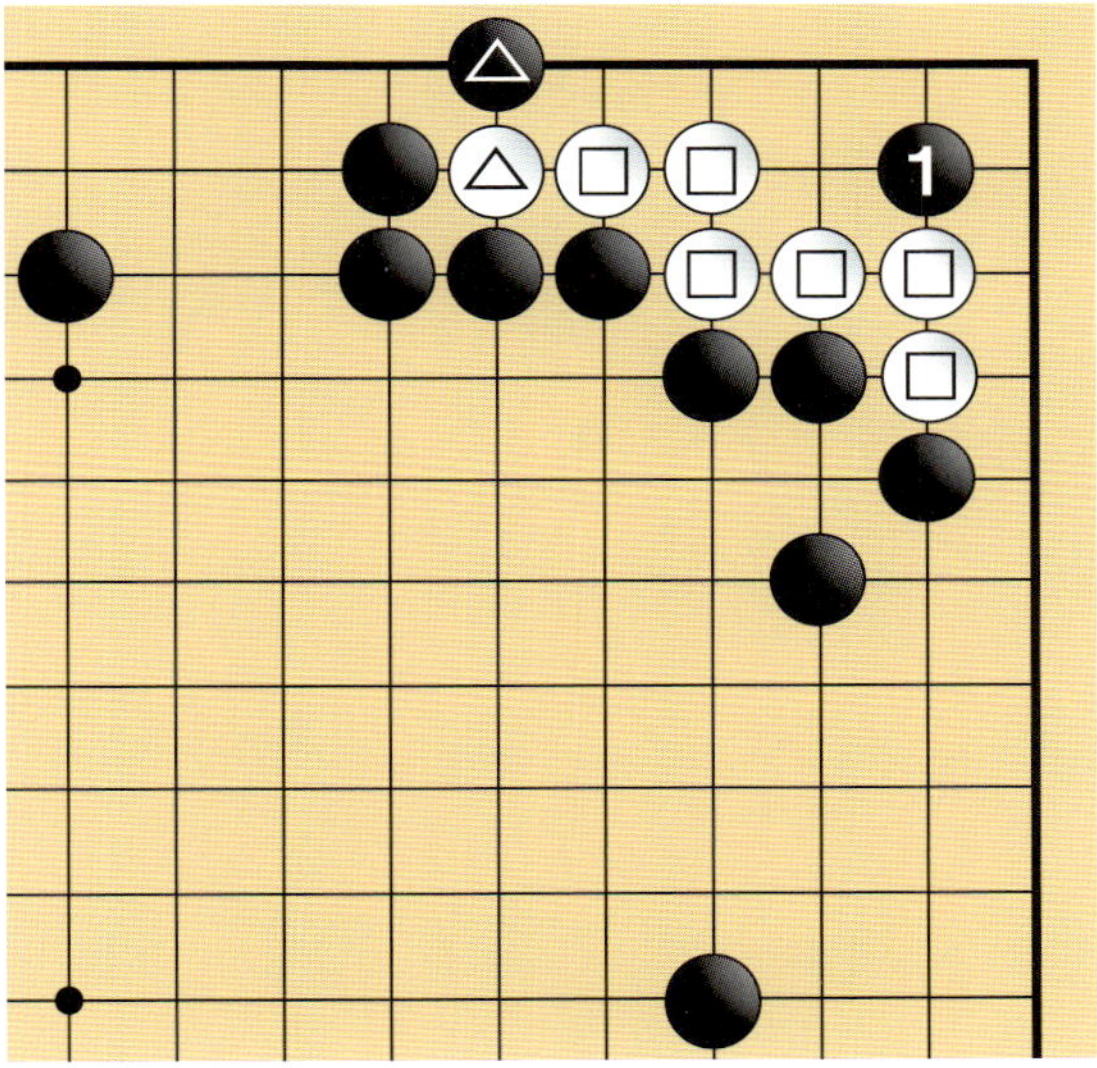

練習問題《れんしゅうもんだい》4

難《むずか》しい問題《もんだい》なので、できなくてもかまいません。強《つよ》くなったらまた見返《みかえ》してください。

白番《しろばん》です。こんどは黒《くろ》❶と打《う》ってきました。白《しろ》はどう打《う》てば生《い》きるでしょうか。

生《い》きるためには、ナナメに打《う》つのがコツです。ナナメに打《う》つと、眼《め》が作《つく》りやすくなります。

【練習問題《れんしゅうもんだい》4】答《こた》えは次《つぎ》のページ

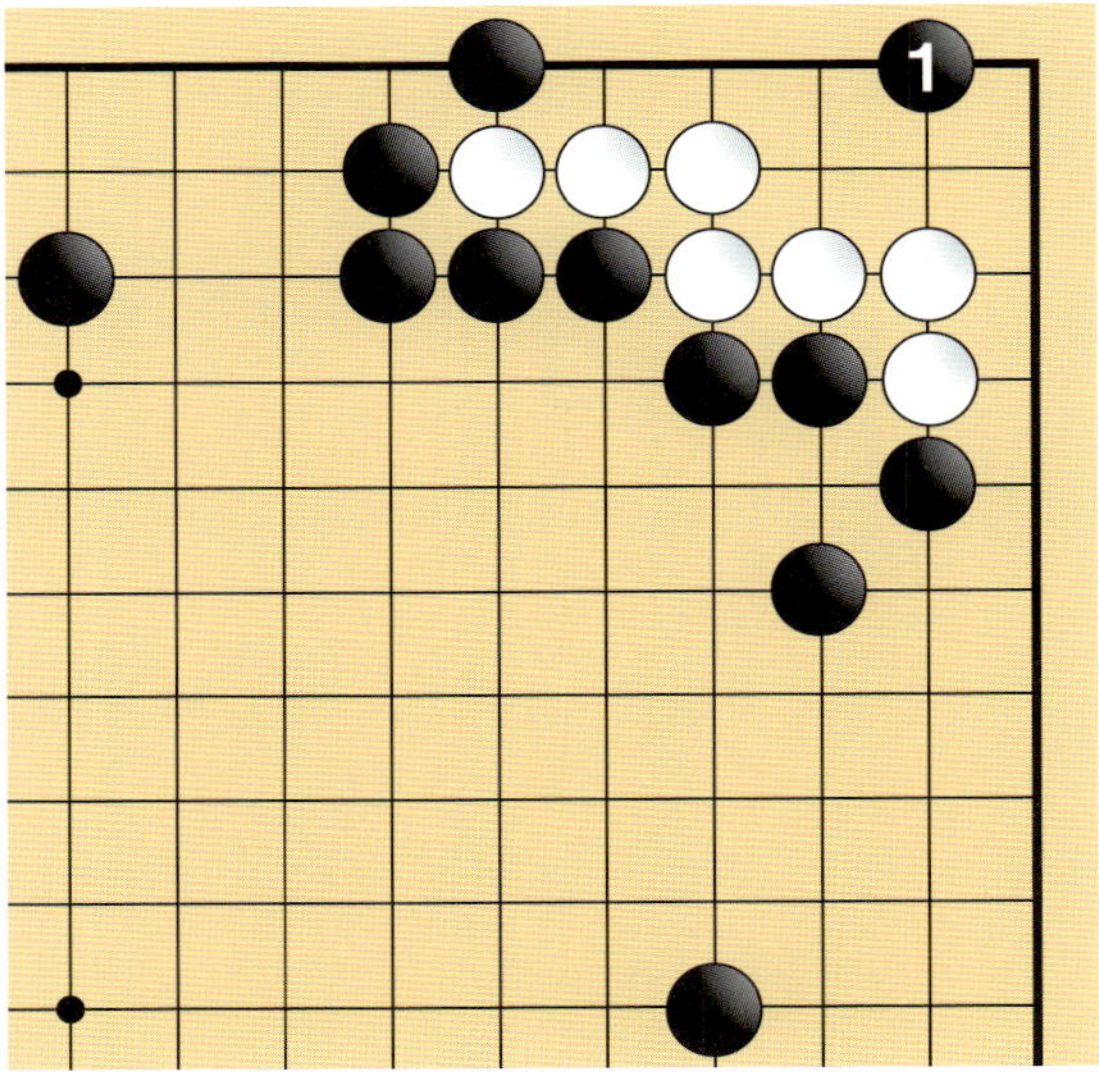

練習問題《れんしゅうもんだい》3の答《こた》え

【正解《せいかい》】 白《しろ》①と「2の1」に打《う》つのが急所《きゅうしょ》です。黒《くろ》が❷と打《う》てば、白《しろ》は③で生《い》きることができます。

「2の1」を2カ所《しょ》打《う》つと、カドに1眼《がん》できます。2手《て》で1眼《がん》できるので、「2の1」は急所《きゅうしょ》になりやすいのです。

【正解変化《せいかいへんか》】 白《しろ》①には黒《くろ》は眼《め》を作《つく》らせないように、❷と「2の1」に打《う》つことになります。

白《しろ》③が好手《こうしゅ》。黒《くろ》❹と白《しろ》⑤のところが見合《みあ》いで、白《しろ》は生《い》きです。

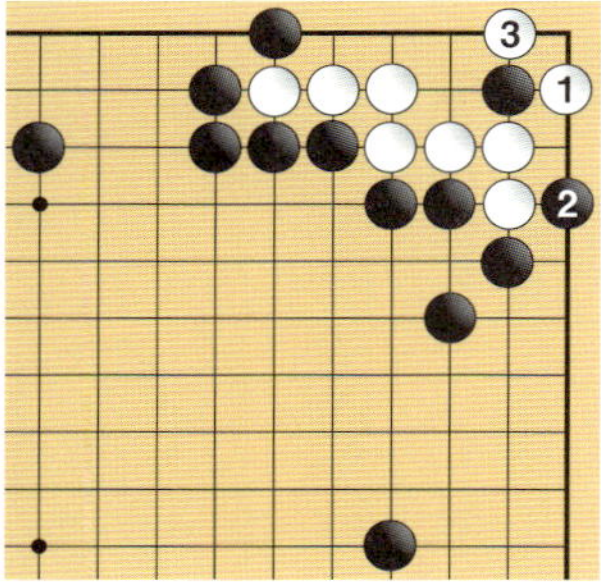
【正解《せいかい》】

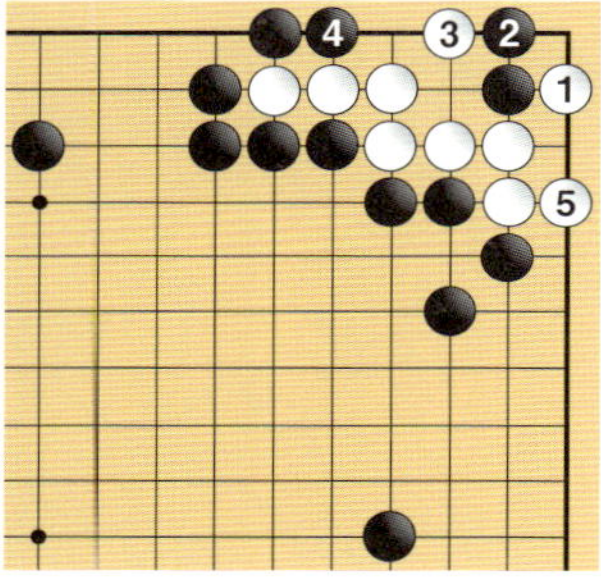
【正解変化《せいかいへんか》】

練習問題《れんしゅうもんだい》4の答《こた》え

【正解《せいかい》】 白《しろ》①とナナメに打《う》つのが急所《きゅうしょ》です。

黒《くろ》❷には白《しろ》③で簡単《かんたん》に2つ眼《め》ができました。

【正解変化《せいかいへんか》】 黒《くろ》は❷と打《う》つことになります。

白《しろ》③とまたナナメに打《う》つのがいい手《て》です。というのは、③に打《う》てば、黒《くろ》はaとは打《う》てません（打《う》つとすぐ取《と》られます）。

黒《くろ》がaに打《う》つことができれば、白《しろ》の眼《め》を欠《か》け眼《め》にすることができます。それを打《う》たせないようにして、さらに❹のところにも眼《め》ができるようになっているのがうまいのです。黒《くろ》❹と白《しろ》⑤が見合《みあ》いで、白生《しろい》きです。

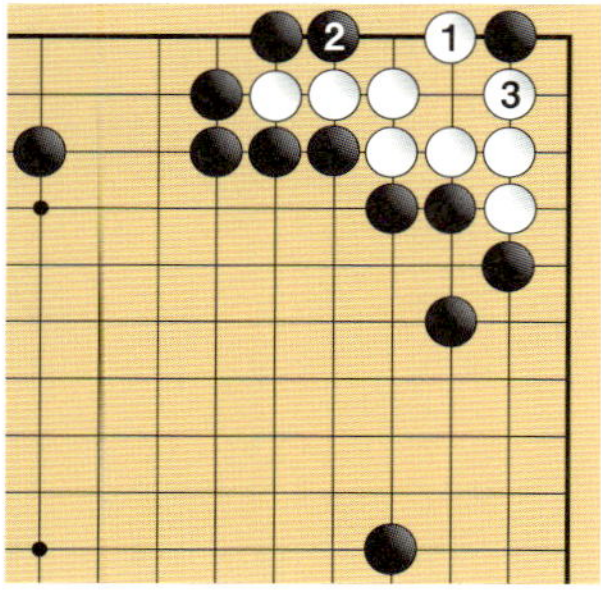
【正解《せいかい》】

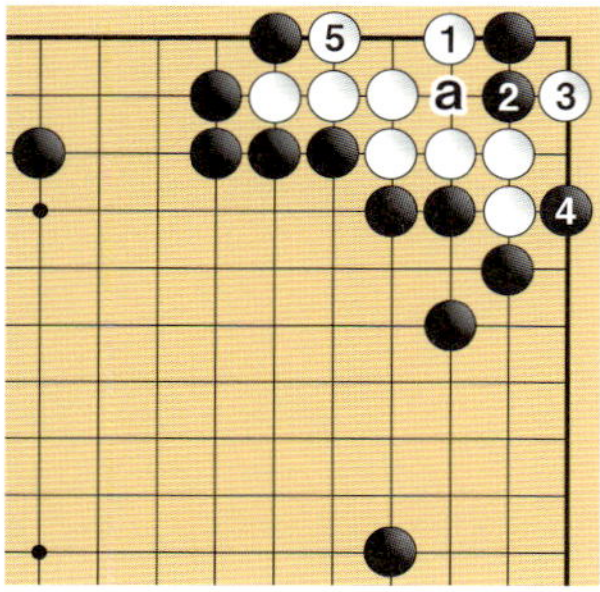
【正解変化《せいかいへんか》】

あとがき

囲碁《いご》は自由《じゆう》なゲームで、自分《じぶん》の思《おも》いや考《かんが》えを盤上《ばんじょう》に表《あらわ》すことができます。

自由《じゆう》であるのはいいけれど、盤上《ばんじょう》は広《ひろ》く、どこに打《う》っていいのか、最初《さいしょ》のうちは迷《まよ》うと思《おも》います。

この本《ほん》ではどこに打《う》ったらいいのかの指針《ししん》を中心《ちゅうしん》にお話《はな》ししてきました。

石《いし》の働《はたら》きに気《き》をつけて、可能性《かのうせい》の豊《ゆた》かなほうを目指《めざ》すことを忘《わす》れずに打《う》っていけば、必《かなら》ず強《つよ》くなります。

本《ほん》に出《で》てくる形《かたち》は、実際《じっさい》に碁盤《ごばん》に並《なら》べてみてください。碁盤《ごばん》に打《う》つことで、感《かん》じるものがきっとあるはずです。いい形《かたち》をたくさん打《う》つことで、指《ゆび》がいい形《かたち》を覚《おぼ》えてくれます。

碁《ご》に限《かぎ》りませんが、「できる」まで繰《く》り返《かえ》すことが大切《たいせつ》です。

碁《ご》を知《し》っていることで、私《わたし》は多《おお》くのすばらしい人《ひと》との出会《であ》いがありました。

碁《ご》は、言葉《ことば》が通《つう》じなくても、一局《いっきょく》打《う》つだけで心《こころ》が通《つう》じ合《あ》い、世界中《せかいじゅう》のだれとでも、性別《せいべつ》や年齢《ねんれい》をこえて仲良《なかよ》くなれるすばらしいゲームです。

碁《ご》はみなさんの人生《じんせい》を、きっと豊《ゆた》かにしてくれます。

この本《ほん》をきっかけに碁《ご》をずっと楽《たの》しんでくれたら、こんなうれしいことはありません。

九段《くだん》　依田《よだ》 紀基《のりもと》

[監修者プロフィール]

九段　依田《よだ》 紀基《のりもと》

1966(昭和41)年、北海道美唄市生まれ、岩見沢市出身。安藤武夫七段門下。

1980(昭和55)年プロ初段、1993(平成5)年九段。

1984(昭和59)年に18歳で第10期名人戦リーグ入り(当時の最年少リーグ入り記録)。

1996(平成8)年には、第1回三星火災杯世界オープン戦で優勝。なお、名人4連覇、十段2期、碁聖6期、新人王5期、NHK杯3連覇などタイトル獲得多数。

[編集]
浅井 精一、藤田 貢也

[デザイン・DTP]
垣本 亨

[文]
内藤 由起子

[イラスト]
松井 美樹

[依田 紀基・写真提供]
依田塾

一冊で強くなる！囲碁　基本のコツ
打ち方がわかる本

2018年6月20日　第1版・第1刷発行

監修者　依田 紀基（よだ　のりもと）
発行者　メイツ出版株式会社
　代表者　三渡　治
　〒102-0093 東京都千代田区平河町一丁目1-8
　TEL：03-5276-3050（編集・営業）
　　　03-5276-3052（注文専用）
　FAX：03-5276-3105
印　刷　株式会社厚徳社

ご意見・ご感想はホームページから承っております。

メイツ出版ホームページアドレス　http://www.mates-publishing.co.jp/

編集長：折居かおる　　企画担当：大羽孝志／折居かおる　　制作担当：清岡香奈

※本書は2011年発行の『めざせ名人！囲碁で勝つための本』を元に加筆・修正を行っています。